国家出版基金项目
NATIONAL PUBLICATION FOUNDATION

中国近代
思想家文库

◎

汪佩伟 编

江亢虎卷

中国人民大学出版社
·北京·

《中国近代思想家文库》编纂委员会名单

主　任　　柳斌杰　纪宝成
副主任　　吴尚之　李宝中　李　潞
　　　　　王　然　贺耀敏　李永强

主　编　　戴　逸
副主编　　王俊义　耿云志
委　员　　王汝丰　刘志琴　许纪霖　杨天石　杨宗元
　　　　　陈　铮　欧阳哲生　罗志田　夏晓虹　徐　莉
　　　　　黄兴涛　黄爱平　蔡乐苏　熊月之
　　　　　（按姓氏笔画排序）

总　序

　　对于近代的理解，虽不见得所有人都是一致的，但总的说来，对于近代这个词所涵的基本意义，人们还是有共识的。一个国家、一个民族走入近代，就意味着以工业化为主导的经济取代了以地主经济、领主经济或自然经济为主导的中世纪的经济形态，也还意味着，它不再是孤立的或是封闭与半封闭的，而是以某种形式加入到世界总的发展进程。尤其重要的是，它以某种形式的民主制度取代君主专制或其他不同形式的专制制度。中国是个幅员广大、人口众多、历史悠久的多民族国家，由于长期历史发展是自成一体的，与外界的交往比较有限，其生产方式的代谢迟缓了一些。如果说，世界的近代是从 17 世纪开始的，那么中国的近代则是从 19 世纪中期才开始的。现在国内学界比较一致的认识，是把 1840 年到 1949 年视为中国的近代。

　　中国的近代起始的标志是 1840 年的鸦片战争。原来相对封闭的国门被拥有近代种种优势的英帝国以军舰、大炮再加上种种卑鄙的欺诈打开了。从此，中国不情愿地加入到世界秩序中，沦为半殖民地。原来独立的大一统的中央集权的君主专制国家，如今独立已经极大地被限制，大一统也逐渐残缺不全，中央集权因列强的侵夺也不完全名实相符了。后来因太平天国运动，地方军政势力崛起，形成内轻外重的形势，也使中央集权被弱化。经历第二次鸦片战争、中法战争、甲午战争、八国联军入侵的战争以及辛亥革命后的多次内外战争，直至日本全面侵略中国的战争，致使中国的经济、政治、教育、文化，都无法顺利走上近代发展的轨道。古今之间，新旧之间，中外之间，混杂、矛盾、冲突。总之，鸦片战争后的中国，既未能成为近代国家，更不能维持原有的统治秩序。而外患内忧咄咄逼人，人们都有某种程度“国将不国”的忧虑。

　　“天下兴亡，匹夫有责”，读书明理的士大夫，或今所谓知识分子，尤为敏感，在空前的危机与挑战面前，皆思有所献替。于是发生种种救亡图存的思想与主张。有的从所能见及的西方国家发展的经验中借鉴某些东西，形成自己的改革方案；有的从历史回忆中拾取某些智慧，形成某种民族复兴的设想；有的则力图把西方的和中国所固有的一些东西加以调和或结合，形成某种救亡图强的主张。这些方案、设想、主张，从世界上"最先进的"，到"最落后的"，几乎样样都有。就提出这些方案、设想、主张者的初衷而言，绝大多数都含着几分救国的意愿。其先进与落后，是否可行，能否成功，尽可充分讨论，但可不必过为诛心之论。显而易见，既然救国的问题最为紧迫，人们所心营目注者自然是种种与救国的方案直接相关的思想学说，而作为产生这些学说的更基础性的理论，及其他各种知识、思想，则关注者少。

围绕着救国、强国的大议题，知识精英们参考世界上种种思想学说，加以研究、选择，认为其中比较适用的思想学说，拿来向国人宣传，并赢得一部分人的认可。于是互相推引，互相激励，更加发挥，演而成潮。在近代中国，曾经得到比较广泛的传播的思想学说，或者够得上潮的，主要有以下几种：

（一）进化论　近代西方思想较早被引介到中国，而又发生绝大影响的，要属进化论。中国人逐渐相信，进化是宇宙之铁则，不进化就必遭淘汰。以此思想警醒国人，颇曾有助于振作民族精神。但随后不久，社会达尔文主义伴随而来，不免发生一些负面的影响。人们对进化的了解，也存在某些片面性，有时把进化理解为一条简单的直线。辩证法思想帮助人们形成内容更丰富和更加符合实际的发展观念，减少或避免片面性的进化观念的某些负面影响。

（二）民族主义　中国古代的民族主义思想，其核心是"非我族类，其心必异"，所以最重"华夷之辨"。鸦片战争前后一段时期，中国人的民族思想，大体仍是如此。后来渐渐认识到"今之夷狄，非古之夷狄"，"西人治国有法度，不得以古旧之夷狄视之"。但当时中国正遭受西方列强的侵略和掠夺，追求民族独立是民族主义之第一义。20世纪初，中国知识精英开始有了"中华民族"的概念。于是，渐渐形成以建立近代民族国家为核心的近代民族主义。结束清朝君主专制，创立中华民国，是这一思想的初步实现。第一次世界大战爆发，中国加入"协约国"，第一次以主动的姿态参与世界事务，接着俄国十月革命爆发，这两件事对近代中国的发展历程造成绝大影响。同时也将中国人的民族主义提升到一个新的层次，即与国际主义（或世界主义）发生紧密联系。也可以说，中国人更加自觉地用世界的眼光来观察中国的问题。新生的中国共产党和改组后的国民党都是如此。民族主义成为中国的知识精英用来应对近代中国所面临的种种危机和种种挑战的一个重要的思想武器。

（三）社会主义　社会主义作为一种模糊的理想是早在古代就有的，而且不论东方和西方都曾有过。但作为近代思潮，它是于 19 世纪在批判近代资本主义的基础上产生的。起初仍带有空想的性质，直到马克思和恩格斯才创立起科学社会主义。20 世纪初期，社会主义开始传入中国。当时的传播者不太了解科学社会主义与以往的社会主义学说的本质区别。有一部分人，明显地受到无政府主义的强烈影响，更远离科学社会主义。直到五四新文化运动兴起之后，中国人始较严格地引介、宣传科学社会主义。但有一段时间，无政府主义仍是一股很大的思想潮流。中国共产党的成立，从思想上说，是战胜无政府主义的结果。中国共产党把在中国实现社会主义乃至共产主义作为自己的奋斗目标。此后，社会主义者，多次同各种非科学社会主义思想的信仰者进行论争并不断克服种种非科学社会主义思想的影响。

（四）自由主义　自由主义也是从清末就被介绍到中国来，只是信从者一直寥寥。直到五四新文化运动兴起，具有欧美教育背景的知识精英的数量渐渐多起来，自由主义始渐渐形成一股思想潮流。自由主义强调个性解放、意志自由和自己承担责任，在政治上反对一切专制主义。在中国的社会条件下，自由主义缺乏社会基础。在政治激烈动荡的时候，自由主义者很难凝聚成一股有组织的力量；在稍稍平和的时候，他们往往更多沉浸在自己的专业中。所以，在中国近代史上，自由主义不曾有，也不可能有大的作为。

（五）激进主义与保守主义　处于转型期的社会，旧的东西尚未完全退出舞台，新的东西也还未能巩固地树立起来，新旧冲突往往要持续很长的时间，有时甚至达到很激烈的程度。凡助推新东西成长的，人们便视为进步的；凡帮助旧东西排斥新东西的，人们便视为保守的。其实，与保守主义对应的，应是进步主义；与顽固主义相对的则应是激进主义。不过在通常话语环境中人们不太严格加以区分。中国历史悠久，特别是君主专制制度持续两千余年，旧东西积累异常丰富，社会转型极其不易。而世界的发展却进步甚速。中国的一部分精英分子往往特别急切地想改造中国社会，总想找出最厉害的手段，选一条最捷近的路，以最快的速度实现全盘改造。这类思想、主张及其采取的行动，皆属激进主义。在中共党史上，它表现为"左"倾或极左的机会主义。从极端的激进主义到极端的顽固主义，中间有着各种程度的进步与保守的流派。社会的稳定，或社会和平改革的成功，都依赖有一个实力雄厚的中间力量。但因种种原因，中国社会的中间力量一直未能成长到足够的程度。进步主义与保守主义，以及激进主义与顽固主义，不断进行斗争，而实际所获进步不大。

（六）革命与和平改革　中国近代史上，革命运动与和平改革运动交替进行，有时又是平行发展。两者的宗旨都是为改变原有的君主专制制度而代之以某种形式的近代民主制度。有很长一个时期，有两种错误的观念，一是把革命理解为仅仅是指以暴力取得政权的行动，二是与此相关联，把暴力革命与和平改革对立起来，认为革命是推动历史进步的，而改革是维护旧有统治秩序的。这两种论调既无理论根据，也不合历史实际。凡是有助于改变君主专制制度的探索，无论暴力的或和平的改革都是应予肯定的。

中国近代揭幕之时，西方列强正在疯狂地侵略与掠夺殖民地和半殖民地，中国是它们互相争夺的最后一块、也是最大的资源地。而这时的中国，沿袭了两千年的君主专制制度已到了奄奄一息的末日，统治当局腐朽无能，对外不足以御侮，对内不足以言治，其统治的合法性和统治的能力均招致怀疑。革命运动与改革的呼声，以及自发的民变接连不断。国家、民族的命运真的到了千钧一发之际，危机极端紧迫。先觉分子救国之心切，每遇稍具新意义的思想学说便急不可待地学习引介。于是西方思想学说纷纷涌进中国，各阶层、各领域，凡能读书读报者，受其影响，各依其家庭、职业、教育之不同背景而选择自以为不错的一种，接受之，信仰之，传播之。于是西方几百年里相继风行的思想学说，在短时期内纷纷涌进中国。在清末最后的十几年里是这样，五四时期在较高的水准上重复出现这种情况。

这种情况直接造成两个重要的历史现象：一个是中国社会的实际代谢过程（亦即社会转型过程）相对迟缓，而思想的代谢过程却来得格外神速。另一个是在西方原是差不多三百年的历史中渐次出现的各种思想学说，集中在几年或十几年的时间里狂泻而来，人们不及深入研究、审慎抉择，便匆忙引介、传播，引介者、传播者、听闻者，都难免有些消化不良。其实，这种情况在清末，在五四时期，都已有人觉察。我们现在指出这些问题并非苛求前人，而是要引为教训。

同时我们也看到，中国近代思想无比的多样性与复杂性呈现出绚丽多彩的姿态，各种思想持续不断地展开论争，这又构成中国近代思想史的一个突出特点。有些论争为我们留下了非常丰富的思想资料。如兴洋务与反洋务之争，变法与反变法之争，革命与改良之争，共和与立宪之争，东西文化之争，文言与白话之争，新旧伦理之争，科学与人生观之争，中国社会性质的论争，社会史的论争，人权与约法之争，全盘西化与本位文化之争，民主与独裁之争，等等。这些争论都不同程度地关联着一直影响甚至困扰着中国人的几个核心问题，即所谓中西问题、古今问题与心物关系问题。

中国近代思想的光谱虽比较齐全，但各种思想的存在状态及其影响力是很不平衡的。有些思想信从者多，言论著作亦多，且略成系统；有些可能只有很少的人做过介绍或略加研究；有的还可能因种种原因，只存在私人载记中，当时未及面世。然这些思想，其中有很多并不因时间久远而失去其价值。因为就总的情况说，我们还没有完成社会的近代转型，所以先贤们对某些问题的思考，在今天对我们仍有参考借鉴的价值。我们编辑这套《中国近代思想家文库》，希望尽可能全面地、系统地整理出近代中国思想家的思想成果，一则借以保存这份珍贵遗产，再则为研究思想史提供方便，三则为有心于中国思想文化建设者提供参考借鉴的便利。

考虑到中国近代思想的上述诸特点，我们编辑本《文库》时，对于思想家不取太严格的界定，凡在某一学科、某一领域，有其独立思考、提出特别见解和主张者，都尽量收入。虽然其中有些主张与表述有时代和个人的局限，但为反映近代思想发展的轨迹，以供今人参考，我们亦保留其原貌。所以本《文库》实为"中国近代思想集成"。

本《文库》入选的思想家，主要是活跃在 1840 年至 1949 年之间的思想人物。但中共领袖人物，因有较为丰富的研究著述，本《文库》则未收入。

编辑如此规模的《文库》，对象范围的确定，材料的搜集，版本的比勘，体例的斟酌，在在皆非易事。限于我们的水平，容有瑕隙，敬请方家指正。

《中国近代思想家文库》编纂委员会

目 录

导　言

一、江亢虎其人

江亢虎（1883—1954），祖籍安徽旌德，于 1883 年 7 月 18 日（光绪九年六月十五日）出生于江西省弋阳县城西的陶湾江家村。在其兄弟六人中，排行老大。

江亢虎原名江绍铨，字康瓠。后因 1911 年在杭州演讲《社会主义与女学之关系》时，被清廷视为"洪水猛兽"，故 1913 年江 30 岁生日在上海出版其文集《洪水集》时，署名江亢虎，并自称："江洪水也，虎猛兽也，不亦宜乎？"

江亢虎的思想主张和实践活动，在 20 世纪 30 年代末之前，对于中国近代的政治史、思想史和政党史，都有着比较大的影响。而江亢虎本人，则是中国近代一个复杂多变的历史人物。

何谓"复杂多变"？概括地说，我们可以将江亢虎生平及思想变化的轨迹，归纳为如下几个要点。

1. 早年江亢虎，从一个封建主义的"官二代"（或曰"官三代"），转变成为"光绪庚子后北京社会上倡导维新运动之一人"（梁漱溟 20 世纪 40 年代语）。

江亢虎出身于仕宦之家。祖父江澍畇（1830—1892），原名钟璜，字韵涛，1877 年（光绪三年）进士。曾入翰林院任编修，后任职户部、顺天乡试同考官、甘肃壬午（1882 年）科主考，1890 年任山东登州知府，两年多后在此任上去世。

父亲江德宣（1854—1910），字孝涛（一为小涛），1886 年（光绪十二年）进士。曾任工部主事，保升员外郎加四品衔，在京师供职二十年后外放到江苏，任江宁知府，亦病逝于任上。

外舅刘幹卿（1846—1910），字启翰，系河南南阳知府刘拱宸的二子。1876年（光绪二年）中举，嗣后在京城任户部员外郎，又外放为湖南候补道，总办湖南厘金局、官矿局。为官近四十年，一生敬业、清廉。刘幹卿将其二女刘云寿嫁与江亢虎为妻，故既是江的外舅，又是他后来的岳父。刘对江瞩望甚高。

江亢虎的幼年时代，即是在其祖父、父亲和外舅（后来的岳父）家里度过的，从小受到的是中国传统思想文化的教育。他酷爱学习，"自十岁，即属文字"，"昕夕一编不暂释手"；"幼读《礼运》，慕天下为公之义"。他十分聪颖，能过目成诵，记忆力颇佳，领悟力亦强。尤其是在北京，少年江亢虎目睹了甲午战争中国的战败危机、戊戌维新变法的昙花一现，以及庚子之役八国联军对京城进行蹂躏后的惨状，使他"困于心，衡于虑，惕然而自危，蹶然而思奋"。

2. "弱冠"前后的江亢虎，从一名主张社会变革、救亡图存的具有强烈革新意识的维新人士，转变成为一个追求"三无主义"的无政府主义者。

20世纪初年，江亢虎三次留学日本（1901年、1902年至1903年、1907年），同日本早期社会主义者片山潜、幸德秋水等人交换过意见，并深受当时日本社会主义思潮和运动的影响。在几次回国生活和工作期间，江亢虎提出了一系列的教育改革、妇女解放和社会变革的思想主张，特别是在北京还创办了三所"女学传习所"（女子学校）。

但事实上，作为一名新派人士，年轻的江亢虎当时思想上所追求的，实际上是无政府主义。1903年，弱冠之年的江亢虎在日本"标新立异"，提出了"无宗教、无国家、无家庭"的"三无主义"。但此说除张继外，"无应和者"，故回国后也"从不敢以示人"。

六年以后，1909年4月17日，江亢虎在法国巴黎出版发行的中文无政府主义杂志《新世纪》第93号上，公开发表了《无家庭主义》一文。文章的署名为"某君来稿"，引语中假托此文为"亡友徐君安诚之遗墨"，此系"为之代传"。江亢虎这样做的目的，主要是为了避免自己在国内引起麻烦。5月15日，江再次投稿的鼓吹无政府主义的《自由营业管见》一文，又发表在《新世纪》第97号上。

接着，1910年在游学比利时首都布鲁塞尔时，江亢虎于7月撰写了《无家庭主义意见书》，对自己 1903 年以来所形成的"三无主义"思想，做了详细的论证和说明，建立了以"破除家庭"为中心的无政府主义思想体系。此文当时曾译有英文、法文文本，受到各国社会党人的欢迎。该文提出的"无家庭主义"，包括自由恋爱、公共教养和废除遗产等三个要点。

可见，就其思想根底来看，江亢虎在 20 世纪的头十年，实际上是一个追求"无宗教、无国家、无家庭"的无政府主义者。

3. 30 岁前后的江亢虎，从一个无政府主义者，转变成为一个认同第二国际民主社会主义思想的"社会主义者"。

1910 年 4 月至 1911 年春季，江亢虎做了他自称的"世界之旅"。这次出国，历时整整一年。他取道日本转赴欧洲，先后游历、访学于英国、法国、德国、荷兰、比利时和俄国等，最后取道西伯利亚返回国内。

在旅欧期间，江亢虎广泛地接触了各国无政府主义者和社会民主党人，包括幸德秋水、片山潜、堺利彦等日本社会主义先驱，以及当时在欧洲的中国无政府主义者张继、吴稚晖、褚民谊等人。1910 年，他还以非正式代表的资格出席了第二国际在布鲁塞尔召开的一次会议。此时，在思想上，江亢虎已经转变成为一个"社会主义者"。

1911 年回国后不久，江亢虎即公开揭橥"社会主义"的旗帜，进行了一系列社会主义的实践活动，成为清末民初中国社会主义思潮之勃兴和早期中国社会主义运动之开创的第一人。例如：

他发表了国内第一篇关于社会主义的演讲。1911 年 6 月 1 日（端午节），应杭州"惠兴女学"主持人的邀请，江亢虎在杭州女学联合会演讲《社会主义与女学之关系》。此为国内第一次关于社会主义的演讲，"一时官绅大哗"，浙江巡抚增韫派军警干涉禁止，将演讲的印刷文本悉数销毁，将江"驱逐出境"，并电奏朝廷，称此讲演"非圣无法，祸甚于洪水猛兽"，要求将江革职逮捕。

他建立了国内第一个社会主义研究会。7 月 10 日，江亢虎在上海建立"社会主义研究会"。成立大会在张家花园举行，近四百人出席，二十人演说，当场加入研究会的约五十人。作为发起人，江宣布了该会的宗旨，并在演讲中针对社会上人们对于社会主义的"怀疑"进行了解读。与此同时，研究会还发布了宣言。在这个中国近代第一个社会主义的宣言书中，江亢虎称社会主义为"正大光明之主义、大同之主义、世界通行之主义、人类共有之主义",宣告研究会的宗旨和任务是研究和宣传社会主义。

他创办了国内第一个宣传社会主义的杂志。也是在 1911 年 7 月 10 日,江亢虎创办的杂志《社会星》刊行。该刊第一、二号(期)文章,均系江一个人的手笔,第三号(期)则因病由其他人代理。杂志仅出三号(期)后即被当局查禁。在杂志的发刊词中,江声称该刊为中国"社会主义最初惟一之言论机关",并宣布杂志的任务有四:"输布全世界广义的社会主义之学说","详载内外国社会主义进行者或反对者及一切与有关系之事情","发挥中国古来社会主义之思想","交通中国近日社会主义之言论"。9 月,《社会星》被迫停刊后,由上海惜阴公会又推出《社会》杂志,江为其撰写了发刊词,其中的"祝词"为:"社会主义,纵贯永劫,横行寰宇,以覆载为量,与日月同寿,永不消磨,至人类灭绝时;《社会》杂志,亦纵贯永劫,横行寰宇,以覆载为量,与日月同寿,永不消磨,永不停止,至人类灭绝时。又更其词曰:《社会》杂志可以停止,社会主义不可以消磨。《社会》杂志出一册,社会主义得一册之鼓吹;《社会》杂志著一字,社会主义得一字之鼓吹。乃至不出一册,不著一字,而社会主义之精神,幻为无量数《社会》杂志之化身,永不消磨,永不停止,至人类灭绝时。"

他还创建了国内第一个以社会主义为纲领的政党"中国社会党"。1911 年 11 月 5 日,江亢虎以"社会主义研究会"发起人的名义,召集特别会议,改"社会主义研究会"为"中国社会党",并撰写、公布了党纲八条和规章。在会议上,江亢虎被推举为中国社会党本部部长。8 日,上海《民立报》报道了中国社会党成立的消息。10 日,江任总编辑的《社会》杂志第 2 期发布了《中国社会党宣告》,称该党为社会主义在中国"最初惟一之团体机关"。该党自成立至 1913 年 8 月被袁世凯通令解散,其存续的时间不到两年,但它在全国拥有 400 多个支部,共约 52 万党员,在民国初年的政治舞台上和社会变革中,发挥了巨大的、积极的作用。

对社会主义学说在中国的热情宣传和大力鼓吹,对早期中国社会主义运动的积极发起和努力推动,使江亢虎在民元前后俨然成为一个"社会主义大师",同时也奠定了他在中国近代思想史、特别是中国社会主义思想史上的地位。

4. 40 **岁以后的江亢虎,从一位社会主义的宣传"大师",转变成为**

一个力图与北洋军阀及其政府合作以实行其思想理论主张的政客。

1913 年 8 月，江亢虎领导的中国社会党被袁世凯通令解散。随后，江亢虎先去了日本，在头山满家里拜见了当时住在那里的孙中山，并携带孙中山为他写的两封介绍信，于当年秋冬时节抵达美国。在加州，江亢虎接替退休的原英国在华传教士傅兰雅，在加州大学担任中文讲师，直至 1920 年夏偕夫人卢岫霙回国。

在美七年期间，除了在加州大学任教，江亢虎广泛地接触了美国的和在美国的各国社会主义者，并积极参加了他们的集会、演讲等活动。他还撰写了许多文章，回顾、反思中国社会党的历史和中国社会主义运动的得失。1920 年回国的首要目的，是要前往取得"十月革命"胜利后的俄国，实地考察苏俄的政治、经济和社会状况，以资借鉴。从 1921 年 6 月至 1922 年 4 月，他游历、访问了苏俄十个月，随后到德国、荷兰和法国等国考察、访问，还参加了第二国际的会议。

回到国内的第二年，即 1923 年，江亢虎正好进入他人生 40 岁的中年时期。此时，他自称自己提出的"新民主主义和新社会主义"学说和主张，是他"半生来学问思辨之结果"。他认为："吾人自信非至新民主主义、新社会主义充分施行，更无他主义起而相代"；"此两新主义必将代表一时代之精神，独占全世界之舞台"。所以，归国后，江亢虎先后到全国各地演讲、授课，鼓吹他的学说和主张。江亢虎留给国人的印象，仍然是一位"社会主义大师"。

但是，从政治上看，江亢虎对中国南方兴起的国共合作的"国民革命"，持断然反对的态度。他认为借助外力（苏俄），导致"赤祸"蔓延，这是十分危险的，不可取。他说："革命事业，当以人民自觉、自动、自决为原则，以民党自身养成之根本势力为先锋。若在我本无可恃，而利用国内已成之势力者国必乱，其利用国外已成之势力者国必亡。"

然而，对于北方的北洋军阀政府，包括各南北军阀，江亢虎实际上采取了合作的态度。他多次写信给各省当局，包括东北张作霖、云南唐继尧、湖南赵恒惕、湖北萧耀南、山西阎锡山、广东陈炯明、浙江夏超等，希望各省能"一试"其两主义之"政见"。随信还附上其《请愿十条》，并表示拟带学生二三人，愿往各省演讲，并"晋谒而谈"。他还接受北京北洋军阀政府的邀请，以"有特殊之资望、学术经验"的社会名流的身份参加了"善后会议"，并担任会议的制宪委员会委员。在这个时期，他恢复和"复活"了民国初年的中国社会党（更名为"中国新社会民主党"），作为推行自己的理念并参加政治活动的依托。此时，他还涉嫌金梁、康有为等人的"甲子阴谋复辟案"，受到南方大学师生的讨伐和社会正义人士的批判。

1927 年夏季，当南方国民革命的旗帜插遍了大半个中国之际，江亢虎不得不解散了其"中国新社会民主党"，前往美国任职于国会图书馆。1930 年，他又辞去在美国的工作，前往加拿大，应聘担任蒙特利尔的麦吉尔大学中国文学院院长和汉学系主任教授，直至 1934 年夏回国。

5. 50 岁以后的江亢虎，从一位知名的大学教授，堕落成为一个可耻的汪伪汉奸。

1934 年夏，在加拿大蒙特利尔的麦吉尔大学任教约五年后，江亢虎回到国内。在加拿大的约五年里，他培养了五名中国学的硕士研究生，给数千名美国和加拿大学生讲授了中国文化的课程。教授江亢虎在北美传播中国文化是作出了贡献的。

这次回国的江亢虎，时年 51 岁。他先住在上海，后又迁到北京。回国后，他虽自称"以社会改造、文化复兴和个人修养三事为旨归"，但对于政治问题，实际上他是回避不了的。这个时期国内最大的政治，就是如何应对日本军国主义侵华的问题。七七事变发生时，江亢虎正在京城。平、津陷落以后，他转赴西南，先是在四川、西康游历、讲学，后从成都飞往云南。在云南，1937 年 11 月 1 日，他在接受新闻记者的采访时表示：此次抗战不仅仅是为了中国国家独立和民族生存，而且是"为世界和平而抗战"，"为人类公理而抗战"，"为反帝国主义而抗战"，"为东方文化而抗战"，"为同情国民而抗战"。作为一位知名的"海归"大学教授，江亢虎对抗战意义的认识，确实不同于一般人，或者说确实高于常人。

但是，仅仅一年多以后，1939 年 3 月，匿居香港的汪精卫接见了当时也寓居香港的江亢虎，"坚约参加和平运动"；9 月，回到上海的汪精卫电邀在港的江亢虎赴沪，参加汪伪阵营。江接受了汪的邀请，同月自香港抵达上海，并于 10 月 10 日发布《时局宣言》，将日本军国主义奉为"东亚集团"的"领袖"，公开宣布了自己投敌卖国的汉奸立场。1940 年 3 月，汪精卫的伪中华民国国民政府在南京成立，江亢虎出任伪考试院副院长兼铨叙部部长，并成为汪伪第一届中央政治委员会的"列席委员"。1942 年 3 月，江亢虎正式接替汉奸王揖唐，就任伪考试院院长，并同时升任伪中央政治委员会的"当然委员"，直至1945年汪伪政权覆灭。汉奸江亢虎在抗战胜利以后，经审判被国民政府判处无期徒刑。中华人民共和国建立以后，江从南京被转押到上海提篮桥监狱，于1954年因病死于狱中。

综上所述，江亢虎的一生复杂多变。这是不难理解的。近代以来，中国面对的是"三千年未有之大变局"，民族矛盾、阶级分化、社会危机、文化冲突和思想碰撞无时不在、无处不在。江亢虎的一生，政治立场上的不断转变，思想理论上的逐步演变，反映的正是中国近代社会风云的起伏跌宕。

对于江亢虎其人的评价，目前笔者仍然坚持拙著《江亢虎研究》（武汉，武汉出版社，1998）中对江亢虎所做的"分阶段"进行评判的研究方法，以及对他作出的早、中、晚等"三个时期"的基本评价，即：从四品京官到"社会主义大师"的早期（1883—1919），从"社会主义"倡导者到沦为一个政客的中期（1920—1938），作为民族败类、可耻汉奸的晚期（1939—1954）。在这里，笔者还想对江亢虎的"生平事迹"，再提出几点概括性的认识和意见：

其一，从清末民初至20世纪30年代末堕落为可耻的汉奸之前，江亢虎无疑是中国近代"向西方学习"（包括向第二国际和苏俄学习）的"先进的中国人"之一。

其二，江亢虎是中国近代早期社会主义思想和运动的"重要领军人物"之一。正如毛泽东1956年所说，"中国也有过'第二国际'——江亢虎的社会党"。江亢虎的社会主义思想和活动，是第二国际社会民主主义在中国的反映。

其三，江亢虎"他在中国也是为寻求中国妇女解放运动的联系和将男女教育平等运动带入中国的开路先锋之一"（［美］施乐伯、于子桥语）。

其四，作为一个可耻的汉奸卖国贼，江亢虎是民国历史上寡廉鲜耻的"文化巨奸"之一。他的所谓"回向东方"的汉奸理论，具有极大的欺骗性和反动性。

其五，在抗战时期堕落成为民族败类之前，江亢虎周游列国，到处演讲，四处讲学，著述丰硕，是20、30年代著名的政客、思想家、文化人之一。他的早期维新思想、妇女解放思想、无政府主义思想、民主主义思想和社会主义思想以及教育思想等，为中国近代留下了十分有益的思想资料。

二、江亢虎的思想

江亢虎的思想，择其要者，约有数端。

1. 早期维新思想

20 世纪初年，面对深重的民族危机，年仅十七八岁的江亢虎在北京发起成立智学会，创办《爱国报》（周刊），向国人宣传爱国言论，弘扬爱国精神，号召中国人做国家的"主人翁"。他提出了"以智强国"的主张，提倡办学堂，设报馆，开讲座，翻译新书，印刷新书，设议事处等。他强调中国不能闭关自守，认为"闭关自守之策，只能行于六十年以前，而断不能持之于今日。今日之天下，列国之天下，非一统之天下也"。这样，江亢虎的早期维新思想，便建立在爱国、救亡、开放的基础之上。

江亢虎的维新思想，除了当时他提出的关于内政、外交的不少主张外，集中地体现在他对中国教育改革问题的认识上。他提出了一系列独到的主张，并付诸实施，成为中国近代新式教育最早的倡导者和实践者之一。

他对教育的战略地位有着深刻的认识。他认为中国的"当务之急"在于"治标"，而治标的方法，首在"练兵"；"其治本方策，则端在兴学"，因为"未有民智不开而能长富强者，亦未有民智既开而不大富强者"。所以，办教育、出人才是"万世之长计"，"治本方策"（1901 年《与袁慰廷书》）。

他提出对中国的教育管理体制进行改革和整顿。他认为，目前各省的学务处，懒人冗官众多，"甚或反为学务阻力之源泉"，因此，建议学部撤销学务处，免掉"学政"这一"赘疣"，另设"视学官"来代替。（参见 1904 年《请各省设视学官议》）江的建议，得到了学部的肯定和采纳。他还建议成立全国和地方的各级"教育会"，作为中央和地方各级教育行政的辅助机关。（参见 1904 年《请立全国教育会议》）此议后来也得到了学部的采纳。他对教材、教员和文字改革等问题，也提出了积极的主张。

他认为中国教育的办学目的需要转变。为此，必须废除科举，创办新式学堂，将"学而优则仕"的"劣根性"，转变为以"教育普及"为目的。（参见 1904 年《学堂毕业但发文凭不给出身不奖官职议》）

他提倡学习和研究西方教育制度，发起成立了"世界教育公会"。
（参见1909年《世界教育公会公启》）

他还对女子教育问题十分重视。他指出：女学为教育的根本，女子应同男子一样受到平等的教育。

江亢虎早期维新思想具有三个重要的特点：反对外国侵略，力主爱国救亡；进行教育改革，实现"以智强国"；主张男女平等，发展女子教育。

2. 妇女解放思想

1911年4月，在游历欧洲一年回国后，江亢虎在南京发表了《忠告女同胞文》一文，积极鼓吹妇女解放。

在这篇文章里，他对妇女提出了四条"忠告"：（1）破除迷信。包括宗教的迷信、礼教的迷信和风俗的迷信，都要破除。（2）寻求学问。认为女子要自立，舍求学问必无自立之可言。（3）杜绝依赖。要将从父、从夫、从子的"三从妖说"打破，杜绝依赖的劣根性。（4）自谋生计。"除兵役外，女子无一不能为；除娼妓外，女子无一不可为。"他认为四条忠告有其内在的联系，"欲开智识，必破迷信；欲谋生计，必绝依赖"；四条忠告的主旨，在于强调妇女要有独立的人格，要自立、自尊、自强。

江亢虎对妇女的"忠告"，建立在他对世界妇女解放运动的了解上。他主张实行世界主义的女子教育，让中国妇女从家庭的束缚中走出来，使她们从"淑女、良妻、贤母"及"社会的附属品、补助品"，变为"世界上一完全个人"。他呼吁："世界所有智识，妇女必应一一吸收之；世界所有学术，女子必应一一研究之；世界所有事业，女子必应一一营求之；世界所有权利，女子必应一一享受之。"这一主张，不啻为20世纪初期中国的女权宣言。

江亢虎关于妇女解放问题的思想，直接受到了德国社会民主党领袖奥古斯特·倍倍尔的影响。20世纪初年，江亢虎阅读了倍倍尔1879年写的名著《妇女与社会主义》（日译本），并深受其影响。他提出的上述四条"忠告"，基本上是源于倍倍尔书中的观点。不久，江亢虎又将妇女问题同社会主义联系起来进行思考。（参见1911年6月《社会主义与女学之关系》、7月《城东女学社毕业演说词》，1912年9月《复某君书论社会党与女子参政事》以及1914年的《中国女学古今谭》等）到了20世纪20年代，江亢虎在东南大学、上海南方大学和山西大学等地讲授社会问题和社会主义时，将妇女问题列为社会问题的专题之一，对其妇女解放思想作了进一步的阐释。（参见《江亢虎博士演讲录》。因限于篇幅，本书没有收录。但可参考收入本书的 1920 年 10 月 4 日《在江西女子师范讲演词》和 1920 年 11 月 18 日《女子在社会上之地位》等文）

3. 无政府主义思想

江亢虎的无政府主义思想，由他自己冠名为"三无主义"，是以"破除家庭"为中心的江记无政府主义思想体系。（参见 1910 年 7 月《无家庭主义意见书》、1911 年 7 月《三无主义悬论（上篇）》和 1914 年《中国无政府主义之活动及余个人之意见》等文）

"三无主义"即"无宗教、无国家、无家庭"。江亢虎认为，宗教、国家和家庭三者使人受苦而不得安乐：因为宗教支配了大多数人的心理，是一种"无形之祸患"；国家，无论是专制制度还是立宪君主制，君主都可不负责任，且神圣不可侵犯，并"为害酷烈"；家庭，不管是自由结婚的还是不自由结婚的，都使人失去自由。因此，"欲求安乐，必举其苦的根本推翻之，由有宗教变而为无宗教，由有国家变而为无国家，由有家庭变而为无家庭。故无宗教、无国家、无家庭者，吾人今日目的之注点所在"。

为什么"三无主义"要以"无家庭"为中心呢？江亢虎指出："人生斯世，无不愿求快乐者。而苦恼之来，千态万状。究其原委，约有三端，即政府之迫压，宗教之锢蔽，家庭之牵制是已。就中家庭为害尤甚。"因为有家庭，就"无真亲爱"，"无真自由"，"无真平等"。特别是家庭这种"世袭遗产制"具有六大弊端，所以，"欲求亲爱、自由、平等等快乐者，必先破家庭。破家庭较之废宗教、倾政府，论事则根本之图，而程功则咄嗟立办，更不难以平和手段得之。盖人可自了，即知即行，无所需求，亦无假激战也"。江亢虎还提出，自由恋爱、公共教育和废止遗产，是实行无家庭主义的三件大事。

"三无主义"所追求的目标是实现"大同之世"。他说："人人终其身处公共社会，无夫妇，故无父子兄弟；无家庭，故无继续法。生时所蓄余资，死则收入公中，教养诸费资焉。"这就是江亢虎"遗产归公，教育普及"思想的由来。

江亢虎"三无主义"思想的特点在于：它以资产阶级个人主义为本位，具有反封建的民主性；它以实现古代大同之世为目标，具有社会发展的空想性；它以恋爱自由、遗产归公和教育普及为手段，具有社会变革的改良性。

4. 民主主义思想

江亢虎曾三次留学日本、两次游历欧洲，并在美国和加拿大生活、工作了十余年。因此，他对西方资产阶级的民主主义十分了解，并呼吁在中国进行实验。

（1）江亢虎的民主主义思想也是以资产阶级个人主义为本位的。

1911 年 4 月，江亢虎在南京发起成立"个人会"。（参见《拟发起个人会意见书》）7 月，在《释个人》一文中，江亢虎积极鼓吹当时西方流行的"新个人主义"。他在比较全面地论述了个人同世界、国家、家庭、民族、宗教等的关系后指出："个人主义一行，其影响无所不及，而全社会心理将为之一变。"在这篇文章的后面，江亢虎还补充道："余始终承认个人为世界之单位，与一般社会主义家专以社会为前提者不同。专以社会为前提，其结果必至蔑视个人，蹂躏个人，而个人乃丧失其单位之价值，且抹杀其独立与自动之精神。"1930 年，江亢虎更强调指出："新个人主义则根本承认政府、法律存在之必要，但主张各个人对政府、法律不满意时，有积极改革或消极抵抗之自由。"（1930 年 2 月《〈作新篇〉序》）

（2）江亢虎的民主主义思想以实行政党政治、实现民主宪治为目标。

辛亥革命爆发后不久，江亢虎建立的中国社会党在其党纲八条里，即明确规定了"赞同共和"、"改良法律，尊重个人"的内容。1914 年，江亢虎进一步指出"宪法、国会、政党"这三者，是"立宪国成立之要素"。"此三者存在而有效时，政府、人民之间，无论冲突至何等程度，不应有武力解决之事。迨不幸而三者破坏尽净，则人民对于政府之公意，已别无正式表示之机关，万不得已，乃诉诸武力，求最后解决"。（1914 年 5 月《对时局宣言》）

1926 年 9 月，江亢虎更形象地说："革命党如坦克车"，"私党如脚踏车"，"惟政党如火车，虽任重致远，胜前二者，而轨道不设，则尺寸难行"。他明确表示，自己"反对军治而主张民治，反对以党治国而主张政党政治"。他认为当时的革命党和军政府、党治和军治，都是"过渡时代畸形现象，不可以标为党纲，尤不可以著为国是"（1926 年 9 月《致蒋介石总司令函》）。

10 月，江亢虎在《代表中国新社会民主党宣言》中宣称，该党

"于政治主张选民参政、职业代议、立法一权，而反对帝国主义、无政府主义，并反对一党专制、阶级独裁"。

1929 年 1 月的《政党政治卑论》和 1930 年 1 月的《宪治促成会宣言》，这两篇文章是江亢虎的政党政治和民主宪治思想的代表作。两文从历史和现实的角度，全面阐述了民主国家实行政党政治、实现民主宪治目标的方法和途径。基于这种认识，江亢虎于 1930 年 7 月又写信给蒋介石，对蒋建言说："根本大计，惟在速立民宪而已。近世纪全世界大势所趋，中山先生四十年奔走号呼，其祈向者，不外民宪一途。"江亢虎信中希望蒋介石"恪遵总理遗嘱，立开国民会议，制定民国宪法，召集正式国会，取消一党专政，实行政党政治，使不同政见得依法发挥，最高政权得和平更迭，则中山为华盛顿，而公为林肯"（1930 年 7月《致蒋介石书》）。

（3）江亢虎的民主主义思想以其"新民主主义"为主要内容。

江亢虎的民主主义思想，集中体现在他 20 世纪 20 年代初提出的"新民主主义"理论中。

其一，江亢虎的"新民主主义"以其提出的"社会制度改造论"的总体构想为前提。他首先分别从经济、政治和国际等三方面，剖析了"社会病状"，继而提出了"社会制度改造"的总体构想。（参见《社会制度改造发凡三纲九目》，初稿写于 1921 年 7 月 10 日，重订于 1935 年9 月 1 日）他认为，要消除社会在国际方面的病状，需要实行"新国家主义"；要解决社会在经济方面的病状，需要实行"新社会主义"；要克服社会在政治方面的病状，则需要实行"新民主主义"。

其二，江亢虎的"新民主主义"建立在对民主主义和代议制进行批评的基础之上。他把民主主义的发展划分为三个时期，即民主主义思想的"发育期"、民主主义由理想变为制度的"实行期"和民主主义的"成熟期"。他自认为其"新民主主义"就是民主主义的成熟期，是对民主主义的"大觉悟、大刷新"；它吸取了法、美、德、俄革命的教训，是他二十年来奔走与研讨的结果。接着，江亢虎对中外代议制进行了尖锐的批判。他指出，世界各国的代议制有六大"不良"，而中国现行的代议制也存在着六大"弊端"。为解决这些问题，江亢虎还分别提出了救治的对策和方法。这样，江亢虎通过对民主主义发展程序的划分以及对代议制的批判，便为自己的"新民主主义"找到了立论的根据。

其三，江亢虎的"新民主主义"以"选民参政"、"职业代议"和

"立法一权"等三项"要目"为主体。选民参政，指的是人民中的少数最优秀分子参政，他们必须具备三种资格，并享有五项权利；立法一权，指的是为克服"三权分立"的弊端，将立法、司法、行政等三权统一于一权，即立法权"超越"于其他两权之上，形成一权制国家，其最高代表是国会议长；职业代议，则是为了克服代议制选举制度的缺陷，"以职业为单位，以地方为区域，以选民人数为比例，平均分配投票权、代议权"。

江亢虎的"新民主主义"，以其"社会制度改造"论为前提，以对资产阶级代议制的批判为基础，以选民参政、职业代议、立法一权为主体内容，以其"新社会主义"为旨归和特色，是中国近代一个独具特色的社会民主主义政纲。

5. 社会主义思想

作为中国近代早期社会主义思想和运动的一个重要领军人物，江亢虎的社会主义思想是其思想主张中最有光彩、最具特色的部分。从具体内容来看，江亢虎的社会主义思想可以概括为以下几个方面。

(1) 对社会主义的热情歌颂和普遍赞扬。

1911 年 6 月 1 日，江亢虎在杭州作了国内第一个关于社会主义的演讲，题为《社会主义与女学之关系》。在演说中，江亢虎赞扬社会主义说："'社会主义'之名词，虽自泰西经日本转译而来，社会主义之思想，则凡含灵负秀者，无不有之。其概括之大目的，惟求人类共同之幸福，而弥经济界不平等之缺憾而已。"他还表示："余生也早，提倡社会主义于今日之中国，举名誉、权利进而身家生命，恐悉将供笔舌之牺牲，然其必能得同志于方来，收美果于身后，则固深自信而不疑。"

7 月，在上海"惜阴公会"演讲时，江亢虎宣称自己"以社会主义为唯一之信仰，以倡道社会主义为唯一之天职"。

7 月 10 日，江亢虎在上海组织建立了国内第一个"社会主义研究会"。江在研究会发布的国内第一个社会主义宣言中，称社会主义为"正大光明之主义、大同之主义、世界通行之主义、人类共有之主义"，宣告研究会的宗旨和任务是研究和宣传社会主义。

9 月，在为中国社会党的《社会》杂志所写的发刊词中，江亢虎歌颂道："社会主义，纵贯永劫，横行寰宇，以覆载为量，与日月同寿，永不消磨，至人类灭绝时；《社会》杂志，亦纵贯永劫，横行寰宇，以覆载力量，与日月同寿，永不消磨，永不停止，至人类灭绝时。又更其词曰：《社会》杂志可以停止，社会主义不可以消磨。《社会》杂志出一册，社会主义得一册之鼓吹；《社会》杂志著一字，社会主义得一字之鼓吹。乃至不出一册，不著一字，而社会主义之精神，幻为无量数《社会》杂志之化身，永不消磨，永不停止，至人类灭绝时。"

清末民初的江亢虎，以社会主义为唯一的信仰，以倡导社会主义为唯一的天职。他言必称社会主义，行必讲社会主义，一切都要放到社会主义这个理性的平台上进行衡量，予以评判。对社会主义的热情歌颂和普遍赞扬，对于他来说，已经成为一种习惯，形成一种传统，一直延续到 20 世纪 30 年代中期。毋庸讳言，江亢虎对社会主义的推崇，使之成为中国近代为数不多的社会主义思想的启蒙家之一。江亢虎推动了中国近代社会主义思潮的兴起和发展。

（2）对社会主义原理的大力介绍和积极宣传。

早在 1911 年 7 月创办《社会星》时，在杂志的发刊词中，江声称该刊为中国"社会主义最初惟一之言论机关"，并宣布杂志的任务有四条："输布全世界广义的社会主义之学说"，"详载内外国社会主义进行者或反对者及一切与有关系之事情"，"发挥中国古来社会主义之思想"，"交通中国今日社会主义之言论"。对社会主义原理的介绍和宣传，散见于江亢虎的各篇文章之中。本书所收录的江亢虎的文章，其主要部分就是围绕着社会主义问题而展开的。但集中谈论社会主义原理和社会主义思想的发展的，可参阅本书的《〈社会主义商榷〉案》（1911 年 8 月）、《〈社会主义述古〉绪言》（1911 年 9 月）、《〈社会主义学案〉草例》（1912 年 12 月）、《社会主义学说》（1914 年）、《中国古来社会主义之思想》（1914 年）、《社会主义之今昔》（1920 年 11 月 17 日至 20 日）、《社会主义与新村》（1920 年）等等。

自清末民初至 20 世纪 20 年代，江亢虎通过创办报刊、四处游历演说、大学课堂授课和撰写论著等方式，比较系统地宣传和介绍了社会主义的基本原理和古今各种社会主义流派，普及了社会主义的基本知识。特别是他还比较系统地介绍了三个"国际"的政治纲领和历史发展。江亢虎所有的这些宣传和介绍工作，推动了中国社会主义思想的传播，并深刻地影响到了一两代追求真理的热血青年。如毛泽东于民国初年在长沙，读了江亢虎关于社会主义的小册子以后，热情地写信与同学进行讨论。（参见毛泽东 1936 年同斯诺的谈话）

（3）对社会主义运动的组织领导和理论反思。

如前所述，江亢虎在国内发表了第一篇关于社会主义的演讲，组织了国内第一个社会主义的研究会，发表了国内第一篇社会主义的宣言，创办了国内第一本社会主义的杂志，建立了国内第一个社会党。民国初年，中国社会党在全国曾发展到拥有 400 多个支部、50 多万党员。该党在政治、经济、社会和文化等方面，开展了一系列关于社会主义的实践活动，形成了中国近代早期社会主义的思想运动和社会改革运动。收入本书的文章，真实地记录了这个运动的发展轨迹，读后令人感到早期社会主义运动在中国近代发展的坎坷和艰辛。

值得一提的是，收入本书的一些文章，还记录了中国近代早期社会主义者，是如何寻求同国际社会主义者的联系的，包括同第二国际和共产国际的接触。此外，收入本书的《新大陆通信片·集会》（1914 年 8 月）一文，是当时江亢虎在美国加州旧金山参加和见证美国社会主义活动的记录，对于中国社会主义运动史和社会主义思想史来说，此文也是少有的弥足珍贵的材料。

江亢虎 1914 年在美国写的《中国社会党略史》、《中国革命之概观》，以及稍后的《将来之中国社会党》（1916 年 3 月）等文，则是他对中国社会党短短不到两年发展历程的历史回顾和理论反思。这些文章有助于我们加深对中国近代唯一的一个社会党的认识。

（4）对中国社会党党的建设问题的纪律规定和理论创建。

显然，清末民初江亢虎建立的中国社会党，是中国近代政党史上的破天荒。中国同盟会等资产阶级政党的建立，到此时已有近二十年的历史了，而以社会主义为标榜的中国社会党，则是一个新生儿。而中国社会党成立以后发展迅猛，加入该党的党员成分复杂，党内的分歧意见也时时显现。针对这个现实情况，江亢虎通过社会党的会议，对该党的纪律作出了相应的规定。《中国社会党第一次联合会后宣言》（1912 年 1 月）、《中国社会党重大问题》（1912 年 4 月）、《中国社会党第二次联合会后宣言》（1912 年 11 月）、《社会党党员之心得》（1912 年 11 月）和《中国社会党特别联合大会去职宣言》（1913 年 8 月）等文，对中国社会党党员应遵守的纪律，都有相关的规定，包括党的本部同各地方支部的关系、党员同支部组织的关系、党员同非党员及外部的关系、党的大会（联合会）召开的程序规定等等。

特别是《社会党党员之心得》一文，将党员的权利、义务和纪律遵循等规定，讲述得十分具体，包括"党员对于自己之心得"、"党员对于本党之心得"、"党员对于同党之心得"、"党员对于家庭之心得"、"党员对于政府之心得"、"党员对于普通社会之心得"等内容。诚然，中国社会党并不是一个真正的工人阶级政党，在当时，中国尚不具备产生工人阶级政党的社会条件。因此，中国社会党的上述纪律规定和党的建设的思想，从一定意义上讲，还是一种理论上的创建，对于中国社会主义思想史和中国政党史来说，也是弥足珍贵的。

（5）对中国工人阶级和马克思学说的具体分析和积极介绍。

中国社会党党员的成分繁杂，但当时确实有不少工人参加了这个组织。比如，该党北京支部开办了平民学校，定期举行社会主义演讲会，还派人"分赴各报社、工厂，各手工业作坊，宣传社会党党义，争取学徒工人入党"。支部工作非常出色，不久入党的党员就有几百人，"其中以劳动人民居多数，例如五道庙同印书局里四十多个排印工人即集体入党"（《文史资料选辑》，第75辑）。

在中国社会党存续的近两年内，我们从文献中并没有找到江亢虎当时对于中国工人情况的文字描述。倒是1913年年底他到美国后，写作了《中国劳动家现状》（1914年）一文。文章将中国"劳动家"界定为"普通工人"、"工厂工人"、"佃户"、"行商"、"佣人"和"奴婢"等六类。这是近代中国对中国城乡无产阶级所做的一个比较早的归类和分析，具有重要的价值。

事实上，早在1911年8月，江亢虎就深知，要搞社会主义，"所惜者，中国劳动家程度较低，而此事非劳动家普及，则不易实行"（1911年8月《〈社会主义商榷〉案》）。所以，他对劳动者是重视的。在中国社会党成立后的宣告里，江亢虎就把"振兴直接生利之事业，奖励劳动家"列为党纲八条之一，并宣告"劳动者神圣也！"（1911年11月《中国社会党宣告》）从收入本书的文章里，还可以看到许多江亢虎关于"劳动神圣"、"劳工神圣"、"劳动家神圣"的话语。十分难能可贵的是，江亢虎将知识分子也视为劳动者。他说："其实除少数资本家外，智识阶级本亦劳工之一种。劳心、劳力，固不可畸重畸轻也。"（1922年《对上海劳工各团体演说之大要》）此外，每逢五一劳动节，江亢虎便要写文章，或者做演讲，鼓吹劳工神圣。比如1913年5月1日，中国社会党在上海南市新舞台举行纪念五一节演讲会，有一千多人参加。江亢虎在会上发表了演讲，介绍五一节的由来，宣传社会主义的主张。又如1925年5月1日，江亢虎发表《新社会主义与劳动纪念节》。文章通报了中国新社会民主党为纪念劳动节的四件大事，并盛赞"此诚空前之举"。接着，就该党党纲的"新社会主义三要则"（"资产公有、劳动报酬、教养普及"）及其与工界有密切关系的地方，进行了阐释。最后，文章以"劳动同胞万岁"的口号结尾。再如 1926 年 5 月，为纪念五一劳动节江亢虎发表《五月特刊感言》，就五一劳动节、五四运动、五七与五九之国耻、五卅租界之惨案等事件，分别发表感想，最后归结为"新社会主义不实行，劳资两阶级利害冲突终不可免"；出路在于"新社会主义取资本主义而代之，新民主主义取帝国主义而代之"。

对马克思和马克思学说的介绍，江亢虎从一开始就采取了积极的态度。1912 年 10 月，江亢虎在谈到孙中山在社会党演讲时，"专重国家社会主义，宏畅德人卡尔·马格斯之宗风"（《〈孙中山社会主义讲演集〉弁言》）。12 月，在《〈社会主义学例〉草案》一文中，江亢虎也把马克思归类于"国家社会主义"派，称"卡氏之《资本论》，力翻经济学之旧案，主张土地、资本为社会共有之物，而分配之比例，当准劳力为报酬。拨云见天，其功至伟"。一直到 20 世纪 20、30 年代，江亢虎也是肯定和宣传马克思学说的。他说："卓哉！卡尔·马克斯之《资本论》，用科学方式，破科学迷信，开新世纪人道一线曙光，而政治界、经济界风气乃为之一变。"（1920 年 8 月《陶译季特〈政治经济学〉序》）这个时期，江亢虎在各地授课、演讲、讲学时，对马克思主义都做了积极的介绍。在山西大学四天的关于社会主义的演讲中，他甚至这样说道："我个人以为各种主义，不如马氏的能够实行，且没有什么大毛病。虽然不能墨守，一步一趋，我的主张，大体仍是马氏的背景也，可说是由马氏主张里面脱胎出来的。有人问我是那一派的社会主义，就答是'科学的社会主义'，不过尚有变通罢了！"（1920 年 11 月 17 日至20 日《社会主义之今昔》）

（6）关于"新社会主义"社会的理想追求和改革蓝图。

在 1922 年 8 月《第二次欧游回国宣言》中，江亢虎提出了其"新民主主义和新社会主义"的主张，并声称这是自己"半生来学问思辨之结果"，是"本一生九死之精神，向我垂毙同胞进此最后瞑眩之剂"。他把社会政治和经济的改造区别开来，认为实行"新民主主义"以后，政治问题就解决了，此后主要是要解决经济问题，即实行"新社会主义"。

江亢虎把"新社会主义"作为自己的理想追求。他坚信从资本主义到社会主义是"今日世界之趋势"，并认为资本主义必然被社会主义所消灭。否则，"道高一尺，魔高一丈，非后者推翻扑灭前者，将永无伸眉吐气之时"。

江亢虎通过"外观事变，内审国情"，将自己的"新社会主义"概括为以下三项内容。

第一，资产公有。江亢虎指出："资本制度——资本主义——是一种掠夺别人的利益而为自己的利益的制度，就是不劳而食的原因。"因此，"社会主义之精髓，在废除资本制度，禁止私人掠夺他人劳动之所得而已"。至于实现资产公有的方法，是要区分"资产之品类与性质"，将其分别变为国有、省有、县有和村有。具体的办法是"一概无条件的没收"和"出代价收买"。但他不赞成前者而主张后者。

第二，劳动报酬。江亢虎指出，劳动报酬"就是视所费劳力多少，与工作对于社会之价值，而定其所应得之报酬"，就是"各取价值"。可见，江亢虎的"劳动报酬"，也就是各尽所能、按劳分配的意思。

第三，教养普及。在"教"的方面，江亢虎认为，现在的教育"已变为少数人的贵族教育了"，解决的办法是主张教育普及，给每个人一个平等的受教育的机会，使得人人都能得到接受最高的教育的机会。在"养"的方面，江亢虎主张"各取所值"。他认为，人想多得报酬，就必须努力做，或把他的做得特别好。不是一切人，不分等第，都由地方或政府担任养育。总之，"教，是要到最高限度；养，却只限于最低限度"。为此，社会要大力兴办教育、福利事业，使得"生存之维持为社会之义务，而生活之享乐为个人之权利，社会一般之平等与个人单独之自由，庶几两剂齐平而交得其益乎！"（1922 年 8 月《新民主主义、新社会主义说明书》）。

江亢虎似乎为人们描绘了一幅"理想的"社会主义蓝图。

江亢虎的"新社会主义"，反对资本主义制度和阶级剥削，主张公有制和按劳分配，这就抓住了社会主义的最基本的特征，说明他对社会主义的认识有着相当的深度，因而从学理上看是非常有价值的思想。

三、关于本书所收江亢虎文章的版本来源

本书选编了 1900 年至 1935 年间反映江亢虎思想理论主张的近 170 篇文论和信函，内容涉及江亢虎的社会主义思想、民主主义思想、妇女解放思想、无政府主义思想、早期维新思想和教育思想等。这些论著，

对于深入研究中国近代社会主义思想史、中国早期社会主义运动史、中国近代政治思想史、中国近代政治与政党史、中国妇女解放运动史和中国近代教育史等，都弥足珍贵，具有重要的参考价值。

本书所收录的江亢虎的论著，主要选自江亢虎著作的下述版本。

1.《洪水集》，上海演说报馆 1913 年出版。这里采用中国科学院图书馆藏本。

2.《江亢虎文存初编》，上海现代印书馆 1944 年出版，使用的是1931 年上海中华书局的纸型。这里采用首都图书馆藏本。

3.《江亢虎博士演讲录》（第一、二集），上海南方大学出版部 1923年 6 月初版。这里采用首都图书馆藏本。

4.《江亢虎新俄游记》，上海商务印书馆 1923 年 2 月初版，1925 年11 月第 4 版。这里采用天津图书馆藏本。

5.《江亢虎思想一斑》，北平北京出版社 1935 年 9 月出版。编者购自上海旧书店。

江亢虎的一生，著述丰硕，还包括大量的书信、诗作。限于篇幅，其他著作如《江亢虎新俄游记》（全书）、《南游回想记》、《台游追记》、《江亢虎博士演讲录》（第三、四集）、《社会问题演讲录》、《中国文化叙论》等，本书均未能收入。谨此说明。

中国人民大学出版社出版《中国近代思想家文库》，是我国学术界一件具有深远影响和重要意义的事情。该文库编委会邀请我承担《江亢虎卷》的选编工作，这是我本人的荣幸。选编工作得到了中国人民大学出版社学术出版中心策划编辑王琬莹老师的诸多指导和帮助。在此，谨表示衷心的感谢！

华中科技大学人文学院、历史研究所的领导，特别是历史研究所所长、著名宋史研究专家罗家祥博士，对于本书的选编工作始终予以鼎力支持，提供了不少方便。自 2011 年以来我任教的南非斯坦陵布什大学孔子学院，也给予我充分的信任、理解和支持（本书的选编工作，包括《导言》的撰写和《江亢虎年谱简编》的写作，工作量巨大，但完全是在比较繁重的教学工作之余，利用周末和节假日的休息时间完成的）。这里，谨对罗家祥教授、孔子学院外方院长罗伯特·柯哲（Robert·Kotzé）先生和中方院长谢作栩教授，表示诚挚的谢意。

我的夫人鲁再娣女士，不管是在南非斯坦陵布什大学随任期间，还

是在国内操持家务之时，都是本书选编工作的得力助手。在此，也谢
谢她。

相信本书的出版发行，能进一步推动和繁荣中国近代历史的研究。

需要说明的是：原文有明显错误者，若是单字或词语，直接在原文
中相应字词后，用〔〕内之字改正。

华中科技大学人文学院、历史研究所教授
南非斯坦陵布什大学孔子学院教授　　汪佩伟
2013 年 12 月 10 日于南非斯坦陵布什大学
wangpw@sun. ac. za
frankwang _ 2003@tom. com

智学会序
（1900 年 11 月）

　　大同之功效四，智、强、富、寿，胥纳之学而出于学。学者觉也，有觉之者。学者敎也，有敎焉者。是不可以不群也，于是乎学会尚矣，环球虑举莫不然，然而我国前无有也。甲午之后。郁极思动，维新诸君度天时，因人事，惩前覆，毖后辙，始立强学会。振臂一呼，明盲震瞆。读其所言，蹶然以兴。然未尽也。夫天下岂有不智而强，亦岂有智而不强，不度德，不量力，文明不开，野蛮不化，猥曰强也强也？匹夫身手之勇，黔驴蹄躈之技，未有能济者，只阶厉耳。团匪肆祆，政府铸错。探其原由，实坐于此。神拳未挥，鬼子未尽，而麦秀之歌作于宫廷，瓜分之惨悬于眉睫。乌乎痛哉！及此而不学，学而帖括，而卷折，而词章考据，而顽固虚憍卤莽灭裂，以自是而自弃，将为奴为隶为牛为马为驼鹿为沙虫而未已也。乌乎痛哉！绍铨，中国之穷少年也，幼不知学，生而逢罹，枪林弹雨之余生，目击肤受之奇恸，困于心，衡于虑，惕然而自危，蹶然而思奋也。以为古今之兴且盛，未有不由于智者。古今之衰且亡，未有不由于不智者。况今日之天下，战智之天下也。而智也，虽危不亡，虽微不灭，不亡不灭，循以自强，易如反掌。而不智也，波兰、印度之民，红、黑、棕、铜之种，朝露秋叶不遽摧贾者，幸也。故智学者，实提纲挈领之端，即原始要终之道。大之固致世之全功，小之亦救时之急策。不揣僭妄，草创大凡，召集同人，扶掖进化。已饥而炊，已渴而汲，敢曰颐生，惟期救死。搏其爱力，矢以精心，提全国之精神，作民权之张本。玉步依然，钟虡无恙，天之赐也，人之愿也。一有不讳，犹得戴高履圜，冠冠被裳，挟所知所能，容与于天演物竞之场，进图夫移殖复兴之计。常负灵秀，永辞苦途，岂不懿歟？章程如下。

总章程

一、本会有大通、恒新两宗旨。入学之始，则以破成见扫俗见为下手工夫。一切鬼神灾异之谈，祸福名利之见，有碍智学，一概廓除。

一、本会所有之事七。曰学堂，曰报馆，曰课社，曰译书处，曰印书处，曰阅书处，曰议事处。

一、本会总会立在北京，别立分会于各口岸城镇及各邦有中国人之处。

一、创始者难，众擎斯举，凡我同胞，义当共济。名公巨卿仁人谊士，有能慨捐巨款以倡其始而速其成，实恒河沙数之功德，而四百兆人之公幸也。借曰牟利，有如曒日。

学堂章程

一、古今中外学术浩繁，普通专精皆有实用，兹仅先设一切智学阶梯之学科四，曰汉文，曰英文，曰东文，曰图算，其余各科容俟续设。

一、学堂各科请教习一、副教习一。每六月、十二月为报名之期，至七月、正月汇齐成班。由副教习授学。汉文、英文皆学一年，东文、图算皆学半年。然后由教习授学。不拘年限，每月考试一次，察其颖钝，验其勤惰，酌加奖格，以资鼓励。

一、学堂皆订简捷明备之书，定循序渐进之则，期于画一，以便中人。其有资质愚鲁工夫弛懈，宜黜班次，用示警愧。

一、学堂学资每位每月皆取洋银若干元，茶水、炉火概由代备，书纸笔墨概由自备。住堂者每月另取饭资若干元。

报馆章程

一、本报名曰《智学会报》。

一、本报日出一纸，纸分四篇。一曰论篇，专载本会人作有关智学之事，及社课前列各卷。一曰录篇，专载谕折路电专件来稿及他报之论说。一曰纪篇，专载内国外国之近事。或得之采访，或出于缮译，或择自他报。一曰附篇，专载告白。

一、本报报资每月洋银若干元。

一、本报虽不禁非会中人购阅，但会中人必须购阅。

一、月终重将逐日报纸择要钞录，仍分四篇，另编子目，刊印成书，奉送阅者，不取分文。

一、本会译书处译出之各种新书，间印数纸，附于报后。

课社章程

一、本课专为发明智学之事，钞袭陈说捃撦浮文者不录。

一、本课每月两次，初一、十六日出题，初十、二十日齐卷，十五、三十日或二十九日评定揭晓。第一名奖若干元，第二名奖若干元，第三名奖若干元，以次递减，择尤登报。

译书处章程

一、本处专译东西各种智学之新书，旁及短书小说。其译才即取诸本会之学堂。

一、专门难译之书另聘名公译之。

印书处章程

一、本处除逐日刷印报纸外，专印本国智学书籍之未能畅行者，及本会所著所译之各种新书。精装成册，减价销售。

阅书处章程

一、本处专搜藏本国关于智学之书籍及报章，别储东西文各书各报，皆分别部居，以备会中人之阅看。

一、会中人愿阅书者，须先注名于本处之册，给发执据，以便检查。

一、本处之书概由本会陆续购置，有愿捐送者，虽未入会，亦准注名给据阅看。

一、本处备有桌椅笔墨茶水等事，便阅者之用。惟不得任意喧哗，肆行涂抹，及携书他往，遗佚损坏。如犯此者，应即销去册名，禁止阅看。

议事处章程

一、本处专议会中一切举废之事，并演说国家、民生一切要事。

一、事之行止，理之是非，视从违多寡为断。

一、议事或演说之期，先由总会或分会之会长，通知会员，届期齐集。如确有要事万难分身者，务须先期声明，不得临时推托。

入会章程

一、本会乐群敬业，一视同仁，无论何人，概得入会。其年限则以十五岁以上二十五岁以下为率。

一、入会者应各在附近所立之会注明姓氏、籍贯、年岁、生业，以便汇录成簿，刊布同人。

一、入会者于总章程中所举七事，除阅报、阅书、议事通行外，或入学，或应课，或译书，或印书，应各量所能，任执一业，勉图进步，共底成材。

一、会中除入学须交学资、阅报须交报资外，别无分毫之取，其力能捐施情愿资助者听。

一、本会学会也，相观而善，以友辅仁，顾名而思，各宜自爱，如有讹诈钱财、吸食鸦片，及犯一切大违学律之事者，立予斥逐，以肃会章。

此稿甫脱，出以示人，咸咋舌以为难办，然有志竟成之谓何。兹特付刊，广质同志，如有力能任办者，敢以此稿相赠。但期有济，不必功自我成也。

学目叙识
（1901 年）

伉父曰，海行者则决向乎方针，宵征者必问途于明烛。余困于学久矣。束发就傅，于今十年。中更舟车跋海弗克理其业者，约将二年。而昕夕一编不暂释手者，亦不下八九年。纵辔词场，鼓枻艺海，浩浩乎而莫穷其际也。骎焉以息，愧焉以思，约取指归，区为门径。盖焦僚之巢，不过一枝；偃鼠饮河，仅取满腹。颛其一途，精其一种，皆足以名家而寿世，资学业而禆文明也。凡为目三十有四，类而附者若干。乌乎斯文，于兹未丧，针途烛幽，可览观焉。

天学尚矣。五行分野之说不足道也。百年来仪器日精，推步日密，自乾隆间测得天王、海王与五星大地同摄于太阳之重心，而诸星之以续得者且二百余。阅时既久，悟法浸多，茫茫紫虚，殆如指掌。然而诸球之质尚凭臆谈，星气之丛莫施实测，非以距离太远故窥视难真软？其有需后人之讨索者正多也。浏阳谭氏欲假轻气吸力使行星互相攒聚，语颇创闻，然始阒终通，公理固然，必可行者。斯古今一大变局已。历学者，先王所以观象而授时者也。中外互殊，阴阳异建。宋沈存中十二气为年之说，似较为简易而可行。夫历学固天算家所有事也，爰类附焉。

戴高履厚而不知，古之人引为大耻。苍苍者崇矣远矣，人所丽属以生者莫亲于地。地学有四：地质之学，矿产层迹土宜之类也。地文之学，风雷云雨，俗所谓天文者也。地形之学，辨势要也。地名之学，征沿革也。言形、名者，东人为详。考质、文者，西人为确。可以见诸行事而为生民利，顾不要软？

余深韪夫南海康氏之说也。治国多医，乱国多兵，尽之矣。人之生也，感于外者伤于内，伤于内者形于外。谋为之扰，灾沴之侵，不能以无病。惧其及于病而思所以防之，于是乎有摄生之学，以宁静其心志，䀁养其骨血。生气少亏，百邪乘入，于是乎有药石。药石非能治病也，助其固有之生气，俾之战胜乎百邪者也。卢、扁之术不传，后之医者执阴阳生克虚无惝恍之谈，贸贸焉以为尝试。不求实征，徒泥私说，甚者师心自用，以为医者意也，可以率意为之。傅会岐黄，草菅人命，至以色味配藏府，于根苗判上下。乌乎！抑何可笑而可痛也。西医之学，详验药性，穷推病原，巧施法治，既实且捷，不容影响。卢、扁后起，何以尚兹？近来讲延年之术，倡仁物之举，立验脑之会，文化日新，生机益畅，骎骎乎有博学之盛，而议弭兵者亦浸以加多。兹述医而不述兵，诚不忍以嗜杀人者为学也。

金匮华氏曰，计较之心，算之端也。岂不信夫？尝考中土之文明盖甚早于西国。嬴政焚坑，遂以退化。畴人子弟，散之四方。彼西人者，乃得借其成功而益求精诣。然其法虽颇有东来，要之计较之心，人皆有之，不必其果相剿袭也。故比例之术，简于九章；三角之术，广于勾股；借根之术，捷于天元，代数之术，精于四元。又比诸日用，切诸事情，管籥百学，权舆万象，不似夫冥探律吕强傅图书者。而决疑之学，明白有章，如式入之，每得梗概，以视卜筮壬遁之敷演纠缠而百无一据者，又何如也？珠笔筹尺而外，如法之多玛，英之巴比支等，皆创制新器，事半功倍。惟开多乘杂方，繁重枝节，讫无美策，一憾事也。

古今文野，性若一施，东西南北，情无二感，心同理同，岂有他哉？然而关系各殊，种类自别。一曰伦理。伦者常也，物物各具之常理也，所谓有物有则，惟称名通义专以人事为归。一曰心理。脑筋运动之程也。其能力四：曰觉，偶触于外而传知于内也。曰识，熟复于外以绘影于内也。曰忆，复呈才止。曰幻，冥心孤造，由无生有，实世界一切因缘之起点也。东之汉、宋时，西之希腊、罗马时，理学皆最盛，然求其惬心而贵当者卒鲜。夫惟荟萃群旨，折衷一是，破人己之故见，契一心于无朕，毋意毋必，毋固毋我，优游涵泳，深造有得，然后见外而宇宙，内而一心，莫不各具灿然秩然之现象，是之谓理。自天演、格致之学兴，而神道设教之术破，于是乎理学又进一境矣。

法学乌乎起？人戴其骨肉毛血之躯，而谬以为我。谬以为我，故蚤夜思所以利我。蚤夜思所以利我而天下之利在此者未必在彼，乃因以有不利于人，人亦蚤夜思所以自利而有不利于我，而于是争敹贼杀之祸起。法也者，所以限私利，谋公利，俾人人举利而举无不利者也。故有独利于己而于人不利者，必锄之，使不惟不利也，而更得害，以为民戒。其原盖亦出于理学。中国以不谙法学，召全球之笑僇，蒙野蛮之称号，犹自冥然而不寤，悍然而不变，殆已。夫人类果各思所以自利而无贻他人以不利乎？何患乎不刑措？国家亦各思所以自利而无贻他国以不利乎？何患乎不和平？此实一切私法、公法之精义也。

神农作稼，蒸民乃粒。五谷之利，五洲同之。然而播种耕耨，盼盼终岁，胼胝屈曲，何其病也！自机械之制日精，而手足之劳渐减。生之者不必众，食之者不必寡，而家给而人足焉。夫水旱饥馑，赤野千里，草根树皮，罗掘既尽，或吞土石，以代稻粱，义取充盈，苟延喘息。至如方士以服气却谷食，近人以饵果避烟火，则匪惟果腹，抑且延年。化学昌明，可制汽体、液体。取矿产之精，供滋养之品，而动物不登于刀俎，植物亦不纳于庖厨。将农学夷为附庸一科，未可料也。

洋洋乎大哉！化学也欤？其类万物之性，而见造化之心乎，若举天壤间形形色色，悉被以化学之名数。析之聚之，以求其轮回之故。增之减之，以征其变换之状。诚宇宙一大观也。含灵负秀别声被色而谓之人，私其含负别被之具而谓之我。哀乐之情生，而恩仇之事起。而不知六十四种之合质，细胞阿屯之回旋，曰我曰今，弥留焉尔，不务于此弥留之际，使同此弥留者，皆各有以善处此弥留。举天下之躯壳，为天下尽其用，殉于声色之幻，辜其灵秀之秉，亦惑矣哉。抑余闻化学有摄聚还原之说，故薪之灰者可复为木，烛之烬者可复为蜡，宜人之死者可复为生也。特灰复为木，已非原薪；烬复为蜡，已非故烛；死复为生，已非前人。因果之说，轮回之说，如是如是。

梁任父曰，专教之国盛，半教之国衰，无教之国亡。不然哉？欧洲诸国非专教欤？一千一二百年间，涂毒生灵，数累亿万，国争犹少，教争独多。以为教敌不尽，教宗不尊，其害之彰明较著者矣。即以近事言之，更何以解于拳匪与联军之祸也。夫无教者非不教也，且无教宗非无教侣也，不主故常，惟善是适。所谓不立一教，不离一教，古今中外教宗繁多，举其著者，孔、佛、耶、回。四者小异而大同，始分而终将合焉者也。耶、回均称天以治，耶偏恩，回偏威。孔以元统天，佛列天于物，佛为大。孔次之，耶又次之，回为小。而其行之之序，则有反比例。回浸衰，耶方盛，孔其继之乎？若夫运一诚，空五蕴，超生死，泯人我，斯大雄之旨而大同之效也，舍佛将谁归？

阿者语言之始乎？东之ア、イ、ウ、エ、オ，西之A、E、I、O、U，皆阿之类音也。呼父曰爸，呼母曰妈，薄海同之，皆阿之类韵也。

要都始完而渐碎，始浑而渐晰。一者文字之始乎，故一、二、三、四等字，东西无甚悬殊也。一者象形也，日、月、山、水、A、B、C、D等字皆象形也。要都始率而渐整，始似而渐远。故曰音生于哭，字生于画。夫物之形也靡穷，其相类者尤夥。若必一一肖之，将繁而不可胜画，而活动字尤变化纷纭不可以为画也。于是乎广之以声音，日、月、山、水等建为部首，赘为形声；A、B、C、D等用为字母，配为拼音。皆是。至其所以得此声音者，大抵当时之语词然也。由是联音成语，串字成文，古人之为文也，非故为文也，后世去古日远。古人之音训已屡变而浸失其真，其视古人之言，若甚繁重奥衍，诘屈聱牙，大异乎今人之言者。而仿而作之，为文家言，其直笔现时常用之词，而不比傅古人音训者，为质家言。文质之殊，语言文字离合之始也。其在秦、汉之际乎？夫古已古矣，必疲神耗思，揣色侔称，以蕲复合于古，而不予今人以索解者，抑亦文人之过也。故质家最有利于通行，而文家只可存为颛学。然书别有六，文累数千，终不若配字成文、因文知音、因音知义之简便。盖中文形、音、义歧为三，西文则并而为二；中文文、质区为二，西文则合而为一。近人颇有创造新字者，思易天下，殆难普行，曷若竟立英文为世界交通之公用，其余诸国文各存为一家之言可也？

《爱国报》叙目
（1901 年）

外人之诋我也，曰无爱国心。乌乎！自一统之制成，而国家之义晦。人徒斤斤焉以爱其一身，扩而充之，至于一家一族一乡一邑而止矣。以为国者，庙堂一二人之责，于己若了无关系者。夫皮之不存，毛将焉傅？国之不保，何有于乡？何有于家？何有于身？身特国之一小分子耳，其诸栋梁之于榱桷欤？榱桷摧折，而栋梁屹然，事盖有之，未有栋梁为□而榱桷可以苟免者也。故巢覆则必无完卵，国亡则同为鲜民，宁有幸哉！宁有幸哉！于是又有倡大同之说者，抱世界思想，揭兼爱宗旨。其理论诚高尚，其愿力诚宏远，抑可以为药我之痼疾，破小康之畛畛已。虽然，千顷之波，不可一苇而渡也；百仞之山；不可一蹴而几也。二十世纪固犹是国家主义之光明迸裂时也，封豕长蛇，磨牙龁舌，各扬其民族帝国之旗帜以来，人为刀俎，我为鱼肉，人为尸祝，我为牺牲，以云兼爱，偾亦至矣。况夫世运循环，无往不复，和平之久，将再见纷争，大同之极，或复成割据，是犹不如国与国之相摩相荡相牵相掣，可以维持于不坠也。故□斯时也，为斯民也，毋侈言世界也，亦曰国而已；毋泛事兼爱也，亦曰爱国而已。我中华帝国者，三千年文教之邦，四百兆神明之胤，二十六万种动植矿物之菁英，所共托命焉者也。我中华国民者，承三千年文教之名阀，绍四百兆神明之血统，据二十六万种动植矿物之遗产，而为其主人翁者也。国之可爱也如彼，国之当爱也又如此，然爱之云者，非徒爱之云尔，必求所以达爱之目的，完爱之功能，而后爱为不虚爱。乌乎！不见夫三千年文教之坠于地也，四百兆人民之耗其生也，二十六万种物产之供人取携而无禁也。乌乎！我国民而欲达爱国之目的，完爱国之功能，则忠勇奋发，大声疾呼，情何能已。夫忠勇奋发，大声疾呼，非谓遂已达爱国之目的，完爱国之功能也，特爱国精神之表现。爱国言论之宣传，实一切爱国事业之嚆矢耳。鲁女不嫁，乃兴漆室之嗟。贾生少年，先陈痛哭之疏。不揣弇昧，妄思作为，创办报章，标名爱国，指陈时事，发皇人心，首立内篇，以揽其要；更设外篇，以博其趣。内篇以简括谨严为主，外篇以鼓舞震动为主，是非得失，颇具微权。建议敷陈，期诸实用。务表现爱国精神，宣传爱国言论，唤起同胞，各尽天职，以共谋达爱国最后之目的，完爱国最高之功能。区区之志，于是乎在。华亭鹤唳，闻者伤心。风雨鸡鸣，对之起舞。世之览者，其亦油然而生感，矍然而思奋哉！

内篇

报也者，国民舆论之代表也。一理也，一事也，是者是，非者非，孰当趋，孰当避，必诉国民之志愿，然后示国民以方针，然后其言为有责任之言，而不同于处士之横议与清流之空谈。论之时义大矣哉。钩章棘句以为古，牛鬼蛇神以为奇，东涂西抹以为美，无取焉。叙论第一。

国人之罪报者，动举造谣言三字为不移之铁案。夫造谣言亦报馆不得已之苦衷，而东西洋各报所同抱之通病也。况我政府大老，运筹帷幄深邃之中，秘密掩饰，惟恐人知。虽躬处尊显者，有不能尽言其实，而以责诸疏逖卑下之报馆中人，不已苛欤？且彼日报者，一切寄耳目于访事人，旦旦取盈焉，而无审查覆按之余暇。彼访事人者，亦只苟且敷衍，期填篇幅，凑字数，以取得报酬，而无实事求是之诚心。故一切谣言，众人所造者十之五六，访事人所造者十之三四，报馆主笔自造者或亦十之一二，要之皆理势之无可如何者也。本报七日报也，于事之未确者，得先加以参稽，必事之果确者，然后据为宣布。所有新闻，统分八类：曰内政，于以窥当轴之治忽。曰外交，于以验国际之盈虚。曰本埠，报馆驻在之地，故见闻较切。曰北京，都会首善之区，故记载特详。曰西北各省，曰东南各省，长吏之措施，社会之驯扰，直书其事，褒贬自见。曰东半球各国，曰西半球各国，观其内政则知愧，观其外交则知惧，此当世得失之林而吾人所资师效也。叙纪第二。

赦矣天门，穹矣九重，上与下所借以相接者，文告尔已。然下焉者四百兆人，而上焉者不过一二人。夫一二人所好，岂必四百兆人好之？一二人所恶，岂必四百兆人恶之？好恶不同于民，则扞格生而祸患起。况彼一二人者，初不能披其肺腑以与四百兆人相见，徒托之文字行墨之间，又假之妇寺胥吏之手，几见其不壅蔽荧惑而相为乱也。虽然，吾侪小人，舍是更无以觇上旨，惟有援据登载，比拟窥测，庶几宣布德意之一道欤。谕旨固制治清浊之源也，至于嘉猷嘉谟之入告者，是有折片。或诋为断烂，或视若具文，然即其言以考其行事，即其事以考其用心，情伪臧否，大概可见。若夫上行则有申详呈禀之名，下行则有批札示谕之目，此所谓公文也。择其于政治有关系者，最而存之，盖又补谕旨、折片所不及，而往往为官马风气趋向转变之端倪，不可忽也。专件者，章程条款之类，上讫国际之约章，下讫团体之规则，乃言论之实施，而行为之符券也。凡建一策，创一事，其举办之计画，推行之程序，必备述之，以课进步，而勖后来。殿以时论，别为三门。曰华文各报，或慷慨直陈，或主文谲谏，其愤而烈也；或刺激之，其婉而和也；或杼轴之，飘风下泉。盖皆有望治之思焉。曰东文各报。曰西方各报。当局者迷，旁观者清。他山之石，可以攻玉。士有诤友，邻有责言。言者无罪，闻者足戒。《诗》曰，人之多言，亦可畏也。《语》曰，法语之言，能勿从乎？谁秉国成，可以鉴已。叙录第三。

外篇

分学腋、文苑、智囊、笑林、杂俎、格言、说部、闺镜、艳闻、琐记、要览、来函、未叙。

与袁慰廷书
（1901 年）

宫保阁下敬肃者：

　　司员猥以微才，滥邀溢赏，录其葑菲，招以弓旌。奉命以来，夙夜惶愧，日前屡谒节辕，备聆钧诲，仰见宫保先忧后乐之苦心，舍己从人之美德。司员窃不自揣，欲少尽其款款之愚，以报知己。夫沧海不屏细流，用能成其大；泰山不厌微尘，故能保其高。昔孟子之事齐王也，不欲局促于礼仪，而独敷陈夫仁义，彼其期之者良厚而敬之者良挚也。司员虽万不及孟子，而宫保实百贤于齐王。忆自有生垂二十年，侧闻中外人士，歌咏德施，想望丰采，谓为当代一人，言有大而非夸已。顾司员之意，则望宫保不仅为中国之伟人，而为全球之伟人；不仅为一时之伟人，而为万世之伟人。以宫保之地位之才识，本足为全球万世之伟人，然而政教有未尽善，富强有未骤致者，岂左右之人，朝夕之间，有未能说言宏议以激发聪听者乎？是殆不然也。宫保之僚属，类皆良能；宫保之幕府，类皆贤俊。宫保之接见僚属与幕府也，类皆诱以进言之路，而不恤下问之耻。若是犹有未尽之言则何也？殆以官守限其职，而不愿倡越俎之谋；荣辱动其中，而不敢进犯颜之谏也。若司员者，草茅新进，既无官守为之限，亦非荣辱所能动，徒以宫保见爱之厚，优容之深，自忘愚骏，妄思建白，辄效刍荛之献，冀酬酒醴之恩。盖非司员不敢进此言，亦非宫保不能听此言。言而是也，采而纳之，举而措之，司员不叨其功。言而非也，斥而弃之，进而教之，司员请改其过。谨撮大要，列举三条。枝节之谋，琐屑之事，概不渎议。至推行次序，运用方法，则又千头万绪，因应异宜，非立谈所能详，更非楮墨所能罄，亦不赘及焉。

　　一曰世界之大势。

　　夫为今日世界之人，处分今日世界之事，必知今日世界之大势如何，而后措施裕如，无迂阔隔阂之弊。

甲、今日之世界，非一统之世界，乃列国之世界　自通商传教之禁开，而闭关自守之策破。时至今日，犹有追原祸始，痛骂互市之非计者。不知始塞终通，乃进化之公例。古之人鸡鸣狗吠相闻而老死不往来者有之，浸而都市矣，浸而国家矣，浸而辟疆土拓版图矣。试思唐、虞、三代之时秦、楚、吴、越，皆化外也，何尝知有今日？今日之英、法、俄、德，一如秦、楚、吴、越也。况舟车之制日精，而交通之法益便，即南北极冰天雪窖，尚能探险而得之，茫茫大地，岂真有所谓桃源者耶？故知今日之世界为列国之世界，则有所警鉴，有所观感，破虚憍自大之见，明平等独立之理，而风俗不流为文弱，人心可期其奋兴矣。

乙、今日之世界，非固定之世界，乃日新之世界　太空回旋，万化递嬗，永无停滞，永无休息，昨之是者今或为非，朝之新者暮已成故。泰西之俗，信今而不信古，敬幼而不敬老，希望未来而不追慕过去，盖前人不能知后人之所知，不能能后人之所能。而后人则既知既能前人之所知所能，又能益以前人之所未知所未能，此所以后胜于前也。凡人追慕过去之事，无论祸福，皆生悲感。希望未来之事，则精神愉快，而意志坚强。此其明效大验矣。顾为政者，乃欲持有定之成法，以御无定之世界，不亦慎欤？

丙、今日之世界，非力争之世界，乃智争之世界　古人之战斗也，以手以足而止耳。浸而戈矛而弓矢，浸而枪弹而爆火。杀人于百里之外，却敌于谈笑之间，虽曰器争，抑人之智巧实为之。斯已奇矣，然犹其有形者也。至于无形之争，运筹帷幄，折冲樽俎，或有以学屈人，以术屈人，而甲不必坚，兵不必利，则纯乎智争，尤不可以有形者御之矣。

丁、今日之世界，非并育之世界，乃竞存之世界　近百年来，天演学兴，知物类存亡，悉循优胜劣败之轨律，惟竞争乃能生存，亦惟竞争乃有进化。古之埃及、印度、希腊、罗马，皆一时强盛之邦，因竞争失败而国亡种灭。殷鉴不远，可为寒心，急起直追，刻不容缓。此虽匹夫之微，亦当分任其责，特当轴者所负尤重耳。

二曰中国之急务。

良医之治病也，缓则治本，急则治标。今日之中国，真治标之时也。国威既损，国权既失，国维既破，国本既危，风雨漂摇，朝不保夕，休养生息，动需岁年。彼鹰瞵虎视者，能假我以从容布置之余裕乎？然则治标之法奈何？曰练兵。夫中国从前之祸，起于轻敌而好战，至今而又言练兵，是犹憎火而继以膏也。曰是不然。甲、庚两役，仓皇儿戏，不得谓兵，更何论练。练兵固有道矣，在一切步武泰西。出兵亦有道矣，在联列强以攻暴俄。日本于我，虽有旧隙，寻亦悔之，同种同文，谊犹唇齿，且新兴之气，不可侮也。英、法、德、美，小有违言，而鞭长莫及，又患无名而寡助也。其惟对俄乎？俄之辱我甚矣，列强怨之亦深矣，而不遽与开衅者，因瓜分密约，具有同情，不欲以一朝之私忿，丧其将来之大利耳。况我身当其冲，不自奋勉抵抗，谁复肯为戎首以发大难者乎？倘能激发忠愤，号召友邦，吾知师出有名，外援必众，师直为壮，民气大伸。俄外强中干，孤立无与，骄者必败，哀者必胜，自然之势也。是一战而国威可复扬，国权可复得，国维可复立，国本可复定也。然后修明内治，推行新政，徐谋培植本根扩张势力之计，如日本一战胜我，驯致富强，是在吾人善于取法而已。

此外急务，首推财政。人之言曰，开源不如节流。不知源之不开，流于何有？譬如人家，富有金钱，韫椟深藏，不知运用，徒手持十钱，日用其一，可谓至节，然不浃旬而亦尽矣。若时启椟而探取之，或更经营以附益之，虽费百钱，何损毫末？而生活日裕，资本日充。此开源不必节流之说也。盖豪杰谋事，愿创业而不愿守成；国家理财，重量出而不重量入。奈何今日之持筹握算者，甘为守钱虏。罗雀掘鼠者，但见尺寸地也。恐金山银穴，不爱其室，将傅翼而飞去矣。

三曰万世之长计。

白种日盛，黄种日衰，蹂躏凌夷，遂至此极，而当局者犹不悟也。自其外以观之，强者必发冲冠，懦者亦泪盈把矣。幸得一日本，稍为我黄种吐气，使世界晓然于所以致此者，乃政教之未善，非种性之不良。然其地小不足以回旋，力薄不足为支柱，自恃朝锐，踔跃为雄，窃虑后难为继也。日人亦深自知之，且深有望于我。大众一辞，朝野风动，非尽阴谋也，亦非尽口惠也。彼向固尝假我以示威，而今则实欲辅我以自壮，故其深有望于我也，非真爱我，亦自保之道耳。我若推诚以联络之，更联络朝鲜、暹罗等国，责以大义，搏以爱力，矢以精心，则幅员之广，户口之众，足以抗衡白种而有余。天道好还，人事难测，异日首出庶物混一宇宙者，安知非我金色民族耶？然必先求所以自立，而后日本诸国肯推我为主盟。前条所陈，即自立之治标法也。其治本方策，则端在兴学。近世哲学家，悬想郅治极轨，一切政制，均统于学。虽似空言，却具至理。未有民智不开而能长富强者，亦未有民智既开而不大富强者。富矣强矣，何施不可？使我中国复炎、黄、尧、舜之隆规，执戎蛮夷狄之牛耳，功业被于苍生，荣名耀于后世，此虽非一朝一夕所可睹之效，然必赖一手一足先为引其端。倘遂以直隶为滥觞乎，是犹旦暮遇之也。

《语》有之，无治法，有治人。《诗》亦曰，君子寿考，遐不作人。宋儒则曰，欲得民心，先得士心。夫岁寒而松柏后凋，时乱而才俊辈出。然非常之人，难进而每苦其易退，大受而不可以小知，至一旦感激而许效驰驱，则一往直前，虽杀身毁家而不顾。又善能汲引同类，审度时机，得志则致君泽民，与天下更始，不得志则或栖皇道路之间以冀得一当。或偃息衡茅之下而垂为空言，是莫不有千秋之想焉。夫吐哺握发，古圣且然。悲天闵人，先贤之旨。彼在上者日日叹无可用之才，而在下者亦日日择有可事之主。然或远隔千里，而招之不肯遽来。或近在咫尺，而用之未尽其道。相需殷而相遇疏，古今人所同慨也。目下党禁綦严，疑谤百出，且又资格困之，绳墨拘之，虽有异材，无缘自见。然彼海岛飘蓬之逋客，乡陬踡伏之穷儒，延颈而望，翘踵而立。闻一善政，则喜动颜色。闻一秕政，则愤填胸膺。此岂无意于天下事者哉？诚得人焉，为延揽之，将皆云集景从，乐为效死。虽康、梁保皇，孙文革命，随声附和，大有其人，然而盲从者固多，中立者尤众，若不速筹招徕之计，而徒强用压制之力，急则困兽犹斗，缓则滋蔓难图，恐后患正未有艾也。至近年以来，官遣游学生，及幼年有志，未与戊戌之变者，类皆能自树立，不至误入歧途。司员结识多人，往来有素，敢百口保其非康、孙党。夫菌堇毒草也，蜂虿螫虫也，因势而利用之，尚可使有益于人生，况于跅弛之士乎？施以羁衔，善其控御，则千里马至矣。

以上三条，乃经世之宏图，中兴之要略，司员怀之久矣。计非宫保无可告语，然向以缘悭一面，不欲妄作卞璧之投。到保垣后，始悉宫保虚怀若谷，纳言如流。窃自庆幸，以为私心所蓄，可以抵掌而谈。惟是政躬贤劳，文书旁午，苦无进言之隙。然若终于钳口结舌，苟且食息于覆帱之间，则不特扪心有负乎明知，亦且顾影自惭于清夜。是与宫保所以见召及司员所以远来之本意相刺谬也。夫交浅而言深，固古人所戒，然可言而不言，亦君子所耻。救世情殷，图报念重，怦怦于中，不能自已，遂冒昧泄其一二，姑为量可而进之尝试。倘不叱为悖诞，而欲诱使尽言，则继此而敷陈者，尚络绎而未已。昔曾、左诸公，转旋新运，建树非凡，声施烂然，至今不朽，其大过人处，惟在统筹全局，识拔真才。宫保今日，际世益艰，立功亦必益伟，诚能知人而善任，求贤以自辅，则他日勋业，必更驾曾、左而上之。是则司员所馨香祷祝者已。虔叩钧安，伏乞宥鉴。

周云如《海军图说》序
（1902 年）

　　大地非人之所得而私也。余幼读《礼运》，慕天下为公之义，见世之策国防讲兵事者，此疆彼界，尔诈我虞，争尺寸之地，不恤糜烂其子弟，绞膏血暴肝脑以殉之，而得不得且参半焉。窃尝忾然永叹，以为此亦知者之过，而与于不仁之甚者也。自弭兵说起，而万国和平会、国际裁判法次第发现，盖理论已进化矣。然强有力之国家，仍甘冒大不韪而为之戎首，弱者又尤而效之，世界依然一战场也。今朝廷震于东邻之富强，惩于甲午之覆辙，谓有文事者必有武备，毅然议兴复海军。于是乡人周云如都护攘臂而起，作《海军图说》以干当道，庶几于一用。时哉！时哉！大同之盛不可骤见，列国各挟虎狼野心相角逐，我不犯人而不能禁人不犯我。彼挟其坚船利礮，横绝重洋，欲波不扬，不可得也，且惟自卫乃能并存，天心而未厌乱乎？海军又乌可以已？都护属以一言弁其书，余故不习军旅之事，又人微而言不足重，惟记其所感者如此。龙蛇起陆，沧海横流，闵四国之多虞，愧经生之寡术，不禁投笔而长慨已。

请立全国教育会议
（1904 年）

　　教育会各国有之，自都会以至村落，凡学校所在地，几于处处皆是。其会员一以地域别之，如省教育会则一省教育家得为会员，县教育会则一县教育家得为会员。皆有常期会议、临时会议。又皆有报告，或年刊，或月刊，或旬刊。因费之充绌事之繁简而互异，然一切绅民自为之。实地方自治一大基础，共和政府一小雏形也。事有干系官界者，由会员全体或会长代表直接交涉之。盖经国家之认可，初非国家所任命也。然其上有全国教育会，则往往由学部召集之，立总会于国都，置支会于各省，萃全国教育家心思才力恣为探讨，交相辨难。确有所见，会长赞许，上之学部，请其批准颁行。一得之长，不崇朝而举国受其益焉。学部有大事不能决者，则下其议于总会。总会传知支会，各抒己见，直言无讳。学部恒择多数从之。所以调和上下之感情，联络内外之声气，故能下令于流水之原，而朝野翕然无异议，盖谋同则中孚也。（日本此次文部之风潮正坐不能从众议。）其或有未当者，会员可代表国民反抗之。反抗之甚，学部亦不恤舍己而从。非委蛇以求合也，舆论不可犯也。（各国之舆论皆自常识发出故。）今中国教育会之举，亦既渐发其端倪，而愚以为学部尚宜大提倡之。盖民气淹沉，民智锢蔽，勾萌始达，未足深恃，而阻力且在在生，故必奖励私立教育会以发扬民气，尤必创办官立教育会以补助民智，且为之模范焉。一总会十八支会，总会由学部大臣自为会长，支会会长则以各省视学官兼任之。考他国虽皆用选举会长法，然按我国现时状态，则全国教育会断以先办官立为最宜，其各省府州县绅民私立者，不妨采用选举法，与之并行而不悖。官立各会月刊学报，举现教育实施之法则与学术研究之结果，逐一疏示，咸使闻知。办理极易，功效极巨，不待言也。至于详细章程，非先事所能逆定，兹不赘。

请各省设视学官议
（1904 年）

　　各省现设之学务处，用以位置闲散者多，实在肯办事而能胜任者少，甚或反为学务阻力之源泉。名实背驰，尤可恫也。学部既立，宜一律沙汰而廓清之，学政一缺亦赘疣当决去，而别设视学官。由学部奏保各该省三品以下六品以上之绅士，请旨派充之。大省四五人，小省二三人，使各分道而冶。每道若干府，以地势民风区之。彼此不相统辖，不受督抚之节制，亦不必于视学官上加以总汇之阶级。惟直隶于学部，学部随时考察以事黜陟之，而无一定任期。其职务则在巡视所属中小各学堂，对教职员有监督、指导、进退、赏罚之权，而请命于学部以临之。每月报告所治事于学部，学部于各该省所举措亦悉委之，并选派为教育支会会长。此事有数善，兹举其最大者。集学部中央之权，一也。立地方自治之制，二也。桑梓敬恭，关系亲切，办事认真，三也。乡评可畏，不易售欺，人知劝戒，四也。督抚虽有更调，学务不受影响，五也。地方官无权，不至以学务为调剂穷乏安插亲私之地，六也。上位不能压抑，同辈不相牵制，长短可以自见，功过无所推辞，七也。视学官既以乡人而熟悉乡情。学部复借视学官而周知民俗，情感既洽，壅蔽全消，八也。夫古有乡官，实较今制回避为善，然后世不敢踵行者，徒恐其私报恩仇自肥戚郿耳。若学务则非词讼钱谷可比，膏腴无从取润，威福末由自行，是有乡官之利而无其害也。其成绩必远胜今日之学政学务处者，可预决之。

与荣华卿书
（1904 年）

尚书年丈大人座下敬肃者：

客岁承乏大学，会以年家子礼趋谒门墙，屡值公出，未获望见颜色为憾。日昨恭读谕旨，创立学部，而大人实总其成，树全国庶政之基，极千载一时之盛。朝野人士，喁喁向风。绍铨梼昧，罔有知识，然留学三年，襄教又将二年，亦思竭千虑之愚，作一词之赞。顾念迂阔者难行，浮夸者乖实，多则嫌于繁琐而寡要，少则失之挂漏而无统，用敢举简练之言，策本原之计，敬为左右约略陈之。盖尝以为理大事者，支支节节而为之，则必至于旁午交错，纷纭百出，端绪未得，而形神先瘁，是有道焉，在能画一于事始而已。曰画一宗旨，曰画一事权，曰画一制度，三者可以驭万变，术至简而用至神。绍铨不敏，窃谓今日政治之要，莫切于是，而学务其尤彰明较著者也。

画一宗旨　各国教育皆有特殊精神，不相因循，不相菲薄，宗旨既定，成效自呈。如英国重在养成绅士资格，故其国民类皆高尚严正，有士君子之风。德国重在养成学术专家，故其国民覃思名理，造诣精深，以哲学、科学鸣于世。种瓜得瓜，种豆得豆，因果如此，安可诬也？顾一国之教育宗旨，非少数人见解论议所可决，必原本国民根性固有者而发挥光大之。踵历史之成绩，鉴环球之现势，博观约取，实事求是，悬一定格，著为目标。目标既立，又非仅宣之文告勒之章程而遂已也。必当局者，躬行实践，急起直追，如射者之向鹄，如钓者之求鱼，使薄海士庶晓然上意所在，相与默喻于无形，朝野共其趋向，俯焉日有孳孳，无歧行亦无中辍，则士习不期而自端，民气不期而自靖。殊其途，同其归，百其虑，一其致，轨范颙若，风声翕然，中国国民之特殊精神于以表现。彼羡欧美之兴盛，而失其故步，咀东邻之渣滓，而实为良方。小之徒贻皮毛之讥，大之且酿腹心之患，可不惧欤？可不慎欤？今者科举既停，庠序渐立，野夫竖子，咸知谋新，然心如悬旌，迷所皈往。譬之大梦初觉，颠倒衣裳，瞻顾彷徨，尚含寱趣。而邪词诐说，得以煽动其间。新智识之根柢未坚，旧道德之樊篱尽撤，其末流极弊，将有不堪设想者。惟国是早决，则人心大定，凡百措施，自犁然而各当矣。故以画一宗旨先之。

画一事权　中央集权者，一统国家之命脉也，亦君主宪政之要素也。各省纷然办学堂，派学生，设局所以董其成，置官守以专其职。而京师学务处乃反退然自处于无权，将何以程通盘筹画之功，而收若网在纲之效乎？夫中国大患，在于妄生分别，满汉分而革命之说昌矣，新旧分而党派之祸烈矣，文武分而士风日趋于苶靡，军人自甘于阘茸矣，官民分而朝廷之德意不能尽宣，闾阎之疾苦无由自达，隔阂日甚，朦蔽日深，驯至一国如胡越矣。凡此数端，本无界限，自一二好事者，强为区划，意存轩轾，造端微细，流毒无穷。近数年来，又倡省界之说，客籍流寓，有占学额分官费者，必悉全省之力以距之。务排挤倾轧，使失败破坏而后快。贤达士夫亦往往怂恿附和于其间，尤而效之，习而安之，是自裂也。此其故在于财政之不通融，实在于事权之不画一。盖各省只知其财为本省之财，而不知固国富之一部份也；只见其人为他省之人，而不知皆国民之一分子也。此在疆圻方面，虽大有力者，不能平其风潮，泯其畛域，惟中央政府得调和而弥沦之。有如两乡械斗，乡正之私议公论俱无所施，然自地方有司视之，则两乡皆己之属隶也。夫教育为养成国民，决非为养成省民。养成省民则事权固在一省政府，养成国民，则事权应归中央政府，其理至易明，其事亦非甚难办也。故以画一事权进之。

画一制度　奏定章程颁发以来，官立学堂几何，公立学堂几何，私立学堂几何，学务处无统计也。官立学堂之规则课程如何，公立、私立学堂之规则课程如何，学务处无报告也。北洋、南洋、湖广人文日上，而秦、陇一带，荒陋辽远之处，仍有奉举业为性命，据书院为菟裘者，彼独非国民而教育所当普及者欤？夫举学务大事，一任官吏绅衿之自为，不思所以监察而督率之。地势之冲僻，大吏之贤否，其幸不幸，悉听自然，而不加调节，斯亦大可伤已。宗旨既立，事权既集，则当酌全国之中率，勒画一之制度，使开明之邦，不至轶尘而绝驰，而边鄙之域，亦得循途而策进。每于年终，征其案卷，列为图表，较其优劣，著为考成，并常遣员按验之，劝惩兼施，期中程式。举凡堂舍之结构，职司之薪俸，功课之时刻，出身之途径，赏罚之方法，积分之盈绌，礼仪之隆杀，教科图书之采用，实验仪器之购置，纲目并张，洪纤悉备，随时审定，随时颁行，随时修订，随时调查。盖形式实精神所附丽以存，未有官骸残缺支离，而其人能活泼壮健者也。故以画一制度结之。

以上三事，特举大端。如解牛者，先批其郤窾。如治水者，先辨其源流。至于推行之序，因应之宜，为说至繁，未敢过渎，俟承下问，再当罄陈。质直不文，尚祈谅鉴，即叩勋安。

教科书由私家编纂由学部审定议
（1904 年）

京师设立官书局垂十年，定章固曰编纂教科书也。后又续有编书局、印书局之设立。鸿才俊彦未尝不辐辏一时。然试与参观各学堂，无论官立、公立、私立，无论大学、中学、小学，其所据以讲贯者，非教员之手稿，即坊肆之读本也。非无一二官书出现，大抵载记之作，仅供参考之用，说部笔札且时厕入焉，遂使开办学堂者，觉觅教科书尤难于觅教员者倍蓰。而教员无教科书以为凭借，或所凭借者不足为教科书，则谬种流传，贻误尤大，使我青年学子，皇皇然困于一哄之市中。人自为说，家自为教，反不如曩时习举业者，犹有钦定四书文及历科闱墨卷之可为准则也。夫箸书本其难其慎之事，势不可悬格以求，克期以成。今樊然诏于人曰，若为某书，限某日杀青，不能则杂派数人协治之。此诚儿戏举动，有识者所腾笑，惟修谱录刊丛书或庶乎可耳。非然则其人虽擅大才，不敛抑求退，必敷衍塞责而已。欲以颁之学官，示之天下，输之后进，安在其有当也？愚以为学部但当遴聘魁儒硕学三五人，佐以专门名家之选，专司审查鉴定之责，而编纂一事，任私家或公司自为之。名山不朽之业，书贾射利之作，凡有献纳，悉予登记，参稽综核，博观约取，择其尤隽，著为定本，予以版权，俾众遵用。其适用与否，成效如何，各校教员随时报告，汇交当事，采择改修，费小利多，事半功倍，各尽所长，不疾而速，岂非一举而备数善者乎？尝考各国中小学皆用教科书，而高等专门则由教员自编讲义。盖中小学教员类多仅具普通智识，未必皆能深造而有得也，故以教科书范围之，期于循途蹈辙，免致向壁虚造。至于高等专门教员，秉承师说，附益新义，往往有所发见，自成一家之言，故不以教科书限制之，使得充分自由发挥。今中国仿行之诚是也。特是兴学未久，师资缺乏，试问今日抗颜高等专门教席诸公，果皆足与跻著作之林否？若其不然，不如仍用教科书矣。果如拙议，则教科书乃全国教育家之思想经验结晶而成，虽教员偶不得人，亦有所据依而不至畔去。与夫姝姝暖暖抱一先生之言，或搜索枯肠，捃扯故纸为急就章以贸修脯者，当有间也。十年以往，科学昌明，人才辈出，而后定用讲议，此所谓循序渐进因时制宜之道也。若徒剽袭成法，躐等直前，利不可知，害将先见，曰法之罪，岂法之罪也？

学堂毕业但发文凭不给出身不奖官职议
（1904 年）

中国所以退化者，曰惟举业故。举业所以能使中国退化者，曰惟用以博科第虚名故。而不谓举业废，科第停，而使中国退化之劣根性不但未划除净尽，而反至发达滋荣也。大学堂、高等学堂毕业者必奖以官，师范学堂毕业者必奖以官，实业学堂毕业者必奖以官，夫岂不曰此鼓舞向学之一术乎？不知官之为物，今已失其奔走天下士之功能。高明者不必有官而自求为学，其不然者，则皆学求为官者也。夫至使全国之人皆学求为官，官方尚可问乎？学务尚可问乎？图一时之便宜，忘百年之大计，亦知其祸之必至于是乎。曩者陈侍御曾佑之奏，颇召反对论者之批评。其最有力者若曰，学而不官，将官皆不学，政界必愈腐败不可为。是说也，持之有故，言之成理，伪而能辩，颇惑听闻，然独不思教育普及其义如何。试以论理学三段法折之曰，凡人皆当求学，官亦人也，故官亦当求学，然而官必学学不必官也。岂惟不必官，并不必为之谋生计计出路。凡毕业者，但予以文凭可矣。有学不患无用，有资格不患无位置，鰓鰓焉过虑胡为者。文人治文，农人治农，工人治工，商人治商，实力竞争之时代，宜听其自勉为优胜者之生存。任何事业，皆足扬国家之光辉，促世界之进化。必驱之于官之一途，以为英雄可尽入彀中，何所见太隘也？况官在中国，因历史习惯社会风气，已变其原素，而酿为毒菌，滋生最繁，传染最速。尝见多数学子，在太平洋、大西洋呼吸新空气有年，一旦归来，沦入宦海，习与俱化，又加厉焉，展转蔓延，流毒无已。主持教育者，安忍更为之推波助澜乎？

慎用外国教员议
（1904 年）

呜呼！教育何事也，而外人有以代兴教育公然哓哓于我政府之前者。我政府虽亦深痛其言，而不能不含垢茹耻强颜为欢以称谢之。呜呼！是可忍孰不可忍？近年以来，学务日起，而其代兴之论亦日盛，其气焰日高，势力范围日广。呜呼！不图我之教育事业，乃适为彼之殖民政策也。凡穷极无聊赖在本国不能自存立者，或怀抱野心欲假借以试其外交手段者，莫不梯航而来，折冲函丈之间，著著占胜，咄咄逼人，高掌远跖，有涵盖一切气象。凡官私大小男女各学堂，真能卓然完全独立丝毫不受其干涉者，盖千百中无二三焉。方其始也，猥托义务之名，自居赞成之列，学科不必重要，薪俸不必优隆，迨于盘踞渐深，扶植渐众，而后得寸进尺，惟所欲为，玩监督、提调于股掌，视章程、规则如弁髦。喧宾夺主，其势既成。开门揖盗，虽悔何及。夫中国办学务者非无明眼人，非不知其弊之必至此极也，然而不恤甘言重币以延致之，虚心下气以听受之，其故何在？岂不以科学未昌，人才难得，不得不委曲隐忍为借重计，而己又往往在十层云雾中。于是太阿倒持，一任客之所为，而久假不归，遂反自屏营，仰其鼻息为生活。呜呼！其初心良苦，而末路良可怜也。是故欲彼不握我教育权，必我有教育上之能力一无所待于彼而后可。若夫区区条约之限制，断断口舌之竞争，胜之仅取快一时，不胜则贻误全局，非计之得也。顾愚有大不解者，如东文、体操等门，必聘用日本教员，诚百思而莫知其命意所在。夫外国言文须各使其本国人讲授之，固也。然今日学堂设东文一科，其宗旨果为专精攻索极深研几造成一日本文学家乎？殆不尽然，不过为粗解文法，期能读普通参考书而已。夫苟如是，则不通汉文、汉语之日本人，孰若兼通日文、日语之中国人。能举其当日就学之涂径之方法，对译之，详说之，非所

谓事半而功倍者乎？计不出此，而但慕外国人之名，以为道地也。取彼
邦国语读本，循序而进之。此诚日本通俗语，儿童所同解，而以教中国
人，则其难易恰如反比例。（日本说部或言文一致等书，彼视为最易者，
我则恒难之，因汉文少也。其高等文学彼视为最难者，我则恒易之，因
汉文多也。）于是有学东文二三年，而不能自读历史、地理教科书者。
至于体操，大言之则国民尚武精神所附丽，必以本国人督练之，而后合
群爱种之义自相感召于无形；小言之则学课之余事，游戏之一端，但使
严肃其号令，整齐其形式，则能事已尽，若武卫军、常备军皆优为之。
计不出此，而务假外国人之威以为镇压也。教员苦汉字难读，则一切沿
用，不为译改，于是有学体操二三年而不能尽熟其口号者。其他各科，
凡用外国教员者，必更借助教通译之，是学生仅受得半之业，而学堂坐
糜二倍之费也，是皆万不得已之下策，只可暂一为之。而顾视为固然若
将长此终古，岂有教员资格者竟阒无其人，且并教员养成法亦绝不可行
欤？就令无可奈何，有必需假手外人之处，我苟驭之得法，原未始不能
效其用也。有一事最易办又宜最急办者，请嗣后无论何等学堂聘用外国
教员时，必经学部与之订立合同，凡有交涉胥由学部直接办理。盖法律
不熟则易受其欺，主权不尊则易为所胁，或不学无术、朦混为奸者，亦
往往有之。今用此法，其补救于无形，当决非浅鲜也。若夫端本清原之
道，则除多派欧美留学生，宽假时日，肆习专门而外，固未有可以速获
者已。

上学部第一呈
（1908 年 8 月）

　　呈为京师内外城女学传习所请遵旨改为官立学堂事。职等恭读邸钞，御史俾寿奏京师内外城女学传习所请饬改为官立学堂一折。六月初四日，奉旨学部知道。钦此。窃惟女学为教育根本，女子师范又为一切女学根本。时至今日，类能言之。职等创办京师女学传习所，远在光绪之三十一年。当时大部尚未设立，女学奏章尚未颁行，风气幽闭，阻力万端，幸承当道提倡，同人赞助，于兹三年，规模粗具，而成效未程，经费不充，而所期多迕。初办原在报子街库赀胡同。三十二年，赁丞相胡同豫章公产为外城女学传习所。三十三年，假石驸马大街克邸废园为内城女学传习所。分设师范、术艺、高等、初等诸科，循序渐进，以端其本。别设家政、音乐、裁缝、英文、东文诸科，专门教授，以速其成。附设半日班、佣学班，不收学膳费，以便贫寒女子，而养成其独立自营之风。陆续报名者已逾千人，现在留校者约二百人。通计建筑设备及历年常支活支，约用一万五千余金。除同志捐输、官费补助外，约亏三千五百余金，常年约亏千余金。夫国民教育事业，而猥欲以个人经营之，固知其难矣。今幸风气渐开，大部已奏设京师女子师范学堂，局面宏大，气象万千。而职绍铨将有欧美之行，业经呈部请咨在案。惟女学一事，苦无交代之法，尤乏接办之人，计惟改归官立，庶能持永久而图扩充。俾御史之奏，可谓先获我心。兹谨呈请中堂大人遵旨接收，因其成功，俾免中辍。其办法未善者，既可重与更张。而有志未逮者，尤得大加推广。诸生幸甚！学界幸甚！伏思教育必须普及，学校不厌愈多。京师首善之区，各省观瞻所系。师范一校已觉不敷，而师范而外，尤宜有两等小学，为其实验之资，与之相辅而行。况内外城传习所，常年经费只需五六千金，除已有的款三千二百金，及收入学费约千金外，其须大部筹措者，不过千余金，仅当官立女子师范三十分之一，而造就人数则两倍之，尤无需分文开办费，虽不敢如原奏所称事半功倍，然亦庶几费少而惠多矣。职等情属因公，别无希冀，所有历来亏欠，均当自行筹清，不敢重累大部。惟接收情形，务求按据原呈，专折入奏，以昭郑重，而资鼓舞，实为公便。统乞批示遵行，谨呈。

八月十九日学部批：

据呈已悉。仰该主事即将两处传习所出入款项详细数目，各班课程，学生名额，教员、管理员姓名、资格，以及房屋、器具等项，分别造册呈部备核，听候酌办可也。此批。

上学部第二呈
（1908 年 10 月）

　　呈为遵批办理事。窃职月前呈请大部接收内外城女学传习所，奉批分别造册具报在案。兹举其大端，勒为四种，恭备钧核，务求惠速派员接收，尤有下情必须上达。官立之议，既已周知。祈向之深，转多观望。两校职员学生颇有意图他就者，心志不定，涣散可虞。此一事也。历年亏负，累金数千，来日大难，搘柱尤苦。且更迭之消息一闻于同人，而认定之捐输反因而中止。此二事也。职既矢志西航，亟须预筹行计，仔肩卸责，拭目观成。此三事也。至于现在校舍，外城系由江西印结局赁用。半皆新筑，全改旧观。久假不归，当无异议。内城系由克邸借用，一片荒寒，重加修葺。原约至少三周年为期，所费折合租金，实属有赢无绌。倘其收回成命，未免彼盈此虚。北洋补助费系直隶总督饬提学司拨用。凡此皆职出名经手，今中途改办，自当直接磋商，声明交代。所有办法，统候惠速示期施行，无任屏营待命之至。谨呈。

上学部第三呈
（1908 年 12 月）

　　呈为恳续接收中城女学传习所，并请并案覆奏事。窃职顷奉大部劄开，内外城女学传习所现经行知京师督学局接收。一切应办事宜，即由局员与该主事面商呈由督学局酌核报部备案等因。仰见中堂大人维持学务之至意，钦感莫名，当即遵与督学局接洽交代。抑职更有请者。内外城女学未经俾御史奏改官立以先，同人因地址偏在西南，教育未遑溥及，夙有添设城东分校之议，故原奏用推广三校造就多人为言。徒以经费难筹，校舍未定，延至今日，始与有成。职虽资力绵惙，行计倥偬，然名誉攸关，义务所在，不敢不勉图兴举，期践前言。况历发捐册，薄集基金。若非作正开销，尤不足昭信用。爰于前月赁得东安门内蒲桃园旧日翔千学堂，重加修葺，粗具规模，分立初等科、高等科、选科，订期腊月十五日开学，命名中城女学传习所，以成鼎立，而免偏畸。业经广告招生，并呈报督学局在案。现在工程告竣，设备苟完，职员略已齐全，学生亦尚踊跃。而常款无著，来日大难，苦乏继续之人，时虞作辍之惧。钦惟中堂大人位隆山斗，德纳壤流，嘉惠盛心，有加无已。京师号称首善，女学关系本原，多此三校不名为多，少此一校即见其少。谨援内外城成案，恳请逾格提倡，同时接收。并并案入告，俾与原奏相符，庶泯东征西怨之猜，坐致一举三善之盛，至为德便。伏乞钧批。谨呈。

上学部第四呈
（1909 年 1 月）

　　呈为声明事。窃职于本月初三日接奉钧劄，内外城女学传习所已行由京师督学局定期派员接收等因。当时两所订定初六日起举办期考，初十日起停课阅卷，十五日放学。并遵与局员商请先期接收。嗣内外城职员因部劄已下，新总理已有人，多自乞休以避贤路。经职一面极力羁縻，一面据情申叙，概由函达，未具公文，原期从速施行，俾免各怀观望。乃初九日督学局牌示，两所已有涣散之势，是以本局暂不接收。断章取义，倒果为因，岂惟非职迭次呈请之初心，当尤非大部格外维持之至意。除已投呈督学局，果欲防其解散，但当迅予接收。迅予接收，现在本不致解散。暂不接收，将来即难必其不解散。今日之事，解散与否，其权在局不在职。又别呈续造清册请报部备案外，特更声明，以免误会。伏乞察核。谨呈。

上京师督学局第一呈
（1909 年 1 月）

呈为遵照部剳办理事。窃职自本年七月二十二日，呈请学部钦遵交旨将京师内外城女学传习所改归官办。九月初五日，复遵部批造具清册报部，并沥陈下情有迫不可待者三事。至十二月初三日，奉部剳行，该主事既有志西航，所办内外城女学传习所，现经行知京师督学局定期派员接收，一切应办事宜，即由局员与该主事而商，呈由督学局酌核报部备案等因。奉此。岁月易得，淹忽遂一学期矣。此数月来，人心不定，捐款中停，困难情形，尤倍畴曩。出入相抵，所亏又数百金，合前共计六千数百元。职一介书生，家仅中产，全恃彼此挹注，东西腾挪。虽校务勉可弥缝，而私债已深积累。兹幸仰邀允准，得隶骈襐。诸生悉荷玉成，职亦如释重负。功德无量，钦感莫名，谨将九月以后各事项续造清册奉请酌核报部。其前呈请入奏声覆，别呈请续收中城女学传习所两件，事属相关，亦恳一并据情转达乞准施行。抑犹有进者。各国强迫教育，例皆不征学费。我国外省官立高等小学及各处官立初等小学，概系免费，意美法良。女学甫有萌芽，尤宜特别提倡。职以私人事业，筹款维难，不能不少加征收，借资贴补，其实所入无几。而学生家境不同，已多因而却步者。故别设裁缝专科、半日佣学等班，皆不收学费，并酌免膳费，凡所以便寒微而谋溥及也。今既改归官办，规模扩大，经费从容，倘蒙一律免费，则生徒必更踊跃，即风气尤易开通。又伏查奏定女学堂章程，凡教习均限用妇人，惟总经理、书记、庶务员可用男子，仍须年在五十以上，并别建公务室，不得与学堂混合，具征杜渐闲微之至意。然立法虽极严密，而现势未易实行。私立女学不具论，即官立女学亦皆兼用男教员，且不必五十岁以上，亦不尽别建公务室。诚以女界至难其选，校地容有未敷，固不可胶柱以鼓瑟惩羹而吹齑也。职五十之年，仅逾其半，从事数载，苟免疏虞，所有教育国文，多自上堂讲授，尤愿此后于国学、科学益广聘男教员，但考其品学，不拘以年岁，庶功课格外认真，将学务日见起色。盖愚以为兴利之事急于防弊，即论防弊，亦宜用积极法养成其为君子，不宜用消极法假定之为小人也。倘能申请学部，奏改原章，变通办法，尤足以彰综核名实之义，而免自滋前后矛盾之嫌。职祈向至殷，谊难缄默，附陈管见，统候钧裁。谨呈。

上督学局第二呈
（1909 年 1 月）

呈为声明事。窃职顷奉钧批，内外城女学传习所一日未经交替，即一日不能卸责等因。两所开办有年，成立非易，允如尊谕，自秋初请归官办。人心不定，经费维艰，亦略具前呈。尔来又一学期，徒以未见明文，只得勉支成局。十二月初三日奉学部劄行，由大局接收。初五日大局知会赴议，知已派定两所经理专员。此间职员因去留未决，观望殊深，有自请退休以避贤路者。虽于权限微有未明，抑亦人情之所必至。当即据实函达，沥请惠速接收。固谓若更迁延，恐将涣散，急宜预筹办法，早日举行。乃钧批反以暂不接收为辞。岂惟非学部格外维持之初心，尤大非职迭次呈请之本意矣。盖欲防其解散，但当迅予接收。迅予接收，现在本不致解散。暂不接收，将来即难必其不解散。今日之事，解散与否，其权在局不在职，除遵照外，特先声明，以免误会，即惟察核。谨呈。

上督学局第三呈
（1909 年 1 月）

呈为再行声明事。窃职昨日为女学传习所事，特递一呈，并赴商各节，计邀钧核。大局牌示，辄据私函登入公牍，且断章取义，倒果为因。学部本行知大局接收，以免解散，而牌示反云不接收，是坐听其解散也。职本呈请大局从速接收，以杜观望。而牌示反云暂不接收，是故深其观望也。现在两所将放年假，内城于本月十五日午后，外城于本月十六日午前，此乃预定日期，且为正式礼节，大局不得强被以涣散之名。倘蒙盛意接收，务乞是日派员临堂，俾得当面交代。至迟亦求尽本月二十日内择期，并于本月十四日前赐示，以便当众宣明，届期会集。否则非第职员学生不易传知取齐，即职亦将料理行装，准备就道，业于两个月前预先达知在案。况部劄已下，新总理已有人，各种清册已陆续报齐，是职应办事宜已尽。学校系属公务，接收早奉明文，成全与破坏，惟大局利图之。迫切上陈，伏惟涵鉴。谨呈。

　　十二月十四日京师督学局批：
　　呈悉。已于前呈批明矣。此批。

绍铨谨案：奉部劄后，督学局知会十二月初五日赴议。局员为介绍内外城新总理张万两编修，并提议二事：一、历年内外欠自行清还。一、北洋补助费呈请解部。绍铨认诺，亦提议接收定期须在望前一事。一局员言，当俟北洋补助费批准解部后，方能定期接收。绍铨言，此款但能呈请解部，不能强迫以必解部。且部劄但言接收，未言补助费决定后乃接收。两所放学在即，绍铨启行有期，断难久待。局员唯唯，遂散。所谓面商者，仅此一次，亦仅此数语。

绍铨又案：十二月十五日午前中城开校上学，是日午后内城年假放学，十六日午前外城年假放学，随发广告如左：

敬启者：

绍铨自乙巳倡设京师女学传习所，猥以个人力创三校。本年六月台臣以造就多人卓著成效，奏改官立，旨交学部。绍铨适将西渡，因即呈请接收。业奉劄文。忽收成命，事同反汗，势处万难，顾终不甘使四年来精神付之流水，尤不忍使数百人学业废于半途，只得暂缓出洋，勉图续办。成败利钝，非所敢知。险阻艰难，备尝无恤。伏乞学界同志，矜闵而扶掖之。所有以前案牍及此后意见，谨当别勒专书，待质公论。特先广告。不尽区区。

教育新案分期教授法
（1909 年 2 月）

今日中国教育界，有一极费研究极难解决之问题，于理论上、实际上，皆隔阂而不可通，然一切学堂殆无能免者。不但女学也，男学亦有然。不但小学也，中学、高等亦有然。不但私立也，公立、官立亦有然。其事维何？曰，学生来去无常是已。考此事之起因，非一言所能尽。综其现象，厥有数端。有初心不诚者，有中途生厌者，有家事牵率不遑专精者，有居住迁移不能通学者，有别为他图巧于趋避者，有自觉失望不甘浮沉者，亦间有实因疾病大故出于无可如何者。于是自去自来，忽多忽少。大抵春、秋两季，皆有林林总总气象。一至暑假、年假，则十且去其二三。及次学期，人又暴增。然计其额数，不甚相悬。而按其姓名，已多非是。新陈代谢，去住无心，故京师各学堂往往开校已六七年，而毕业或未曾一行。或勉强了事，而学生不过三五辈。虽复廪饩厚，出身优，犹且不及拔十得五之比例。（如译学馆甲级生开校时百二十余人。今毕业只四十人。）又况于私立之女子小学乎？

夫女学则无出身，私立则无廪饩，岂第如是而已？学有费，膳有费，纸笔书籍有费，靡不有初，难乎为继。一也。家属戚畹左右之人，方弄舌鼓唇，冷嘲热詈，多方以误之，百计以妨之。三人构虎，众口铄金。学校之事，不能遍喻于家庭。而父兄之权，足以禁制其子弟。二也。弱质多恙，则负笈为劳。摽梅有期，则倾筐不返。三也。鄙人自乙巳创办女学传习所以来，陆续报名入学者何啻千人。今校其孑遗，才逾什二。此犹为北京各女校中最多之数。影响所被虽广，功效之收盖迟。於乎！可不思所以善其后欤？

我教育界诸君，度必筹念及此，而有以善处之矣。今请先为诸君一一敷陈其方，更为诸君一一详论其弊，然后附以管见，演为卮谭。更请诸君研究其是非，颂言其利害。盖对于此事普通补救方法，约有四条，如左所述。

一曰添班　一学期之始，或一学年之始，必招新生，每招一次，即添一班。此固正当之法，而各国所通行也，然而未可也。夫一班有一班之学科，即一班有一班之教习，假如某学堂每学期一招生，三年一毕业。至第六学期，必已有六班学生。而安得如许之教习乎？一也。一次所招之学生，其年龄程度未必齐一，分之则等级愈多，合之则低昂不就。二也。天然淘汰，月异日新。第一学期之学生，至第二期而少矣，至第三学期而尤少矣，至第五、六学期，而前各班中或竟无一人焉，或仅有二三人焉。其将何以处之？三也。然则此法不可行。

二曰插班　定最初各班为主格，每学期所招新生，相其年龄程度，酌为分别附加。此亦不得已之法，而各校所实行也。然而未可也。试问插班之时，按年龄乎，按程度乎，年龄同程度不必同。按国文程度乎，按科学程度乎，国文程度同科学程度不必同，一科学程度同他科学程度不必同。挂一则漏万，顾此即失彼。一也。旧学生已牵掣不能进步，新学生复茫昧无所适从。二也。新学生与旧学生同时毕业，前半未免偏枯，不令毕业，后此作何安置。三也。若曰补课，则一日之课，理当以一日补之，一年之课，理当以一年补之。合班则费时，另班则费事。太少则潦草，太多则烦难。四也。吾敢正言以声其罪曰，插班者，自欺欺人之说也。非惟欺人，抑尤误人。然则此法亦不可行。

三曰预收学费　以为如此则可以羁縻其心，使之有所顾惜，而不肯决然舍去也。然预收学费，至多一学期而止矣，再多一学年而止矣，势不能尽毕业限内而悉征之。则一学期一学年后，其来去仍自若也。一也。倘其家富豪有不计此学费者，则敝屣之矣。又倘其事利害有更甚于学费者，则牺牲之矣。二也。同是此数也，分之则见其少，合之则见其多，必有观望而不肯前者。且同是此数也，随时出之则觉其易，一时出之则觉其难，必有竭蹶而不能办者。是阻恒人向学之志，而妨教育普及之功也。三也。然则此法亦不可行。

四曰严禁退学　其词严，其义正，然吾恐其徒托空言而无当实用也。凡立一法，下一令，必恃有最后之手段以防其不然。若名实乖违，文告承应，则大杀执行之力，而反生藐玩之心。故不计其不可行而言之，将能行者皆不行矣。此固不第于教育一端见之。今强迫制度尚无良策，遑论其他。且事之不用积极主义使出于自然，徒用消极主义使迫于不得已者，皆无当也。然则此法亦不可行。

我学界诸君果何以处之？鄙人不学，窃有一策。其术绝笨，其事绝迂，揆之理论容有未符，而施之实际则信其可用。外而各国，内而行省，不闻有倡言主张是议者，鄙人亦仅为今日中国私立女子小学说法也。自定其名曰，分期教授法。

凡学科性质本有两种。如修身、国文、历史、地理、算学、理科等为一种，作文、习字、图画、裁缝、音乐、编物、唱歌、体操等为一种。兹拟命前者曰主要课，后者曰补助课。凡主要课定为每学期专门一种，补助课则各学期共同。今设有某学堂，三年毕业。则修身、国文、历史、地理、算学、理科六主要课，各占一学期，教科书皆按其课数，制其时间尽一学期内尽之。每日余暇，则轮习补助课。（假如每星期授课六小时，而该主要课每日有四小时，则一学期可完者，其所余二小时即轮习补助课。）每学期招考学生一次，按五个月计，预收一学期学费。就本学期主要课之程度高下，分为各班。学期既终，给予该主要课之毕业文凭。次学期所招新生，即与上学期旧学生共习别一主要课。不论新旧，仍按本学期主要课之程度高下，分为各班，其补助课则合并教授。上学期之主要课，亦别置温习时间。如此六学期终，各主要课皆得毕业文凭。然后会考一次，给予完全毕业文凭。而此六学期各主要课，周而复始。凡第二学期之新学生，更令留学第二轮之第一学期，然后完全毕业。第三学期之新学生，更令留学第一、第二两学期，然后完全毕业。余者以此类推。

如此有数善焉，试杂举之。每学期皆有完全之毕业生，一也。各按主要课分班，无彼此迁就之虑，二也。（今各学堂所谓甲、乙、丙班，大都按国文程度分之，教科学时辄生种种困难。按科学分班，则教国文亦复如是。）一学期毕业期限甚短，则希冀者多，三也。即使不待各科皆完全，而此一主要课已完全，终胜于务广而荒中道而废者，四也。新旧学生两不相妨，五也。教员简单，便于延聘，尤易预先物色，六也。主要课外有补助课，相辅而行，可免厌烦，而佐兴味，七也。凡有志预备专门者，得以其时插入肄业，八也。用志不纷，乃凝于神，九也。如环无端，有条不紊，十也。若毕业年限不足三年者，各主要课可酌量归并为一学期，如修身之与国文，历史之与地理，算术之与理科，是也。又若毕业年限不止三年者，主要各课可酌量延长为两学期。又若主要课不足六门或不止六门者，皆可比照前法，酌量延长或归并之。引伸触类，存乎其人，特一学期一门者为最整饬耳。

虽然，有利亦必有弊。语曰，当局者迷，旁观者清。凡阐一理，立一说，必待更番辩难，反复推求，而后根柢愈坚牢，义例愈完密。此正区区公布之微意也。兹拟假所办女学传习所为实验场，而先表其意见如此。我学界诸君幸有以教之。

京师内城女学传习所第二周年纪念会
京津女学第四次展览会演说词
（1909 年 4 月）

　　仆诚不意内城女学传习所犹能举办第二周年纪念会，仆更不意内城女学传习所第二周年纪念会举办之期，犹得与诸君在此盘桓。去年学部、督学局接收反复情形，及仆西航行计迁延之故，已别刊布传单。曲直是非，早有公论。夫督学局不接收可也，不应反复于既奉明旨既下部劄既派经理以后；反复犹可也，不应妄以已有涣散之势为借词。仆一人事业不足惜，独为全堂学生成绩惜。全堂学生成绩不足惜，独为朝廷政体惜，为大人先生人格惜。当时进退维谷，势处万难。苟一身远行，则三校立解，只得牺牲个人之学问，冀成全此数百人之学问。然诸事困难，犹倍曩时。瞻顾前途，毫无把握。成败利钝不敢知，险阻艰难不敢避。有一分力，尽一分心。办一日是一日，办一年是一年。如是而已。即以此次纪念会兼京津女学展览会论，盖亦岌岌乎几于不能举行。综其原因，约有三事。

　　一、关于经济问题者　内外城开办以来，出入相抵外，所朒已及六千余元，曾有清帐报部在案。客腊以内外城可由学部接收，而推广东城分校之议。倡言在前，募捐有数，不能不克期兴举，作正开销，以遂初心，而昭大信。然当时但筹得开办费，固未遑计及经常费。原期内外城改归官立后，则所有年捐、月捐等款，可以挹彼注兹也。不谓事局中变，内外城既不能推卸，而中城复不能不支持，于是向之办两校而不足者，今且将摊为三校之用，而益萧然不可终日矣。幸赖三校职员热心众擎，一切支应极力撙节。苟延命脉，少缓须臾。至于特别举动如此次会事，虽所需不过百金，仅当官立女学堂一日之费，而在本校已如儒夫之举九鼎，其不至绝脰而死者幸耳。

一、关于考试成绩者　本所历办展览会，其成绩品即以前一学期试卷充之，所以矫伪弊而励真才，盖观摩本意固应如是也。客腊学期考试之际，正与督学局往来交涉之时，忽而派员接收，忽而暂不接收，忽而毋庸接收，忽而诬以解散，忽而诿以为难，忽而责以自行筹画。信口开合，有意反汗，使我职员皇皇咸思引退，使我学生惘惘靡所适从，试事几为之不举。而各科答案，有完卷者，有未完卷者，有评定者，有未评定者，潦草恶劣，远逊平日，纷扰情状，可见一斑，盖有不可以寻常工拙论者。不图督学局之提倡维持者，其功效乃至于斯也。以此为展览会陈列品，本所之耻，实京师女学之耻矣。

一、关于新定办法者　本所开办四年于兹，学生先后报名入学者千二百余人，而现在留校者不满三百人。影响所被虽广，成效之收则迟。于是特倡所谓分期教授法者，以为治标之方，可免插班之弊，具见专论，不复赘陈。而本学期定国文一门为主要课，其补助课惟有造花、编物、图画、习字、音乐、唱歌、体操，而修身、历史、地理、理科、算术、家政等课姑有待焉。故以一学期论，则成绩似偏而不全，非通观全体，综计将来，则不能明其命意之所在，而难免于皮相者之讥评也。

以上皆此次展览会不能举行之原因。今年较之往年，实有特别困难者如此。然自他方面论之，则今年较之往年，又有不能不举行之原因在，非第曰有其举之莫敢废也而已。请亦约为三事叙之。

一、确示本所未尝涣散也　督学局之接收反复也，非以已有涣散之势为口实乎？其断章取义之荒唐，倒果为因之狡猾，及本所预定停课期考行礼放假各节，别详往来公牍中。夫涣散与否，非可以空言争也。试问来宾诸君，试观今日现状，为涣散乎？非涣散乎？二十余人之职员，二百数十名之学生，七百余件之成绩品，章章具在，督学局岂尽黜聪塞明者。虽然，本所固不敢自信其必无涣散之日也。总理非才，恐难胜任，可涣散之道一。经费奇窘，亏累太多，可涣散之道二。与督学局感情决裂，欲加之罪，何患无辞，可涣散之道三。"涣散"二字，因督学局预申之祝词，抑亦本所最后之手段，待用于水穷山尽无可奈何时者。然而窃有一言，听者注意。今日尚未涣散，去年更未涣散，继此以往，幸而不至涣散，督学局之赐也。不幸而终至涣散，或亦督学局所乐闻，而自诩以为其言之有中也。惟无论如何，涣散系宣统年间事，非光绪年间事。既非光绪年间事，则督学局向所谓已有涣散之势者，果何所据而敢云尔也？此意不能不先为学界正告之。

一、中城成立后之联合也　不但内外城两校未尝有所谓涣散也，乃又有一中城女学传习所者，突然发现于京师学界之间。此诚督学局所不及料，而苦于应接之不暇者也。当客腊呈请立案时，乃公然遭驳斥矣，以为是不过江某一掩眼法，如江湖家之掉买花枪而已。故谆谆询以究竟如何情形，是否确已开办，并及当年的款，出自何处，实有若干，必造报清册，始不干部诘，云云。仆诚不知干部诘者何故，需立案者何为。中城一校自去年十二月十五日开办，迄今正四阅月矣。终日栗六，既不及补呈，更无暇造册，而督学局亦视同化外，听其自然。学生不求出身也，总理不邀奖励也，督学局何与于我哉！呈请批准，亦尽吾礼而已。督学局惧部诘，仆固不惧部诘也。督学局不立案，仆更不必求其立案也。且事必待常年的款实有若干，然后开办，则内外城女学传习所，固已无开办之日矣。即向日之学部，今日之海军，虽更俟数百年可也。中城成立较迟，距离较远，与内外城联合之机会至难，故特假此会，使聚首一堂，借收敬业乐群之益，亦以示督学局所谓中城女学传习所，固确有其地，确有其人，确有其事，且初未立案，初未造册，而早已开学，早已上课矣。督学局岂真黜聪塞明者，毋亦不痴不聋，不成阿公，而姑为掩耳盗铃计也。

一、各女学堂之成绩不致虚备而不用也　京津女学展览会，区区忝为最初发起人。其第一次在光绪三十二年秋八月外城第一周年纪念会时，于今为第四次矣。诸君犹能记忆乎？外城第二周年特设京津女学第二次展览会后一月，督学局广登告白，遍发传单，征集京师各女学成绩，亦拟别办一官展览会，甚盛事也。国家不幸，大行两宫升遐，四海遏密八音，百姓如丧考妣，于是督学展期之命下。转瞬百日，各学堂谨遵功令，徐理课业，风琴歌唱，一律复初。窃计官展览会之期届矣，各学堂准备列席，本所亦幸冀观光，不谓迄今又七十日，而其事乃竟消灭于无形，岂反复固督学局之惯技乎？仆至不才，见各学堂成绩之多已备齐也，各学堂学生之亟思一试也，懔当仁不让之谊，乏临事而惧之心，柬邀京津附近各女学堂光临赐教。重蒙不弃，惠然肯来，送成绩者：京师女子师范学堂、农工商部女子绣工科、振儒女学堂、四川女学堂、培根女学堂、教养院女蒙学堂、协和女书院、安立甘女书院、天津女子公学、天津普育女学堂、天津严氏女学、涿州亦政女学堂、昌平州成始女学堂，并本所凡十六处到会者。振儒女学堂、四川女学堂、培根女学堂、女蒙学堂、协和女书院、安立甘女书院，皆全体莅止。京师女子师范学堂、绣工科、西城两等女学堂、保姆科、女工厂、天津严氏女学、涿州亦政女学堂、昌平州成始女学堂，各特派专员及学生数十人。就中如协和、安立甘皆设自教会，而一视同仁，不存畛域之见。天津、涿州、昌平州皆远在畿郊，而跋涉载道，专为参观而来，尤为难能可感。男女来宾，统计凡一千五百余人。说者诧为京师女学空前之盛典。督学局诸公亦辱高轩，当已闻所闻而来，见所见而去矣。

以上为此次展览会不能不举行之原因。夫女学关系何如，人人能知之。督学局所司何事，诸公自知之。仆何人斯，敢无忌惮。然幸逢预备立宪盛世，除具超然权者为神圣不可侵犯外，原有庶政公诸舆论之宽条。事属切肤，势难钳口。且所争者公也，非私也。倘诸公老羞成怒，倒行逆施，则听客所为，无所逃罪。三校之成全破坏，固诸公权力内事，亦诸公责任上事，而岂仆一身一家之事也，即一身一家之祸福，亦已度外置之矣。况仆夙志西航先有成说，徒以虎背难下，坐使鹏翼暂羁。本所早一日奉解散之明文，即仆早一日遂壮游之私愿。而情非得已，事出有名，尤可告无罪于天下。是督学局对本所而用破坏之策者，正对于仆而有成全之恩者也，特恐诸公无此魄力耳。曷若恢宏大度，察纳迩言，外蒙容物之名，内思补过之道，庶言者不失为诤友，而受者亦不失为善人。他山之石，可以攻玉。良药苦口，而利于病。愿诸公熟思而审处之，抑犹有进者。客腊接收反复之时，学部大老有以不如解散见谕者。固谓督学局已别自筹办内外城女学两区，而本所原有诸生得以即时入学也。言犹在耳，今又将一学期矣，而此事反阒焉无所闻。前阅报有暑假开学之说。姑无论果确与否，就令如期而成，设客腊本所已先解散者，此二百数十人一学期之光阴，将从何补索乎？虽然，谚有之，请将不如激将。诸公苟以仆一言，而恧然知愧，奋然思起，所凭借者既深且厚，胜于私人绵力万万倍，又加之以一鼓作气之精神，抟抟九城，何难弹指涌现数十百花团锦簇之官立女学堂，则仆反动之力，间接之功，实较创办三校为大。而三校虽立时封禁，全体解散，犹将欢忻鼓舞，歌功颂德，向诸公九顿首膜拜于官立女学校旗之下。所深愿也，亦有意乎。

世界教育公会公启
（1909 年 5 月）

教育者，非一国家之私事，实全世界之公事也。近代文化日趋大同，国家主义驯变为世界主义。举凡政治、实业、学术、技艺，多各有万国联合之公会。专门教育，其规制方法，亦大致从同。至有两国交换教师，数国共立一校者，盖企望平和，必务为心理的解决，而先从教育上著手。否则徒嚣嚣焉言弭兵，言国际裁判，犹之无济也。中国学务渐见改良，愿［顾］疏略之点尚甚多，则研究之事不容缓，或封于故步，或囿于一隅，或背辙而绝驰，或望洋而空叹。其他国代谋者，立教宗则流为迷信，凭国力则嫌似殖民，意虽美而法不尽良，利未宏而害已先见，人心猜忌，邦交动摇，惩前车，毖后辙，鄙人等窃有愿焉。破除成见，竭尽愚忱，联学界之同心，结私人之团体，发起世界教育公会，以研究世界教育理法为主要宗旨，以提倡中国教育事业为附属宗旨；不谈宗教，不涉政事，不分国界，不立会长；天下一家，大公无我。布东亚平和之种子，树全球统一之先声，此诚根本之图，亦实切要之计也。谨此通告，附呈简章。（简章略。）

右文系在北京教授大学时作。实私欲假此为输布社会主义计，约同发起者，英、美、德、法、俄、奥、义、比和瑞士、日本凡十二国人，皆使馆参赞或大学教师也。是年六月，开成立会，鄙人及美国人丁家立君被举为本会书记。未几，鄙人西行，而此举乃渐废。可惜也。

倡设理学会请立案呈
（1909 年）

呈为倡设学会恳请立案事。窃惟治化之升降，视风俗之醇醨。风俗之醇醨，视人心之邪正。古今同揆，中外一涂。昔孔子适卫，必也正名。孟氏居梁，亦曰仁义。岂故为是迂阔之论哉？诚大有所不得已也。天步艰危，列强陵肆。西学输入，群言庞兴。新教育之根柢未坚，旧道德之樊篱尽撤。世变日棘，人事日非。于斯时也，殆哉岌岌乎？职备员郎署，厕身士林，厪斯文沦丧之忧，懔匹夫存亡之责，辄自忘其僭妄，欲以一木支大厦之将倾，只手挽狂澜于既倒，特鸠集同志，倡设理学会，循理论以课实行，张国维而培元气。虽先正讥为好事，后生笑其乖时，然水深火热之交侵，即被发缨冠而不恤，毁誉固置之度外，功效亦非敢预言。惟迫于心之所不忍，尽其力之所能为，与天下有心人交勉之而已。伏查设会讲学，例须呈部立案，此事造端虽微，而关系绝大，王爷大人老成赞画，具有深衷，钧部会奏定律原折，所称河汾辨治，闽雒谭经，慎养人才，扶持国是，于以正人心厚风俗而隆治化者，将于是乎卜之。言有大而非夸，道无往而不复；拨乱反正，继往开来。则千载犹旦暮也。曷任馨香祷祈之至。谨呈。

理学会简章

会旨　研究中国性理之学，旁及泰西哲学，以博学详说为下手，以身体力行为工夫，以经正民兴为效验。

会员　凡同志者经相互保证，皆得为会员。

会期　每月一次，第一星期日举行。

会课　会员每期认定读书一卷，自加评注，于次期交出参阅。

会员有心得，于会期讲演之。

附预定事项

组织图书馆。

编纂教科书。

校印丛书。

刊行会报。

设立宣讲所。

设立讲习科，延东西哲学名家教授。

会约

定宗旨　定宗旨即紫阳所谓立志也。位天地，育万物，古今大功业，何一不由人做来。勘其本原，则必自不甘于流俗。圣贤豪杰千万中不得一二人。彼汶汶与草木同腐者，非聪明材力有未逮，只坐宗旨不定误之。夫以子夏之贤，遭孔子之圣，承三代之余，犹不免出见纷华盛丽而悦。吾人日处四面楚歌中，平旦之气，如电光一掣，晌息已逝。又如勒马悬崖，偶一失足，便成齑粉。自非操持坚定且纯熟者，未有不同流合污随波而靡者也。学者入德之始，不妨高自期许，断不宜妄自菲薄。天下无难事，视毅力如何耳。孔子曰，求仁而得仁，我欲仁斯仁至矣。孟子曰，人皆可以为尧、舜。荀子曰，涂之人可以为禹。西哲亦曰，人常立于己所欲立之地位。有志者任自为之。

励品节　孔子曰，清明在躬，志气如神。孟子善养浩然之气，故有泰山岩岩气象。庄子称藐姑射仙人，肌肤若冰雪，绰约若处子。黄叔度汪汪千顷之波。周濂溪如光风霁月。此人格之楷模也，高尚广大芳洁尽之矣。身外之荣，浮俗之慕，岂屑屑哉？曾子曰，彼以其富，我以吾仁；彼以其爵，我以吾义。孟子曰，说大人则藐之。颜渊、原宪之徒，皆屡空而不渝其乐，非内有所重而能如是耶？若以凭借为尊严，则凭借去而尊严失矣。然君子素位而行，贫贱士之常也，本非以骄人，富贵若固有之，亦不以为泰。夭寿不贰，修身以俟之，可耳。世变万端，江河日下，人人须存一天下愈乱春秋愈治思想。其始如莲出污泥，一尘不染，所谓磨而不磷涅而不淄也。其继如兰生空谷，百卉皆香，所谓己立立人、己达达人也。

保国粹　或谓中国思想界太隘，苦于常谭多而新义鲜。其实不尽然。孔子尚矣。周、秦之际，百家争鸣，率多持之有故，言之成理，非苟剿袭雷同安于不知而作者。即儒门流派，亦各标心得，各秉师承，虽根本不出六经，而见智见仁，要不失为一家之学。故经也，子也，语录也，学案也，皆中国性理之渊海。而专集、丛书之属，砂砾间往往见黄金焉。苟加以科学家之思想，证以自然界之实例，综其条理，刊其踳缪，则渣泽去而清光来，学者亦事半功倍，不致有穷年累世之苦。所谓守先待后者，讵异人任耶？

拓新知 吾生有涯而知无涯，此亦一是非，彼亦一是非。凡学说能成立而孳乳递嬗以讫今兹，必各有其所以然之理在。入主出奴，是丹非素，多见其不知量已。孔子而外，如佛、如耶、如回回，传布皆极盛，自余小教宗尚甚多。其言有足与圣教相发明，苟非躬涉其樊心知其意者，固未可贸贸然辞而辟之也。近世哲学大昌，名义甚赜。而自然科学者，亦据其物质之势力，以支配精神，皆宜观其会通，究其差别，虚心以受之，平心以察之，不可先有虚憍之气，尤不必故为傅会之词。迨于用力既久，勘理既真，自有豁然贯通左右逢原之一日。所谓至善者，于是乎得之。

勤讲贯 人类所以进化者，贵能承用古人之智识，尤贵能交换同人之智识。尝有十年读书不及言下指点者，盖糟粕之灌输固逊精神之感召也。读书譬之饮食。讲贯譬之运动，不饮食则营养易亏，不运动则停滞为病。故博学慎思之后，宜有审问明辨之功。所见同者，相悦以解，妙绪环生。所见异者，往复求详，真谛乃出。凡阐一理立一说，必待更番之辩驳，而后根柢愈坚牢，义例愈完密。然又非回护弥缝之谓也。参之众论，决以一心。心安则理得，理直则气壮，气盛则言宜。惟必须客气净尽耳。

广教化 众人蚩蚩，醉生梦死，至可哀悯。汤武言一夫不获时予之辜，伊尹言非予觉之而谁，孔子言有教无类，墨子言强聒不舍，近儒亦言教育普及。席不暇暖，突不得黔，栖栖皇皇，凡为此耳。盖万物本吾一体，后稷视天下有饥溺者犹己饥溺之。犹己饥溺之亦犹己之饥溺也。故度人即以自度，非二事也。然人醉而我醒，人浊而我清，则疑忌而诋諆者必众。此正学人用功吃紧时，不可生一豪怨尤心厌弃心。惟益动之以诚，贞之以久，莫问收获，第问耕耘。日有孳孳，毙而后已。

会戒

欺 万善皆出于诚，万恶皆出于欺。尝谓智、仁、勇及仁、义、礼、智、信，一切美名皆诚字注脚，反乎是者皆欺字注脚。欺字不除，虽口孔、孟而躬夷、齐，都无是处。然此唯自觉之，故必须自克之，师友不能及，和缓无所施者。姑举数端，以资三省。闻一义心不谓然，然以为古人之言尔也，毋宁从之，是谓欺。闻一义心知其然，然以为与己向者之说未合也，毋宁舍之，是谓欺。闻一义未灼见其是非而随声附和，是之非之，是谓欺。有所见矣，牵于俗而不敢行，并不敢言，是谓欺。力不逮者过为夸张，力能胜者矫为谦退，是谓欺。轻诺寡信，游谭无根，是谓欺。综之，欺人皆自欺而已，闲居则屋漏生惭，遇人则肺肝如见，弄巧成拙，甚至举身名生命以殉之，何其愚耶？

枉　孟子言枉己者不能直人。古人所谓权术，近人所谓手段，皆非学者宜言。败固徒劳，成亦不值，而自贻清夜之羞，长留终身之玷，甚无谓也。《语》曰，千金之子，坐不垂堂，彼行险侥幸者，坐自待过薄耳。今日士大夫而欲立身行世，断以不奔竞夤缘为第一义。富贵生人之大荣，然不以其道得之，辱莫甚焉。《易》曰，负且乘，致寇至。孔子曰，鄙夫患得患失。孟子曰，赵孟之所贵，赵孟能贱之。忧谗畏讥，局天脊地，虽苟免刑僇，而内疚神明，枉者适自苦矣。直道而行，虽所如多左，然俯仰无愧，进退有余，则亦安往而不自得哉？

荒　饮食男女，人之大欲存焉。声色货利、衣裘甘旨、车马宫室之奉，皆天地所以厚吾生也。一切气体、液体、固体、生物、无生物，举不啻专供吾人取携驱策之用。取精多而用物宏，正不必富贵者为然。虽至贫丏，无不与万有相需而存。一粟一缕，而全世界通功易事之关系备矣。若必如於陵仲子之为，非唯情有未当，抑且势所不行。然一有所沾著而不克以自胜，则心为形役。久处乐必淫，长处约必滥，从流下而忘返，吾不知其胡底矣。夫世之寡廉鲜耻倒行逆施者，其于身心性命何与？非皆为声色货利、衣裘甘旨、车马宫室之奉而为之者欤？古人戒五荒，喻之朽索之驭六马，人心惟危，岂不信然？且初意本为行乐，至于荒则反得苦。故为道者日损，决不屑以嗜好汩天真，固谨于理欲之防，亦熟夫利害之数者已。

乱　《乡党》一篇，记圣人容貌辞气至详，诚于中，形于外，睟于面，盎于背，施于四体，周规折矩，履中蹈和，不假矜持，自然名贵。洋洋乎大哉！礼仪三百，威仪三千，何其盛也！昔霍光入朝，举步不渝尺寸。王恭被鹤氅行大雨中，从容如平时。见者叹为何代无才。观人者必于其微，造次必于是，颠沛必于是。临大难而不失常，却厘然有以处之。逆来顺受，游刃有余，乃可贵也，况端居乎？今之君子，无事则颠倒酣嬉，有事则张皇抢攘，起居饮食无定时，喜怒哀乐不中节，一身不自治，家国何赖焉？西人最爱自由，亦最尊秩序，用能事无不理，政无不成。《记》曰，物有本末，事有终始。无论求学办事，必先执两端，衷一是，分层次，定范围，而后纡徐以赴之，百折而不挠其故，万变而不离其宗，六辔在手，一尘不惊，庶乎近之。

发起国耻纪念会呈文
（1910 年 1 月）

　　呈为发起国耻纪念会恳请批准存案事。窃惟爱国之心，人所同具。知耻近勇，传有明征。昔吴之败于越也，王使人立于庭，苟出入必谓己曰，而忘越王之杀而父乎？而吴卒再起。法之败于普也，绘其颠踣惨死之状，张之城阙，申儆国人，而法乃代霸。故《易》有之，其亡其亡，系于苞桑。国耻固不当讳言矣。时势艰难，外患迭起，丧师夺地，创巨痛深。多难兴邦，变法图治。庚子之后，忽焉十年。夫前事不忘，后事之师。罔念作狂，克念作圣。当此尝胆卧薪之日，宜有反观借镜之资。职等浩劫余生，痛定思痛，懔匹夫之有责，顾来者之可追，谋所以追悼国殇，策厉后进，拟以明年七月，设庚子国耻十周纪念会于京师，草具简章，涣汗大众。盖将于是卜人心之生死，验国步之进退焉。惟是国耻者，政府与人民共之者也。况集会有律，必须得请而行。登高一呼，尤赖提倡自上。为此会词公呈，恳请俯鉴愚忱，勉徇舆论，准予存案，批示祗遵。现已先开筹备会，预选干事员，所有详细规程，容当妥商拟订，随时呈报巡警厅区核夺施行，总期惩前毖后，覆辙毋更相寻。庶几触目警心，补牢尚犹未晚。职等不任屏营企伫之至。谨呈。

发起国耻纪念会公启
（1910 年 1 月）

吴之败于越也，王使人立于庭，苟出入必谓己曰，而忘越王之杀而父乎？而吴卒再起。法之败于普也，绘其颠踣惨死之状，张之城阙，申儆国人，而法乃代霸。故《易》有之，其亡其亡，系于苞桑。国耻奚必讳言哉？中国之濒于危者数矣，丧师夺地，偻指难终。而庚子之役，京师受祸尤剧。我同胞记忆力特不强，时过境迁，则醰嬉如故。殷忧无启圣之功，前事忽不忘之戒，长此终古，如何如何？鄙人慨沧海之横流，懔匹夫之有责，思所以激励我父老兄弟者，拟以明年七月，设庚子国耻十周纪念会于京师，草具简章，涣汗大众。盖将于是卜人心之生死，验国步之进退焉。或曰，子非倡道世界主义者乎，何鳃鳃以纪念国耻为？应之曰然。昔宣圣迟迟于去鲁，浮屠恋恋于桑下，故国家思想即乡土感情耳。且均是人也，彼为刀俎，我为鱼肉，文明之治，当不其然。愿我同胞，深惟人必自侮之言，勉循适者生存之例，庶几平等可期，而大同非春梦也。

一、宗旨　惩前毖后触目警心。

本会无排外性质，亦非复仇主义。

一、办法　纪念台约面积百亩，近处用实物，远处用油画，装点拳匪及联军横行情状。

纪念剧约十出，全用新法排演。

纪念写真分活动、不活动两种。

编辑国耻纪念史及小说并印刷图画传单。

事实以庚子之役为主，自鸦片战争后英、法、日、俄诸役亦附及焉。

凡乱后新政有形象可比较者，择其尤为代表荟萃观摩，借觇进步。

一、地址　就北京择相当处建筑会场。

纪念剧及写真拟更巡行各省以期普及。

一、时期　庚戌七月二十日开始，即十周年前北京城陷日也。

嗣后每年是日举行例会一次，每庚年是日举行大会一次。

一、经费　开办费约定十万元。

先期征集法，由国民自捐输，托大清总分银行代收。一人捐输十元以上者，收据外加给股票。

请拨官费及地方费补助。

临时征集法，酌收入场券费。

会场略具公园规制，纪念台、纪念剧及活动写真等平时皆可售券。不活动写真及印刷品平时皆可发行，其所得余利即分配与执股票者。

一、职任　庚戌正月间先立筹备会，公开选举干事员各干人。

案：凡事必经理想、言论、实行三阶级。此事由理想发为言论，不佞一人可办。至由言论见诸实行，则万非一人所能，且亦非一人之任也。兹特发刊宣布，冀唤起多数人之同情，其是否果成，此时殊非所计矣。

环游留别词
(1910 年 3 月)

　　绍铨将有环球之游，束装戒途，承诸君枉步见送，感愧交至。窃愿附古人临别赠言之义，而行色匆遽，语无诠理，惟爱我者谅之。慨自海通以后，大梦乍醒。向之仅知有身仅知有家者，今而渐知有国矣。此不可谓非思想界一进步。然而不佞窃以为未足者，则世界观念其最要也。忆在鬌龄读《礼运》一篇，即慨然慕天下为公之盛。中间更历世变，泛览载籍，而益叹现政之腐败，民生之苦辛，一皆小康之治害之。此匪徒老大帝国未晋升平，即彼号称文明者，其去吾所悬拟之程度，尚不可以道里计也。虽然，进化者天演之公理，合群者人类之本性，继是以往，其由通而同，由同而公。而所谓世界主义者，由理想而言论，由言论而实行。可以断言，故生值今日，当广求世界的智识，致力世界的事业，外讲沟合之策，内树自立之基。必沟合然后可进于大同，必自立然后可跻于平等。此二十世纪中国国民之天职，顾其事不当责望于政府，而不可不自社会方面任之。盖昔日则社会为政府所造成，而今日则政府为社会所造成。政府者，社会之代表。代表而不良，固团体之罪也。不务养成左右政府之能力，而视政府过高，期政府过厚，奔走喘息于最高支配权之下，徒痛哭流涕长太息而莫可如何，斯非无志之尤者欤？绍铨不学，不揣冒昧，妄欲以迂阔谬悠之词，为诸君更进一解：诸君既知个人与国家之关系，尤须念国家在世界之地位，要使中国为世界的国家，吾人为世界的人物。勉为主动，毋为被动；勉为积极，毋为消极。心理丕变，自然运会转移，天下事庶有豸乎？临歧怅惘，言不尽意，前途万里，愿各勉旃。

　　右文系去北京时作。因不能昌言社会主义，故恒以大同主义、世界观念等名词代用之。

上民政部呈
（1910 年）

　　为呈明事。窃职顷阅《中外日报》、《神州日报》，见北京专电栏载民政部密派郎中朱纶，暗随江亢虎绍铨环游全球，侦查其与何人交际，作何举动，随时报告，云云。反复披寻，不胜骇异，职自童年，随侍日下。庚子乱后，负笈东瀛。旋奉调归，历办学务。其在京师，教习大学五年，创办女学三所，先后发起公益各事业，均经遵章呈报备案。此固辇毂耳目所共见闻，而亦久在大部洞鉴者也。此次游历西洋，三年前即分呈各部，请发护照咨文。嗣以大学诸生公呈咨留，又以学部接收女学，展转延缓，直至今春，始得成行。先期有留别饯别诸会，临时祖送累数百人，沿途投谒各当道，并蒙南洋大臣、江西抚院筹给补助官费，公文具载南洋、江西两官报。举动之事，交际之人，通国皆知，何待侦查？何烦报告？职本一无用之读书人耳，幼览载籍，独嗜性理。中更世变，稍涉新学。一切悖妄偏激之说，绝口不屑谈。自来经验，畸重教育，尝谓中国今日舍教育与实业外，无事可办。所持宗旨，惟以改良社会为原始要终之道。心赢力绌，事与愿违。夙昔经营，百无一遂。出洋游学，本为广求智识，备将来对国家靖献之资。不谓缘此仰劳大部之茝虑，特派专员为护从。抚躬自思，甚非德薄能鲜所克当，亦无罪大恶极之可指。顾眼线四伏，如捕巨盗，尾缀万里，不惮重洋。出之以无名，极之于所往。且环游者方高视阔步，有俯仰自得之乐。而暗随者反藏头露尾，冒行踪诡秘之嫌。斯不亦羞朝廷而轻当世之士乎？职窃内审其生平，外揆之政体，而有以知大部之必不出此也。惟是情节支离，姓名确凿，各报转载，万口哄传，贻父母亲戚之忧疑，辱师友交游之存问。且国家既号称立宪矣，一身名誉，人无任意污蔑之理，已有自由辨护之权。况其事非第关系一身之名誉，又关系朱纶之名誉，更关系大部之名誉。故虽明知其诬，而亦不可不辨。务乞明白批示，俾得援据更正，以昭真相，而息浮言。并祈按照报律，纠其失实之谬，科以相当之条。个人幸甚！国家幸甚！披沥上诉！无任屏营待命之至。谨呈。

拟发起个人会意见书
（1911 年 4 月）

中国社会与泰西社会，其根本大不同。泰西社会由个人的分子构成，中国社会由家庭的分子构成。家庭积弊，至今而极种种苦恼，种种劣根性，种种恶行为，罔不缘此而生。由此而欲策富强浚聪智，真北辙而南其辕也。不佞有所灼见，不忍恝怀，牺牲身名，号召志侠，拟发起个人会。括其要旨，约为两端：一生计独立。夫中国今日民穷财尽，饿莩载途，岂尽其人之不能自活哉，无亦家庭之负担实累之。一人而食十人，虽秉上智席恒产者，犹有所不堪，何论中人以下。举毕生聪明才力，悉瘁于仰事俯畜之中，而社会万事隳矣。甚者倒行逆施，伤天害理，为子孙作马牛，罪罚所以日滋，道德所以日下也。必父子异财，不相嬗袭；兄弟夫妇，亦人自经营。斯无系累苦，无倚赖心。毋使经济问题，羼入伦理问题，此对于完成个人言之也。一教育公共。教育乃专门职事，宜设为公共机关。而后分业精，进步速，需用省，成材多。自初生讫中学，无富贵贫贱阶级，同受一致之裁成，各具相当之能力，泯门第之陋见，革遗产之敝风，以公财培公人。一届责任年龄，即使自由营业，跻平等，进大同。此对于未完成个人言之也，此皆社会主义之真髓也。即为种族计，为国家计，亦舍是无二法。世有赞可者乎？惠我好音，表其同意，借觇舆论，并集众思，然后开会招徕，公议决定，筹实行之方法，组团体为模范，移易风俗，改造生民，世界之福也，人类之责也。

右文亦居忧南京时作。因不能昌言社会党，故托名个人会。盖社会者，个人之团体；个人者，社会之分子。称名异而取义同也。然当时卒以赞成无人，不能成立。

忠告女同胞文
（1911 年 4 月）

不佞自廿二岁倡办女学传习所，为京师女学破天荒。推广四校，经营五年。邦媛闺秀执贽问字者，奚啻数千人。虽成效不逮预期之百一，顾自信所以为我女同胞者，亦颇瘁心力矣。比者环游全球，历观列强女界发达之盛况，人人自立，人人平等，益深感今日主持女学教育者，断宜采用积极的主观的世界主义，而万不可徒采用消极的客观的家庭主义。世界主义者，使女子各成为世界上一完全个人，非如家庭主义，仅造就淑女良妻贤母，终身为社会附属品补助品已也。故世界所有智识，女子必应一一吸收之；世界所有学术，女子必应一一研究之；世界所有事业，女子必应一一营求之；世界所有权利，女子必应一一享受之。此近来欧美妇人大多数之新思潮也。回顾我国，长夜千古，女界光明，特朝霞一线耳。于此而欲言改革，正如一部十七史，不知当从何处说起。其头绪芬繁，既非三数语所能概；其学理奥赜，又非普通人所尽知。兹特先就浅近易晓、简单可行者，约举端隅，为我一般女同胞进忠告。其言必称泰西者，非输心欧化也。以吾人平日理想衡之，白族文明，诚不足道。以世界今日现势断之，则彼善于此云尔。且吾新自欧陆来，故辄征引以为比较之资。乌乎！天鸡鸣矣，晨钟动矣，我女同胞其速警醒，毋长颠倒迷离于沉沉春梦中也。

人之生也，心与身相附丽而存。心即精神，身即体质。精神、体质，皆必需供给料，以长养之。精神之供给料曰智识，体质之供给料曰生计，如衣、食、住等是。智识由学问、阅历而来，阅历一学问也。生计由职业而来。故人之生也，必求学问，必操职业，然后智识日进，生计日充，而精神、体质乃日强。此自积极一方面言之。若自消极一方面言之，则欲开智识，必破迷信；欲谋生计，必绝依赖。迷信、依赖，皆由全社会之政教之风俗，而酿成各个人之心理者也。兹就精神与体质，各析为积极与消极，按切女界，相对言之。其实精神、体质、积极、消极诸名词，皆由论理学上方便分析，而在实际本无犁然界画之可寻也。故所条列者，往往彼此参伍错综，而其义乃备。是与其谓相对言之，毋宁谓相互言之耳。

破迷信

迷信约分为宗教、礼教、风俗三种。

宗教　信仰自由，此文明国之通例也。顾今日世界，形而上之哲学，与形而下之科学，皆逐渐发明，逐渐进步，不啻举宗教之根据，全行推倒而无余。凡创立教宗者，类生于上古据乱之世，其时人心庞昧，异说纷起，自有赖于出类拔萃之人物，为之董理而整率之。然神道设教，罔不含有迷信之性质。缘当时社会心理，非如是不足以广号召而资利用也。多神教无足论，即进而一神教，其傅会支离荒诞之说，亦已不值识者之一哕。盖宗教者，应时势而生灭，前此所不可无，而后此所不应有者也。况其末流，分门别户，推波助澜，真义浸亡，贻毒滋大。昌黎有言，非愚则诬，愚者可怜，诬者可诛。传教者假为糊口之术，奉教者恃为护身之符。如基督教，虽宣布较盛，而泰西学问家，十八九鄙夷不屑道，其攻击诋諆之，譬诸洪水猛兽者，尤多有其人。回教式微已甚，佛教只为古代哲学之一种耳。至中国女界所信仰之佛教，乃并不得谓之佛教。凡焚香、卜珓、唪经、拜讖、符箓、禁咒之类，吾直等之风俗上之迷信而已。

礼教　女子亦人也。中国承上古酋长时代之敝制，役以为奴隶，鞭挞唯所施，视之如货品，交易唯所用，相习既久，安若天然。女子亦不敢复以正当之人类自居。其与男子交际，限制尤极严苛，不相问名，不亲授受；见人则拥面赪颜，趑趄嗫嚅，丑态百出；终日闭置深闺曲房中。而帷簿之事，中冓之言，往往内乱宗亲，下通仆圉，防闲之效，亦可睹矣。结婚离婚，皆不自由，秉命自父母，撮合于冰人，素昧生平，一朝胖合，年貌不必相若，学识不必相当，性情不必相谐。良懦者饮气吞声，抑郁没世。不然则交谪一室，奸杀相缘，吾不忍言。其美满因缘，特偶然之幸事耳。夫死不嫁，尤悖中道。夫夫妇以情交以义合者也，故情义未绝，虽死可守；而情义既绝，虽生可离。自有宋腐儒创为饿死事小失节事大之说，社会之制裁，家族之督责，有司之激扬，罔不以下堂为辱，守楼为荣。于是《柏舟》之咏，百不从心，而青年红颜之

含辛茹苦，衔恤人间，埋愁泉壤者，伊古以来，不知几万万辈。况死者
一人，而守者或数人，其伤天和贼人道孰甚焉。更有甫系朱丝，未接鸿
案，乃亦望门矢志，幽锢终身，尤为大惑不解。自来男子，例许多妻。
天子后宫，备位三千。卿、大夫、士、庶人，咸得公然广置妾御，恣为
荒嬉。而反动之来，百弊丛集，家庭遂为一切罪恶苦恼之渊薮。而躬其
冲而醑其毒者，乃无往而非女子，嘻其酷矣。至子妇之见陵于舅姑，婢
媵之劫持于主妇，娼妓之备虐于淫鸨，犹不在此数。某女士尝曰：女子
者重犯之代名，昏姻者非刑之别种。其言至恸。我观在昔，初不如是。
仲尼，圣人也。圣人，人伦之至也。而野合所生，见于传记。孔门三世
有出妇，其离合之际，盖颇自由矣。泰西诸国，结婚必经自选择，选择
必先广交游。惟未成年，其保护人得禁约之，盖虑失身太早，则生理亏
损，子姓不强，非屑屑为名节计也。日本结婚虽不自由，而离婚则甚自
由，犹得补救于一二。人亦何不幸而独生为老大帝国之女子乎？夫处开
明之世，则服从舆论为大顺。处过渡之世，则反对舆论为英豪。我女同
胞，谁是能牺牲浮俗之名誉，增进人类之幸福者乎？我愿馨香而尸
祝之。

风俗　风俗上之迷信，如前所称焚香、卜珓、唪经、拜忏、符箓、
禁咒诸事皆是。夫天助自助者，富贵贫贱，缘境遇为异同。健弱寿夭，
视卫生之良否。求神佞佛，何为者乎？今人病不慎视医药，死则妄言超
度。若以是为能尽后死者之心也者，其有不然。众口交讪，以为寡恩。
搢绅倡行，草野风靡。水陆道场，金银纸箔，一丧所费，动以千百计。
其主谋者，必女子也。春秋佳日，城乡朝山进香者，跋涉修阻，肩背接
触于道途。糜金钱，旷时日，举国若狂，恬不知怪。校其大数，则女子
居十之七八。平居固闭深藏，虽至戚通家，不轻一见。及是抛头露面，
流汗相属，奔走跪拜稠人广众中，无赖辈追逐品评，备诸恶剧，亦安然
隐忍俯受不能为词。父兄姆傅瞠〔瞠〕目末可如何，而意外事变，且不
时有之。又有巫觋、卜筮、星命、风鉴、堪舆、诸流氓，其说至谬妄，
无可辨论之价值。而女界特崇拜之，趋避从违，一决之数，无几微自信
心。他若装饰修整，本女子天然美术性，初无可议。顾乃穿耳缠足，戕
害体肤，供人玩弄，不已亵欤？穿耳之弊犹细，缠足之害弥烈，女子亦
自知之而能言之。重以明诏提撕，时论鼓吹，自非至愚极顽，度无横生
阻阂者。而牵于积习，犹观望因循，不知自爱，莫甚于此。女子之无自
治力，愈为男子所轻贱者，此亦一大端也。一身不改良，何暇言改良家

庭改良社会乎？

求学问

人之所以异于禽兽者，以其能求学问而已。文明世界，无人不学，无事不学，无时不学。兹为女子分未嫁者、已嫁者、有子女者言之。

未嫁者 未嫁者，乃女子一生求学问之最好时期也。女子聪明才力，本不逊于男子。然古今中外学问家、事业家，女子皆较男子为至稀，则以女子求学问之时期极短，一经嫁人，则门户井臼之计，胎产哺乳之责，樊然并来，更无余隙为掔求讲贯地矣。故近日社会主义，多主张恋爱自由、教育公共，以绝家庭之羁靮，卸儿女之负担。救敝补偏，法良意美，此趋势所必至，亦事理所当然也。顾中国一般女子，既不足以遽语此，则唯有趁此极短时期，人一己百，人十己千，急起直追，有进无退，或庶几耳。今日女学虽建立不多，办理未善，然慰情聊胜无，都邑城镇已所在有之。凡我女同胞，必宜痛自振拔，及早入校。虽阻力四生，蜚语麻起，然须认定求学问乃一极重要极尊荣之事。父母乱命亦可不遵，市井谰言尤无足恤。韶华易逝，人生几何，少一迟疑，而贻误终身，悔且无及矣。可不惧哉！可不念哉！

已嫁者 已嫁者而求学问，本不免有后时之叹矣。顾凡人精神、体质，恒至四十而始衰，前此固犹有推陈出新之效者也。况古有耄而好学大器晚成者，是求学问固不可尽以年齿限之。又况中国俗尚早婚，往往二七三五之雏娃，已居然拥青庐拜羃翟矣。此正高等小学肄业之年龄也。且已嫁者，尤有劝夫就学之责。盖中国女子结婚离婚既不自由，则一生之祸福菀枯，恒倚其良人为运命。故郑女之警旦，乐羊氏之断机，相夫亦所以自相也。人生莫作妇人身，百般苦乐由他人。幸而琴瑟和谐，闺房静好，则举案相庄，添香问字，夫复何求？否则自立之道，尤不可缓。然舍求学问外，又岂有自立之可言哉？

有子女者 教育者，社会公共之事业也，断不可任父母之自为谋之。余别箸论，详陈其弊。即就为母者一方面言，耗心思，销志气，废职业，误学问，损娱乐，妨健康，害已不胜偻指矣。方今公共教育机关既尚未成立，则虽欲摆脱诸苦恼而有所不行。乌乎！此女子人才之所以消乏也。有子女者而自求学问，盖难乎其难，惟当一及学龄，即急送入蒙养院、初等小学，养成其子女异日独立自营之风，亦减免为母者当时累赘系属之苦，而拨冗偷闲，少从事于普通必要诸学科，冀收桑榆之一效。所谓无聊之极思，必不得已之下策也。若徇姑息之爱，而不早为之计，则自误误他，有沦胥以毙而已。

绝衣［依］赖

三从之说，其来旧矣。顾从者追随之谓，非附属之谓。自近世个人主义大昌，女子既为完全的个人，断无依赖他力以为生存之理。附属固悖谬不伦，追随亦卑鄙可耻。兹因论绝依赖，特举三从妖说，辞而辟之。拨云雾而见青天，虽躬蹈非圣无法之诛不恤也。

从父　公共教育尚未成立，则亲子之关系自不可离。生我非恩，而养我为恩，故尽敬尽孝者，毛里之私情，亦报施之正谊也。然一届责任年龄，既受普通教育，则与父母立于对待的地位，而应各伸其天赋之自由。父母无干涉子女之权，子女即无仰给父母之权。故泰西诸国，子女成立，例应析居，否则亦照缴衣食住费。盖亲子间义务所负，权利所及，均有一定之界限，一定之时期，而后爱情常若有余，幸福不致相夺，其意可深长思。中国父母长受子女之累，而垂死尽气，为作马牛。子女恒恃父母以生，而游手好闲，终成败类。吾尝谓社会一切苦恼，一切罪恶，一切不自由，一切不平等，皆世袭遗产之恶制度致之。既害大公，亦害小己。循此不变，天下终无郅平之一日也。女子在家则父母豢畜之，适人则父母赍遣之，于是行动、交际、婚姻诸事，一一俯首受成，而不复能扬眉吐气，略参末议。《语》曰：求人者常畏人。斯非自作之孽也耶？

从夫　中国夫妇之道苦矣。女子不能自立，而受压制于男子，固苦。男子有此不能自立之女子，而必扶持供给之，亦苦。女子之心理，莫不以为，良人者，仰望以终身者也，一与之齐，则美食鲜衣，予取予携，分所应尔。此大误也。夫妇者，爱情问题也。爱情者，神圣也。羼以经济问题，而爱情涣然矣。"脱辐"之占，《谷风》之咏，未有不由此者也。况以爱情问题为经济问题者，此娼妓之用心耳。娼妓视皮肉为商品，据枕席为营业。依赖其夫者，何以异于是？以色事他人，能得几时好。色衰爱弛，秋扇见捐，有转徙沟壑而已。故爱情与经济，必两不相蒙。有独立之能，乃有唱随之乐。俯仰自足，进退有余。男子虽欲肆其无理之威，乌可得乎？不自树立，而苟且求容，觍视息于人间，寄生命于俎下，沁沁倪倪，摇尾乞怜，虽不饿死，多应愧死。

从子　子女未成人，父母负教育者之责任，而具有主动的资格者也。子女既成人，推反哺之爱，而执负米之劳。自今日社会制度论之，亦天理人情之至也。顾为子女者，当以是报之父母。而为父母者，不当定以是责之子女。各尽所能，各行其是，斯为两得，乃可相安。盖子女既已殊体异形矣，若必以生计托之，犹之依赖之劣根性也。况俯畜之外，重以仰事，一人而食数人，虽贤者力有所不逮，不肖者则假为家贫母老之词，遂其倒行逆施之计，其末流尤不可问。社会学家主张，老安少怀两者，皆作为公共事业。《礼运》所谓不独亲其亲，不独子其子者近之。泰西诸国，人人有保险费、养老费，皆储自壮岁，而受之晚年，亦以求人不如求己耳。要之，吾所持者，财产独立论也。个人主义既未能一致实行，旧日伦理自不能立地铲尽。然伦理是一事，财产另是一事。伦理可互相维系，财产必各自经营。夫女子至亲者，莫如父，莫如夫，莫如子，而犹不可有丝毫依赖心，而非父非夫非子者，更何论矣！

谋生计

不能自立，未有能自由者也。自由以谋生计为先。今日女子少有思想者，孰不知家庭束缚之苦。顾一去其父若夫若子，即不能为一日之生存。不度德，不量力，而浮慕自由，一失足成千古恨者，不知凡几，惟无生计故也。夫谋生计必操正当之职业。职业者，男女共之。吾意除兵役外，女子无一不能为；除娼妓外，女子无一不可为。今日女子所操职业较男子为少，故其谋生计也，亦较男子为难。然在泰西诸国，小学教习、医士、看护人、打字人、印刷人、商店公司经纪人、会计人、邮电收发人，皆女子占大多数，且有为律师者，为辨护士者，为大学专门教习者，为报馆主笔者、访事者。更有选充地方自治委员者，代理公使领事官者，女国会议员亦骎骎告成功矣。中国则其涂特隘，是有数因。一因女子实力未充，二因社会信用未著，三因历史上礼教之腐说误之。兹惟举女子性质最宜，而风俗习惯所能通行者，揭述一二。

教习　女子天然教育家也，故学师范充教习为特宜，而小学教习尤宜，此理论上、实际上所公认也。世界各国小学制度，有男女分校者，有男女合校而分班者，有男女合校且合班者，而皆多用女职员。中国女子昔除乳妪、佣妪外，几别无职业之可为。近始渐有充学校职员者矣，然在男学教授管理者尚无闻，女学职员犹且不得不借才于男子。外国则不惟小学女学，即男大学亦间用女教习。因形而上诸学科，女子住往独擅专长也。且外国为事择人，但程功效，不问男女。女子而自创学校自任监督者，所在有之。公立男学时或推女子为主持，其教授管理，井然可观。初不必倚男子以为重，而男子反执役于其支配下者，非罕事也。

保姆　保姆者，一身兼母与师之责，即以社会教育代家庭教育者也。余尝草幼稚教育宜立公共机关说，以为就学义务年龄，当断自有生以来，而以育婴堂、蒙养院，亦编入强迫制度。其说至繁，兹姑不赘。今日各国蒙养院已极发达，育婴堂亦逐渐而增其数，此实教育日趋于公共之明征也，将来当更无所谓家庭教育者矣。育婴堂所用保姆，与蒙养院所用保姆，大同而小异。哺乳保抱，其事特勤。然初不必适人生子者，方能为之，固应先学养子而后嫁也。大抵高等小学毕业，更专门肄学一年，实地练习一年，即足胜任而愉快。其课目略如初级师范，而附加三数特别学科。故初级师范毕业入保姆研究所者，亦事半而功倍也。中国各省府县多有育婴堂，命意自佳而办法不善，其黑暗情状，不啻为人间世多辟一地狱。闻原有□□皆甚充饶，顽劣绅衿，盘踞深固，无敢发难言改良者。倘得其人廓清而更造之，远可为世界平添多数公共之人才，近可为女子推广一种适当之职业，其功德何减恒河沙？有地方自治之责者，亦曾一念及此否？

看护人　女子又特富于慈善性者也。故世界慈善事业，发起于女子者不遑更仆，红十字会其尤著也。今日会员各国有之，累万万人矣。看护可分病院与战阵两种，一平时，一临时。各国后妃华族多躬亲其事，以为至荣。中国女子顾鄙夷之，可为浩叹也。此等风气必亟开通。今民政部所属诸医院，类腐败不足道，看护皆雇用下流无知之男子，草菅人命，害何可言？语有之曰，治国多医，乱国多兵。医之关系大矣哉！入其境，观其医院之组织如何，看护人之程度如何，卫生法之设备如何，而国运之隆替，人种之兴衰，可卜也。乌乎！愿我大慈大悲女同胞，三复吾言，一洒此耻，更能罩求新岐黄术，为女界医界开一大纪元，则扶兰志斯、南丁格尔诸人豪，不能专美千古。有志者任自为之耳。

产婆　产科亦医学之一种，其重要不待陈。外国产医多有男子，中国风俗习惯，则以女子为合用。此学夙不讲求，大小二命，一委诸佣保贱妪之手，生理、解剖、理论、手术，一切瞢然，乃妄为种种神怪禁忌之说，有如儿戏。盖不得其生，不得其死者，至夥颐矣。东西洋妇人，临蓐多居产科医院中，调护得宜，母子均适。其产医来华，道亦大行。而中国女子竟无能自操此技者，岂真其事之不可学而能哉？进而求之，固甚平易耳。曩在京师，曾发起产科讲习所，凡分两班，一为素人讲授关于产科必需之学识，半年一年可毕业；一为造就专门产科之医才，二年三年可毕业。夫胎产为生民之初，亦女子生死一大关纽。顾世人多耻不屑言，忽不加意，宁非怪事。我愿女同胞，一矫其敝风，或普通习之，或专精治之，自度度人，非惟执艺以游，抑亦造福无量也。

职工　今日之世界，一工艺之世界也。社会主义尤尊重劳动家，以为人类以相需而存，必通功易事，各竭其才，然后义务、权利交剂而得其平，而侵越争敓之风几乎熄矣。货恶其弃于地也，不必藏于己。力恶其不出于身也，不必为己。此一说也。一夫不耕，或受之饥。一妇不织，或受之寒。天下皆饥皆寒，虽欲独保其温饱而不可得矣。此又一说也。凡人皆有生利之责，而工艺则直接生利之事。文明之世，分业极细而益精，操作极少而不惰，休息游戏，皆有定时。筋骨心神，交受其益，又非止仅禆生计而已。各国工厂林立，职工多者至数十万人，少者亦数百千人，女子恒居其过半数。悬想将来政府、家庭皆无久存之理，胥天下惟工团耳。试观欧美诸大工厂，其编置规模，不已俨然一国家哉。中国工艺最为幼稚，其招用女工，只寥寥数纱厂丝厂，及其他一二关于农桑者。吾尝恨女子职业，上则教习，下则佣媪，其间距离差太远。且教习非尽人可为，即保姆、产婆、看护妇，亦皆非普遍之执事。佣媪则奴隶之变相耳，不得认为一职业。惟职工商业，需人特众，又非甚烦难，虽下材可以勉而为之。故为一般女子谋生计，必先此二者。职工种类繁多，如前所称邮、电、印刷、打字等，今日殆成女子之专利事业矣。

商业　甚矣！是非黑白之颠倒淆乱也。女子饱食暖衣，逸居无教，仰夫子为生活，此娼妓之行，而禽兽之归耳，而舆论以为当然。至于经商营业，独立自养，固人道之正轨，而须眉所难能也，而舆论乃哗然贱之。今人见日本料理店诸当垆者，搔首弄姿，周旋款曲，辄以为商业不过如是，女子断非所宜。而不知欧美通都大邑，自官立局所银行，以至零星露摊肆市，其经纪会计，酬应往来，几仅见女子而不见男子。叩其出身，罔非中等以上商业学堂之毕业生也。乌乎盛哉！夫女子倘甘长为男子之玩具，则闭锢隔离，什袭珍藏，最为万全而无失。若犹觑然以万物之灵秀者自居，处现世商战激烈时代，舍是何以苟免于生存竞争之天然淘汰哉？惟商业较职工为难，学术、经验不可缺一。今日中国为根柢计，既无女子商业学堂；为应用计，各商家又不习任使女子。积重难返，我为之阁笔彷徨矣。

今于结尾，更有一言。新（即积极的、主观的）与旧（即消极的、客观的）不两立者也。主持女学者，苟谓原有礼教风俗，醇粹优长，如日月经天，江河行地，亘万世而不可动摇，则宜毅然决然，厉行古制，断不可使女子认识一字而以才济奸，更不可使于本夫外接见一人，致生不可说之变，复缠足，罢学校，断交通，未始非保存国粹之一道也。若以为世界大势不可不遵，新式教育不可不采，则宜另起炉灶，全撤樊笼，尊重自由，躐跻平等，为天空任鸟之计。幸毋跋胡疐尾，罅漏补苴，执中无权，骑墙不下，内怀首鼠，外托调和，使二万万女子，求生不得，求死不能，非徒无益，而又害之。我女同胞亦宜早自审思，必先有牺牲之精神，乃能成独立之事业。否则无才是德，惟庸庸者自多厚福耳。识字忧患之始，智识愈高，忧患愈大。心知其意，而身不敢行，顾忌太多，周章失度，於邑待尽，夫复何言？今有人生于桁杨犴狴之中，以为世界固如是，亦忍而与之终古而已。及一见宇宙品汇之盛，人生纷华富丽之乐，始而骇，继而疑，终而忻羡之情生矣。退而埋首幽狱，系累长年，刑罚不必加剧，而罪苦则觉十倍于前而未已，其瘐毙可计日而待也。我女同胞于意云何？从前种种，譬如昨日死。自后种种，譬如今日生。生死关头，一念立决。请诵先儒王阳明子言，以为最后之鞭策可乎？曰：即知即行。

幼稚教育宜立公共机关说
（1911 年 5 月）

动物通性无不爱护其所生。人为动物最灵秀者，故爱护之情尤挚，而爱护之法滋多，教育其要也。凡父母必教育其子女，非唯天职应尔，抑亦本能有然。（本能者秉自生初，如孟子所谓良能。）然中国古者，学必有师，易子而教。三代以来，有庠序之制。今则东西各国，罔不立学校以为之机关，由家庭教育变而社会教育（此社会教育乃指广义的，对家庭而言；非指狭义的，对学校而言也），即由个别教育变而公共教育。夫君师之代为谋，岂尽若父母之自为谋之深切而周至哉？然而若是，是有说焉。父母之于子女也，责善则离，溺爱则昏，无善处之道。一也。父母不皆能具教育者之资格。（教育者是一名词，即指施教育之人，对受教育者而言。）不得其法，爱之反以害之。二也。家庭不皆能出教育费，不能尽人受相当之教育。而智愚贤否之差日大，即贫富贵贱之差日大，社会益趋于不平。三也。凡事专治则愈精，兼务则两败。人间生计，执务非一，势不能悉驱使从事教育一途。而教育又决非可仅以余力了之。故与其作为普通事业，任之全体之人，不如作为专门事业，责之一部分之人。四也。教一人与教十人，教十人与教百人，需用精神、劳力、金钱、时日，不甚悬殊。而综所成就，则什伯相绝。五也。有比较乃有竞争，有竞争乃有进步，此相观而善所以可贵，而独学无友所以难成也。六也。右特一时错举之词耳。若本论理学式演绎言之，其条件犹不止此。惟变为公共教育，而后诸弊胥捐矣。顾愚以为犹有未尽者。近日各国义务教育年龄，大抵断自八岁以上，而于幼稚忽焉。虽有蒙养院，亦只视为补助机关，初未编入强迫制度也。况蒙养院率以满三岁为最低限，自坠地至满三岁间仍一唯家庭教育是赖。夫有生以后，八岁以前，固教育极吃紧时期也。非第如前所陈六弊者，为家庭教育缺憾已也。六弊之外，尤有弊焉。哺乳之劬劳，保抱之勤苦，使女子视生产为畏途，男子叹叹多男为厚累，堕胎避孕诸术乃盛行。（此等情形，欧美最烈，国家特设种种法律补救之，终于无效。盖用消极政策不如取积极主义也。）一也。小家则酿成鬻儿溺女之风，巨室则委诸佣媪贱婢之手，中人亦困于顾复拊翼，而职业旷废，志气销磨。二也。圣功不讲，性根早成，重议改良，事倍功半。三也。蒙养院时间短少，仅当全日六分之一，所肄习者，不足战所渐染者而克之。四也。幼稚之时，育重于教，乳质之选择，襁褓之制裁，空气、温度、光线之配置，体格、姿势之修整，周围接触之检查，稍一失宜，轻则残挛，重则夭札，而其事断非素人所尽知（素人即平常人，对专门业者而言），亦非私家所能备。五也。幸不夭札，亦不残挛，往往生极大亏，隐疾潜伏，终身忧患，种姓茬弱，终无以胜天演而争自存。六也。右亦所谓一时错举之词，而已有如此云云者。故愚谓幼稚教育必宜立公共机关，质而言之即将义务年龄提前八年，而育婴堂、蒙养院亦编入强迫制度是也。曩在欧陆，曾为法国一议员言之，大蒙推许，即据此意草说帖，向议院提出议案。当时社会党非社会党一致欢迎，现不识究已通过否。归国偶有所触，泚笔记之。愿我全国教育家暨主持学务者，亦一注意。此实人生最重要、最切近一根本问题，而天下苍生无穷之幸福也。

右文系居忧南京时作，实社会主义根本方法之第一步。曾请于宁绅张季直、仇徕之两君，得遍观宁、苏育婴堂，叹为人间世多一地狱。拟就南京劝业会场创设模范育婴堂，附设保姆传习所，草具章程、预算表甚详。又与英、美教士马林、裴义理、都春圃诸君，相度龙潭山中，议办农赈会，为地税归公之试验场，亦草具缘起章程（此文已佚），商之前总督张安圃、前劝业道李子川两君，有成说矣。会革命事起，遂以中止。后裴义理君等卒有义农会之举行。惟此幼稚教育之公共机关尚在理想界中。而各省原有育婴堂，其黑暗腐败如旧，思之有余憾焉。

社会主义与女学之关系
（1911 年 6 月）

　　余素主张社会主义。今承招致演说，特定此题。"社会主义"之名词，虽自泰西经日本转译而来，社会主义之思想，则凡含灵负秀者，无不有之。其概括之大目的，惟求人类共同之幸福，而弥经济界不平等之缺憾而已。今我国朝野上下，一闻"社会主义"四字，罔不有谈虎色变之象，此坐于世界大势，太不了然，且未获一聆此种学说之绪论故耳。社会主义乃极宽泛之话头，其流派至繁夥。有近似专制者，有近似立宪者，有近似共和者；有分国界、种界者，有不分国界、种界者；有有政府及法律者，有无政府及法律者；有持共财产者，有持均财产者，有持废财产者。其办法有从教育下手者，有从实业下手者；有运动国会员多数协赞者，有鼓吹劳动家同盟罢工者；有暴动者，有暗杀者。近年东方幸德秋水辈，特一极端之急进派。如立宪党中，英有克林威尔，日本有西乡隆盛，若执数人以概全体，则立宪不亦同为大逆不道之主义哉？且就全球现势按之，民主国不必言，即君主立宪，如英、俄、德、比，其在朝在野，社会党学说之流行，实力之膨胀，著著进步，班班可征。而一二强有力之反对者，亦惟著论以辨难之，立法以范围之，无敢公然冒大不韪为芟夷蕴崇之计。诚以公理不可泯，舆论不可违。而思潮所趋，一日千里。防川无效，徒叹沦胥，虽愚者不为也。盖今日社会主义在学界已成一极有根据之学科。在政界已成一极有势力之政党。昭昭乎揭日月而行，决非秘密黑暗危险之事，如中国一般人心目中所悬想者然也。试思十年前，专制政体下，有倡言立宪者，辄已群焉惊吠其怪。今则不惟草野讨论之，亦且朝廷实行之。十年后之社会主义，亦视此而已。余生也早，提倡社会主义于今日之中国，举名誉、权利进而身家生命，恐悉将供笔舌之牺牲，然其必能得同志于方来，收美果于身后，则固深自信而不疑。且余之抱负此种思想，实远在胜衣就傅之年。忆幼受《大学》至治国平天下，尝叩师天下何以不曰治而曰平；又不患寡而患不均，天下国家可均也，亦请其意义。师均无以应。怀疑既久，触悟亦多。及读《礼运》，慨然慕大同之治，妄草议案，条列多端，以为必如何如何，而后天下可企于均平。因虚拟一理想世界，如佛陀、耶稣所谓天国者。特宗教家希望天国于既死以后，余则妄欲建设天国于有生之时。且彼自精神的方面想入，余则自物质的方面想入。十七岁留学日本，偶闻社会主义之说，窃心识之，以为与已夙所蕴蓄者，必多互相印证之妙。惜当时此主义尚未发达完成，彼都人士，尤罕能道其梗概。故虽心有所见，亦不敢妄以示人。比环游地球，观欧美社会党之盛况，凡余向所以为必如何如何者，乃不期而暗合十之八九。益叹人心一致，斯道不孤，俟诸百世而不疑，放之四海而皆准。而天民先觉，舍我其谁。一种狂妄之责任观念始生。夫社会主义，其说至赜矣。余则认定教育平等、财产独立为原始要终之不二法。约而言之，即破除富贵贫贱等阶级，自初生至成人，人人受同一之教育，各成为社会单纯分子之完全个人。营业可以自由，财产不相递嬗。是矣。其理论之由来，方法之着手，当别为专书论之，非咄嗟所可办，亦非立谈所能详也。然最初一步，要必自改革现在之家庭制度始。故与女子教育，实有最密切之关系在。余意女子教育宗旨，必当由消极的变为积极的，由被动的变为主动的，由造就淑女良妻贤母者变为造就世界的个人。所谓个人，惟同受平等之教育，各有独立之财产者，方可以当之。外国除儿童外，皆得谓之个人。中国除家长外，皆不得谓之个人。故虽民数号称四万万，而以一家八口扣算之，实不过五千万个人耳。所余四万五千万，非徒无益，而又害之，使生利者负担加重，不倒行逆施以取盈，则阖室待毙而已。而分利者依赖性成；不奴颜婢膝为容悦，则行险徼幸而已。生计所以日蹙，道德所以日隳，风俗所以日坏，罪罚所以日滋，罔不由是。中国女子向为纯粹分利而不生利之人，视学问为多事，无职业之可操，与社会主义所称教育平等、财产独立者，盖处于绝对的反对之地位者也。于此而欲改革家庭制度，宜先使女子与男子学识相当。而父女、夫妇、母子之间，各营职业，各图生存，提出个人之经济问题，断不容与家庭之伦理问题相羼。则社会主义之进行，其殆庶几乎？是在主持女学者，独具只眼，认准方针，放手做去，不为浮俗之谰言所摇。而承学之女子，亦须心知其意，身体力行。曩尝语人，明理者天下无奇理，任事者天下无难事，但不能不有所牺牲耳。闻者试与拙作《忠告女同胞》文参观，必更能知余命意之所在。其有哗然反对者，不啻为异日奏凯之先声。而其词尤有进乎此者，则姑留以有待云。

　　右两文一系在南京作，一系在杭州作。当时处忌讳之朝，所怀欲陈者，十不敢尽其一二。惟以女学经验较久，故言之颇亲切而易动人。友人贵中权君方主惠兴女学，尤为倾倒，发愿代印十万纸，并召集杭州女学联合大会，招往演说。两文遂同发表，一时官绅大哗。浙巡抚增韫札派军警干涉禁止，驱逐出境。印件悉数销毁。又以非圣无法，祸甚于洪水猛兽，电奏清廷，革职逮捕。惠兴女学亦大为动摇。今瞬息两年，沧桑万变。贵君既以冤死，余亦几以盲废。惠兴女学劫灰已冷，社会主义新火始然。此文乃于烬余复出行世，不禁感慨系之。

江南工商研究会演说词
(1911 年 6 月)

今日江南工商研究会开始，承招演说，颇幸躬逢。鄙人非工非商，而为提倡社会主义之人。夫社会主义，固与工商界有极密切之关系者也。社会主义之盛况，非立谈所能详。顾欧美诸国之唱道者，多工商界人。而中国则惟学界、报界之最少少数，粗知其名义。间尝论究，约有二因：一为生计程度问题。欧美诸国多大地主、大资本家，即中等社会通常职业，其收入其享用，已十倍于我。惟小本商人、劳动工人，独愤慨于劳逸苦乐之悬绝，务欲彻底推翻现世生产制度，以期机会平等，利益均沾。中国则外患内忧，民穷财尽，上而朝廷，下而阛阓，无人无目不在经济困难之中。即贵官富豪，向之养尊处优，挥霍如意者，今亦点金乏术仰屋兴嗟矣。固不独工商界独蒙影响已也。故就理论上言，社会主义之在中国，鼓吹必更易，赞同必更多，推行必更速。乃其实际上，仅止学界、报界之最少少数，粗知其名义者，则教育程度问题限之。欧美诸国人人有普通之智识，人人得文明之自由，虽小本商人、劳动工人，无不能识现社会组织之不善及其所以然，而惟社会主义可以挽救之。故极口鼓吹，悉心赞同，竭力推行。即彼大地主、大资本家，亦何尝不真知灼见及此。而反对之而压制之者，一迫于保持特权之私心耳。中国则朝野上下，昧于不患寡而患不均之明训，兴利除弊，徒托空谈，罅漏补苴，终底沦胥而后已。一言社会主义，罔不谈虎色变，狂骇却走，并管窥蠡测之见而无之。士夫且然，工商何责。惟学界、报界，撷拾浮词，展转相炫而已。夫社会主义之定义，诚有未易一二言者，要其原因，起于现世经济之不平，其目的在乎个人直接以生利，而直接生利事业，除农务外，允推工商。故社会主义，实工商发达之极则也。中国今日工商所以不发达，一由于内部之腐败，一由于外界之漏卮。欲救内部之腐败，惟有讲求学术，改良规制。欲塞外界之漏卮，惟有提倡土产，抵制舶来。工商研究会之大旨，度亦不出此数端。近日提倡国货抵制外货之论甚昌，鄙意以为断宜用积极方法，不宜用消极方法。不究质料之精粗，不计价值之贵贱，国货则用之，外货则拒之，此消极方法也。或仿造成式，或别出心裁，必使工本较轻，物色相埒，然后利用广告，多设分销，国货不提倡而自行，外货不抵制而自滞，此积极方法也。外盱时势，内审人情，消极方法终归无效。假使有效，而自封故步，永杜新机，害更大矣。偶有所见，辄贡一言。虽然，是戋戋者，亦复何裨万一，若夫统筹全局，高踞题巅，正本清源，提纲挈领，以弥现世经济不平之缺憾，而达个人直接生利之良规，则舍唱道社会主义，其何由乎？诸君有能从吾游者，窃愿为更进一解也。

　　右文系自杭州驱逐回南京时作。缘先有成约，故冒险登台。当场颇有反对者，并有人摭文中彻底推翻现世生产制度一语，构于当道，谋复兴大狱。前总督张安圃君力持不可乃罢。然自是不复能在内地演说，亦可见当时立言之难已。又忆庚戌春间，摄政邸前炸药一案，汪兆铭君未就捕时，鄙人实先受嫌疑。军警日在门墙，侦谍不离左右。至以五千金贿邻右，诱佣媪窃取日记函札各件，至今存北京警厅中。及鄙人出京，尚派警官二人沿途伺察，随时报告。复命民政部郎中朱纶尾随出洋，调查其作何举动，与何人交际。事见沪上各报专电。前直隶总督陈筱石君独为陈于摄政，力保其无他。两君皆庶几昌黎所谓感恩者。附笔于此，以志弗谖。

城东女学社毕业演说词
（1911 年 7 月）

上海城东女学社小学科、手工科毕业之期，校长杨先生以鄙人向于女学小有经验，且新自寰游归来，嘱为演说，其何敢辞？愚以谓人类之迟于进化，由于女子之不皆能独立。女子之不皆能独立，由于男子之视女子及女子之自待，均若为社会上一种特别人而非普通人。夫男女之差异，惟于生理学、解剖学见之耳。虽心思才力亦各有独到，而学问、职业要无大径庭。而主持女学者，往往谓孰者为男子应求之学问而女子非必要，孰者为男子应操之职业而女子非所宜。于是教育之区分，不惟有专门、普通、高等、初学之殊，而女学亦别划为一部分。至于生计，尤若与女子无与焉者，真大谬见也。夫学问所以供给智识也，智识之发源，外有感觉，内有神经。女子感觉之器官，神经之系统，与男子有偏全之异否乎？职业所以供给生计也，生计莫要于衣食住，女子能不衣不食不住否乎？叩余者辄曰，欧美文明，女学堂必甚发达。顾据所见闻，但可谓学堂发达耳。至于女学堂之发达，乃远不逮我东洋。盖为女子特别建设之学堂，固甚鲜也。悬想数十年后，西洋当无一女学堂，世界主义之女子教育论浸盛，女子将悉投身社会事业中，其决不能以家庭之范围为满足者，势有必至，理有固然。且主持家庭主义者，不亦曰女子有相夫教子之责任乎？顾其最注重者，乃不过保育中馈裁缝及一二关于美术之学科，与为主妇者之心得已耳。彼固以为女子特家庭的人物，能是而已足也。顾所相之夫所教之子，岂非俨然社会的人物哉？使为之母为之妻者，其智识其能力，仅限于家庭，将何以为相何以为教，抑亦相之教之为保育中馈裁缝等而遂已哉？其殆必不然矣。由是论之，虽主持家庭主义，亦不可不使女子各具世界之智识与能力，而后可以尽相夫教子之责任。又况世运日新，思潮大变，此后之女子，固将由家庭的人物，一跃而为世界的人物，而向所间接以之相人教人者，今且直接而首当其冲而亲历其境乎？仆于女学绝对的主持世界主义。近复不自揣度，倡道社会主义。自社会主义家眼光观察之，女子一社会之普通个人，毫无特别之可言。个人之义务所当同尽，个人之权利所当同享。彼视女子为奴隶者，为玩具者，有神圣者，为美术品者，皆蹂躏个人，而大悖乎社会之公理者也。小学为个人资格之初步，手工为个人生活之技术。诸君须知今日毕业之日，即加入社会事业之日。其通功易事，小往大来，尽一己之艺能，谋公共之幸福者，道将安在，可不念诸？

　　右文系避地上海时作。其校长杨白民君，后亦为社会党党员。当时演说于此外颇有发挥。有嗜痂者，速记其词，辄摘录之如下："女子教育之宗旨，约分其派为三，即家庭主义、国家主义、世界主义是也。家庭主义之女子教育，以造就淑女、良妻、贤母，即家庭之主妇为宗旨。国家主义之女子教育，以造就国家分子之国民为宗旨。世界主义之女子教育，以造就社会分子之个人为宗旨。东洋女子教育皆家庭主义，中国为尤甚。自顷以来，乃渐有持国家主义者。男子之尊视女子，辄交口相推曰：女子者，国民之母也。女子之傲睨男子，亦自鸣得意曰：女子者，国民之母也。著之教科，播之歌咏，以为此女子教育之进于国家主义者矣。不知国家主义以造就国民为宗旨，则其言当曰：男子者国民也，女子者亦国民也。今男子不曰国民之父，而女子独曰国民之母，尊之乎实卑之耳。其意若谓男子直接为国民，女子则间接为国民。间接云者，一附属之代名词而已。故一语及参政权，则所谓国民之母者，固丝毫不容其预闻，可见今日中国之女子教育，完全为家庭主义，尚未逮国家主义，更何论世界主义。"云云。闻者颇为动容。

惜阴公会演说词
（1911 年 7 月）

　　上海惜阴公会为鄙人开演说特会，干事员来请曰：此商学界所立之社会教育机关也。夫社会教育普及之效，实较学校教育为大。世界伟人，为社会教育所造成者，史不绝书。而按班授课，循资毕业者，往往仅为普通之学者，而不能为特别之人豪。其意至可深长思也。中国今日，学校教育初兴而未盛，年长者，家贫者，有职事者，皆不能人人入学，则社会教育为尤要矣。社会教育之方法甚多，如演说、报章、戏剧、图书馆，其最著者。闻公会皆将逐渐推广行之，其前途成绩，讵复可量。鄙人向蓄志倡办一社会教育团，尝草具意见，而讫未发表。兹缘公会，偶触前想，特约略言之，诸君或遂能踵成其事乎？社会教育团，一名内地探检队，除鼓吹社会教育外，兼可调查风俗，测绘形胜，采集物产，传习国语，所谓一举而备数善者也。其办法，队长一人，队员二三十人，由有相当资格之同志者组成。须能演说、拍照、测量、绘画、演剧、演电影、奏音乐者，具传教之精神，而用行军之纪律，甘苦与共，劳怨不辞，巡行各行省间，先至交通便利处，后至交通不便利处。所至即为演说、拍照、测量、绘画、演剧、演电影、奏音乐等事，随售新闻杂志及合用图书，以输入世界之智识，交通内地之情状，酌收小费，借供川资。或一过即行，或勾留小住，遇公益事，可发起者发起，可维持者维持。有价值者，褒誉而宣扬之；甚腐败者，忠告而纠正之。并于上海设一报告机关，沿途见闻，按期刊布，既备参考，亦示劝惩。计中国本部，暨满、蒙、回、藏，进而朝、暹、缅、越，南洋群岛华侨最多之地。约五六年，或三四年，可以一周。一周以来，为益巨矣。其有形之功效，可得各种精密实测之地图，可得各种详细实验之报告书，而风俗习惯、行政、教育、实业之孰良孰否，当因当革，如烛照而数计也。可得无数名胜风俗及各团体之写真，可得全份动植矿物工艺制造品之标本模型，其无形之功效，更不可以意想逆计，不可以言语形容。诸君多商界中人，实于此事为特宜。诸君不见日本行商之周历我内地乎？假书药玩具等商品，以行其侦探视察之伎俩。凡通都大邑，穷乡僻壤，无处不见若辈之踪迹焉。而我国贸易史物产史，且转拾其牙慧为材料，斯不大可愧耶？盖我国内地行商，本不发达，有之又皆蚩蚩之氓，毫无智识者，决不足以语此。微诸君其将何望乎？兹事体大，图始实难，谁著祖生之先鞭，愿进绕朝之后策，鄙人坐而言之，倘诸君起而行之，毅然兴作，期以必成，其造福于我同胞者，将较固定的团体，尤为宏远，不禁拭目俟之，馨香祝之。抑尤有进者，社会教育一虚而无薄之名词也。教育必有教育之宗旨，社会教育又必有社会教育之宗旨。既定宗旨，乃利进行，如人之有骨，如舟之有舵，此一先决问题，所当特别注意者也。鄙人以社会主义为唯一之信仰，以倡道社会主义为唯一之天职，故言皆有物语不离宗。所谓社会教育团者，为鼓吹社会教育，实为鼓吹社会主义耳。诸君欢迎鄙人，当欢迎社会主义，采社会主义为社会教育之宗旨。鄙人夙昔所祷祈，尤贵会今日之先务已。

　　社会主义倡道之始，个人首先赞成者，亡友贵中权君；团体首先赞成者，惜阴公会、天铎报馆、女子进行社也。此次演说，公会主要干事邵廷玉、毕云程两君，随加入社会主义研究会。比社会党成立，即假公会为事务所。风雨如晦，鸡鸣不已，中心藏之，何日忘之。

《社会星》发刊词
（1911 年 7 月）

　　社会主义者，二十世纪最流行之主义也。其在中国，则本杂志实为社会主义最初惟一之言论机关。本杂志自觉所负之职任綦重，区别言之，约有四端。兹届发刊，特先宣布。

　　一、输布全世界广义的社会主义之学说　社会主义云者，一极宽泛之术语，所包流派，至为繁夥，一致而百虑，同归而殊途。有彼此近似者，亦有彼此反对者；有互相印证而愈明者，亦有互相非难而待决者。今中国朝野上下，既豪未闻知此等学说之绪言，则输布之初，理论之研究，似较实际之进行尤为先著。是必于种种异同之学说，均能略识其近似或反对之所在，暨其印证或非难之所以然，乃能著手于研究。研究之结果，择其是非，揣度其难易，根据学理，按切时势，而后从事于进行。故实际之进行，宜有贯彻终始一定不移之成算。而理论之研究，则贵参观借鉴，兼收并蓄。凡以人类幸福为前提者，虽帝国社会主义、民族社会主义、共产主义、均财主义等，皆与记者平昔所主持者颇有径庭，而亦一律输布，以供大众研究之资。所谓广义的而非狭义的，特记者间亦自表其意见，为讨论批评之附加而已。

　　一、详载内外国社会主义进行者或反对者及一切与有关系之事情　社会主义势力之宏大不待言，其党人之运动进行者，尤多可歌可哭可钦可慕之历史。凡有血气，当无不曲原其意而力玉其成。乃道高一尺，魔高一丈，一般丧心病狂之民贼，仍有起而试种种反对之手段者，簧鼓异说，滥用刑威，限制其行为，诛锄其魁率，甘犯众怒，自便私图，卒之压力愈重，拗力愈强，致演出暗杀暴动危险恐惶之现象。此非社会党人之罪，实反对者以顿进法驱迫之，以渐进法酝酿之，使出于此一途。而此一途者，亦社会主义进行上必不可避之径线也，反对者直为之推挽以加其速率而已。他如皇族之恣肆，官场之黑暗，军备之增加，外交之捭阖，资本家专利之骄侈，劳动者生计之困穷，萑苻之驿骚，金融之壅滞，乃至天灾地变，暑怨寒咨，民德之堕落，人格之污下，家庭制度之拘牵，男女交际之缪辖，一闻一见，罔非社会主义旁敲侧击之好材料，惟五光十色罄竹难书。且本杂志不以消息灵敏记载详备为长，意有所触，信手拈来，间缀短评，借示劝惩于万一耳。

一、发挥中国古来社会主义之思想　社会主义者，人类同具之思想也，特随所生之时期，所处之境壤，而变其旨趣，异其名词。且古时为无系统的非科学的，今则组织而为一有系统之学科。故社会主义可谓圆成于近时，而不可谓创造于近时。此不第社会主义为然，一切学科盖无不皆然。东西学说多有不期而暗合者，即人同此心心同此理之明征也。记者中国产也，粤稽往籍，自有书契以来，社会主义已隐约发现于神话时代，周、秦之间流传极盛。焚坑而后，政体趋于专制，学术统于一尊，此思想少晦昧矣。且存之心者不敢矢之口，矢之口者不敢笔之书，故文不足征，绝无而犹不害其为仅有也。夫文明各有特色，学问不可偏私。记者心目中豪无国家、民族之界限，非必谓欧美现有之新思想，皆我国原有之旧思想，牵强傅会以为光荣，而妄生我慢之见也。诚以中国朝野上下，既茫然不知社会主义之为何，则解释说明，颇费周折，不得不引据经典，就所原有者，设法唤起其抽象的概念，而使易于了悟，敢于听闻，不致大骇却走深闭固拒斯可矣。语云，教亦多术，能近取譬。作如是观，又况社会主义本人类同具而中国不能独无之思想乎？然则发挥而光大之，固后死者之责也，其又何可辞？

一、交通中国近日社会主义之言论　寰瀛大通，天涯咫尺。欧风美雨，与川俱东。社会主义之思潮，亦如一线银河，倾天注下。夫以人类同具之思想，更得倡道者为先锋，反对者为后盾，则一日千里，固势所必然。故以社会主义之成立不二三十年而风靡全球者，吾知本杂志之成立不二三年而将风靡禹域也。本杂志未出版，已得内地同志书函数十百通，学界、军界、政界、报界、女界、实业界、劳动界，均有其人，或输诚赞成，或质疑下问，或筹实行之先后，或究党派之源流。虽见地有偏全，识解有深浅，要皆对于此事极注意极热心者也。记者学殖荒疏，琐务栗六，苦未能逐一裁复，殊负殷殷执讯之盛情。本杂志出见，当选择披露，并附简括之答词，尤望此后鱼雁常通，赏奇析疑，集思广益，代表舆论，征集鸿文，介绍问答，鸡鸣风雨，不啻互相唯诺于一堂，非所谓一举而数善备者乎？欧美各国皆特订通信专员，为输入品之转运公司，其有裨益于读者，尤较记者一人之笔舌万万也。

抑又有不能不先为读者正告者，则以本杂志与普通各杂志有相异之要点，读者不可等量齐观，而当用特别眼光视察之。但此非是非佳否之问题，夫亦各有所当耳。

一、宗旨　非谓社会主义与非社会主义之差也。同是社会主义，而所主张者，或竟各立于绝对的反对之地位。盖前既申明为广义的重在理论之研究，则此中固自有辨驳攻击之余地也。故一论之中，或丹素并陈；一册之中，或矛盾相陷。读者不得妄讥其宗旨之不统一。且正唯宗旨不统一，而可予读者以思审之自由。此如环游地球者，或东行，或西行，方针全反，经历各殊，相背极驰，惟期聚首于一目的地。此目的地即社会主义家理想上具体的极乐世界也。惟极乐世界必为具体的，而确能实现于人间，且所以达之者，必有可循之手续，当然之步骤焉。故与宗教家之观念不同，记者于社会主义，别抱专门之宗仰。而本杂志不敢为门户主奴之争执，惟悉其锋锐，对于非社会主义，以外御其侮云尔。

一、文字　本杂志非国粹丛书也，不尚词华。本杂志非圣谕广训也，无取典重。有时朴实说理，则躁释矜平；有时愤激骂人，则发指眦裂。乡僻方言，市井猥语，俗书别体，阑入无禁。庄谐并作，言文互用。闻之菩萨度人，化种种身，现种种相，吾辈说法，正当如是。若云言之无文，行之不远，而以文章尔雅责之，则孤负读者之厚望矣。中国文字之优劣存亡姑不论，本杂志固丝豪不加剪裁润色之工夫，但求意达兴尽而止。凡投函者，苟大体无迕，词气可通，虽出驵侩佣竖之手，一与社会主义有直接间接之关系，则必过而存之，意在宣胼手胝足者之下情，而暴颐指气使者之罪状，文字所不论也。读者若欲致意于修辞学剪裁润色之事，自有高文典册之古今文钞、按步就班之国文教科书在。

一、体裁　本杂志每册无一定之篇次，每篇无一定之字数，论说、纪事、专件、丛录、说部、文苑、来函、绘画等名目，不必一一具备，不必续续相衔，亦不必区为严重之界画。论说不必恒有若干行，纪事不必恒有若干则。轰轰烈烈众所宣传者，或不赞一词；琐琐屑屑人不注意者，或别为阐发，或专述一学说，专记一事件。如丛书之单行本，或零星散碎，如五杂俎，如多宝囊，插画或多或少，字体或小或大，举无成法，各视其宜。惟各期纸数，不甚相悬，以均工本，而便购求，余皆非所计。不善读者，或讥其规律之纷更，则无整齐颛一之观。善读者当感其趣味之浓郁，而有变化调节之妙也。

本杂志名《社会星》者，以社会主义在中国之今日，正如漫漫长夜，凉蟾已坠，曙色未晞，惟见数点疏星依稀闪烁于沉阴积晦之中。然佛陀枯坐树下十有九年，仰视明星而悟大道。耶稣降世，则星现于东。其事不足考，要之星固幽暗之华灯，而光明之显象也。且本杂志每星期日出版一次，嘉名肇锡，畴曰不宜，读者识之。本杂志发刊，为社会主义在中国言论机关成立之始。卿云纠缦，日月重光，固当与三千大千之星气星云，共相辉映于无际也。

《社会星》始刊于辛亥六月十五日，假上海旅馆为通讯机关，女子进行社为发行机关，编辑、印刷均无定处，防意外也。第一、二期皆余一人手笔，第三期因病疟甚剧，托人代理，旋被当道干涉禁止，乃由惜阴公会别组织《社会》杂志云。

社会主义研究会宣言
(1911 年 7 月)

今日为社会主义研究会在上海开幕之始，即社会主义在中国开幕之始。社会主义之为何，有非立谈之顷所能得其梗概者。但今日中国知此名义者已居最少少数，偶有知者，又往往抱谬误之见解，此大足阻碍社会主义前途之进行，不可不亟为明辨，以养成其正当之概念者也。

社会主义者，正大光明之主义，非秘密黑暗之主义；平和幸福之主义，非激烈危险之主义；建设之主义，非破坏之主义。虽其进行之间，时或不幸而演悲惨恐惶之景象，要此乃反动力逼迫而成，不则万不获已出奇制胜之方便法，非社会主义之本体然也。搏而跃之，可使过颡，激而行之，可使在山，是岂水之性也哉？且当经营缔造伊始，必以廓清扫除为先，理有固然，势所难免。惟疾风迅雷之手段，无非慈云法雨之襟怀，所当观其究竟者矣。

社会主义者，大同之主义，非差别之主义。不分种界，不分国界，不分宗教界，大公无我，一视同仁，绝对平等，绝对自由，绝对亲爱。若党同伐异，流血相寻，民族之革命，国际之战争，教团之仇杀，皆社会主义所不取者也。惟对于强权无限者，为富不仁者，则人道公敌也，必一致反抗之。

社会主义者，世界通行之主义，非各国禁止之主义。某中丞以各国禁止为借口，而摧抑中国社会主义之萌芽，其于世情，懵然无见。庸知各国在朝在野，社会党均公然独树一帜，列席上下议院者，恒十而四五。更有为国务大臣、内阁总理者矣。且凡一学说一事业，倡导之始，真知灼见之人，每不多其选，而拘墟成见者，或怀挟私心者，必哗然群起而反对之。又况社会主义，利于将来多数普通之人，而不利于现在少数特权之人，横被禁止，亦固其宜。然时至今日，趋势已成，源委甚长，输布甚广，各国政府亦惟有因势利导，而不敢扬波激流，盖禁止之时代，已为过去之历史矣。而中国当轴诸公，方且哓哓为蜀犬之吠，其事可笑，其情亦可悯也。

社会主义者，人类共有之主义，非西人独有之主义。论者或曰，社会主义虽于欧美盛行，而在中国则礼教政刑风俗习惯，均非所宜，不免迁地弗良之憾。此似是而非之论也。夫中国今日礼教政刑风俗习惯，诚多与社会主义大相反者，然正惟其相反，益不可不亟图改良，以期推行之尽利也。且相反者，亦只礼教政刑风俗习惯耳，至于人类之思想，则固无往而不大同。《易》、《书》、《诗》之记载，孔、孟之绪言，周、秦诸子之箸作，其吻合社会主义者随在而是，特触类引伸发挥光大，则存乎其人。暇当别渻专书，表其崖略，兹姑不赘。但论者须知社会主义为中外古今含灵负秀者所同具之思想。顾中国学术，自炎汉后，百家罢黜，统于一尊，致无独立之精神。而专制政体下，又有种种法律束缚而牵掣之，致无自由之言论。故社会主义在中国迄未成一有系统之学科，而不能不认西方诸哲人为先进，是谁之罪欤？

本会之发起，其宗旨在研究广义的社会主义。既曰广义，则一致而百虑，同归而殊途，消积并陈，主奴无择，有辨难之余地，不偏倚于极端。亦不强作解事人，为武断折衷论者。介绍西来之学说，发挥古人之思想，交通近世之言论，一以公平的眼光，论理学的论法出之。研究之义，如是如是。

本会除研究学说外，单注重"鼓吹"二字。至于实行，当别为组织，非本会所有事也。鼓吹之道，惟在言论。本会为谈话的言论机关，更有《社会星》杂志者，为文字的言论机关。其余方法尚甚多，当视所值，便宜行之，不能先定成规，为预算之约束也。

本会与他种集会结社大有不同。本会不具法人的资格，不过同志者偶然之集合体耳。将来虽有第二次、第三次以至第任何次，然与此次初无系统之关系。来会诸君，亦无继续之责任，无制定之会期，无指定之会所，无额定之会费，无会长、会员、干事等名目，及一切仪式一切设备，所有者但一代理通信处而已。

诸君茬止，度必为赞成者，然则有应尽之义务一焉。义务为何，即鼓吹是矣。夫来会为研究也，一方面研究，即一方面鼓吹，研究亦正为鼓吹耳。无人不可鼓吹，无时不可鼓吹，无处不可鼓吹，人人鼓吹，时时鼓吹，处处鼓吹，务使社会主义正当之概念，普及于一般心目中。至鼓吹社会主义中之何种主义，则诸君有选择之自由，非本会所得而范围者。然无论鼓吹社会主义中之何种主义，亦皆在本会之范围中耳。

社会主义研究会演说词
（1911 年 7 月）

　　开会之始，余既以发起人资格，宣布本会之宗旨矣。兹承诸君演说赞同，足征舆论渐有进步，内有数人尚怀疑义，谨据所见为剖白之。余之提倡社会主义，平昔知交，赞同者不及百一，而非难者则九十九人而强。惟多拘泥成见，或且怀挟私心，无可与辨论之价值。其持之有故言之成理者，约可分为三派。今日诸君间有怀疑，亦必居三派之一者也。甲派之言曰：社会主义道则高矣美矣，其如其事至大且难，终不能办到何？余则以为天下事本无大小难易之可言，且所谓办得到办不到者，更不与事之大小难易有任何之关系，惟在乎人之办不办耳。试举一实例证之。余客腊自西比利归来，长途寂寞，幸遇留学毕业回国者数人，车中间谈。有闻余将提倡社会主义者，大笑不止。余转叩所志，则曰：某吴人也，故乡景物，色色可人，惟苏城街衢湫隘，不利交通，拟为兴修驰道，坦坦平平，于愿足矣。夫提倡社会主义，与兴修马路，其大小难易不可同日而语也。然今已半年，社会主义之名义，渐腾踊于一般人之心思言论中。本会即其进行之开始，更有机关杂志辅之，前途希望正未可量。而苏城马路则迄未动工，其办得到办不到之数何如也。乙派之言曰：社会主义虽办得到，顾在今日仍是空言，空言何补矣？然凡事必经理想、言论、实行三段而成。而理想恒比言论高一级，言论恒比实行高一级，且理想恒比言论早一步，言论恒比实行早一步，此社会之所以能进化也，空言乌可已已。丙派之言曰：中国今日朝不保夕，惟当提倡切近之国家主义、民族主义，不当提倡迂阔之社会主义。不知广义的社会主义中，原包有所谓国家社会主义者。至民族主义，余向不主持。而窃谓主持民族主义者，尤不可不知社会主义，否则以暴易暴，帝制自为，于吾民何与？中外古今治乱往复，汉高皇、明太祖、拿坡仑大帝其已事可鉴也。非难诸君，其审思之。今当发表余个人对于社会主义之意见，亦可括以三言，曰教育公共，曰营业自由，曰财产独立。夫社会主义缘经济之不平等而起，于是有主张共产论者，财归公业，力出私人，各取所需，各勤所职。然徒取所需，不勤所职者当奈何？于是有主张均产论者，以人口之比例，制财产之均平。然人口增减靡常，财产盈绌无准，万不能有分配恰当之一时。假令有之，不旋踵而又淆然矣。况人之性分既有能有不能，其见之操行又有力有不力，故曰，物之不齐，物之情也。若尽十分义务者，得十分权利，而尽一分义务者，亦得一分权利，就所得之权利言，看似平等，就所尽之义务言，实是不平等。且无比较即无竞争，无竞争即无进化，意美而法殊未良也。余所谓教育公共者，自初生至成人，无贫富贵贱，同在公共社会中，受一致之教育，如此则智识平等。智识平等则能力平等，而经济自平等矣。所谓营业自由者，一届责任年龄，即使各谋生计，人竭其才，自求多福，如此则贤者可以绝尘高步，不肖者亦不敢游手好闲，而义务、权利调剂得宜矣。所谓财产独立者，财产必由自力得来，其支配权即以有生时期为限，虽父子兄弟夫妇，界画较然，不相递嬗，死后一律充公，社会公共事业，如教育等费，即取资焉。如此则倚赖之劣根性除，而世袭遗产之恶制度绝矣。其始虽仍有贫富贵贱不平等之现象，然教育既一致矣，三五世而后，人之聪明才力，当必不甚悬绝，虽所学各异，所操亦殊，而此为分业问题，非复阶级问题。且聪明才力既略相似，又各无所凭借，而享受有丰俭者，必其用力有勤惰耳。菀枯荣辱，听人自为，此正天然之劝惩也。故愚意社会主义实行第一步，积极则建设公共教育机关，消极则破坏世袭遗产制度。至其手段，或激烈，或和平，初无容心，惟视所值耳。

社会主义研究会成立之日，即《社会星》杂志出版之日，六月十五日，实中国社会主义之揽揆嘉辰也。会场在张家花园，天气炎歊，而来宾踊跃，签名者近四百人，演说者亦廿余人。以为上海交通最早，人文最盛，固应如是，窃为欣喜。乃其结果，殊不尽然，所谓四百人者，大抵以好奇心随喜而来；所谓廿余人者，语多数衍，义或背驰，中题之文，十无一二。以为上海交通最早，人文最盛，尚且如是，又窃为隐忧。忧喜交集一念中，而余率先投身社会主义之心乃益决。当时入会者约五十人，即后来社会党之基本党员也。至名研究会者，固为案而不断之意，亦以防当道干涉耳。

释个人
(1911 年 7 月)

近世新个人主义渐昌，其学理上正当的解释，颇非数语所可了。兹特从对待各方面指点出之，亦解释术语一种方便法门也。

个人对世界而言　个人者世界之原分子，世界者个人之集合体，即世界由单纯个人直接构成。

个人对国家而言　单纯个人直接构成世界，故不应更有国家之界限。自国家为有机体之谬说盛行，而牺牲人民之利益，以维持国家之利益，如军备、关税等恶制度，繁然并起，流毒无穷，推波助澜，不知伊于胡底，蹂躏个人，其罪大矣。

个人对家庭而言　单纯个人直接构成世界，故不应更有家庭之阶段。西方重视国家，而谬以为世界由多数国家构成；东方尤重视家庭，而谬以为国家由多数家庭构成。皆不知个人为单纯分子，而与世界实有直接关系者也。重视国家者，如前所陈，军备之伤耗，一旦有警，则伏尸流血，残忍惨酷，尤不可说。关税之烦苛，更附以种种租赋，巧立名目，剥削脂膏。重视家庭者，伦纪之间，互相牵掣，又有世袭遗产为一切不平等之源泉。一方面则罪及妻孥，仇复九世，以此一个人而牵涉彼多数个人。不明个人之界说，而蔑视个人之权利，殊堪痛恨也。

个人对民族而言　国家、家庭二者，既不应为世界与个人直接关系之中梗。民族自不待言，民族乃同血统之多数个人所集合者之名称。其实血统问题最为淆乱，中国今日谁是纯粹黄帝之子孙乎？原有之苗族，及三代以来，六朝、五代、辽、金、元之际，羼入杂居之夷、戎、蛮、氐、羌、胡、羯、匈奴、鲜卑、契丹、突厥、蒙古、鞑靼等等，久矣同化而不可解。又况满、汉之通婚，重以黄、白之合种，于此而必尔疆我界，伐异党同，毋乃多事自扰乎？故将来世界新人类，必为五色混和而成，而狭义的民族革命，甚悖大公，所不取也。

个人对宗教团而言　宗教非哲学、科学时代所能久存，宗教团之战争尤为惨无人理。此风欧西极烈。旷观历史，回教、犹太教、基督新旧教，寻仇不已，直接、间接死于是者，当略等于全地球现存之人口。宗教家救人之功，实不足偿其杀人之罪。尊重个人者，信仰自由，各行其是，既不可强迫他人，亦不当盲从古人。如佛教所称赖他力得度，耶教所称专一崇拜，无拟议心，回教所称圣经假兵器以推行，均妄论也。

个人对未成人而言　未及责任年龄，未具普通智识者，为未成人，此应受社会公共之教养扶持。而其义务、权利，均无确实巩固之可守，不得谓之个人。

个人对不完全人而言　为奴隶者，有精神病者、废疾者、犯罪者、不能自立谋生者（各条界说另详），此皆社会之附属物、累赘物，其义务、权利之放弃，亦与未成人等，不得谓之个人。

综右各条观之，则个人之为个人，从可推知矣。个人主义一行，其影响无所不及，而全社会心理将为之一变。此如古人主张天动说，后人主张地动说，其立论之中心点不同，则一切思想想像观察法，皆缘之而大异。试错举其概。如政治上，必以个人之利益为主题，而抽象的团体利益论不能成立矣。于法律上，此个人无代彼个人负责任之理，而继承之争、株连之罚可免。于交际上，则恩仇爱恶均限于个人之本身。于财产上，其支配权即自死亡时截止，而遗嘱贻传为无效。于生计上，当各图自活，除未成人、不完全人由社会公共处置外，不必更供养人，亦不得再受供养于人。于伦理上，无三纲之可言，而同立于对待之地位。举前此所谓精理名言、良法善政、醇风美俗者，皆将由此一意念，而彻底推翻之，而个人之价值，乃加重千万倍。人当各自审思，我固世界之一个人，然我果有直接构成世界一单纯分子的个人之价值否乎？质而言之，即不仰国家、家庭、民族、宗教团之庇护，绝去其依赖心，果能自免于未成人、不完全人之消，而于世界上占一生存之位置否乎？

　　余始终承认个人为世界之单位，与一般社会主义家专以社会为前提者不同。专以社会为前提，其结果必至蔑视个人，蹂躏个人，而个人乃丧失其单位之价值，且抹杀其独立与自动之精神。仅如鱼龙之一鳞，机械之一片，离社会外，毫无意味之可言。故论者或谓社会主义为干涉主义、服从主义，而绝对的不自由、不平等，意盖指此。此与个人主义似乎极端相反矣。然个人主义亦凡三变，最初者一损人利己之观念而已,进而为人权论,十八世纪以来最盛,更进而为新个人主义,近似一种无政府主义。一方面承认个人有相互扶持调节之必要,一方面承认个人有完全独立自动之效能。不啻合为我兼爱两说而同炉共冶之,此余所倡道之个人主义,即余所倡道之社会主义。其详散见他文。

介绍地税归公之学说
（1911 年 7 月）

　　东方则贵贱之别严，西方则贫富之差大，皆人间世极不平等事，而社会主义之所由起也。社会主义多主张土地国有者，诚以土地为致富之源。土地归公，则大地主、大资本家之淫威可以少杀，而劳动者亦得脱主奴之关系，而同饮此一杯羹。顾学者恐其说易为恶政府所利用，而所谓国有者，或反变为皇室及政府三数人之私有，则其势益危，而其不平也将益甚。且土地之卖买授受，已成为历史之习惯，一旦收为国有，价购则不赀，强夺则非理，事亦有所不能行。美国非拉得非州人亨利·乔治君者，创为地税归公之说，产仍属之本人，税则纳诸公用，有地皆课税，税率至高者当地价百分之五，每年核定而征收之。地面建筑、栽种等物，凡人工所作者，均不计。其法得行，广田无自荒之虞，游惰有归农之路，而所征税额，即充本地方公共事业费用。举凡行政、教育、交通、慈善一切所需，皆不必别事诛求，而取携悉足，并罢地以外各税，以便商旅而惠闾阎。乔氏著作初版于千八百七十九年，销售至二万万余册。今日英、美、德、瑞士、坎拿大诸大市，多有采用其制者，措施易而功效速，故坐言即可起行也。英国医学士马林氏尝节译其书为汉文，名《富民策》。马氏留华二十余年，能读周、秦古书，以为乔氏之说深有合于我孟子之义，特较井田为圆活耳。兹取其所论孟子与地税归公一篇，介绍于读者，而为略述其学说之梗概如此。

　　地税归公，乃欧美最新之学说，各国皆有专会会员，有谓为社会主义之一派者，有谓非社会主义者，要其用心与社会主义家从同。顾社会主义必先彻底改革，然后一致推行，其事较难，其功较缓。地税则一局部一时期，皆可实施，且易奏效。

　　至如地税学家自谓一了百了，更无余事，则似未免偏见耳。余闻此学说最早，时遍国中知其义者，寥寥无几人，西人则马林、李德立、史特孟、裴义理，华人则孙中山、唐少川诸君而已。马君鼓吹特勤，既译书多种，又有华文地税报之发行。社会党成立，采此学说，箸之党纲，尝拟就崇明岛为试验场，特设地税研究会，编印讲义，按期演说，然亦第言论而已。花城胜境，西望怅然。（花城译名也，城市在花木中，为社会主义试验场。在伦敦附近有一区，实行地税归公，其成效尤著。）又按地税亦非一种，此所称道，乃亨利·乔治氏主张之实地价税，即唯一税，简称单税者是。

三无主义悬论（上篇）
（1911 年 7 月）

世界大问题有二，曰宇宙问题，曰人生问题。宇宙问题兹非所论。人生问题又有三：一曰过去问题，即人何由而生。二曰现在问题，即人生时应如何。三曰将来问题，即人死后是何景象。第一问题，据地质学家、生物学家、人类学家之研究，则人类发生之状况，可得而言。又据生理学家、解剖学家之研究，则吾人发生之状况，亦可得而言。第三问题，殆非吾人研究所能及，古来学说至为繁赜，而确有根据者绝希。以余武断之见论之，精神必附体质而后存。体质有变迁，而全部分无消灭；精神有遗传，而一部分不消灭。至于鬼魂，未敢深信。唯此均不在此论范围中。且此两问题固为重要矣，然以第二问题较之，则顿失其重要之地位。盖人生最赤紧须研究者，即此现在之一问题耳。

今世形而上诸学科，无不注意研究此现在问题；形而下诸学科，又无不缘此现在问题而发生。研究之结果，而人生行为之标准出焉，曰当如何不当如何。古今东西宗教家、教育家、政治家，皆各举其论定之标准以示人者也。至问何以当如何，何以不当如何，则哲学家所有事，然其答案，聚讼纷如，曼衍无极，彼亦一是非，此亦一是非，今尚未达完全圆满颠扑不破之一境。吾人涉世，如张孤帆沧海中，一片汪洋，不知何处是岸。又如驱羊歧路，瞻望徘徊，顾此失彼，醉生梦死，颠倒迷乱，至可哀已。

吾尝审之于己，推之于人，征之历史之成迹，参之社会之现状，而知人生唯有一单纯的利己心。质而言之，即自求安乐而已。惟自求安乐之意志同，而所认为安乐者不同。于是有程度焉，或高尚，或卑下；有性质焉，或精神的，或体质的；有量数焉，或大或小，或多或少，或久或暂，或偏或全。且所以达其所认之安乐更不同，于是有方法焉，或顺或逆，或顿或渐；有途径焉，或远或近，或安或危。因认为安乐者及所以达其安乐者种种不同，故其结果亦不同，或难或易，或迟或速，或得或否。虽然，分析言之，万有不齐；概括言之，片语可决。吾惟用最便利之手段，求达此究竟之安乐之目的可耳。故无程度、性质、数量之异同，惟问果安乐乎否乎；亦不拘方法、涂径之异同，惟问果能达此安乐乎否乎。吾说于此为一致矣。

闻者疑吾言乎，以为理论虽无矛盾，而事实必多凿枘。盖安乐同则彼此不相容，安乐不同则彼此不相洽，皆足以启冲突而召战争。其说甚是。然试问冲突云战争云者，为安乐乎否乎？夫以求安乐而至于冲突与战争，则所谓安乐者，已失其安乐之价值矣。然则必无冲突与战争者，方谓之安乐可知。冲突云战争云者，其原因起于己安乐而人不安乐，其结果至于人不安乐而己亦不安乐。故自求安乐者，必毋使人不安乐，而后己能安乐，此西哲所谓自由以不侵犯他人之自由为界也。进而言之，自求安乐者，必使人亦安乐，而后己能安乐，此孔子所谓己欲立而立人、己欲达而达人，孟子所谓与众乐乐也。于是吾敢下一定义曰，利己必利他，利己者目的也，利他者达此目的之手段也。

是故不利他即不利己，此可自两方面考证之。一、事实上客观的，即利己不利他，他必不容己之专利也。天下皆饥，不能独饱；天下皆寒，不能独温。世乱则身命危，年荒则盖藏尽。况于朘削为肥淫刑以逞者，则反动力之强大，势不至穷惨极酷不止。亡国覆辙，千古相寻，其例至多，不遑更仆。反是，爱人者人恒爱之，敬人者人恒敬之，故利人者人恒利之。惠政在民，则近悦远来；博施济众，则生荣死哀。施报之间，捷于影响，其机如此，安可诬也。一、理想上主观的，即利己不利他，己亦且自觉其不利也。饿殍横陈，则八珍无味；一人向隅，则四座寡欢。阴谋贼人者，独行畏影。非义攫货者，夜梦自惊。专利暴戾之君主，居则重卫，出则警跸，几无日不在荆天棘地中。反是，老安少怀，而圣心斯慰。民胞物与，而性分乃完。故禹视天下有溺者，犹己溺之。稷视天下有饥者，犹己饥之。一夫不得其所，若己推而纳之沟中也。故洪水平而禹安乐矣，烝民粒而稷安乐矣。故禹之治水，禹之自求安乐也。稷之教民稼穑，稷之自求安乐也。其手段皆利他也，而其目的则皆利己也。其义不已深切而著明乎？

难者或曰，世固有不利他而己乃利者。其在个人，为富不仁，临财忘义，博塞必彼绌而后我盈，商业必居奇以为垄断。其在国家，对外则争城争地，惟取鲸吞蚕食之政策；对内则民脂民膏，悉供急公奉上之诛求。世更有因利他而己即不利者，一箪食，一瓢饮，得之则生，不得则死，推以与人，而己槁毙矣。横逆之来，实逼处此。礼义不能喻，逃避无所之，少一退让，而己齑粉矣。事之以皮币，事之以犬马，而太王奔矣。不鼓不成列，不禽二毛，而宋襄溃矣。若是者将奈何？应之曰：言非一端，事各有当。吾语其当，不语其变也。夫审之于己，推之于人，征之历史之成迹，参之社会之现状，既确知人惟此利己之目的矣；且审之于己，推之于人征之历史之成迹，参之社会之现状，又确知人惟用利他之手段为能达此利己之目的矣。则心惟而口诵之，身体而力行之，其有不得，反求诸己，吾所心惟而口诵者，身体而力行者，果皆当乎否乎？其心安而理得矣，则百折而不挠其故，万变而不离其宗，悉吾聪明材力，以尽其当然，以期其必然。其或有不然，则非所计也。所谓尽其在我，听其在人，故君子惟居易以俟之，决不行险以徼之。盖居易以俟之者，得者其常，而不得者其偶。而行险以徼之者，则得者其偶，而不得者其常。且行险以徼之者，一有不得，则寻未直而尺已先枉，其苦恼有不可胜言。而居易以俟之者，虽有不得，而俯仰无愧，进退有余，则利己孰大乎是？夫利之观念各不同，孔席不暇暖，墨突不得黔，栖栖皇皇，如丧家之犬，彼岂不知世有堂高数仞，榱题数尺，食前方丈，侍妾数百人之一境哉？然而宁老死道路而不顾者，其所利诚不在彼而在此也。故曰，乐在其中。又曰，不改其乐。至如吴泰伯之逊国，伯夷、叔齐之耻食周粟，以及烈士殉名，忠臣殉国，孝子殉亲，夫妇殉情，其事是非不论，要其胸中皆有一种不可名言之兴趣，而踊跃以赴之，非有所勉强敦迫而然也。故有杀身以成仁，无求生以害仁，求仁而得仁，又何怨？夫无怨则心安，心安则乐，乐则利矣。

　　吾请重言以申明之曰，利己者，人生唯一之目的也；利他者，达此目的惟一之手段也。虽然，目的定矣，手段定矣，然目的之注点与手段之应用，必愈研求乃愈明了，愈发挥乃愈贯通，愈试验乃愈真确，愈运用乃愈圆妙。此合无量数人之脑力，亘无量数年之时间，以研求之，发挥之，试验之，运用之，而不尽者也。进一境焉，又一境焉，学者学此者也，教者教此者也，政者行此者也，法者制此者也，文明者比较的近此者也。世界之所以进化，人智之所以开通，罔非此目的所激荡而出，罔非此手段所弥纶而成，此可断言，无疑义者。

　　于此有因时制宜因地制宜之义焉。盖目的同而目的之注点不同，譬如同是保体温之适度也，而冬则求暖，夏则求凉，寒带人则恒求暖，热带人则恒求凉。目的之注点同，而所以达之之手段不同。同是求暖也，而或求之饮食，以暖其脏腑；或求之被服，以暖其皮肤。求凉者亦类是，手段同而手段之应用又不同。同是暖其脏腑也，而或饮汤，或饮酒，或食炙，或进祛寒之药剂。同是暖其皮肤也，而或拥衾，或披裘，或向阳而爆日，或杜户而燃薪。求凉者亦类是。兹既认定此唯一之目的矣，而吾人今日目的之注点果安在？且既认定达此目的之唯一之手段矣，而吾人今日手段之应用当如何？此正急宜研求之，发挥之，试验之，运用之，大有一番吃紧工夫也。吾不敢谓吾人所研求所发挥所试验所运用者，必可适于将来，吾却敢谓古人所研求所发挥所试验所运用者，已不适于现在。然后人必借手于吾人，吾人必借手于古人。且此唯一之目的与此唯一之手段者，非唯吾人尔尔，古人固已尔尔，后人亦必尔尔。特注点不同，应用不同，而所谓明了贯通真确圆妙之境，古人不逮吾人，吾人又不逮后人。由是观之，吾人不可薄古人，吾人亦不必羡后人。我唯求我现在目的之注点所在，与现在应用此手段之方策而已。夫吾人今日果如何而能利己者，果如何而得安乐者。

欲求安乐，当先求得不安乐之根蒂而务去之。吾人今日至不安乐矣，不独生老大帝国戴专制政府者为然，即欧美诸邦所相夸以人民幸福者，微论其初未普遍也。就令普遍，而由今之道，无变今之俗，犹如犴狴中人，苟免敲扑，则侈为奇幸焉耳。唯心派学者曰，安乐不在物而在心，心以为安乐，则无物非安乐矣。此所谓片面的理由，而实非全体之解决也。盖心与物交相引而不可离，心外无物，即物外无心。心固能移物，物亦能动心。周围之事情，官器所感觉，种种烦恼，种种不自由，而徒悬拟一理想的极乐世界以虚相慰藉焉，其末流不入于厌世观者几希。故一方面宜正谊明道，穷理尽性，参天人，了生死，以安心也，心安而物安矣；一方面必改良社会之组织，促进物质的文明，以安物也，物安而心安矣。一表一里，一体一用，一而二，二而一者也。夫人生数十寒暑，固电光石火之顷耳。而既已有生，不能即死，畏死者愚，祈死者诬。一息尚存，独安能忍而与此终古乎？吾尝就吾人今日不安乐之现象，而一一进求其原因，头绪何啻万千，概括约为三事，根蒂庶几其在是矣，曰有宗教之苦，曰有国家之苦，曰有家庭之苦。

夫宗教、国家、家庭云者，非天然物，而人造物，固自无而之有者也。其所以自无而之有者，亦同此唯一之目的所激荡而出，亦同此唯一之手段所弥纶而成。方其未有宗教也，心志昏迷，事为跋疐；有宗教而趋向一，则人安乐矣。方其未有国家也，兴仆仓皇，杀敚无艺；有国家而经界定，则人安乐矣。方其未有家庭也，群雄竞雌，流血相逐；有家庭而配偶别，则人安乐矣。故有宗教、有国家、有家庭者，古人当日目的之注点所在。而自无而之有者，则其手段应用之方策也。乃有宗教而宗教之苦生，有国家而国家之苦生，有家庭而家庭之苦生，其于安乐犹未也。于是宗教则由多神变而为一神，国家则由专制变而为立宪、共和，家庭则由不自由结婚变而为自由结婚，凡以求比较的安乐而已。然至吾人今日观之，一神教有一神教之苦，立宪、共和有立宪、共和之苦，自由结婚有自由结婚之苦，则其于安乐亦犹未也。欲求安乐，必举其苦的根本掀翻之，由有宗教变而为无宗教，由有国家变而为无国家，由有家庭变而为无家庭。故无宗教、无国家、无家庭者，吾人今日目的之注点所在。而自有而之无者，则其手段应用之方策也，是与古人当日之自无而之有者，事实正相反而理由则从同。

所谓宗教之苦者，多神教不论，一神教之一神胡为者，人生罪恶之说胡为者，末日裁判之说胡为者。或曰，十字军后，西人受宗教之苦者已稀。东方则孔子非宗教家，本无迷信。佛教虽一盛而已衰，是其受宗教之苦者尤稀。然吾固就人口统计上最大多数言之，其心理之支配于宗教者，实十而七八，况于枭雄阴鸷之利用之以收拾人心并吞土地者乎！中国自汉武罢黜百家表章六经以后，历代帝王因其便已，益变本而加厉焉。言论思想，范围日狭，群治退化，职是之由，其无形之祸患，更烈于有宗教。况于佛说流弊，愚夫愚妇之瞻礼膜拜者乎！所谓国家之苦者，专制不论，立宪君主不负责任，而神圣不可侵犯，胡为者；守卫之尊严，皇室之靡费，胡为者；掷少壮有为之岁月，充义务征兵，刮生活所需之资财，备海陆军费，一旦有事，则率土地而食人肉，胡为者；为关以厄行旅，设税以困外商，胡为者。况于异族相仇之见，世界大势所趋，且将由国家战争变而为人种战争，则流毒愈广，而受害愈酷矣。所谓家庭之苦者，不自由结婚不论，而既结婚矣，即不自由。曩箸无家庭主义，陈弊章中，曾错举数十事（略），皆自由结婚而不能免之苦也。故治水必清其源，伐木必绝其株，其道奈何？要之于无，大哉三无主义乎！

方孙中山君之盛倡三民主义于日东也，余方弱冠，留学彼中，标新领异，独揭三无主义之说。除张博［溥］泉君外，无应和者。

右文前半，实属稿于当时。以病返国，又遭沈愚溪君之变，遂阁置之，从不敢以示人。庚戌夏间，留学比利时，与乡人洪得之君，居止密迩，过从频烦。偶见此文，欢喜赞叹，敦促赓续甚勤，以方研究法文，卒卒未果。又一年，《社会星》出版，乃悉发箧衍，谋勒为专书，凡分三篇。上篇追原三无主义所从出之理由，中篇敷述三无主义进行间之手续，下篇虚构三无主义实现后之状况。即就旧作足其后半为上篇，将以实我杂志也。乃担任印刷发行之某君坚持不听付刊，因以辍笔。今事过境迁，时移势异，此文不复能成章，惟检校丛残，存为十年来之纪念而已。

《社会主义商榷》案
（1911 年 8 月）

　　鄙人自寰游归来，极力倡道社会主义。近数月间，政界、学界、报界、实业界，"社会主义"之名词，口耳相邮，笔舌互战，渐渐输入一般人头脑中，即所得同志通信，已不下数十百件，大都愤慨现社会组织之不平，而对于本主义掬热血以表同情者也。顾平心静气，辨难质疑，为理论之研究者，尚不多觏其人。昨阅《民立报》得渔父《社会主义商榷》一文，为之狂喜。渔父之本意不可见，据所称道，固非反对社会主义者。其言虽不专为鄙人说法，而鄙人实极力提倡本主义之一人，意偶有异同，谊不容缄默。辄本商榷之指，聊贡区区，原名书后，所以寄执鞭之慕，而非有对垒之心也。

　　原文所商榷者，不外两大问题。一曰精审其自身之性质与作用，即社会主义派别甚多，果以何者为标准乎？二曰斟酌其客体事物之现状，以推定将来所受之结果，即社会主义实行，则于中国前途果有何影响乎？按前者可谓为学理的商榷，后者可谓为事实的商榷。鄙人于此，先以个人之意见，为简括之答案。一曰鄙人所倡道者为广义的社会主义，二曰鄙人认中国今日或尚非社会主义实行之时代，而确是社会主义鼓吹之时代。兹本此答案之宗旨，就原文所列之条项，用论理学解剖之方法，疏论如下。

上　学理的商榷

　　学理的商榷，可分为四项：甲、名称；乙、种类，原文所谓性质是也；丙、作用，原文亦同；丁、评论，原文所谓精审之工夫也。
　　甲、名称
　　社会主义之各种名称，皆由展转移译而来。原有之语义，与现用之字义，不尽密合无间，今惟一仍原文。

无治主义　通称无政府主义。其实并礼教、政治、法律，凡范围的，契约的，一切推翻，不止推翻政府已也，译为无治亦宜。无政府党无章程，无规则，无仪式，无组织，惟以合意相联结，实不成其为党也。庄子曰，圣人不死，大盗不止。剖斗折衡，而民不争。此派议论似之。

共产主义　产分动产、不动产。此派中有主张一切共有者；有主张不动产共有而动产仍私有者；有主张不动产共有而动产则废除者，即废产主义。废产主义，有名实俱废者，各尽所能，各取所需，不计价值也；有名废实不废者，即一种进化的银行汇划法也。此外更有均产主义、集产主义，与共产颇不同。

社会民主主义　按有民主即有国家，故社会民主主义，可称为社会国家主义，亦可称为国家社会主义。其理想的国家，以法、美、瑞士等为胚型，而于参政制度、生产制度、军备问题、关税问题，皆大加修改之，以期益进于民主立国、根本自由、平等亲爱三者之精神。

国家社会主义。此名称不甚当，以与前条混同也。又有称为帝国社会主义者，亦不甚当。毋宁略仿原文，称为国家主义之社会的政策。

乙、种类

社会主义分类法，聚讼纷如，讫无定论。因其中有相反者，有近似者，有名相反而实近似者，有名近似而实相反者。兹唯按原文所举言之。

无治主义　与社会主义根本的理想相同，历有密切之关系，而久已歧异，自成一宗，虽声应气求，而源远流别，社会主义之名词，殆不足以包括之。故凡原文论无治主义者，皆置而不辨，因不必加入此商榷之范围中，使社会主义愈为惊世骇俗之主义，反致可言者亦不能言耳。

共产主义　乃社会主义之中坚。盖社会主义固直接缘经济之不平等而发生者也。至于废产主义，其精神仍与共产相同。均产主义、集产主义，其方法不如共产之善。故虽以共产主义为社会主义不祧之宗可也。

社会民主主义　乃社会主义最普通者。但在系统上，若与共产主义并列或相承，均有未安。无已，惟交互存之。盖民主主义仍可主张共产，共产主义仍可主张民主。民主是政治一方面事，共产是经济一方面事，虽可合亦可分，然必相辅而行，庶几各得其道耳。

原文所谓国家社会主义，正名定分，不可加入社会主义种类中。故不论，下并同。

丙、作用

共产主义之作用　必须根本上改革现在之经济制度，而举个人私有者，悉变为社会公有者。先自土地著手，然后用顿进法或渐进法，由固定的推至流通的。一切财产，皆使名义统属于总团体之社会，而利益匀配诸各分子之个人，惟按其所尽义务劳力或劳心之程度，以为制定所受权利之标准。其法有主张天然调剂者，有主张人工计算者，而下级生计及普通教育，则必一致普及，尽人得而享用之。当此之时，惟抽象之社会字样，为资本家；而具体之个人，无一不为劳动家，更无贫富贵贱等阶级矣。至于实施，则或用平和手段，由教育、实业输进，以全社会大多数之同意起行。或用激烈手段，先举大革命大罢工，俾现社会恶制度破坏无余，然后重新改造建设，丝毫不受历史与习惯之拘束，而纯由理想实现之。二者之难易当否，颇非立谈所可决，顾近世学者多赞同后说。

社会民主主义之作用　绝对的反对世袭君主之存在，而以普通选举法，公推总统，且人民有少数弹劾权，及未满期免任权。或用政府之组织或不用政府之组织，惟以单院制的国会代之。地租归公，军备废止，必不得已亦加严重之限制。豁免内地税，订国际关税同盟，停征出入境税。不定国教。本新个人主义修改法律。当此之时，除未成人、不完全人外，无一无参政权。更无支配人者，亦更无支配于人者。即现任总统，只在国会时，假定为国家主体之代表，一出国会外，即仍为社会普通之平民，此共和政体之极轨也。其实施之手段，亦分平和、激烈两派，一如前条。

丁、评论

共产主义及社会民主主义，为社会主义大中至正之道。公论自在，何待妄评。按共产主义之精言，不外各尽所能、各取所需二语。然徒取所需不尽所能者，将何以待之？若制定规条，过于繁密，则措施之际，必多烦难，近于无事自扰，且甚妨害个人之绝对自由。否则无比较，无竞争，无希望，孟子所谓巨屦小屦同价，谁则为之，其于人类进化，似颇沮滞矣。若夫不劝而兴，不惩而戒，无所为而为之者，恐又非一般人之程度所能骤及也。故鄙人主张教育平等、营业自由、财产独立，废除遗产制度。凡人自初生至成人，同在公共社会中，受平等之教育，一届责任年龄，即令自由营业，所得财产，仍为私有。惟各个独立，虽父子兄弟夫妇之间，界画较然，不相递嬗，不相授受。且其支配权，限于在生之时，死即收入社会公有。如此则经济可日趋于平，而仍不妨害个人之绝对自由，亦不沮滞社会之竞争进化，调和补救，或庶几乎！民主政体之国家，各洲有之，惟非全用社会主义，故其功果不能尽圆满如所期。如法如美，选举之倾轧，官吏之腐败，富豪之专横，军备之靡耗，昭昭可见，自郐无讥，亦足见民主政体之尤不可不用社会主义矣。瑞士较为完美，实食社会主义之赐居多。然其壤地褊小，且为四强大权力相持之交点，故得为永久中立，而行政自然简单。若广土众民，内政丛脞，外交频烦，自筹攻守者，渡淮之橘，亦不敢遽必其迁地之果良也。然其作用，如前所陈荦荦诸大端，实任何国家唯一祈向之目的，而鄙人夙昔所主张者，亦于此无异词。

虽然，更有向上一义，为本题正文，而原文所未及者，则世界社会主义是也。世界社会主义之名称，近于叠床架屋，其实可径谓之社会主义。盖社会主义云者，广义的赅各种社会主义，狭义的即指此世界社会主义，无国家、种族、家庭、宗教等等界限，而以个人为单纯之分子，世界为直接之团体。其中虽有部类，亦必不以国家、种族、家庭、宗教等等为识别，而以学术或职业为区分，而军备、关税诸弊政，自为无用之长物矣。即法律、政治、生计、礼教、风俗，亦靡不一改旧观，别成新制，此实天然之趋势，人间世将来必至之境界。而社会主义家万众一心，延颈企踵，劳精敝神，以期其早日涌现者也。继此以往，或竟能纯任自然，无为而治，如无政府主义所梦想者。孔之大同，耶之天国，佛之极乐世界，即社会主义之究竟也。若社会民主主义，犹是一过渡之手续耳。

鄙人之主张虽如此，而第一答案已先声明，所倡道者，为广义的社会主义。或问既有正确明了之主张，何必又为广漠宽泛之倡道乎？是有三义一致不妨百虑，殊涂要于同归，兼容并包，参观互证，不敢武断论事，尤不敢强迫胁人。所以尊重学者之自由，而资以思审选择之材料。一也。吾道不孤，而知音有几，宜弃小异，以从大同。欲收集思广益之功，必破入主出奴之见。二也。专治一种主义，亦必兼通他种主义，占三从二，执两用中，比较之余，是非乃见。罕譬喻之，如汉儒言，通群经方能治一经也。三也。然世势所趋，思潮暗合，折衷尽善，会有其时，况同是社会主义者乎！

下　事实的商榷

今先申述鄙人第二答案，即认中国今日，或尚非社会主义实行之时代，而确是社会主义鼓吹之时代也。故所谓事实者，原文就实行言，而此文仅就鼓吹言。究而论之，鼓吹即实行之第一步耳。所以认中国今日确是社会主义鼓吹之时代者，可分为积极、消极两原因。

甲、积极原因

即中国今日可鼓吹社会主义之理由也。尝就历史上、心理上观察得之，如左三者，自一方面言，为中国人之缺点；自又一方面言，实中国人之优点也。

一、中国人国家的观念不完全　中国向来所谓国家，不外三义：一如今之行省然，即封建诸侯之社稷也；一则皇室，即朝廷一姓之起仆，或君主一人之死生也；一则天下，即世界也，以为除中国外更无世界之存在也。三者皆与今日国家之定义不同。夫社会主义，无国家之界限者也。而欧美人国家思想，至为深固，颇难澌除。中国不然，故可鼓吹社会主义。

二、中国人种族的观念不完全　中国人血统最杂，而同化力最大。自苗、汉种外，夷、蛮、戎、狄，三代以降，战国之交，历六朝、五季，经辽、金、元、清，异种名氏见于载记者，不下百数。今皆同文字，通婚姻，风俗习惯，无甚悬绝。历代政策，不主歧视。和亲赐姓，史不绝书。亦有尊己贱人之风，却少党同伐异之祸。即如近来党事惨变，平心而论，实由不良之政治构成，不专为民族问题也。夫社会主义无种族之界限者也。他国之待异种人，政治、教育、婚姻、交通，种种钳制，奴隶之不足，而犬马驱策之；犬马之不足，而草木芟夷之。红黑渐亡，可为痛愤。中国不然，故可鼓吹社会主义。

三、中国人宗教的观念不完全　中国本无宗教，孔子不过一哲学家、教育家。佛教传自汉时，信从者虽甚众，以全国人口计，亦止九牛之一毛。况大半无业游民，或有托而逃焉者，不足为真正教徒。其与儒者冲突，特一二文人笔尖游戏而已。景教假国力以行，方在极盛时代，而人数不过仅如佛教。其别有所为，属于生计问题或权利问题者，尤十而八九。义和拳之乱，正由此两问题反动而起，而在上者故利用之，岂真仇教哉？夫社会主义无宗教之界限者也。若婆罗门教、佛教之数世寻仇，耶教、回教十字军之役，死万万人，亘百余载，穷凶极惨，无道极矣。中国不然，故可鼓吹社会主义。

乙、消极原因

即中国今日不可不鼓吹社会主义之理由也。尝就历史、心理上，及近来内政、外交上观察得之，如左四者，天时人事，相逼而来，虽欲趋避，其可得乎？

一、政体之专制　中国自有史来，即为专制政体，至夏而完成，至秦而坚稳，长夜不旦，于兹数千年。蚩蚩者氓，颠倒困顿于醉生梦死之中，宛转呼号于刀锯桁杨之下，一治一乱，视为当然。文明自由，从未梦见。今虽号称立宪，而大权仍在少数贵族之手，不过一成文的专制，依旧寡人政体之变相而已。夫人民欲谋公共永久之幸福者，断乎必以共和政体为皈依。世界大潮流，汇专制之江河，过立宪之港汊，以入于共和之海洋。人之顺流而下者，由江河而港汊，犹可用旧制之帆船，由港汊而海洋，则必乘新式之轮舶，社会主义即是也。故为政体之改革，不可不鼓吹社会主义。

二、家庭之弊害　中国社会最重宗法，而家庭敝制至今而极。家长受家属牵累之苦，家属迫家长压制之威，男女老幼尊卑亲疏，无一人无一时不在烦恼苦难中。此不必父子责善、兄弟阋墙、姑妇勃谿、夫妇反目、嫡庶妒宠而后然，即积善余庆和气致祥之家庭，其无形的痛楚，已有不可言语尽者，古人所以垂百忍之训也。所谓天伦乐事，特如犴狴中人，苟免敲扑，则歌呼相慰藉耳。其影响所及，社会一切不道德不法律不名誉之行为，罔不由家庭敝制直接间接酝酿而成。鄙人别有专书，论之綦详。而其决论，则惟社会主义为对证之良药、度世之金针也。故为家庭制度之改革，不可不鼓吹社会主义。

三、内界之恐慌　中国今日公私上下，无不以经济困难为忧。质而言之，即人人有饿死之分也。此问题之原因，千端百绪，不易爬梳。如前条家庭之弊害，亦其一重要者，而财产不平等又其一也。余则有由于政治者，有由于外交者，有由于实业者，而水火为灾，疾疫传布，寇盗四起，市肆纷闭，此等事在他国受害三四分者，我国则必至十分，则以人事之不备也。鸿嗷遍野，菜色载途，亡国之音哀以思，乱国之日短以促，人人羡无知之乐，而厪有身之患。乌乎！谁实为之？夫何使我至于此极也？此等败象，决非补苴罅漏之政策所能弥缝，亦决非消极慈善事业所能救济，惟社会主义为正本清源之至计。故内界之恐慌，不可不鼓吹社会主义。

四、外交之挫辱　中国外交之失败，不忍言矣。不但少年有志者知之耻之，即彼无才无德痴顽老子，亦何尝不知之耻之。盖羞恶之心，固尽人而具也。庚子朝廷之利用义和拳，即出自此羞恶之心。而野蛮排外，遂成五洲千古未有之笑谈，其实近世列强揭橥之帝国主义、军国民主义。而中国所亟拟学步者，其手段似较文明，其心理亦何尝不同此野蛮也。且手段愈文明者，则其结果杀人愈多而愈酷耳。挽此狂澜，惟有社会主义。世多疑中国今日而鼓吹社会主义，如宋襄公之不禽二毛，梁元帝之戎服谈经，直自为鱼肉而已。此不知社会主义之真谛者也。社会主义尊重个人，反抗强权。惟其尊重个人，故必人人有完全个人之资格，学术上、生计上，皆能对于世界各占一位置，而谁敢侮之。惟其反抗强权，故不问国家、种族、宗教之界限，凡有以强权对待者，必一律反抗之。不自由，毋宁死。不甘服同胞之强权，岂甘服外人之强权乎？且其心目中，亦不知有同胞，亦不知有外人，惟与强权势不两立而已。人道、正义，所向无前，而岂妇人之仁匹夫之勇哉？故欲雪外交之挫辱，不可不鼓吹社会主义。

四者之外，更有一大原因，则世界之大势是也。中国非世界中之一国乎？今日非二十世纪中之一日乎？二十世纪世界之大势，日趋重于社会主义。千口一舌，千流一穴。其学说之弘通，势力之盛大，共闻共见，不假一二谈也。中国今日实逼处此，门户洞开，舟车灵便，欧美政学界之一颦一笑，工商界之一针一缕，罔不与东方大陆有消息之相关。鲁酒薄而邯郸围，其机如此，而谓社会主义独能深闭固拒断绝交通乎？鄙人斟酌于客体之现状者如此，至于推断将来所受之结果，则成败利钝，非所敢知，只当论是非，不当计利害也。虽然，姑妄言之，吾知倡道者必极危险，举名誉、地位、财产，进而身家性命，恐悉将供笔舌之牺牲，而所倡道者必极亨通，恰成一反比例。所惜者，中国劳动家程度较低，而此事非劳动家普及，则不易实行。一因社会主义赤紧与有生死存亡之关系，二则社会中固以此种人占最大多数也。然中国则必先由学界、报界，而政界、工商界，迨及劳动界，则实行之机熟矣。夫社会主义本期于实行，且鼓吹亦未始不是实行。但凡事必经理想、言论、实行三段而成，而理想恒比言论高一级，言论恒比实行高一级；且理想恒比言论早一步，言论恒比实行早一步。此所谓实行，非指作为而指成功也。理解未明，舆论未附，虽有作为，难望成功。故曰，中国今日或尚非实行之时代，而确是鼓吹之时代。莫问收获，但问耕耘，有志者好自为之。

中国今日之社会主义，胚胎耳，萌芽耳，涓流耳，星火耳。鄙人不自揣度，抱一种狂妄之责任思想，倡道以来，日困于四面楚歌声里，徘徊瞻眺，邈然寡俦，前不见古人，后不见来者，并世同调，弥复寥寥，如空谷蛰居，见似人者而亦喜矣，况渔父之卓有见地者哉！惟绅绎原文，似于社会主义尚不能无疑。偶有所知，敢不奉白，切磋之雅，永矢弗谖。忆端午削迹杭垣，留别诗有句曰：湘累憔悴行吟日，渔父差堪共往还。盖泛用《楚骚》故事，而初无所专指也。今不意竟得一渔父，与缔此文字因缘，款乃一声，烟消日出，伊人宛在，方将溯洄从之矣。

撰论既竟，偶缮原文，有云：中国而行社会主义，必国家之内部、外部，皆已康乐和亲，达于安宁之域，而无待维持；人民之精神方面、物质方面，皆已充实发达，臻于幸福之境，而无待增进；社会之生产分配，皆已圆满调和，适于生活之用，而不必更求满足之方；云云。夫此等现象，惟社会主义实行以后，始得见之。而下接云，正因安宁幸福及生活过高之故，而生种种不自由不平等。故政治与财产制度变为不必要之长物，而不得不以社会主义救济之。其意若曰，至此程度而后社会主义能实行。倒果为因，误解甚矣。且安宁幸福生活过高，岂反能生不自由不平等？所以不自由不平等，实坐政治与生产制度之敝耳。故当易其词曰：正因政治与生产制度之敝，而生种种不自由不平等，故不得不以社会主义救济之，以期安宁幸福生活愈高。乃原文则谓政治足以维持安宁，生产制度足以增进幸福，财产之为物足以满足生活。苟其如此，则作者所揭橥之真正社会主义，乃真变为不必要之长物矣，而岂其然。盖其所称安宁幸福满足者，均仅指一部分最少数人言，未尝就全世界大多数人一着想也。试就全世界大多数人着想，当知政治之不足维持安宁，生产制度之不足增进幸福，而财产之为物之不足以满足生活也，惟有实行社会主义，方能达此境界耳。又安宁或可不假维持，而幸福岂可无待增进，生活岂可不必再求满足之方。社会主义正为增进幸福，正为再求满足生活者，而顾曰无待曰不必，一笔抹杀之，非惟不知社会主义，亦大悖乎生物进化之例，与人心向上之理矣。今请以论理学式，制为简括之断案。社会主义，所以求得安宁幸福满足生活者也。现世政治与生产制度，不能求得安宁幸福满足生活者也。故欲求得安宁幸福满足生活，必废除现世政治与生产制度，以实行社会主义。

附宋渔父君《社会主义商榷》原文。（略）

余早持革命主义，而始终未挂名各党籍。虽与老同盟会人多所往还，然初不识宋渔父君。《社会主义商榷》文出，乃因于右任、李怀霜两君而略知其为人。壬子夏间，余以社会党事北上，始获相见于万生园，倾盖如旧交，右文尤备辱推许。时社会党党员热心政治者颇居多数，而宋君方主同盟会改组事，原有土地国有、男女平权诸政纲多所牺牲。余力进尽言，谓同盟会与其迁就合并于他团体，宁使社会党多数人悉入同盟会，而成一社会主义的政党。余及少数人则改组学会，为在野舆论之后援。宋君韪之，而不能用。宋君既以政治死，其遗命顾谆谆图书馆事。国民党人为谋所以不朽者至为周详，余独倡议，就遇害地，建教仁图书馆，备度宋君手泽，兼收中西载籍，以为纪念死者，嘉惠后人，一举两得，莫尚于此。当事者不甚措意，送丧营葬，糜费巨万，殆非宋君之志矣。展读遗文，追惟往事，车过腹痛，我劳如何。

《社会》杂志发刊祝词
（1911 年 9 月）

中国今日实社会主义鼓吹之时代也。鼓吹亦多术矣，或以言论，或以文字。以言论者，或以歌剧，或以演说、谈话、讲授。以文字者，或以小册传单，或以新闻杂志。各视所值，无有偏畸。自不佞倡道社会主义以来，杭州有女学演说会，召增中丞之札饬拘拿，有《逐虎记》之小说出现。上海有社会主义研究会，来三百余人之同志者。有社会教育团之发起，有《天铎报》、《民立报》之商榷辩难，有《社会星》杂志之刊行，有海内外五百余函之通信，将汇为星讯集，皆鼓吹也。然此岂区区一笔一舌之力所能逮哉？人心同具，大势攸趋，其机如此，沛然谁能御之。《社会星》近以内部牵掣，外界干涉，困难种种，不得言论出版之自由。其持续与否，尚难逆计。而别有杂志曰《社会》者，应运而挺生，亦与于社会主义鼓吹之一者也。《社会》杂志本上海惜阴公会之言论机关，惜阴公会性兼商学，会员多实业界好学深思之青年。一耳不佞社会主义之说，辄翕然开特别会以招邀之，既得其义，而相悦以解，则膺服而躬行之。兹组织机关杂志，又特以社会字字之。甚哉！会员执德之弘，信道之笃，而社会主义鼓吹得人，果将风靡乎禹域也。会中凤主张社会教育，而输入社会主义，端赖乎社会教育，故鼓吹之法，一方面宜有教育之团体，一方面宜有言论之机关，如车之两轮，如鸟之两翼，而尤必有彻上彻下彻始彻终一贯之方针。虽然，一贯云者，就目的言，非就手段言。手段则或左或右，或疾或徐，或隐或现，或止或行。故《社会》之与《社会星》，不啻钟鸣而山应、薪尽而火传者也。发刊伊始，辄进祝词，词曰：社会主义，纵贯永劫，横行寰宇，以覆载为量，与日月同寿，永不消磨，至人类灭绝时；《社会》杂志，亦纵贯永劫，横行寰宇，以覆载为量，与日月同寿，永不停止，至人类灭绝时。又更其词曰：《社会》杂志可以停止，社会主义不可以消磨。《社会》杂志出一册，社会主义得一册之鼓吹；《社会》杂志著一字，社会主义得一字之鼓吹。乃至不出一册，不著一字，而社会主义之精神，幻为无量数《社会》杂志之化身，永不消磨，永不停止，至人类灭绝时。

《社会》杂志始刊于辛亥八月，月出一册，以社会教育为前提，以社会主义为究竟。而其言论特平易近人，最合于普通社会之程度，与《社会日报》、《社会党月刊》、《新世界》、《人道周报》等相辅而行，不愆不忘，持续至今，前途未可量也。

《社会主义述古》绪言
(1911 年 9 月)

社会主义，非西人新创之学说也，我中国夙有之，顾无能倡道之成一教宗，组织之成一科学者。盖自秦、汉以降，政体趋于专制，学术统于一尊，朝野上下，方兢兢焉礼乐兵刑之是规，词章考据之是亟，少有自异者，则危刑中之，而此学遂渐绝矣。我读学官所立十三经，暨周经诸子之今存者，社会主义隐跃起灭于行间字里，如金沉沙，披之乃见；如水汩井，汲之乃出。最而录之，为《述古》篇，其义有二：一以示人心之所同然也。社会主义之思想，赋自生初，周乎人类，此心此理，虑百致一，放之四海而皆准，质诸百世而不疑。其有反对焉者，非拘墟成见，则怀挟私心耳。一以方便法养成一般人抽象的观念也。"社会主义"之名词，产于欧陆，译自日东，我国读书解事之人，知之者千百而一二。而恐惧危险黑暗破坏惨杀暴乱种种悲观，若与此名词相缘属而起，相附丽而存，闻者怵心，见者咋舌，如市人之谈虎，如骇稚之惊雷。乌乎！此社会主义前途之大不幸也。今就群经诸子有关涉者，证据原文，比附新义，使知社会主义乃我国往籍所固有，不过如是如是，引伸助长，触类旁通，不必其密合也，而思过半矣。夫可与乐成者难与虑始，可与道古者难与论今，因势而利导之，则作者之心苦也。其例有三：一、中国向无社会主义之专学，更无社会主义之专书，群经诸子，东云一鳞，西云一爪，亦模糊影响焉耳，无系统，无范围，无明晰之定义，无正确之主张。学说之不成立，无容讳也。兹唯刺取其有合者，而余皆存而不论，意固以为社会主义亦偶散见群经诸子中，而非谓群经诸子即社会主义也。一、训诂之学，聚讼梦如，兹所诠释，尤为创解，向壁虚造之谤，牵题就文之评，必将风起泉涌，洋洋盈耳，不知仁者见仁，智者见智，主观既别，取义自殊。我注六经，正是六经注我，作者固无意与经生家争一日之短长也。一、社会主义流派歧出，积极、消极，各趋一端。作者以为中国今日此事方在鼓吹时代，宜取广义的，标新领异，兼容并包。今述此篇，犹此志也。甄录期宽，持论期平，无门户主奴之纷持，有矛盾相陷之余地，而以作者一人之心思意见经之纬之，如缀碎锦使成章，贯散钱于一串也。此书尚无成稿，随笔随出，以实《社会》杂志。修正厘订，勒为定本，请俟它日。

《社会主义述古》之作，经始于辛亥七月初旬，第一编《论语》、《孟子》，成书过半。八月三十日，南京事急，仓猝出城，原稿散佚，惟右文以先期邮致《社会》杂志获存。

致武昌革命军书论兴汉灭满事
（1911 年 10 月）

革命军麾下：

　　不佞为中国倡道社会主义之一人。尝以为社会主义当自破除世袭遗产之恶制度入手，故于政体绝对的反对君主立宪，而比较的赞成民主共和。然书生寡术，第能发理想为言论而已。不图大军一起，即定为国是，宣布实行，钦佩何极。据鄂以来，一日千里，规模弘远，节制严明，薄海归心，寰球腾颂，社会主义家尤咸表同情。而不佞至愚极顽，独有不能已于一言者，则谓今日之事，断宜揭橥政治革命主义，而不必牵涉民族革命问题也。比者道路流传，函电移载，倒戈漂杵，不绝听闻。读大军各文檄，亦恒以民族问题为前提，一若推翻不良之政治，必先剿绝不良之民族也者，于是兴汉灭满之论大昌。区区窃计，有大不可者十二，试错杂陈之。佛言慈悲救度，孔言四海兄弟，耶言爱敌如友，本原思想，中外从同。翩其反而，实悖人道。此大不可者一。九世复仇之谊，是非颇谬于圣人，柳柳州已能辞而辟之。况近世新个人主义日盛，恩怨关系，皆限于其人之一身。扬州十日，嘉定三屠，今日满人，谁与其事？若必累推而上，则汉人假词以灭满人，恐苗人又将援例以灭汉人。此大不可者二。即论复仇，而满人入关，意主羁縻，初无灭汉之政策。兹乃概遭攘斥，报施殊失其平，且尤而效之，罪又甚焉。展转相寻，曷其有极。此大不可者三。满人才四百万众耳，以百敌一，克之不武，杀之不仁。此大不可者四。中国民族至为繁糅，和亲赐姓，混合华夷。六朝、五季、辽、金、元之际，外种麇集，宗法荡然，纯粹黄帝之子孙有几？独排满人，于义未遍，兼排他族，在势难行。此大不可者五。民主共和之精髓，不出自由、平等、亲爱三言。兴汉灭满，矛盾相陷，根柢已倾。此大不可者六。右皆就理论言。汉满同化，二百余年，服色文言，了无识别，保无诬指误听之失乎？况通婚既久，血统相和，何以待之？此大不可者七。不嗜杀人者为能一天下，多所诛戮，易失民心。而蒙、藏、回、疆，必怀疑惧，樊然并起，肆应为难。此大不可者八。欧美人士方欢迎崇拜，交赞文明，独于灭满，不无遗议。舆论具在，干涉堪虞。此大不可者九。蜂虿有毒，困兽犹斗，铤而走险，何所不为。粤防、荆防之轰城，汉口、镇江之毒井，皆此反动激荡而成。综其会归，仍苦吾民耳。此大不可者十。设满人求庇于外人，则渔夫得利，瓜分立成。此大不可者十一。所谓中华民国者，东三省亦入范围乎。据其地而灭其人，虽甚残暴，不应有是。若遂坐此而弃置之，将四塞藩边，尽成瓯脱。一着偶失，蹙地过半，而侨居父老，长为异域之人，非惟自隘樊篱，直是自残肢体矣。此大不可者十二。右皆就事实言。故今日之事但当揭橥单纯之政治革命，以实行共和政体而已。君主宜去也，为其为君主而去之，非为满人也。大吏宜逐也，官军宜击也，为其为君主之鹰犬而逐之击之，非为满人也。夫政治腐败至于斯极，岂汉人当国而遂可以不革命乎？且君主虽满人，而君主之鹰犬则仍多汉人，是汉人亦宜肩其责而分其罪。伐毛洗髓，以革故也；戮力同心，以鼎新也。无汉满一也。从前皇位世袭，异姓代起，于胜朝宗胄，必尽法芟夷。今民主则天下为公，何用多事以自扰。不佞于满人豪无特别之感情，惟夙昔倡道社会主义，泯差别而企大同，其属望于大军者，又至远且大。不避斧钺，辄贡所怀。至对于此次事变社会主义之主张，则姑有待而言。惟希裁察，无任主臣。

　　右文系武昌起义后自南京挈眷避地上海时作，以九月朔日付邮。时排满风潮最为激烈，创夷满目，不忍见闻。亡友贵中权君及其长子量海君，即死于此时。而人心狂热，舆论沸扬，势且陷于暴民专制。上海各报纸无敢稍持异议者，惟《天铎报》录此文入来函中，为匿其姓氏，但题曰"社会主义家某君"。又附著论辨，以明不负责任之意。然革军驻沪事务所尚干涉之。日本社会党人北辉次郎君谓此为中国革命史中极有关系之文字，特亲写副本，译为日文，以广流传。余亦别印单行，并加案语，分寄各界。其后五族共和宣布，此文或与有力焉。兹将原印案语照录如左："此文发寄，即接革军驻沪事务所来函，痛加诘斥。又得匿名警告多件，谓仆倡邪说以媚满奴，疑乱军心，当膺显戮，将以野蛮手段对付之，云云。仆既以主张共和见恶政府，又以破除种界开罪革军，危险至矣。惟念言论自由，虽君主政体亦所弗禁，岂以共和为号召者，而顾出此？且讲学一秉大公，论事期衷至是，词穷理屈，则谢过不遑。势劫威胁，则守死不变。仆固不恤牺牲一身，为亿万同胞请命。人心不死，真理长存，顾同志者益鼓吹之，则胜残去杀，终有其时耳。"

中国社会党宣告
（1911 年 11 月）

民军起义，假种族革命，演政治革命。惟政治由社会造成，故社会革命尤为万事根本。社会主义欧美极盛，在中国则本党实最初惟一之团体机关。迭经公议，组织完成。凡有志入党者，不论男女，不分国界、种界、宗教界，均请随时亲临上海本部、各地支部，检阅规章，签名宣誓，共图进行。采定党纲，条述如左。

一、赞同共和　　世界政体进化，由专制而立宪，由立宪而共和。共和虽非郅治之极轨，而在今日实较善之制度，亦必经之阶梯也。民军既定为国是，本党亦极表同情。切望吾人顾名思义，实力推行耳。

一、融化种界　　人道主义，四海兄弟。社会党本无国界，尤不应于国内更分种界。务期融化，互泯猜疑，血统混和，文明溥遍，将无识别之可寻矣。

一、改良法律，尊重个人　　旧法律恒以国家或家庭为主位，而于个人自由多所牺牲。宜彻底改良，认个人为社会之单纯分子，认社会为个人之直接团体。凡为保障国家或家庭而妨害个人之条件，悉革除之。

一、破除世袭遗产制度　　贵贱贫富各阶级，皆由世袭遗产制度而生，此实人间世一切罪恶之源泉也。凡完全个人，准自由营业，惟其财产支配权，当以有生为断，死则悉数充公，有均产共产之利，而无其弊，家庭制度于以破除焉。

一、组织公共机关，普及平等教育　　普通教育，宜设公共机关执行。人自为谋，断非善法。自初生至成年，无论何人，教育平等，而能力平等，即经济亦平等矣。至其费用，则取之遗产而已有余。以公共之资财，造公共之人才，不独亲其亲，不独子其子，是谓大同。

一、振兴直接生利之事业，奖励劳动家　　劳动者神圣也！农工各业，生命攸关。虽世不能无间接生利之人，而人必勉为直接生利之事。资本公诸社会，而劳动普及个人，有分业，无等差，通功易事，各尽所能，此善之善者。

一、专征地税，罢免一切税　凡人力所生者，皆不应征税以困之。宜专征惟一之实地价税，每年按时估计，约当二十而一，以杀富豪兼并之势，而开游惰归农之途，公共用费即取资焉。至于人畜、建筑物、种植物、制造品，所有就地关津一切税，除对外者暂缓，余宜概予罢免。

一、限制军备，并力军备以外之竞争　军备之糜耗，战事之惨毒，各国所同苦也。废兵当即在指顾间，为目下维持均势计，必不得已。亦宜严重限制，而并其资力，专注教育、实业诸端，军备虽减，谁敢侮之。所谓不战而屈人，况志不在屈人者乎。

> 中国社会党开幕于辛亥九月十五日，为中国有党之始（古所谓党，乃普通名词，且他人指斥之言耳。若团体自命为名称者，实自本党始），又为中华民国一切集会结社之始。宣告党纲八条及规章（规章略），皆余所手草，全体五十余人可决印行。后此四百起支部三十万党员，悉假此号召之集合之者也。当时自我作古，然费苦心，原本凤所主张之社会主义，参考各国社会党之规章，按切中国固有社会主义之理想，及近世社会之状况，斟酌结撰而成。第一条实中华民国成立之先驱。第二条乃五族共和宣布之导线。自今视之，似乎赘疣，而不知当日关系特为重大也。第三条认个人为社会之单位，认世界为社会之范围，泯除家庭、国家、民族、宗教等等界限，即世界社会主义之精神也。第四条以遗产归公为一切共有之张本。第五条以教育普及为一切平等之枢机。两者并行，百事都了。第六条奖励劳动家，与泰西之推倒资本家，手段不同，而目的则一。其结果总期人人为劳动家，即人人为资本家。第七条采用单税主义，所谓平均地权，亦一切共有一切平等最初之简便法门也。第八条反对军备主义，则万国社会党共同之条件也。总之，本党之宗旨，不违反国家社会主义，而可达到无治共产主义。本党之性质，可以在野，可以在朝，可以为政党，可以不为政党。本党之进行，务取光明正大和平稳健之途径，而其第一步，则普遍鼓吹，以转移心理制造舆论而已。但本党既为公共团体，自别成一有机的人格。余虽本党发起之第一人，且迭被公举为总代表，然一方面固尚有其个人之宗旨之性质之进行，而与此不免略有异同，读者不可不

分别观之。又党纲发表，颇得各国社会党之同情，惟英国独立工党代表韩嵩君，以为第八条"竞争"字义，宜改用"经营"字义。万国社会党公会来函，欢迎加入同盟，而要求声叙生产机关、交易机关悉归公有一条。谨并识之。

中国社会党欢迎孙中山君辞
（1911 年 12 月）

　　孙中山先生内渡，全国各界一致欢迎。而本党之欢迎先生，尤有特别之感情二。武汉倡义，四方从风，旬日之间，光复太半。人徒知刈果之易，而不知种因之难。先生革命之种因，二十年于兹。二十年前之革命党，其困苦艰难，不啻倍蓰于吾党之今日。而先生卒百折不变以底于成，此先生之所以为先生，而本党所应是则是效者也。所谓特别之感情一也。先生夙昔揭橥民族、民权、民生三主义，今民族事业，大功垂葳矣。而民权甫奠基础，民生犹待设施。先生对此两主义之主张，于本党宗旨多不谋而同。至谓平均地权，必宜专征地税，尤与党纲欣合无间，然则本党前途之进行，其有赖于先生之匡扶诱掖者正大也。所谓特别之感情二也。谨笔其意，以诰先生，以语国人。不敢妄以游辞赘辞进，具瞻所在，责望弥殷，先生其敬念之哉！

　　余于革命诸伟人中，比较的赞成孙中山君，其故即如右文所陈。本党所为欢迎之者，其本意亦止如是。而外间论者，于本党与同盟会、国民党及余与孙君之关系，多揣度拟议之词，或疑各存意见，或谓互相利用。北方某要人告余，据闻孙君曾以比国借款捐助本党基本金十万圆。无稽之谈，可发一噱也。

中国社会党第一次联合会后宣言
（1912 年 1 月）

中国社会党成立，三阅月间得党员五千余人，支部三十余起。日昨各部代表联合大会，公议修订规章，均经通过。惟关于全党率先者之名称，有主张用领袖者，有主张用总代表者，有主张用主任干事者，持论各歧，未衷一是。而全体公意，悉以责难于鄙人之一身，自顾菲才，至深惶悚。鄙人自发起本党以来，夙以传布本党宗旨筹画本党进行，为唯一之天职，初不待我党员之推举而然，亦无取此名称纷纭，徒乱人意，转悖社会主义之精神。继今以往，本党对内对外各责任，力所能逮，谊无可辞。惟义务平等，既不敢受特别之嘉名，而流动鼓吹，亦不能就固定之职事。我行我素，我尽我能，呼牛呼马，听之天下，维我同志共鉴谅之。

本党第一次联合会召集于民国元年一月十五日，与会者各部代表三十余人，本部党员三百余人，议定各部置主任干事。本部主任干事，对外称总代表。每年阴历九月十五日，为本党纪念，开联合会一次。右文系会后作。原稿久佚，今采自商务印书馆出版之《中国革命纪事本末》中。

《社会日报》发刊词
（1912 年 2 月）

一报之出现，例有发刊词。发刊词者，揭橥一报之宗旨，以预告于读者诸君者也。本报之宗旨，无待揭橥，其对于读者诸君，亦无待预告。本报记者之心目中，读者诸君之心目中，当莫不有一极简单极明了之观念，可以不谋而同，不言而喻者，盖本报固社会党之机关新闻也。记者之所服膺，读者诸君之所注意，一言以蔽之曰：鼓吹社会主义而已。虽然，鼓吹之法，方面各殊，解剖而言，则有三义。

一曰代表中国社会主义之思想。本党发起人江亢虎君有言，社会主义之思想，本中国固有品，特其名词，乃由泰西、日本稗贩而来耳。俄国某社会主义家，叹为名言。盖社会主义，固世界人类所一致祈向者。而中国之民族之历史之制度之风俗，尤较为切近而甚易施行。读者诸君疑吾言乎？本党之成立，才八十日耳，而党员已五千余人，支部已三十余起。社会主义之名义，向之瞠目结舌掩耳却走者。今则朝野内外，缙绅佣竖，妇人孺子，罔不耳濡而目染之，口诵而心唯之。此岂一手一足之烈，一朝一夕之功哉？使吾国人本无此思想之萌蘖存乎其脑间，虽江亢虎君化亿万身，一一身中含一一舌，一一舌中发一一声，强聒而不舍，善诱而不倦，亦安能使跛者履而眇者视乎？此其明效大验者已。特是有此思想，而无一代表思想之机关，则终不能经之纬之，使成有系统的学说。而智识不能交换，即研究无从著手，中国社会主义所以发明在前而成立在后者，亦职是之由。本报出现，凡我党员、非党员，关于社会主义之言论文字，广为征集，登载靡遗，消积并陈，纯驳错见。过渡时代之思潮，原宜因势而利导之。盈科而进，万壑朝宗，观于海者，知所会归矣。

一曰发布本党对于党员、非党员之意见　八十日而得党员五千人，准是以往，以几何级数增加，则道一风同，直意中事耳。顾我党员果能一一了解本党宗旨否，不可知也。了解矣，果能一一援据所了解者，而随机应变，推陈出新，以自由鼓吹否，不可知也。鼓吹矣，果能一一恰如题分，吻合无间，无毫厘千里之差否，尤不可知也。故党员愈增加，事业愈发达，而言论乃愈不能不统一。本报对于党员所发表之意见，是非笔削，颇具微权。时或本所主张，发为论著，为造成舆论之标准。至于非党员，识解互歧，讥嘲间作。或隔靴搔痒，未剥寸肤；或坐井观天，但窥一孔。非执成见，即挟私心。本报亦无暇悉取而辨难攻击之。惟偶举一二，略缀评骘，以示折中。江河万古，社会主义自有真耳。

一曰纪载及评论国内、国外关系社会主义之事情　世界事情，无一不与社会主义相关系，特有直接间接正面反面之不同耳。社会主义者，世界一切根本的问题也。此问题一解决，则形形色色，罔不有移步换形之观。而任取现世界一事情，试以社会主义家眼光观察之，咸觉别有意趣，别有见地。纪载评论，万难遍及，特就耳目感触之最切近者，借题发挥，所谓垂之空文，不如征之实事，不必问其事自身轻重缓急之价值如何也。告往知来，举一反三，引伸触类，存乎其人。罣漏之讥，初非所计，本报原不以消息灵通材料丰富见长也。

此外则输入欧美社会主义之学说，亦鼓吹之最要者。惟其事宜让杂志或单行本为之，断非戈戈尺楮所能胜任而愉快者也。文章各有体裁，亦事之无可如何者。至于大旨微言，单词片义，纵笔所至，往往散见。夫本报岂不欲扩张外表，增辑内容，日试万言，以自侪于著作之林哉？其如记者日力既促，党中经济尤艰，又雅不欲借口招股，任意募捐，故仅仅先出此一小纸。此一小纸，其于鼓吹社会主义也，犹蚊负纤尘耳。然语有之，芥子中可现须弥世界。自一端言之，大至吾人感觉力想像力所及达者，不能谓之全世界；自又一端言之，小至吾人感觉力想像力所不及达者，不能谓之非世界。盈尺之楮，取之万世而不竭，是在读者诸君。

《社会日报》始刊于民国元年二月一日，四十号后，改名《社会党日刊》，随《天铎报》送阅。其印刷经费，党员陈紫澜君独力任之。编辑则党员李怀霜、张克恭、殷仁安、刘铁民、褚禅真诸君，皆贤劳从事。至五月杪，陈君返粤，款绌中止，于是言论文字，分见《社会党月刊》、《社会》、《新世界》诸杂志。而逐日消息，则附载上海各报纸。右文系社论名义，并未署名，故篇中语气如此。

和议纠正会宣言
（1912 年 2 月）

　　南北和议条件见报，沪上各团体发起反对事。鄙人归自维扬，会逢其适，被举为和议纠正会临时主席及代表人。当即本人道主义，驳诘优待皇室之无理。乃闻论者颇谓，仆既主张社会主义，即不应加入纠正会中，至堪骇诧。鄙人于革军初起，妄戮满人，曾力陈十二大不可之说，一时哗然，目为汉奸，至有欲以炸弹对待者。今于和议优待皇室，又极不赞成，非矛盾也。社会主义乃绝对平等主义，妄戮满人不平等也，优待皇室亦不平等也。不平等即反对社会主义，反对社会主义者，鄙人皆得而反对之。故前日之事与今日之事，皆社会主义应有之事。虽《社会日报》言论容有激昂太过者，然鄙人意见，则始终一致，初无容心。吾恐世人或惑于以紫夺朱之论，而使社会主义之真相不见，特声其意，以诰天下。惟公鉴之。

　　　和议纠正会发起时，余原未与闻，迨被举为代表，乃偕李怀霜君诣南军议和代表伍秩庸君，一再磋商，不尽满意。后和议条件签约，诸发起人改名国事纠正会，为组织政党之预备。余遂宣言脱离关系，又与中华民国联合会、共和建设会亦同时脱离关系，并声明一切政治集会结社概不加入云。（此文已佚。）

《社会日报》短评
（1912年2月至5月）

社会党与社会、社会主义与社会学

社会者，团体也，普通名词也。社会党者，对于社会有一特别之主张，而同此主张者所结合而成之团体也，特别名词也。乃吾见人有称本党为中国社会者，非是。

社会学者，研究社会组织进化之一种学科也。社会主义者，对于社会有一特别之主张，而本此主张，成一家言者也。两者虽有密切之关系，然普通各学校所设置者并非社会主义，而吾辈社会党人所揭橥者并非社会学。乃吾见人有称本党党员为社会学家者，非是。

建都议

南北统一之局成，建都所在，未衷一是，其有力之主张凡三，一北京，一南京，一武昌是也。是莫不言之有故，持之成理，足以号召天下，涣汗人心。而尤以主张北京者，理由特长：一控御满、蒙；一牵制俄、日；一监察亡清，其最重要之理由也。一建设可省，内容之部署较易；一使馆仍旧，外交之承认不难，其次重要之理由也。然而主张武昌者，主张南京者，尚纷纷然。

或曰，永久之国都，可在北京，而临时之国都，必在南京。此就现在之时势言之，有不得不如此者。若移都北去，则渡江之鲫，将为入瓮之鳖，新党危而夫己氏之计遂矣。此言颇有意味，有足供吾人之咀嚼者。

或曰，主张南京者，多南京政府中人，不然，必其有特别关系者也。主张武昌者，必武昌政府中人，不然，必其有特别关系者也。主张北京者，除所谓重要之理由外，亦必更有其特别关系。此言亦颇有意味，有足供吾人之咀嚼者。

社会党人曰，姑舍是，吾不遑问国都之何在，吾心目中但急欲觅得一适当之新殖民地，为吾党人实际试验之中央模范场而已。

冒充社会党

凡信仰社会主义者，皆可为社会党员，其正式手续，亦不过一签名宣誓而已。凡社会党员，皆可就所在地发起支部，其正式手续，亦不过函知本部索发规章而已。乃台州来电，因发起支部两歧，而有冒名另立之案出现。

所谓冒名者，冒社会党员之名乎？则某君固明明社会党员也。冒支部之名乎？则某君来电所发起之支部，固已明明成立也。社会党有义务无权利，有责任无名誉，何必冒名？何待冒名？果有冒名者，必其毫不了解社会主义者也。而加人以冒名之名者，亦必其毫不了解社会主义者也。虽然，此自狭义的冒名言之耳，若自广义的冒名言之，则凡身入社会党，而言论谬于社会主义，口道社会党，而行为悖乎社会主义，循其名则是，核其实则非，皆冒名也。为问我党员八千人，其非冒名者有几？

然同一地点，有两支部，于理论虽无不可，于事势实有难行。盖事务所之开支，干事员之公费，以及所费时间劳力，皆必加倍。固不如同力合作通功易事之为愈。此即社会主义之作用也，又不仅齐观听谋统一而已。吾愿台州两支部发起人，各引冒名为耻，共惟另立之弊，速谋归并，以从大同。吾党幸甚，社会主义幸甚。

果其见解互有异同，但使无悖党纲，不妨各持一是，或别向他处，更谋发起新事业。抟抟大地，莽莽神州，社会党支部之尚未发起者，何止一台州；社会党支部之亟待发起者，又何止一台州。愿有志者好自为之。

一 笑

某先生者，演说于某党本部，痛诋本党。党人不平，请加诘问。夫某先生学问文章，海内夙所景仰。某党乃政党，而本党非政党，道不同而并行，不相谋亦不相悖。痛诋团体，岂公德私德所宜？此不能不令崇拜某先生者为之发深太息也。本党初立，反对必多，惟若以有理由之辨难来，本党固乐得与商榷讨论之。若无意识之痛诋，且不以文字而以口说，此岂有可以诘问之价值也耶？社会主义乃颠扑不破之主义，本党主张为贯彻终始之主张。认定宗旨，妥慎进行，终有转移舆论之一日。悠悠之口，惟有付之一笑。

自由婚姻与共和家庭

亡友秋瑾君之言曰：家庭者地狱之变相也，婚姻者非刑之别种也。吾尝诵其言而痛之。

今中华民国成立矣。政体则倒君主而建共和，人民则脱专制而得自由。我中华民国男女新国民，结自由之婚姻，构共和之家庭，雍容唱随，其乐何极。

吾侪社会党人，独持极端偏至之言，期期不敢以是为圆满之止境。盖有家庭即不能共和，有婚姻即不能自由。故欲求真自由，必废婚姻；欲求真共和，必破家庭。秋君已矣，环顾后死，谁是知言？

恋爱自由

社会党人有主张恋爱自由者。某女士投函，颇引为骇怪，而危言悚论，以为大谬不然。乌乎！某女士盖中三从四德之毒太深，而于社会主义，犹茫乎其未之有闻也。须知恋爱自由，乃人道正理。天之生人，只有男女，本无夫妇，夫妇之名定，而男女之道苦矣。一也。恋爱自由乃社会主义题中应有之事。恋爱不自由，则婚姻之制严，而家庭之累重，教育何以能平等？遗产何以能归公？故主张社会主义，必主张恋爱自由。二也，恋爱自由，乃个人之权限，任谁不得而干涉之。某女士何人，干卿甚事，顾得妄议其后乎？三也。且恋爱自由一语，气足神完，虑周藻密。果系恋爱，且出自由，必无流弊，但又必与教育平等、遗产归公二语，相提并论，同时施行，其结果乃尤为圆满耳。

遗产归公

纯粹社会党，无不主张共产者。本党因国家界限未易泯除，特采用稳健简捷之方策，主张遗产归公。遗产归公之利益，累千万言而不能尽。而其施行手续，则自社会一方面著想，仿佛传教办法，先为普通之鼓吹，后结实行之团体。初非强人人以必行。即已入党者，其实行与否，亦各听其便。且本党因公共教育机关尚未成立，虽有渴愿实行者，犹不敢贸然招致之，其审慎踌躇也如此。乃某报著论，以为遗产归公，将见有中人之产者，皆改隶他国籍以自保。一日之间，而国中无一民焉可也。乌乎！此直小儿呓语耳。

　　《社会日报》发刊期间，余方奔走各支部，道路栖皇，口说多而文字鲜。故报中言论，不惟不克执笔，乃至不遑寓目。右文数则，署名草草。自居劳人，且示信笔涂抹之意耳。

复某君书论社会党首领事
（1912 年 4 月）

得书，承询孙中山先生本极赞成社会主义。日前蔡子民先生向外交团宣言，谓中山卸总统后，将为社会党首领。本党何不乘此时机，援自由党例，电请就任，云云。此于本党性质，似尚有未了解者，谨为左右约略陈之。本党非纯粹政党，本无首领，第一次联合会时，已决议宣布矣。假令有之，不过党内外交推默认之一人，非有一定之名位与一定之职守也，更乌有所谓电请就任者。此其一。本党成立，先有党纲。今日之万数千人，固假此以号召之集合之者也。万不能因首领一人之意见，而可以有所变更。中山虽赞成社会主义，然其同盟会所采取者，则为一种社会政策，与本党党纲颇有径庭。夫使中山以同盟会总理而兼为本党首领乎？势不能于彼则主张社会政策，而于此又主张社会主义，一身断不能同时为两种之主张，即一身断不能同时为两会党之首领也。使中山辞同盟会总理而为本党首领乎？吾恐中山必不忍牺牲其二十年之精神，而同盟会全体会员亦必不能容其决去也。此其二。即使前二者皆不如此，而中山本非本党党员，尚未经签名宣誓诸手续，本党亦何敢冒昧遽以首领加之。此其三。然中山研究社会主义最深，怀抱社会主义最早，其学说亦多与本党党纲相近，实本党最高尚之师友。私心窃信中山必不忘我社会党。鄙人卧病淹苦，于其去任，竟不能力起一握手候教，歉仄无极。惟望时赐诲言，诱掖进步，本党前途，实利赖之。若如尊见，必强中山为本党首领，而挟之以为重，则未免不知中山，尤不知本党，不知社会主义矣。伏枕布复，不尽欲言。

　　某君盖同盟会、自由党而兼本党者，闻孙中山君曾语某君，同盟会将改组社会主义之政党。某君力劝自由党及本党与之合并。事不果行，而其后同盟会乃别与他政党合并为国民党，其去社会主义弥远，殊可惜也。

致率群君书论教育平等事
（1912 年 4 月）

其 一

读大论社会主义，既声明崇拜社会主义矣，又极口主张国家主义的社会政策，而谓社会主义断不可行，至滋疑惑。共产制度，乃全世界社会党之公言，无俟鄙人申辩。惟大论教育平等，以为各国靡不皆然，即亡清亦无限制，而以愚妄见责，毋乃已甚乎？夫今日教育果已平等耶？微论亡清，即欧美极文明国，教育一事，何莫非富贵子弟偏受之惠乎？强迫普及，空垂具文，其实贫且贱者，在家庭则以其父母无教育者之资格而不能受教育，在学校则学费纵可豁免，而衣食杂费之供给，已大不支。就令一切皆仰赖于慈善家，而其父母尚将责以生产之事，而夺其至可宝贵之光阴，是仍不能受教育。此犹就普通学校论之。若高等学校，则一切为富豪贵族垄断尽矣。谓之平等，果心安而理得乎？本党所主张者，不独亲其亲，不独子其子，如《周礼》所云，二十以下，上所长也。凡教育年龄内一切资用，均由公共社会担任之，然后教育平等，乃可得而言也。大论又谓智识平等，为必不可能之事，似未深思。试问人类智识，果何自而来，盖不外遗传与感受两要素和合而成，使无论贫富贵贱均受一致之教育，则感受大抵相同矣。然而智愚犹或悬殊者，则唯以遗传迥别耳。例如甲、乙两人，自初生至成人，同居同学，而一龙一猪，必甲之父母教育之程度，较乙之父母为甚高。否则其父母之父母若祖宗，异点太多故也。若教育真实平等，则其子若孙虽尚不齐一，而数传之后必愈趋而愈近。所谓虽愚必明，虽柔必强，人人皆有士君子之行。尧、舜之世，比户可封，岂唯智识，将道德亦渐平等矣。人群进化，自必以向上主义为依归，抑智就愚，岂理也哉？惟教育虽极平等，而职业仍各区分，或劳心，或劳力，或识大，或识小。然此间却毫无贫富贵贱等阶级，并无智愚贤不肖等阶级，特趋向与地位之不同而已。子舆氏所谓物之不齐，正是如此解法，非谓愚者必不可使智，不肖者必不可使贤。特功效有缓急难易，未可一概而言。若其事为绝对不可能者，则教育为无益之作为矣。教育本以变化气质，而本党主张，苟能实行，则并先天的气质而变化之。本党初意，原自经济之不平等想入。累究其原，则经济不平等，由于能力不平等；能力不平等，由于教育不平等。故主张教育平等，正为主张经济平等也。鄙人学识谫陋，夙性不喜议论短长。惟本党党纲，则确有正当明了之宗旨。贵报宜尊重团体，何可轻以"愚妄"二字，抹杀吾党二万人。代表陈词，至希裁察。

其 二

顷读答书，至深纫佩。今早须赴本党他支部，倚装待发，不及详陈。社会主义，当自社会学上观察之，鄙见亦同。共产制度，必破除国家。盖纯粹社会主义，本以世界为范围也。本党赞同共和，承认国家之存在，故不遽主张共产。而先主张遗产归公，正是为此。劳心劳力，职业虽宜细别，而行为必当平均，将来吾人每日，除寝食游息外，必区为何时间治劳力之事，何时间治劳心之事。以普通计之，各二时间为得中，非惟合于社会原理，抑尤适于卫生问题。至于智识平等，能力平等，则仍毫无冲突。盖就客观的，即其所执之事务而言，虽有繁简，而就主观的，即其所具之精神而言，则无高下。语有之，狮子搏虎用全力，搏兔亦用全力，可以罕譬而喻矣。且正惟智识极平等，而职务极细分。以最高之智识，治最简之职业，而后物质文明，乃愈进步，人生幸乐，乃愈增多耳，足下又何疑焉？率布区区，不尽万一。

　　率群君姓康，上海《民立报》记者，凤为政法学家，故主张国家主义之社会政策，尝著论批评本党，颇多失词。自两次通函，乃遂相悦以解矣。其后《民立报》记者多数赞成社会主义。本党本部日刊，自《天铎报》停版，该报率先为之登载，《中华民报》、《民国新闻》、《民强报》等继之。外埠尤多不胜计。鼓吹普遍，皆诸报记者之赐也。

中国社会党重大问题
（1912 年 4 月）

　　社会党者，社会党也，非政党。然社会主义本有数派，有极端主张无政府主义者，亦有极端主张国家主义者。本党发生于中国专制、共和绝续之交，按切时事，制定党纲，其曰赞同共和，是明明承认国家与民政府之存在也；其曰破除世袭遗产制度，是推行共产之一法，由是以企于无政府的境界可也。自余诸条，亦皆由国家主义进入世界主义，虽不必揭橥为何派，而意志一贯，秩序井然，固不失为正确明了之主张。其中亦含有多少政党之性质，特目的所在，与纯粹政党颇有径庭耳。成立以来，发远极骤，社会主义之意义，虽未必尽人了解，而风声所被，口耳相邮，已引起全国大多数人之注意。不惟本党党员达二万人，即后起各政党，亦皆憬然于社会主义之不可已，而相率采用以为政策。但政策自政策，主义自主义，一为手段，一为目的，主观各异，未可混同。即本党党员，虽以同一党纲为号召而结合者，而各个人对于党纲之观察法，亦言人人殊。除少数无意识之盲从者不计外，大抵高尚卓越之士，多祈望本党为纯粹社会党，以达到无家庭、无政府、无宗教之理想世界为宗旨。而一般磊落英多者流，则渴欲组织成一完全政党，即所谓民主社会党，以运动政权实行党纲。若以现时党员心理观之，则赞成后说者，实居太半。鄙人对此，亦非绝对不赞成者，但必子细研求，反复讨论，然后可以明白宣布，作为正式之议案，质诸舆论，以决从违。故此事断非第二次联合大会不能轻付表决者也。惟此等重大问题，若非先事预为准备，则临时匆卒，必仍无圆满之结果。故特假本党日刊，搜集党员意见，并姑就大多数人意，假定本党为一完全政党，则有必须研究者数条。

　　一、党名　本党本不分国界，然名中国社会党者，义谓社会党人在中国所组织之团体也。今假定作为完全政党，则当以国家为范围。而本党或仍用旧名，但其义则须变为中国的社会党，或改用普通习见之名称，为中国民主社会党。

一、党纲　党纲固万不可轻议修订，但假定作为完全政党，则破除世袭遗产制度一条，似不宜宣布，或径删除，或用本党前次发布之临时政纲，改为限制遗产相续。其余各条，则与完全政党并无妨碍，且与各国社会政党所主张者，亦大致相同。

一、党规　本党因非完全政党，故所订规章，极其简单，为服从天然之秩序，尊重个人之道德自由也。各党皆有评议员，而本党无之，为人人皆有提议决议权，而不限以少数人为代表也。本党各支部，无论地域大小，皆直接本部为总机关，不拘行政上的区划也。今假定作为完全政党，则规章之应修改加入者正多，其纲领条目，必重新详悉规定之。

一、党员　本党党员不分国界，不拘资格，不用介绍，社会党性质固应如是也。今假定作为完全政党，则党员必以本国人为断，而资格必限于有政治常识者，以积极或消极条件规定执行。其入党又必有介绍或保证人。惟对于以前各党员，亟应设一两全办法，即程度不及为政党者，或志愿不欲为政党者，当善为处置之，以毋负其入党之初心也。

一、党魁　本党因非纯粹政党，党中义务、权利一切平等。故第一次联合会决议，不置党魁，所有者惟事务所之主任干事而已。党员各尽所能，并无特别之职务名称，即鄙人各处奔走演说，亦以发起人资格个人资格，辱大众之欢迎，初非挟本部主任以为重也。今假定作为完全政党，则必共拥戴一党魁，而听其指挥，以为进行。此党魁之资格：一、必有政治上之学识与经验；二、必确实主张社会主义，且向系本党党员；三、必对于党内有统率之能力，而使党员一致服从，对于党外有运动之能力，而使本党价值增重。以声望为前提，假权术为妙用，方足以胜任而愉快。试问本党中有是人乎？若有是人，吾必闻知之。若有是人而未为吾党全体所闻知之，则其人即已无党魁之资格矣。夫无资格相当之党魁，则政党将何恃以为成立乎？吾愿主张本党为政党者，于此郑重思之。至于鄙人性质、学问、能力，皆与此极不相近，固万万不可比拟牵傅者也。诸君知我，或不逮我之自知，故特先披露焉。

鄙人个人夙所主张，与其谓为国家社会主义，毋宁谓为无政府社会主义。鄙人之性质之学问之能力，与其使为一党魁，毋宁使为著书演说鼓吹倡道之人。且鄙人因承乏本党主任，而言论行动，种种不自由。设一旦而得脱离此关系，必更有新颖之理想，奇辟之文字，以贡献于我亲爱之党员诸君，其效用必较现任主任为大。盖此等新颖之理想，奇辟之文字，以今日所处之地位，实不暇为，且不敢为，深恐骇人听闻，惹人讥评，以牵动本党大局耳。至今日发表此重大问题，则非以个人资格发表之，乃以现时所处地位之资格发表之，以觇舆论，而集众思。盖今日之社会党，实我党员二万人共有之社会党也。我党员当各绞脑汁，钵心肝，以谋解决此重大问题。鄙人不敏，断不敢横著成见，妨阻前途。幸赐尽言，无任翘企。

中国社会党重大问题之答案（1912 年 4 月）

鄙人前者以本党发起人资格，就代表的地位，发表本党重大问题，案而不断，以征集同党之意见。兹更以个人资格，就党员的地位，作为简捷了当之答案，并先为宣布，以要求同党之同情。倘第二次联合会时，得大多数之表决以通过，实本党前途之幸，即社会主义之幸也。

社会党者，社会党也，非政党。若如论者竟将本党改为完全政党，则纯粹社会党不啻随以取消，非惟大悖鄙人发起之本心，抑亦甚违同人入党之初意，万不可行。盖本党不必揭橥为何种学派，而所主张者，确有正当明了贯澈终始之宗旨与精神。概括言之，即于不妨害国家之存在范围内，主张世界的社会主义是也。理论本自完成，事实亦无冲突。欲更求推行之尽利，则修订规章足矣。其根本上曷尝有改革变更之必要乎？但既有多数党员，主张完全政党者；又有多数党员，主张纯粹社会党者。两趋于极端，固不可无调和解决之方法。其方法将奈何？鄙人以为宜适用本党规章事务条，各以其特别目的组成两种团体可也。兹本此意旨，依问题各款，逐一答覆如左。

一、党名　本党名义最为正大，无论为纯粹社会党或完全政党，皆可沿用，不待他求。今若组织两种团体，则纯粹社会党，可假定为中国社会党之无治党；完全政党，可假定为中国社会党之民主党。仍冠原名以该举之，且从其朔也。

一、党纲　本党固先有党纲而后有党员，自事理言之，党员应绝无不信从党纲者，党纲动摇，则党员瓦解矣。故非有例外大变，党纲断不容有修改之议。惟无治党，可于党纲外，标举无政府无家庭无宗教为其究竟之宗旨；而民主党，亦可于党纲外，发布临时政纲，按切现势，企画实行。则与原订党纲，相辅相成，不触不背矣。

一、党规　党规本可应时提议修改，今拟以原订者为本党普通党员即折中派之党规。而无治党可径不用党规，或更修改简单。民主党则必增加详备，如参议部之组织，行政疆域之区分等等皆是。此事自有人主持，无俟预为借箸者。

一、党员　折中派仍为普通党员。而主张纯粹社会党者，可更入无治党；主张完全政党者，可更入民主党。无治党纯任信仰自由。民主党，或有资格限制，临时定之。

一、党魁　无治党不须党魁，民主党必须党魁，当由主张完全政治党者自推举之。至普通党员，即折中派，则或仍照第一次联合会决议，由本部主任干事代表，或别有办法，届期公决施行。

据右所陈，自离心力言之，可以调处两派之异见，而收同归殊途之功。自向心力言之，可以巩固本党之基础，而免破碎分裂之象，事盖无便于此者。鄙人个人仍当恪守其至死不变之方针，在广义的，则以原订党纲，涣汗大众，号召同人；在狭义的，则愿为无治党一学子，期与吾党有志者为更进一步之研求。鄙人为社会主义计，为本党前途计，特宣布其答案如此，并欲以一掬血忱，恳祈同党诸君，为社会主义计，为本党前途计，予以大多数之赞同，企予望之。

> 本党成立以后，各政党风起泉涌，并驾争驱，党员多健美之，提出意见书，前后数十通，要余改组完全政党。余以心有未安，义无独断，特发表右文，舆论颇为之一变。而民主派与无治派，犹小有争持。迨第二次联合会，各部代表否决更张之议，两派乃益致乖离，而纯粹社会党出焉。论者或归罪右文，以为自召分裂，不知余意惟求社会主义之普遍之进行，本无统一独尊之思想。至纯粹社会党之发起者，又别有不可说之原因在，非关主义问题也。"纯粹"二字，颇嫌暧昧，苦无标准。其实右文所谓纯粹社会党，乃对完全政党而言，即非政党的社会党也。所谓纯粹社会主义，乃对国家主义而言，即非国家主义之社会主义也。若离相对义，则不能成一独立名词。故以此命名，无有是处，一切辨论，尤不足言矣。

《社会鉴》序
（1912 年 4 月）

西友某君读吾党党纲，指一条曰，此社会主义最古之学说，出于法人圣西门者乎？则应之曰唯唯否否。又指一条曰，此社会主义最新之学说，出于德人本斯泰因者乎？则应之曰唯唯否否。某君大奇，以为子非博极群书，何以能为此折中至当之说。余莞然曰，社会主义者，世界人类共同之思想也，岂子［止］欧人独得之秘乎？某君诵之，谓为名言。吾党有沈达斋君，年少而思深，持论警辟而有法度，固余之畏友也，尝持所箸《社会鉴》示余。盖所主张与俄之虚无党、法之无神派、意之无政府党、美之恋爱自由会多相近者。而沈君则纯以个人脑力探索而得之，非必援经据典。如中国攻词章训诂学者，字字须有出处也。东海西海，心同理同，自然符契，不待牵引。欧人见之，当又谓何？虽然，余非谓持社会主义者可一切束书不读也。智识必由学问而来，学问必待钻研而进。社会主义乃学问之最繁赜沉奥者，岂可卤莽灭裂以从事乎？特其学本乎人心天理之当然，与形而下之科学，徒恃记诵试验者，大有径庭耳。尼父曰，思而不学则罔，学而不思则殆。余既佩沈君之能思，尤嘉沈君之好学，学与时进，一日千里，将来造诣，讵复可量？此书特其嚆矢而已。

致袁大总统书论社会党十事
（1912 年 5 月）

慰公大总统座下：

少辱知遇，报称无状；不舞之鹤，重累羊公。嗣创女校于京师，复荷拨款次助维持，公私感佩。凤昔怀抱社会主义，内国苦无同调之人。三年前周游太平、大西两洋，获交彼中名人，综揽全球趋势，益信社会主义为二十世纪之天骄，人群进化必至之境界。而在我国，则今日其鼓吹倡道之绝好时期也。返辙以来，不遑暇息，奔走讲说，备极艰辛。道非杨墨，而来洪水猛兽之诛；德愧文宣，而蒙削迹伐树之祸。处专制政体下，惟以秘密结社为潜势力之养成而已。民军起义，斯道大昌。自阴历客秋九月间，中国社会党本部成立以来，才百五十日，而支部已三百余起，党员已十万五千人。举国从风，列强耸听，此岂一手一足之烈哉？人心同然，万流共穴，固沛然莫之能御也。南北统一政府成立，曾电贡临时政见，苦于语焉不详，且本党发起沪滨，自迩及远，朔方支部尚稀。而京津间生徒故旧，愿闻此说者，日以函电来相招邀。鄙意亦谓人能弘道，未可偏枯。拟溯扬子江而上，沿途调查各支部情状，趁京汉线以北行，号召同人，涣汗大众，并颙谒左右，略陈所怀。夫强聒不舍，固墨氏之遗，而未同而言，亦子舆所戒，特先撮举要义，发其大凡。窃以为公于社会党，有必应预知者数事。一、社会主义乃光明正大和平幸福之主义，其目的在使人人同登极乐，永庆升平，而激烈危险黑暗恐惶等现象，与社会主义之本体，绝不相关。二、社会主义虽有无政府一派，然其义乃谓个人自治，万国大同，则政府自退归于无用，并非现在即须推倒一切政府，破坏一切国家。三、社会主义在中国方始萌芽，而自全世界观之，在学理上已成最有根柢之学说，在政治上已成最有声援之党派，其发源远而无从遏抑，其树本坚而不可动摇。四、社会主义有温和及激烈两种，大抵随各国政府之待遇而转移，压制愈甚，则爆发愈烈。观于英、美、德、法之社会党，放任自由，而宁谧无连；俄、日、意、西之社会党，干涉严重，而祸变相寻。证据较然，可资法戒。五、社会主义与共和政体，谊实相成。盖共和根本思想，不外自由、平等、博爱三言。而社会主义即本此精神，以课诸行事。六、本党所主张虽系世界社会主义，而并不妨害国家之存在，且赞同共和，融化种界，尤与中国今日之国是契符。七、本党提倡教育平等，遗产归公，多与三代井田学校制度，及孔子《礼运》所称道者，先后一揆，实吾人固有之理想，在中国特易于施行。八、本党原非政党，凡事均在社会一方面著手，不欲琐琐干预政府之行为，更无取而代之之野心。对执政者，亦不存成见，非至两不相容时，固无所用其抵抗之手段者。九、本党发生较早，国中尚无大地主大富豪。故先事预防，推行无滞，不至蹈欧美覆辙，而酿成经济界之大剧战。十、本党奖励劳动家，振兴直接生利事业，正为国人对证下药，可以祛依赖之劣性，矫游惰之敝风。综右数事，则社会主义与本党之性质，当思过半矣，其于民国前途，有百利而无一害，盖章章也。故前大总统孙中山君，今内阁总理唐少川君，皆绝对赞成。而外间论者，未尽了然。或挟私心，或胶故步，或懵于真相，遂致毫厘千里；或狃于近利，视为迂阔难行。公识解过人，必具卓见。兹事体大，幸赐教之。不佞为人民计，为国家计，固亟盼我公之慨表同情者也。矻忱上闻，不尽万一。

辛丑冬间，余归自日本。袁慰廷君方总督直隶，驻节保阳。忽遣通永道杨莲府君，赍重币，陈骈仪，招致幕中，俾主编译局事。余以年少气盛，不习与诸官僚往还，未及期年，掉头东去。然知遇之感，未尝去怀。南北和议将成，沪上舆论极反对袁君，余亦自附于诤臣之义，呈电一通："和议发见，南方各团体，对于优待皇室条件，曾会议纠正。嗣逊位谕下，令公以全权组织共和政府，舆论又大哗。鄙意亦谓组织共和政府，宜本国民公意，清帝无委任公之权，公无受委任于清帝之义。事理两失，名实不符。不佞于公，少辱知遇，敢进忠言：苟非正式国会普通选举者，幸毋轻就大总统之职，使人疑公有利天下之心，而以一身当众矢之的，非民国之福，亦非公之福。公个人出处，系大局安危，请审慎三思，爱国即以自爱，幸甚幸甚。"比统一政府成立，又以社会党代表名义，电陈临时政见：一、国会实行普通选举，并定一院制；一、专征实地价税，采用重农政策；一、教育交通慈善事业，皆由国立公共机关；一、限制遗产相续；一、女子有参政权；一、遣散新军，实边屯田。得复嘉许。右文系北上时作，虽一种便宜说法，却亦非诡随之言也。

北上宣言
（1912 年 6 月）

鄙人此次旅行，原意扶植北部事业，调查沿江情形。乃二竖扰人，僵卧旬日。而吾党多故，长沙、荆门迭被禁捕。事变所起，未悉其详，揆厥原因，由于反对吾党宗旨者半，由于反对该支部党人或其他特别之事故者亦半。以通例论之，此为社会党题中应有之文，且特其开幕而已，吾人计及已久，初无所用其张皇。其影响所被，在积极的，或缘反动力而吾党愈以扩张；在消极的，则吾党方在鼓吹时代，但求普遍，不暇爬梳，经此风潮，而一般无意识者，自必取消渐灭，而淘汰出于天然，所留存者，乃皆健全之分子。故鄙人对此，所抱乐观富于悲观。闻彼等所借口者徒曰：本党未经政府正式承认。不知《临时约法》既许集会自由，况本党非政党，尤无必须呈请批准立案之理。但彼等既一切诿责于总统，并电请中央设法限制矣。则此事根本的解决，自当与总统为直接之交涉。故鄙人拟力疾晋京，径谒项城，然后周流扬子江而下。社会主义固历劫不磨，鄙人所主张者亦至死不变。惟吾党应用之方法，不能不随现政府之对待为转移。一切事宜，统俟鄙人返沪，召集第二次联合大会，公布决议。联合大会以前，本部暨各支部，仍当恪守党纲，尊重人格，保持原有之态度，勉为一致的进行。临别赠言，至希公鉴。

本党初成立，各处发起支部者，皆在黄河以南。此行特为发起北京部，而河北一带响应者，凡数十百起。南北疏密之度，乃渐平均矣。又以湖南北各支部迭被干涉，诉之中央，亦得满意之解决，并力陈于政府，请厉行国家社会主义，脱据乱而进小康，亦一种便宜说法而已。

调和党争宣言
（1912 年 6 月）

  社会党非政党也，不与政党同其趋步，亦不遑琐琐干预政党之行为。特鄙人此次北来，有大不幸之现象，至使不忍自安于缄默者，则某某两政党及某某数报纸之争持是已。鄙人不学，窃尝闻之，政党者，以国家为前提，以政纲为作用。报纸者，负监督政府指导舆论之天职者也。顾乃专恃意气，偏重感情，至于弁髦政纲牺牲国家而毋恤；不监督政府，而惟攻讦个人之阴私；不指导舆论，而惟挑拨社会之恶感。甚至划分南北，争正统之编年；謏突东西，逞健儿之身手。试问如此政党，如此报纸，其于民国前途，为有利乎？为有害乎？鄙人亦知某某两政党，不乏明达忧时之彦；某某数报纸主持笔政者，亦多一时闻人。徒以束身局中，遂致激为已甚，其有主张调和者，又因关系互殊，各处嫌疑之际，居间之言难入，而门户之见日深。不知鹬蚌未下，已授利于渔夫；燕雀相喧，等焚身于大厦。阋墙有武，而御侮无闻。惨甚沦胥，思之心悸。况吾侪社会党人，其眼光以世界为范围，视国与国之战争，已不啻鸡虫之得失。矧于国内，更分党界，蝇头蜗角，扰攘不休，不已哀乎？鄙人妄自揣度，居旁观者之地位，具第三人之资格，本排难解纷之旨，效被发缨冠之劳，欲为某某两政党及某某数报纸，沟通声气，解释猜疑，蠲小忿以襄大谋，泯前嫌而图后效。期各保存政党与报纸之体面与价值，以不负诸君子投身入党努力办报之初衷。特先发表其意见如此，当即联络中立派赞成者，说合两方面主动者，责以大义，动以至诚，据正当之理由，为根本之解决。兹事体大，所系匪细，国计之安危，人心之凝散，悉视两造之从违为转移。鄙人一人，固不足为轻重也。惟希谅鉴，谨此宣言。

  右文系在北京时作。时同盟会、共和党报纸，互讦阴私，致相冲突，由笔墨而口舌，由口舌而臂斗，提起诉讼，腾笑邦人。此次宣言，虽无效果，然两方面皆颇惭沮自返，遂以不了了之。惟门户已成，芥蒂难拔，前途所极，正未易言耳。

致黎副总统书论查禁社会党支部事
（1912 年 6、8 月）

其 一
（1912 年 6 月）

宋公副总统座下：

民军倡义，公为首勋，崇拜之忱，贞诸无斁。本党成立，方在贞元之交，所以谋社会之改良，促政治之进步。党纲具在，计荷察知。发起以来，全国景从，支部林立，凤〔风〕声所播，舆论翕然。乃道路流传，公忽有查禁社会党之事。初冀所闻非实，近据武汉部报告，各报纸登载，始知公以社会党多无聊之人，倡均产主义，甚至强占房屋，干预公事，通饬军警、地方官长，迫胁解散，如有抗违，立予拿办，云云。殊深骇叹。社会党流派不一，而本党于不妨害国家存在范围内，主张世界的社会主义，并认今日为鼓吹时代，不欲与现行政治、法律相冲突。且初不采用均产制度，请试检阅宣告书，然自能辨之。至公所执持，尤不足依据。干预公事，乃公民应有之权，不以入社会党而始得者，亦不以入社会党而即失。强占房屋，所占何地，占者何人，果出无理，则就事论事，可以民法处分之，与党何涉？"无聊"二字，指学识耶？必教育至何程度，方谓有聊，古无的解。指职业耶？本党振兴直接生利事业，奖励劳动家，方将助令此辈，自营生计。且此辈无职业者，非尽游惰性成，正缘国家行政与社会制度之不良，实酿成之。则倡导之事，愈不可已。况民国缔造以前，革命诸巨子，非皆所谓无聊之人耶？即如公者，方为前清湖北一协军统时，试问聊赖安在？似此无根游词，即以加罪个人，犹且不可，况概举全党乎？总之党务发达，党员众多，偶有一二违背党纲抵触法网者，则以公所处地位，按律惩治，亦固其宜。若欲假此抹倒团体，取消机关，夺人民之自由，蹈亡满之覆辙，微论共和政体，《临时约法》，理不可行。且恐压制愈严，爆发愈烈，使本党不幸，不能终保其和平，而民气激昂，国本摇动，谁尸其咎，可为寒心。明达如公，乞更三思。顷方组织本党北京都〔部〕，谒见袁大总统，有所陈白。不日南下，当即趋诣旌麾，面陈款曲。致袁总统一函，概括简浅，特录副奉呈。退食之余，俯赐省览，当必了其大旨也。专此布达，即颂钧安。

其　二
(1912 年 8 月)

宋公副总统座下：

前为社会党事，曾上寸笺，计登记室。不佞向闻武汉一带，党员极盛，而流品复杂，进行沮滞。更有不肖宵人，假借名称，招摇生事。故此次专车前来，一面以总代表名义，向行政官厅，声请查究；一面以发起人资格，举内部办法，纠正改良。连日诹谘，略有端绪。大抵社会主义，中国今日方始萌芽，理论未大昌明，流俗每多疑怪。反对者固近于狂吠，赞成者亦半系盲从。每当阻力之横生，愈愧鼓吹之未尽。特订日内开讲演大会，拟举社会主义之起源及流派，各国社会党之状况，本党之主张及历史，穷源竟委，剀切敷陈，涣汗人心，改造舆论。先声所播，各界欢迎。此诚根本的问题，最初之解决也。然返观宜昌、沙市、荆门之己事，知本党固实有无理取闹之人，而明公乃竟以兵力取消，并饬拿解正法。此等举动，似于世界大势、本党党纲、民国法律，皆有所隔阂而不可通。除已告诫鄂省各支部，恪守规章，尊重人格，妥慎设施外，不敢不撮举崖略，更为明公正告之。社会主义为世界唯一之问题，二十世纪者，社会党之勃兴时代也。在理论上，已成最有根据之学科；在事实上，已成最有声援之团体。地无东西，人无黄白，万流共穴，一日千里。唯日、俄、意、西等君主国度，社会党尚为秘密结社，余皆明白传布，公然进行。且选举议员，组织内阁，例证具在，焉可诬也？至其和平、激烈，则一随政府之待遇为转移。放任自由者，宁谧无连；干涉严重者，祸变相寻。世界之大势如此，明公将何去何从？本党成立，远在南北未统一以前，其宗旨于不妨害国家存在范围，倡道世界社会主义。赞同共和，融化种界，改良法律，本民主立国之精神。组织教养机关，奖励劳动事业，补地方行政之不及。破除世产者，三代井田之遗意。专征地税者，欧美试行之良法。限制军备者，兵贵精练，饷不虚糜，轻编氓之负担，助生产之发展。皆于国家，有利无害。况其事犹为学理的断案，初未着手于实行乎？本党之党纲如此。明公虽欲加之罪，将何从为之辞？《民国约法》，人民有言论、出版、集会、结社之自由。且非依法律，未经审判，不得为刑罚之执行。今会党则兵力取消，人民则拿解正法，审判之手续未备，即法律之效力不生。明公固民国首义第一人，民国之法律如此，而可以躬蹈咎戾故犯尊严乎？诸所云云，或已早在洞鉴中。然而出此者，窃意以为必有误点二。一则以末流而归咎本体也。大凡一宗教一学说之确立传久，必各有其颠扑不破之理由，况社会主义之如日月经天、江河纬地者哉。唯推行未善，则流弊滋多。顾慨制举之腐败，而唾骂东家；痛法皇之专横，而戮辱景教。理所不许，情亦未安。鄂省各支部，果有办理乖方，以至扰乱秩序者，则防其横溢，加以稽查可耳，而奈何乃欲取消社会党？而奈何并欲取消社会主义？不知社会主义，非人类灭绝，断无取消之一日。虽以兵力，其如予何？一则以个人而牵涉法团也。本党党员，除少数居留之日本、欧美人，皆中华民国国民也。国民而犯军事、刑事、民事等罪，即可径以军法、刑法、民法罪之，于他人何与者？于本党何与者？况社会党认个人为完全独立之分子，一切行为，皆自负责任，从不以全党名义，干预司法、行政之权。又况恃强占产，诈欺取财，皆现行犯，非国事犯。但使情证确凿，本党尤切望惩创之加，以坐收淘汰之效。然其罪固仅限于本身。罪人不孥，古有明训，况今日乎？况法团乎？安得胥我党员而一一拿解而一一正法也。且明公权力所逮，亦止鄂省一隅而已。鄂省仅当全国二十而一，全国现有支部四百余起，党员二十万余人，鄂省将离全国而自为风气乎？抑比全国而悉数诛锄乎？又况并鄂省而未能实行，武昌、汉口诸部，近在麾下，而巍然犹存。明公亦何事垂一纸之空文，召舆人之掊击乎？不佞忝为全党主任，对内则整顿维持，执鞭弭以自策；对外则交涉请愿，冒斧钺而不辞。谨布腹心，上干清听，务祈通饬鄂境军警司法长官，勿得违背《约法》，禁制社会党各支部应有之自由。嗣后遇有事件，但当问其犯罪不犯罪，不必问其党员、非党员，以昭平明之治，而安反侧之心。民国幸甚，本党幸甚。语云，责备贤者。又云，唯善人能受尽言。不佞固日以贤者与善人为明公祷祈也。即叩勋安，不任主臣。

右文其一系在北京闻查禁消息而作，其二系在汉口出险后作。旋得复书，备辱推许，有云："以高尚之人格，发宏深之学理。风声所播，遐迩倾心。"余报书赠别，有云："以至诚待人，以宽大为政。勉循《约法》，永宝荣名。"黎君盖能受尽言，且可与为善者。或疑汉口之役为文字狱，非是。

呈内务部文声明社会党并无呈请立案事
（1912 年 7 月）

　　呈为声明事。读本月二十五日大部通告咨直督文，中国社会党呈请立案等因，殊深骇异。本党上海本部之成立，远在去年九月间。其宗旨主张世界的社会主义，而初不妨害于国家，所以促共和政治之进行，谋财产制度之改革。支部林立，全国风从，党员至二十万人。维以今日方在鼓吹时代，本党并非法定机关，虽经前大总统孙、前内阁总理唐极力赞成，热心倡道，而本党对于中央政府从不为批准立案之要求。良以道不相谋，谊各有党。且其事本已范围于《临时约法》之集会、结社自由中也。乃直隶支部尚未正式成立，不知何人，擅自假冒团体名义，呈由都督咨请大部批准立案，似此举动迹近招摇，本党概未与闻，绝对不能承认。无论此人是否党员，亦无论大部是否批准，当然取消，作为无效。除由本党彻查严究，并登报更正外，尤恐若辈或别有假冒招摇情事，特更具呈声明，并请通饬知照。至大部原咨称，本党规章破除世袭遗产制度，核与《临时约法》人民保有财产之自由一条相抵触，云云。不知此乃学理的断案，尚未着手于实行。即使实行，不过本党党员，以其志愿，著之遗嘱，自将身后财产，捐入公共机关，其与保有财产之自由，亦属毫无抵触。考文明各国法律，靡不承认遗嘱为有效。承认遗嘱为有效，正所以尊重人民保有财产之自由。《临时约法》该条本意，原是如此。而大部反以为抵触，毋乃误会欤？总之本党理由充足，方法稳和，决不与《临时约法》相背驰，亦无须批准立案之必要。惟社会主义方始萌芽，理论未大昌明，世俗每多疑怪，解释偶错，流弊易滋。务祈大部准将此文登入通告，俾天下晓然于社会主义之真相与《临时约法》之精神，免贻本党全体之羞，实为民国前途之福。至叨公便，谨此上呈。

右文系在北京时作。旋即访问内务总长赵智庵君面谈，承允将此呈文登入通告，取消前案。嗣经调查，乃知天津部发起人郭究竟君，缘巡警道杨以德干涉，呈明直隶都督，要求集会自由。而都督遽据以咨部，并代请立案。其后天津部赖陈翼龙君之奔走，袁豹岑君之斡旋，并得内务部札饬巡警道毋庸干涉，乃获成立云。

社会党有益国家说
（1912 年 7 月）

　　中国社会党成立以来，发达之盛，迥非始愿所及。近日湘、鄂两都督，忽有干涉当地支部之事。意其原因，必为支部党员间有招摇滋事者，则干涉之正以保护之耳。乃据传闻，两都督通告中央及其所属，若谓社会党之主张，颇有妨害于国家，似于社会主义之宗旨，与本党之性质，全不了了。夫社会主义之宗旨，诚以个人为单位，以世界为范围，故其目的惟在谋全世界各个人之幸福乐利，而国家有所不及顾也。且彼妨害全世界各个人之幸福乐利，以别谋所谓国家的幸福乐利者，社会主义尤反对之。借口者乃据以为社会主义妨害国家之信谳矣，而不知所谓国家者，固由一部分之个人构成，且又为全世界之一部分者也。故一方面，世界为全体，国家为部分；又一方面，国家为全体，个人为部分。世界之幸福乐利，即世界一部分的国家之幸福乐利在其中；个人之幸福乐利，即一部分个人所构成的国家之幸福乐利亦在其中。反是以思，妨害全世界各个人之幸福乐利，以别谋所谓国家的幸福乐利者，其究竟之结果，必致所谓国家的幸福乐利，亦同受其妨害而后已。盖全体与部分的关系，固如此其密切而不可离也。故吾敢断言，欲谋国家之幸福乐利者，亦谋全世界各个人之幸福乐利而已。此即伦理学家利己必利他、利他即利己之旨也。然则社会主义之宗旨，岂唯不妨害国家，毋宁谓为有益于国家矣。

　　至于本党之性质，则不但其究竟之结果，无丝毫妨害于国家也，乃至其进行之方法，亦且大有益于国家。夫国家之本体不可见，其见之行事，则教育、农工商业、交通、财政、税务、司法、军备、警察、外交各方面皆是。兹即就以上各方面，实指本党之有益于中国国家者，简括其词，揭之如左。

一、本党有益于教育　中国教育不普及，且不平等，由于无教育之经费与教育之人才。本党主张建设公共机关，普及平等教育。而遗产归公，则不患无经费。且承认教育为专门学术特殊事业，而责成之有学识有经验之人，则不患无人才。

一、本党有益有〔于〕农工　中国今日，弊在舍本逐末。本党主张奖励劳动家，尤重农工。又主张专征地税，则富豪不致垄断，而游惰乐于归田，实一种尚农政策也。至其有益于工人，尤不待烦言。

一、本党有益于商业　关卡厘金者，商业之魔障也。本党主张罢免一切税，则运输轻便，贸易自由，其利自倍。且商业以农工为根本，农工发达，商业亦未有不发达者也。

一、本党有益于交通　本党主张专征地税，实土地国有之先驱也。土地国有，而后交通事业可以活泼进行，欧美各国通例如此。且罢免一切税，则盘查需索之弊胥蠲，而交通乃益便利矣。

一、本党有益于财政　不患寡而患不均，生之者众，食之者寡，为之者疾，用之者舒，此财政要义，古今中外一也。本党主张振兴直接生利事业，奖励劳动家，所谓生之者众为之者疾也。破除世袭遗产制度，则均平之道也。且百姓足君孰与不足？国家财政，亦系乎国民经济耳。

一、本党有益于税则　本党主张专征地税，罢免一切税，似乎税务将见减色矣。讵知不然。中国向征地产税，即课税于人工也，非惟剥削人工之利，其结果能使熟田少而荒地多，因荒地不税也。且地产之生殖有限，而地价之腾涨无限。故地产税额，有清三百年来，增加无几，而不得不巧立名目，以附益之，卒之病民乃适以病国矣。如专征地税，则其税率经年累用，继长增高，国利民福，一举两得。所苦者二三地皮大王而已。然其究竟之结果，亦仍无损而有益也。况税制烦苛，则手续复杂，机关迟滞，员司冗沓，支用浩繁。而当事者，益舞文弄弊，上下其手，敲比所得，中饱过半。专征地税，简单纯一，易知易行。涓滴归公，积弊净尽，岂不快哉？

一、本党有益于司法　本党主张改良法律，尊重个人，此实法治国之根本精神。且本党党纲，果能一致实行，则衣食足而知荣辱，仓廪实而知礼节。化行俗美，政简刑清，而司法机关，乃可以无为而治。司马迁曰：法令者治之具，而非制治清浊之源。社会主义乃制治清浊之源耳。

一、本党有益于军备　本党主张限制军备。持尚武主义、军国民主

义者，每诟病而排斥之。不知所谓限制者，其解释全在"兵贵精练、饷
不虚糜"八字。总期练一兵得一兵之用，出一饷受一饷之益。盖兵固贵
精不贵多，多则未有能精者也。不预算，不统一，随意招募，随意遣
散，不但病民，而且扰民。不但扰民，而且自扰。常见各省军队，或以
无军械而游嬉，或以欠军饷而滋闹，是非无限制之害哉？而限制之有益
于军备乃益信矣。

一、本党有益于警察　道高一尺，魔高一丈。防弊者愈严，则作弊
者愈巧。故警察发达之国家，其民德之堕落、政治之黑暗可知也。本党
党纲实行，则大同之盛，可以立见。行者让路，耕者让畔，夜不闭户，
道不拾遗，警察职务，日趋简单，其有益为何如？

一、本党有益于外交　中国外交之失败，一由于虚憍者之排外，一
由于卑鄙者之媚外。本党对外则务取沟通，对内则力图自立。必沟通乃
进于大同，必自立乃跻于平等。故主张军备以外之竞争，与各国折冲于
优腾劣败之大舞台，务使教育、实业诸端，在世界上占一重要之位置，
其又谁敢侮之？

此外则党纲第一条赞同共和，本党实率先一切集会结社正式承认中
华民国。第二条融化种界，本党实率先一切集会结社切实履行五族共
和。其有益于国家，尤为有耳目者所共闻见。尤有进者，国家革命，必
以社会革命为后援。此次革命政体的革命而已，形式的革命而已，最少
数人的革命而已，至于大多数人精神上、风俗习惯上之革命，则本党实
负其天职。惟革命之方面不同，故革命之手段亦异。本党绝不主张暗杀
暴动种种激烈危险之事，且深信社会革命，决非暗杀暴动种种危险激烈
之事所能办。惟专以普遍法鼓吹输布，转移舆论，改造人心，先使吾四
万万同胞人人有共和国民之程度与能力，而后徐谋向上之进行，是其无
形的有益于国家，尤不可以数量计算，不可以言语形容。特功效在隐
微，收获需时日，故非一般人见解所及耳。总之，社会主义之宗旨本可
不妨害国家，而中国社会党之性质，不惟不妨害中国国家，且大有益于
中国国家。彼以妨害国家为借口而干涉本党支部者，可以止矣。

　　右文系在北京时作。因湖南北各支部迭被干涉，皆以本党妨害
国家为借口，故草此以间执之。

汉口遇险出险记书后
（1912 年 8 月）

　　余此次自京南下，假道汉皋，遇险出险，情节幻变。叠承各界函电交询，访问慰劳，尤应接不暇。因追举实情，笔其崖略，以代答言，于此而重有所感矣。《民国临时约法》，人民之身体，非依法律不得逮捕、拘禁、审问。此次遇险，初无可指之罪状，并无正式之公文。及其出险，亦唯黎副总统以个人名刺派员接迎，始终不依据法律以行事，而固已公然逮捕公然拘禁公然审问矣。一也。值电偶传，全城变色。风声鹤唳，一夕数惊。遣将分符，俨临大敌。池鱼殃及，如沸如羹。举措张皇，殆同儿戏。此等长官，此等军队，尚望其决胜千里坐镇一方乎？二也。搜查不获证据，审问毫无嫌疑，而犹禁制自由，不遽释放。直至公愤激昂，诘责四起，乃始改容敬礼，开宴周旋。设消息之传播较迟，而营救之设施少缓，则覆盆待尽，夫复何言？迨刑罚已加，荼毒已备，虽欲昭雪，其可逮乎？三也。余亦幸而姓名为社会所闻知，有舆论为后援，恃众怒之难犯耳。我颠连无告之同胞，偶遭飞灾，谁为顾问？黑暗情状，思之寒心。四也。什物翻腾，兵警杂沓，持枪逼勒，当面分赃。寇盗无其恣睢，行旅为之竦息。既不约束于先，复不缉查于后。既不赔偿损失，复不惩创凶人。人民保有财产之自由何在？五也。综是五事，蔽以一言，名袭共和，毒浮专制。乌乎民国！乌乎国民！今日之事，特其见端。不佞一人，无足轻重，况蒙副总统盛席招邀，警视厅文明款待，私心感愧，颂祷不遑。然语有之，相彼雨雪，先集维霰。前车已覆，后轸方遒。观往知来，因小见大。窃为我四万万歌舞共和之姊妹弟兄，默祝吾言之幸而不中。

　　右文系在汉口支部时作。徇各报记者之请，口述遇险出险始末，而党员彭佛同君笔记之。原文见各埠各报，及惜阴公会出版之

《缚虎记》中。是役也，余初无所痛苦，而武汉讲演会得以大开，湘、鄂各支部原被禁捕者，不费交涉，而一律恢复。黎君既前倨而后恭，本党乃因祸而得福。黎君之勇于补过也，如日月之食，无损光华。而本党各支部恢复以来，进行无状，始勤终懈，名存实亡，愧负黎君多多矣。

复某君书论社会党与女子参政事
（1912 年 9 月）

大示诵悉。中国女子参政之议，发起于本党女党员，而不佞实为最初原动之人。惟因系别一问题，故不以本党名义行之。且女子参政同盟会成立以来，不佞亦遂不复预谋其事。盖人贵自立，理无所俎。虽有险阻艰难，正将假此为女子养成相当之能力与必要之经验，以作将来参政之预备。此要求时代所必经之阶梯，其成败利钝，尚非今日所能逆见。若不佞者，题前则首为之倡道，题后则退处于赞成，其地位固应如是，无所谓始勤而终懒者也。女子参政之可否，兹姑不赘言。至来书反覆周详，以为社会党与女子参政事不相并。综其大意，括以两端：一则社会主义以无治为归，不应从事政治，以自乱其宗旨；一则女子清洁高贵，尤不应使之从事政治，以自秽其人格。第一义至难言矣。社会党人之主张，亦各有不同，可大别为二。甲派者曰：社会主义之目的在无治，即其手段亦不当应用政治。凡应用政治之社会党人，不唯理论所不许，即于事实亦难行。其结果惟有同化于政治之腐败而已。此近于无政府社会主义。乙派者曰：社会主义之目的，在使政治日趋于美备，而政治所赋与之幸福均平，其手段亦必自政治各机关入手，期于综揽三权，以推行颓若画一之制度。此近于国家社会主义。两派绝对的反对者也。将是乙而非甲乎，则政治罪恶一语，已成不可讳之事实。欧美各国社会党人之应用政治者，其现状有足令人寒心。以此欲达吾人向上之目的，诚不可知之数已。将是甲而非乙乎，则无政治即无系统，无契约，无机关。如此之世界，试以吾人设身处地思之，能安居乎？能进化乎？吾人虽深信无治为最高尚之理想，然无治以前，其手续如何，无治以后，其变象如何，无论何人，不能悬断。是绝对的无治，实尚在怀疑时代也。鄙见窃谓，政治性质，当分两种：一种曰官治，一曰国家政治，如军备、关税等，此于吾人有直接的损害者也；一种曰自治，一曰地方政治，如教育、实业等，此于吾人有直接的利益者也。两种性质既迥殊，则吾人处分之方法亦大异。凡关于官治者，应极力逐渐缩其范围，弱其势力，采消极主义，以求其简单。凡关于自治者，应极力逐渐扩其范围，厚其势力，采积极主义，以求其完密。此说于甲、乙两派，或能调剂而折中乎？总之从事政治者，不得谓为自乱其宗旨，盖宗旨固自有真也。第二义矫枉过正，尤为谬解。女子诚不较男子污辱，然亦何至独为清洁？女子诚不较男子卑贱，然亦何至独为高贵？若谓女子特别清洁高贵，是以神圣视女子，或如小说家贾宝玉心理，以玩物视女子，而皆不以普通正当之人类视女子，是不平等耳，非社会党人之言也。况政治是否秽物，本尚无定评。就如极端社会主义家之说，认政治为秽物，必更认金钱为秽物矣。然则女子不应参政，将并不应用钱。政治金钱之权利，皆垄断于污辱卑贱之男子，彼清洁高贵之女子，惟有餐风饮露调脂傅粉，长为画中人而已。岂理也哉？故不问政治是秽物非秽物，女子要当援利益均沾机会平等之义，向男子分此一杯羹。迨公认政治为不祥为无用，则同时脱离之毁弃之可耳。若在今日，甚非其时，女子不必独清，男子亦不容专利也。总之，从事政治者，不得谓为自秽其人格，盖人格本无偏重也。至于唐、吴、林、沈诸君，固以社会党人兼参政会干事，然其平日行谊及此次要求手段之正当与否，又是一事，无关本旨。恕不缕陈，统惟谅鉴。

　　右文系在长沙时作。时女子参政会员要求议院，激烈过甚。某君盖持无政府主义者，自沪来书，颇归罪于始作俑者。因草此报之。书中第一义，尝译以告俄国无政府党人史特孟君，极辱推许，并谓：无政府实无强权之意，非无机关组织之意。若免关税，撤军备，专从事于教育与实业，则教育与实业之机关组织，必更繁密完美。而政府者，不啻公司之经理，学校之教师，无强权即无罪恶矣。意与余全同，窃自信为无政府之正解也。

返沪宣言
(1912 年 10 月)

鄙人此次旅行，原拟溯扬子江而北上，嗣以长沙事起，支部解散，除委托代表赴湘交涉，佥谓宜更向中央政府为根本之解决。而都下同志众多，怵于专制余威，无敢公然倡道，建设机关。函电招邀，责望殷挚。因改遵海线，道芝罘、天津以入燕，迭谒大总统、内务总长，敷陈剖白，备辱欢迎。乃天津党员忽有冒昧呈请立案之事，幸即声明取消。一面开北京部成立大会，一面委托专员，重新组织天津部。奉吉秦晋，靡然从风。会武汉风潮又起，事变稠叠，声势汹涌。即日趁车南下，横罹冤妄，几蹈危机。赖各界抗争，同志营救，副总统改容优礼，湖北支部一律复兴。惟湖南代表虽已省释，而支部讫未恢复。不避艰险，躬往长沙。谭都督极道歉忱，并示禁军警干涉，各支部乃得继续进行。盖至是而本党对外之交涉，可以高唱凯歌矣。其下江一带，本应如约沿途勾留鼓吹，而第二次联合大会期限日近，本部同人亟待会商，预为部署，不能不量缓急为先后，遄返沪上，为筹备计。惟是外界之困难既消，而内部之规画愈亟。愿我党员，惩前毖后，履薄临深；勉践誓言，共谋进步；毋假公团名义，自便私图；毋以个人行为，牵动全局。不使反对借口，庶几遐迩归心。团体坚牢，前途远大，功在社会，责在个人。其有应兴应革者，除党纲未可轻议纷更外，均请抒陈意见，以便采入议题，俟大会时，付各代表公决施行。鄙人不敏，愿执鞭弭以从之。

余以壬子端午北上，中秋返沪，凡百日间，迭访大总统袁、副总统黎、内务总长赵、步军统领江、湖南都督谭诸君，遍观烟台、北京、天津、汉口、武昌、孝感、南京各支部，觉外界之交涉尚易，而内部之整顿綦难。且一切外界之阻挠，悉由于内部之腐败。下流归恶，空穴来风。不遑责人，但当自责。然此非本党一党之罪也，各政党乃无不皆然。且有甚焉，特恃权利关系相维絷，又假机关报纸为揄扬。故自表面视之，亦颇各具形式，倘揭开黑幕，则燃犀铸鼎，无此奇观。盖人心犹此人心，风俗犹此风俗，任何政体，任何主义，均觉迁地之弗良。惟欲改造人心，转移风俗，则舍社会主义又别无长策。故本党始终为积极的进行，不敢遁入厌世观，以自暴弃其天职也。

《人道》杂志发刊祝词
（1912 年 10 月）

　　社会主义者，人道主义也，夫畴不知之。虽然，人有定形，而道无定名。弱肉强食，此人道乎？男尊女卑，此人道乎？吸闾巷之脂膏，以填欲壑；飞健儿之骨血，以逞野心，此人道乎？不知其为不人道，而俨然自命为人道者愚。知其为不人道，而悍然强名为人道者诬。乌乎！人道之不明也久矣。以强权代公理，而不以人治矫天行，耗矣哀哉！吾党之发生，嘉兴部进行特猛，宣讲所也，平民学校也，贫儿院也，罔不趁朝锐之气，一鼓而作成之。兹又有《人道》杂志之发刊，固亦社会主义言论机关之一种。吾尝谓主张人道者，必以社会主义为依归，然后所谓人道，不至虚面无薄，而转为反对者利用之资。编辑诸君，盖能深悉此旨者，爰书此赠之。

　　《人道》难〔杂〕志，本党嘉兴部所发行，月出一册。旋以该支部党员有入纯粹社会党者，各存异见，遂致停刊。本部乃别出《人道周报》，添设世界语，由干事白蘋洲、徐安真、张客公诸君经理编辑，每期出四千纸，为本党与各国社会党交通之言论机关。今已届二十余期矣。

《孙中山社会主义讲演集》弁言
（1912 年 10 月）

中山先生倡道民生主义最早，顾与余夙昔所主张者间有异同。客秋九月中旬，本党成立于沪上，未几先生自新大陆莅止，执手欢然相谓曰：余亦社会党党员也。既以西籍数巨帙见贻，复命其子科君俾襄译事。本党之发达，先生与有力焉。南京政府解职后，慨允担任本党讲师。会他去不果，余亦缘事北行。今秋先后归来，乃得重申前约，演说于中华大戏院者三日。群众听闻，欢喜赞叹。独是先生所言，专重国家社会主义，宏畅德人卡尔·马格斯之宗风，而于三无二各学说，不甚赞成。余窃以为生人苦恼罪恶之来，其源匪一，如宗教之束缚、政府之关防、家庭之牵掣皆是。先生于地税唯一，资本归公，教育平等，皆如本党党纲之旨。惟破除世袭遗产制度，谓必俟至若干万年。千虑一失，美犹有憾。不知家庭主义一日不废，则社会经济问题断无根本解决之理。至其难易迟早，仍视吾人之致力如何，莫问收获，但问耕耘，事属未来，畴能逆计。又先生坚持社会党必改组政党，一若政治万能，此外别无措手。本党固非绝无政治关系者，而初不悬此为唯一之方针，普遍鼓吹，其途千万。且以个人为本位，以世界为范围，目的尤不仅在国家，此与先生不无出入。先生大政论家也，所处地位不同，其陈词固应如是。然除一二特殊事件外，乃无不恰如吾人胸中所欲言，而入人之深，感人之速，风行草偃，过化存神，使社会主义之常识，灌输于一般心目间，其嘉惠于本党者，至大且远已。速记原稿，已遍登报章，兹经先生增订审阅，付印单行。辄弁数言，以志景仰，并贡其愚，示不阿好也。

余倡道社会主义，以恋爱自由、教育平等、遗产归公为初步，以个人自治、世界大同为依归，以二各（各尽所能，各取所需）、五非（非私产主义，非家族主义，非宗教主义，非军国主义，非祖国主义)为究竟。而其方法,则唯普遍鼓吹,取得大多数之同意,以一致进行。非唯不忍有暴乱之行为,乃至不欲有激烈之言论。惟恃至诚相感应,顺舆情之自然而已。孙中山君则专重国家社会主义,且迷信政治万能,务借立法、司法、行政机关之最高权,以实行其干涉的政策。盖一则自上而下,从最少数人着手;一则自下而上,从大多数人着手。一则采用演绎式,一则采用归纳式。一则近于政治家,一则近于教育家。一则势顺而效速,然可恃而不可恃;一则势逆而效缓,然不可恃而可恃。此其异同之大较也。弁言意有未尽,特申论之。

《缚虎记》剧本书后
（1912 年 11 月）

本党党员编演《缚虎记》，鄙人重违公意，黾勉从事，逢场作戏，击缶呼乌，借娱嘉宾，亦自慰劳。惟观者须知，既系剧文，不无点缀。且此次事变，初无恩怨之可言，不过反对社会主义之结果耳。社会主义，人同此心。所以反对，由于误解；所以误解，由于吾侪提倡之不力，鼓吹之未遍，但当责已，何敢尤人。人而不仁，疾之已甚，犹尚不可，况黎公为民国首义第一，即对于鄙人，改容敬礼，设宴欢迎，已可谓勇于补过。至顾问、侦探、军警诸君，亦只奉行不善，初非有意为恶，形容大过，殊伤忠厚。迂谬之见，不自宁帖。谨识数语，以讼吾罪，并规党人。

本党第二次联合会事毕，同人以十一月一日，假中华大戏院开纪念会，并由开明社诸党员，编演《缚虎记》，强余登台，观者数千人。剧本凡分十幕，各有说明书甚详。原文见惜阴公会出版之《缚虎记》中。

中国社会党第二次联合会后宣言
（1912 年 11 月）

　　本党成立，瞬届周年，党员众多，支部林总。兹第二次联合大会，各代表修订规章，业经公决通过。而一部分党员抱无政府主义者，又一部分党员抱国家社会主义者，别谋独立，互相非难。甲派之宣言以为，社会党无国界，而本党明明有之。不知本党固明明规定其名义曰，社会党在中国所组织之团体，而任何国人，居留中国者，皆得为本党党员，是中国仅为标举本党所在地一名词而已，何得谓为有国界？又以为社会党反对政府，而本党明明不妨害之。不知本党固明明揭其宗旨曰，于不妨害国家存立范围内，主张纯粹社会主义，不妨害国家岂即不妨害政府乎？且果为无政府社会党，即应言无政府，不应仅言反对政府。政府有可反对者，普通国民皆可反对之，不必社会党，更不必无政府社会党也。此不能不为无政府主义派正告者。乙派之宣言以为，社会主义应以国家为本位，若纯粹社会主义，尤不应以国家为范围。不知本党宗旨，固以不妨害国家存立之事件为进行之范围，初曷尝有以国家为范围之说。至谓社会主义必以国家为本位，则本党期期不敢苟同。盖本党固认个人为社会之单纯分子，社会为个人之直接团体，质言之，即以个人为本位，而以社会即世界为范围者也。此不能不为国家社会主义派正告者。推两派之意，皆疑纯粹社会主义，必至妨害国家之存立。而本党则以为有一部分可以相容而并存，试即以党纲征之。共和非郅治之极轨也，而在今日实一切政治较善之制度。以不妨害国家存立故，特先赞同之，而由此一变至道。法律非制治清浊之原也，而为今日有国家时代所必不可废。以不妨害国家存立故，特先改良之，而由此以服从天然。租税应罢免也，而今日中央、地方之公共经济，将无以维持。以不妨害国家存立故，特先专征唯一之实地价税，而由此以达各尽所能各取所需之原则。军备应撤除也，而今日能保我不侵略人，不能禁人蹂躏我。以不妨害国家存立故，特先限制之，而由此以期同登极乐永庆升平之隆风。他如融化种界，破除世产，普及教育，奖励劳动，则皆丝毫不妨害于国家之存立，而实即纯粹社会主义之根本问题也。故非难者，但谓本党所主张之纯粹社会主义，因不妨害国家存立，而已牺牲其一部分，则本党亦承认无异言。若谓纯粹社会主义，与不妨害国家存立二言，全然绝对的相反。而主张纯粹社会主义，即无一事不须妨害国家之存立；不妨害国家之存立，即无一事可以主张纯粹社会主义。即主张纯粹社会主义者，除推倒国家外，更无一事之可行，则与本党之用意，颇有不符。但本党有内讼之言，为外人所不及指摘者二事。一、"纯粹"二字，语意囫囵。以目的言，则手挥五弦，目送飞鸿，非至个人自治世界大同，则本党之目的为未尽。以事实言，似乎有所顾忌，有所牵掣，不能一本纯粹之精神，放手做去。然尝远虑深思，周谘博采，生今日之时，处中国之地，欲社会主义纯乎其纯，惟有秘密结社则已。若谋鼓吹号召之便利，为明目张胆之施行，似舍此外，别无长策。天地有憾，莫可如何。一、"中国"二字，本就本党所在地而称之，唯本党除汉、满、蒙、回、藏疆域外，日本、暹罗、缅甸、夏威、金山、南洋群岛，皆已有支部之发生。似此二字已难概括，名实不副，毋宁取消。此同人意想所及亟待权商者也。至于甲、乙两派，非皆本党之分子乎？向使一年以来，无本党为机关，此种议论，何由表见？此种团体，何由组织？则水源木本，薪尽火传，对于本党，皆极有亲密之关系，其事亦在本党规章所称以特别目的组成各种小团体中。且甲、乙两派诸君，非皆本党之党员乎？一致而百虑，同归而殊途，事无足怪。所不解者，诸君一年以来入党之心理耳。当时既以十分热忱，对于本党之党纲而宣誓，兹党纲未改一字，而诸君忽然脱离。今日之脱离是，则昔日之入党非。昔日之入党是，则今日之脱离非。生死以之，言犹在耳。了解之谓何，信从之谓何，俯仰前尘，徘徊歧路，自崖而返，感慨系之。虽然，学术天下之公，人心不同如面，海枯石烂，公理常存。入主出奴，自由无碍。本党甚乐与两派诸君，从容讨论，务蕲至善之归；黾勉提携，借便众擎之举。前途万里，来日大难，愿各勉旃。兹特发其主张之本怀，致其勉励之诚意如此。至于不规则之论调，无意识之讥评，所不辩矣。

本党第二次联合会，召集于民国元年十月下旬，为成立一周年之纪念。各部代表到者近二百人，会议凡三日。时鉴于湘、鄂、京、津已事，行政官厅均以社会党妨害国家为借口。公议于规章中，特揭本党于不妨害国家存立范围内主张纯粹社会主义一条。而党员沙淦君、殷仁君反对之，各发宣言，别谋独立。殷君曾从余受东文，醉心政党，屡以为言。余尝劝令组织社会政党，自以羽毛未丰满为辞。及是虽声明脱离本党关系，而独立事卒不果行。沙君本部庶务干事也，缘事为同事张客公、张谠侠两君所弹劾，调查属实，谊当去职。张君等坚请宣布始末，余持重未发。（此事除当时知情者外，迄未宣布。）沙君乃先立赤帜，入室而操戈，假无政府主义，号召得十余人，仍袭名社会党，唯取消"中国"二字，所以破坏本党与余个人者，无所不用其极。本党党员有要求沙君改名无政府党或无治党，以免淆乱观听者。沙君不许，旋经中央政府通令禁止，本党介在嫌疑，横被殃及。盖后起之社会党，除上海机关外，别无支部，其党员亦仅仅二三十人。而本党各支部各党员，乃处处告急，人人自危。幸而事白，所失已多。不幸则公共事业个人身家，悉供无价值之牺牲，而社会主义非唯无由实行，乃至不能鼓吹，嘻其酷已。一年以来，本党事变纷集，交涉频烦，而进步屯邅，团体涣散，谁为为之，可胜叹惜。惟本党及余个人，对于后起之社会党及沙君，始终无反唇相稽之事。张客公君告余，沙君近来良心发现，悔悟前非。而后起之社会党人，亦皆不慊于沙君囊者所为，而亟思与本党相携手。归斯受之，本党固极所欢迎者也。至不妨害国家存立范围内主张纯粹社会主义一条，意虽可通，语颇费解。尝见日本社会党原订规章有云：本党于不违反国法内，主张社会主义。本党或授〔援〕其例而改其词曰：本党主张世界社会主义，但以不违反中华民国国法为断。似较为直捷了当也，当俟下次联合会时提出之。又本党称"中国社会党"者，其定义为社会党在中国之团体。且以社会党乃万国共同之事业，非一国专有之名词。故特标举"中国"二字，以示地方之区域，如中国红十字会、中国基督教青年会，皆其例也。惟除对外交涉正式文件外，通称皆略为"社会党"，相沿久矣。乃后起之社会党，竟以取消"中国"二字者，翘异于人，不啻强吾人以养成"中国社会党"五字连称之习惯。然此习惯既猝难养成，且鄙意又以为无事必须养成。以语其同，则同居中国，同是社会党人；以语其异，则同居中国，而信仰自由，趋向各戾。同是社会党人，而流品复杂，程度悬殊，不必以"中国"二字之有无为识别也。有真知者，当题斯言。

社会党党员之心得
（1912 年 11 月）

鄙人前于本党大会时，曾将社会党党员之心理之目的之眼光之身份之手段，逐一演说。兹更就党员对于各种方面之心得，用极浅显极简单文字，条分缕晰，剀切敷陈。其彼此互见者，当参观而得之。老生常谈，家人絮语，可以铭座，可以书绅。强聒不舍，墨氏之遗。维音哓哓，风人之旨，我最尊敬最亲爱诸同志，于意云何？

一、党员对于自己之心得

宗旨　本党规章，凡入党者，以了解且信从本党宗旨者为断。惟了解有见智见仁见浅见深之不同，既无止境，亦无定率。而"信从"二字，则实本党团结唯一之原素，且必以信从为前提，而了解乃更易措手，故未入党者，不宜孟浪从事。既入党者，不可见异思迁。具牺牲之精神，期贯彻于终始。同心戮力，生死以之，言尽于此矣。

学说　既具信根，当求正觉。社会主义之起原及其流派如何，各国社会党之状况如何，本党之主张如何，凡中外各书籍，暨本党发行之杂志新闻，必广为搜辑，子细披寻。遇党员会讲演会，必亲到听闻，交换智识。子舆有言，先知觉后知。阳明有言，不行由于不知。无论鼓吹，无论实行，固必以了解为第一要义也。

良心　子舆、阳明所谓良知，皆指天然的本能而言，而余所谓良心，则由学问与阅历磨练而成。智识愈高明，则良心愈莹澈。是非善恶，本无一定之标准。无政府主义家言，道德仁义均矫伪不足凭，而良心之制裁，最为有力而可恃。仰不愧天，俯不怍人，古人以为至乐。行其心之所安者，人生之真自由真幸福也。

人格　人格亦无定评。而吾党尊重个人，期使人人成为社会完全之分子，即道德、学问、事业，皆勉为世界上极有价值极有关系之一人。

其理想之人格，如高山大河，如光风霁月，如慈母，如美人。我尝馨香祝之，寤寐求之。

常识　常识者，普通智识，即人类所必具之智识也。无论居何地位，操何职业，讲何学问，要不可不先有此种常识，为一切之根据。无常识即不成其为个人。今日公共机关尚未成立，教育普及徒托空谈。故无常识者，实社会之罪，而非其人之罪。但吾党同人，总宜痛自刻责，设法补习豫备，庶免有觍面目之诮耳。

职业　人生斯世，精神、身体皆必有所凭依。精神无凭依，则心志昏乱，而身体亦日即荒淫。身体无凭依，则生计艰难，而精神亦日形颓败。吾党精神之凭依，则社会主义是已。然社会主义乃一种信仰，社会党乃同此信仰集合之团体，而党员即其团体之一分子，非职业也。故必别有固定之职业，以为身体之凭依，而后精神之凭依，乃益坚固而不可动摇。况吾党主张振兴直接生利事业，奖励劳动家，尤非党员躬自履行，不足以示提倡而昭信用。盖经济不能独立，则一切规画，皆如画饼。愿吾党同人，勿口口责人以生利，而日日自趋于分利也。观彼宗教家，除一二神甫、牧师即以传教为职业外，余则九流百工，自由营业，而资用既厚，流通益弘，可以借鉴矣。

一、党员对于本党之心得

党纲　本党初成立，即宣布党纲。所有三十余万党员，皆本此党纲号召集合而来。党纲实本党党员唯一之目的，遵守党纲以谋实行，实本党党员唯一之义务。党员而非难党纲，不啻一人与全体宣战，更不啻自己与自己宣战也。故规章虽可修改，而宗旨不宜纷更。或谓社会情状个人见解，时有迁移，似无一成不易之理。不知世界或国家果生异常之奇变，则本党固可以大多数之同意解散改组。倘党员个人意思，忽觉与党纲之全部或一部相冲突，则其人可以积极法请愿除名，或以消极法消灭资格。若于本党存在之期间，以党员所处之地位，则对于党纲，断不容丝毫有所疑议于其间也。

规章　既有团体之组织，则最少数必屈服于大多数，实一无可如何之事。本党规章，经大多数之通过，任何党员，皆当舍小异以从大同。苟别有意见，只能照章于联合会提出公议。倘经大众否决，则原有规章，继续有效。但使宗旨不相违背，其一部分之小不自由，亦惟有为团体付之牺牲而已。规章中有最易实行而党员最易忽略者，如逐月交费、按期到会两事，虽似细微，而本党之盛衰进退，皆视此为转移。即党员对于本党之义务、权利，亦以此为表证。愿我同人，注意勿忘。

事务 本党党员，人人皆党中原动之主体。事务所之主任干事，特以事实上之便宜设置之。自理论上言，凡党员皆有主任干事之义务、权利者也。故当视党事如己事，有为本党劻勤者，爱之如赤子之仰慈母也。有为本党障碍者，恶之如鹰鹯之逐鸟雀也。党员繁多，党务丛集，众擎斯举，兼听则明。有何见闻，必须报告。有何意旨，必须条陈。能实行者，不辞劳瘁。当弹劾者，不避怨嫌。惟事务有属本党全部者，有属特别团体者，有属党员个人者，必辨明界限，认定责任，不相牵混，而互为声援。勿假公团名义自便私图，勿以自身行为贻累全体。慎之！慎之！

传布 己欲立而立人，己欲达而达人。君子耻独为君子，不度众生，誓不成佛。凡我党员，对于本党宗旨，既自能了解，尤当使他人了解。既自能信从，尤当使他人信从。况本党正在鼓吹时代，则传布比之实践，尤为当务之亟。盖目的辽远，范围广大，必不可以支支节节而为之。要当先造成一般之舆论，然后以大多数之同意一致进行，其效力始大。故当现种种身，说种种法，随时随地随人而施教。各国社会党之方针有三：一、组织政党，握行政权。一、运动国会，握立法权。一则专从社会普遍鼓吹。本党取第三法，而亦不反对第一、第二法。性质各有所近，机缘各有所宜，且第三法苟极圆满周到，则第一、第二法亦自在范围中矣。

一、党员对于同党之心得

同是党员，即同此义务，同此权利。然尺有所短，寸有所长，能力不齐，度量相越。况社会主义本无阶级界限之可言。而今日教育未能平等，则薰莸同器，良莠一畦，亦势所不免。于是流俗丛诟，引为口实。贤者洁身，避若涂炭。不知所谓薰者良者，非必其人之功能；所谓莸者莠者，亦非必其人之罪孽。诚以社会组织、生产制度之不良，故凭借有菀枯厚薄之迥殊，斯成就有大小高下之各异。果使本党主义寔现，则顽廉懦立，愚明柔强，人人皆有士君子之行。非惟贫富贵贱永保均平，即智愚贤不肖亦渐趋而渐近，有分业，无等差，大同之盛，岂欺我哉？况所贵乎贤且智者，贵乎其能兼善天下，非贵乎其能独善一身也。社会主义者，群治主义也。社会党者，群治主义之试验场也。故必同力合作，通功易事，劝善规过，爱众亲仁，以道义相切磋，以学识相交换，以感情相团结。胜于我者，敬礼而则效之。不及我者，哀矜而教诲之。党德既峻，党风自良。兰生空谷，凡草皆香。蓬在麻中，不扶而直。勉为柳季，毋为伯夷。尝见有高自位置者，对于他人生鄙夷心；又见有妄自菲薄者，对于他人生依赖心。皆吾党所当切戒。同人厚爱鄙人者，往往期许太过，责难不已，以万能主义求备于一身。不知辛亥九月十五日以前，社会党系鄙人个人之责任；辛亥九月十五日以后，社会党系吾党全体之责任。各尽所能，亦反求诸己可耳。又本党一方面主张遗产归公，一方面主张直接生利，并非均产主义。而党员有不自操作，征逐浮华，甚至借口通财居心敲诈者，此直社会之蠹虫，吾党之魔障，断宜深恶而痛绝之。盖消极的慈善事业，从井救人之计。奖励游惰，自累累他，固本党所绝对不赞成者也。

一、党员对于家庭之心得

本党认个人为单位，不承认家庭之存立者也。故主张恋爱自由，教育平等，遗产归公，则家庭制度于以破除矣。三者理宜兼重，事实相需，无缓急先后之可言也。至其办法，则必以设立公共之教养机关为入手。此机关不设立，则三者无一可以实行。故为今之计，欲脱离家庭关系，断不可卤莽灭裂忍心害理，以行破坏之手段。但当一面取积极的方法，群策群力，以谋此机关之落成之普及；一面取消极的方法，未婚嫁者不婚嫁，已婚嫁者不再婚嫁，且不更为所生者谋婚嫁，使旧家庭自然渐灭，新家庭不再发生可耳。公共机关一日未落成，一日未普及，则对于父母，当以仰事为报恩；对于子女，当以俯畜为天职。此过渡时代事之不可如何者也。又恋爱自由、遗产归公二言，颇多误解，转滋流弊。须知恋爱自由，必两方面均无丝毫不自由。强迫者固干法网，诱取者亦伤天良。且其事必止以恋爱为限，断不容牵及他种问题。如因嫉妒而倾轧，或假金钱为夤缘，则非恋爱，即不自由矣。至于遗产归公，系指本人所有权下之财产，以其志愿，预立遗嘱，并请证人，俟至身后，归诸公用。非谓举现有之财产归公，更非谓强他人之财产归公。况公共教养机关一未成立，即使一切办理如法，本党犹不敢贸然遽承受之。而吾党党员竟有假此术语，以遂其诈欺侵占之计者，真本党之蟊贼，所当鸣鼓而攻之者也。鄙人为首先介绍此种学说之人，下流之居，不甘忍受。愿爱我者，毋重吾罪。

一、党员对于政府之心得

无政府主义尚已，而本党不肯揭橥以为宗旨者，非惟处有政府下，谋鼓吹号召之便利而已。良以其事尚属理想，尚待研求，而能否实现，及如何实现，尚无十分之把握与一定之手续。若徒以反对为存心，破坏为能事，诚恐此政府去，而彼政府来；一政府去，而多政府来；同族之政府去，而异族之政府来。以暴易暴，得不偿失。而如水益深，如火益热，变本加厉，或又甚焉。故无政府主义之在今日，只可合万国而同为言论之倡道，不可就一国而遽为实行之设施。本党既非无政府的主张，即对于现政府，亦初不存成见，更无取而代之之野心，非至两不容时，决无所用其抵抗之手段者也。且本党既赞同共和，承认国家之存立矣，则党员个人，对于政府，固同时具有国民之资格。国民应尽之义务，与应享之权利，不容有所放弃，有所变更。而党纲中改良法律、专征地税、限制军备诸条，尤以居立法机关或行政机关为易于措手。故为本党之便宜，而以团体或个人，从事于政治的活动，实题中应有之义也。鄙人所以不厕身政界者，非谓社会党党员不许入政界，亦非谓社会党党员必以不入政界为高。诚以性质不相近，人地不相当，毋宁全吾天真，从吾所好。恒人之做官吏做议员，多为个人适意计。鄙人之不做官吏不做议员，亦只为个人适意计耳。盖一入政界，则言论行为，均当牺牲其一大部分之自由，故不为也。若确有根柢，不辞艰辛，以舍身救人庄严地狱之志愿而入政界，固鄙人所心香顶礼以祷祈者。人各有能有不能，不相菲薄不相师，是为得之。吾党同人往往不明此义，其处己也或荣利薰心，营求无厌；或猖狂玩世，贫贱骄人。其对政府也，或仰其鼻息，而倚为护符；或过事吹求，而故与挑战。两失其道矣。至于地方公益及私人交涉事件，请愿要求，纠正弹劾，控诉辩护等，凡与立法、司法或行政有关系者，均当根据《约法》与法律，为正当的行为。若假借团体之名义与势力，横加干预，无理取闹，非惟事势有所不可行，即偶得胜利，亦大损本党与党员之声誉矣。

一、党员对于普通社会之心得

本党亦一种社会，而对于他种社会，实处于主动的地位，以改良革新为己任者也。本党之性质，实含有政党、教会、学会、地方机关、职业团体各种社会之成分，而非政党，非教会，非学会，非地方机关，非职业团体，自具一种特别之机能。政党权利竞争，意见冲突，本党则立于旁观者地位，以调节之。教会专修灵魂，学会偏重理论，本党则兼注物质的文明，以补救之。地方机关设施有未备，职业团体筹措有不及，本党则以世界眼光，合国际同意，奔走号召，擘画经营，涣汗人心，转移世运，其势力至雄厚，其关系至繁赜，非造成全球大多数之舆论，则本党之鼓吹为未尽，即本党之意志不能行。故对于普通社会，其宗旨近似者，必殷勤联络，以得其同情；其宗旨背驰者，必反覆开导，俾轨于真理。赞成我者，必携手偕行，借收众擎之效。反对我者，必反躬自责，毋生缺望之心。毁誉不以动于中，荣辱不以易其操。盲从虽多不足喜，阻力虽强不足忧。须知希望愈高者，代价愈贵；责任愈重，用力愈勤；程途愈远者，举步愈烦；效果愈大者，收获愈晚。财产身命，视如浮云。鬼蜮诪张，付之一笑。途穷日暮，而吾道不孤。车殆马烦，而初心弥热。恫瘝在抱，悲闵为怀。具己饥己渴之恫忧，自能达不怨不尤之境界也。昔基督说教三十年，仅得使徒十二人，刑死十字，而化被寰区。宣尼率三千弟子，干七十二君，不获有所借手，老死道路，而俎豆百世。道有显晦，运有隆污，盖难言之。尝观濂、洛、关、闽诸子，东林、复社之流，皆以匹夫，讲学叔季，或阐性理，或主词章，犹且雷勤〔动〕群伦，风靡奕叶。况于社会主义为人心同具之思想，二十世纪大势所会归，万流共穴，一日千里。吾党成立，甫及周岁，而支部达四百余起，党员届三十万余人。继今以往，其又可御哉？故对于普通社会，不必有作战之计画，但当养成其吸收之磁力，以静待之，风同道一，特迟早之间耳。

此文系演说体裁，意有所触，信笔挥成。论理既无系统，修辞亦不讲求，且于社会主义之学理，本党主张之意义，均所未及。盖只为吾党同人普通说法，而忠言逆耳，腐气薰人，吾知罪矣。所望无则加勉，有则改之，谓之对症下药可也，谓之无病而呻亦可也。语长心重，舌敝唇干，忠告善道，不可不止。愿我最尊敬最亲爱诸同志，共鉴此忱。

　　右文系本党讲演大会一演说词。时各部代表麇集沪上，会毕将行，即以此为临别之赠言云。

致中央政府书论禁止纯粹社会党事
（1912 年 12 月）

径启者：

顷见沪上各报专电，中央政府命令各省都督，禁止新起之纯粹社会党，云云。窃以为过矣。中国之有社会党，不佞实最初发起之人，且较一切政党为独早。宗旨正大，方法稳和，声气应求，舆论翕服。此次联合大会，各部代表公议，增订规章，均经通过。偶有一二自命极端主张激烈者，别树独立之帜，并操入室之戈，对于不佞个人本党全体，任情诬蔑，百计抵排。然大抵喜事少年，意气自用，矫为怪异，炫其新奇。虽有反对国家之宣言，本无破坏法治之实力。天地之大，何所不容。奚事张皇，徒滋纷扰，而使不肖者有所借口，好乱者因以生心，群为伯有之惊，自酿虚无之变，甚非弭乱无形之道已。此事实上之不必禁止者也。且若辈所挟持为号召者，不过无治共产等名词而已。无治共产主义，欧美亦多倡道之人，不佞实先介绍此说。其思想至高尚，其理论至圆满。惟能否实现，及如何实现，诸多疑问，亟待研求。研求云者，以学术为目的，以言论为范围，乃个人固有之权能，非政府所得而干涉也。若辈内部作为，局外固难悬断，但据所刊布者，则纯属学术言论之事，此法理上所不应禁止者也。不佞念同舟遇风之谊，效从井救人之愚，拟请俯准收回成命。行政责任綦重，党会流弊甚多，但当保卫治安，预防其作奸犯科之行事，不宜滥用法律，钳制其出版、集会之自由。国家幸甚！若必追原祸始，惩一儆百，则始作俑者，咎有攸归。不佞谨待命于有司，愿牺牲一身，以赎吾党狂简之罪。摩顶放踵，万死不辞。披沥上陈，立候裁复。

纯粹社会党经中央政府通饬禁止时，余病目正剧，蛰居医院暗室中。本部干事过访谈及，余口授右文，分函大总统府及国务院，均未得复。而沪上各报，据登原稿，或缀短评，颇嗤其愚。余不顾也。政府通饬公文，附有该党规约，即为反对本党而作。又《社会世界》杂志者，本沙淦君任本党本部干事时所发行，至第五期即假以为反对本党及余个人之言论机关。右文所谓任情诬蔑百计抵排者，此其一斑也。后闻该党人言，此事纯出沙君私意，他人多不赞成，故该党规约旋即修正，《社会世界》自此停刊。而别出《良心》杂志，多良心发现之语（本党党员朱苏吾君，先有《良心》杂志之作，此又一种），讨论敷陈，饶有见地，尤多与鄙言不谋而同，盖右文所谓喜事少年意气自用者，原不过一二人，所当分别观之。

《社会世界》以民国元年四月十五日发刊，余曾撰发刊祝词。偶检得之，补录于左，不胜今昔之感矣。"今日之世界，社会主义之世界也。实行之先，鼓吹要矣。鼓吹之法，杂志新闻要矣。然社会党以轻［经］济困难而发生，而社会党之进行，又以经济困难而濡滞。即如杂志新闻，亦缘是故，苦不能多，尤苦不能久。兹本部沙宝琛君，有《社会世界》之发刊。以党员资格，竭个人能力，鼓吹社会主义。其热心毅力，至堪佩慰。鄙人惟祝吾党员之发刊杂志新闻如沙君者，逐日加多。尤祝沙君暨他党员之发刊杂志新闻者，设法持久，俾社会主义与世界为无极，则吾党之幸，亦沙君之劳也。鄙人不敏，谨进祝词，非祝今日之发刊，而祝来日之无休刊也。"

《社会主义学案》草例
（1912 年 12 月）

　　余曩者既有《社会主义述古》之作，以为社会主义实吾国古代固有之思想，历证之六经诸子，以明其发达之由来与变迁之已事，盖累千万言而不能尽也。既复转念"社会主义"之名词，固传译自西人，而西人社会主义学说之成立，乃较吾国为独早。其传播也，亦较吾国为独盛。而吾国之治此学说者，尤不可不知西人社会主义思想之发达与变迁。惟其书满家，猝难卒业。余虽略解英、法文，顾程度幼稚已甚，苦不能融会贯通，唯有望洋兴叹而已。然窃意吾同志之欲研究此学说者，其困难或亦类似余，或竟倍蓰余。余所得者虽至微末，然及时而贡献之，或亦未始不足为吾同志研究此学说者之一助也。遂忘其谫陋，斐然有《社会主义学案》之箸述。方鸠集资料间，而目疾猝发，展转加剧，杀青之日，不知何时。又虑散佚遗忘，则前功将尽付流水。因举所得资料，分别庋存，而撮举大旨，笔之简端。布纸抽毫，泪如縻绠。苦痛如此，工拙不必言矣。

　　凡一思想一主义，必完成为一科学的性赞［质］，然后可以确立，可以久传。科学者，有系统有范围有定义有例证之谓。社会主义之思想，与人生以俱来。其学说亦起于中世纪间，至完成一科学的性质，则最近之事，且其事犹末了。故所谓系统、范围、定义、例证者，尚无一成不易之规程。而其观念时陷于不明了不满足之境，或以国家主义为社会主义之胚胎，或以个人主义为社会主义之究竟。两种极端反对之学说，得以相容而并存，则所谓科学的性质者，尚极薄弱可知矣。或取极广漠之语以指明之，曰：社会主义者，求人类共同之幸福者也；曰：社会主义者，绝对自由、绝对平等、绝对亲爱之主义也。其言益犹河汉而无极。盖自由、平等、亲爱，本虚而无薄之名词，而求人类共同之幸福，又世界一切事理之依归，不独社会主义为然。余以为社会主义之定义，惟在举私有之生产交易机关，化有公共事业而已。虽目的手段，向背万变，取舍异宜，而小异大同，总以不悖于此定义者为近是。余尝本此定义为标准，求之西人宗教家、教育家、哲学家、科学家、政治家，而得所谓社会主义家者如干人。浏览其遗文，稽核其行事，究其本末，校其异同，溯其渊源，区其流别，可离为十，如左所陈，皆其最显著者耳。然此特为编辑者与研究者之便宜著想，非谓十者必不可少，必不可多，亦非谓十者并峙分驰，绝无相互之关系。须知灵魂唯一，思想大同，而社会主义原始要终，尤非支离破碎之可比。会其有极，归其有极，吾道一以贯之而已。

一、哲学家社会主义　如希腊之柏拉图、法之黑智儿、德之康特、边沁皆是。一切学说皆演绎出于哲学，亦皆归纳入于哲学。而社会主义尤与哲学类似，且自哲学发生。古来哲学家，皆可尊为社会主义家，如右数人，尤其不祧之宗也。

一、科学家社会主义　如达尔文、斯宾塞皆是。社会主义必以科学之实例为根据，而后不至流入空想。而尤必以科学之进化为鞭策，而后不至返于鸿荒。盖高谈玄理非社会主义，而榛狉草昧亦非社会主义。故社会主义必心境两安，知、行合一，精神、物质，交进文明，乃可以踌躇而满志也。

一、政治学家社会主义　如《民约论》之卢梭，实社会主义之孟轲也。欧洲十八九世纪之历史，不啻《民约论》之活动写真，而社会主义即此活动写真中一异彩，最足惹人注目，博人欢呼。且民生主义实发自民权主义。民权不平等不普及，则所谓民生者，非政府之理财，即个人之生计而已。若社会经济之感觉，则民权发达以后事也。故主张社会革命者，恒以政治革命为前驱焉。

一、宗教家社会主义　圣西门为先锋，英之金格斯列、德之克帖列尔皆是。耶稣基督本神道设教之社会主义家，其主张人类平权，土地公有，皆纯粹社会主义之言。本旨如此，无假穿凿傅会为也。况仁者见仁，智者见智，主观既定，客体亦移。或取新、旧《约》精义，编辑社会主义教科书，宏畅宗风，流通日广，亦一种传道之苦心也。又如英国救世军布斯大将，虽不必自命社会主义，然论者一方许为宗教改良家，一方许为社会主义实行家。惟极端社会主义，则非难宗教；其理甚长，不可不知之。

一、教育家社会主义　即欧洲大陆所谓讲坛社会主义。社会主义必以鼓吹为前提，而教育即根本的鼓吹也。其入人之深，感人之速，较之演说、报纸，殆有过之。且根据学理，探见本原，与激于感情迫于事势者，尤不可同日而语。不号召党徒，不干预政治，言谈微中，观听自倾，制造人心，转移舆论，视此而已。

一、劳动家社会主义　社会主义与劳动家最有密切之关系，故欧美各国之工党，皆社会党也。其目的惟在推倒大地主、大资本家，其手段则同盟罢工而已。虽时有激烈危险之现象，而论者每悲其遇而谅其心。盖不平则鸣，穷极必反，人情物理，无可奈何。此中大有贤豪，为之号召奔走，以期达所谓总罢工之大希望。然一般劳动家，脑筋简单，目光浅近，惟求去其已甚，不欲过事苛求。又苦无实力为后援，故虽示威一时，每难坚持到底，是可慨耳。

一、国家社会主义　一曰民主社会主义，德之卡尔·马极〔格〕斯、拉路些尔其代表也。卡氏之《资本论》，力翻经济学之旧案，主张土地、资本为社会共有之物，而分配之比例，当准劳力为报酬。拨云见天，其功至伟。愿国家社会主义，恒认国家为社会主权之代表，而生产交易总机关，又均操之国家主权之代表即政府少数人之手。其方法重在干涉，而其流弊近于专制，故必以极端的共和政体之组织法救正之。此其最要者也。若夫帝国社会主义，国家主义之社会政策，认国家主义为正宗，假社会主义为利用，吾无取焉。

一、无政府共产社会主义　俄之巴苦宁、克鲁泡金其代表也。然亦有相对、绝对两义。相对的，无政府即无强权，共产即集产制度之改良进化者。绝对的，无政府则无契约，无机关，共产则各尽所能，各取所需，无支配，无比例。其理想能否实现，及如何实现，今日尚难预料也。至于方法，则普遍鼓吹，激烈运动，两者并行，一为平时根本之准备，一为临时导线之作用。然鄙意以为，普遍鼓吹之功候愈深，则激烈运动之祸变愈减。多一分普遍鼓吹，即少一番激烈运动。故吾人不语其变，惟语其常，勿谓温和为无效，最后之胜利，仍在此不在彼也。

一、个人派社会主义　俄之托尔斯泰、美之索洛皆是。盖社会为个人之直接团体，个人为社会之单纯分子。故改革社会，惟当改革个人。而改革个人，惟当改革自己。其机如此，不假外求。执简御繁，鞭辟入里，非消极也，非厌世也。社会主义本与个人主义相为表里者也。虽然，群己相互，物质进化，厚生利用，幸福孔多。故人不可离人而生存，亦不可离物质而生存。所谓个人，正构成社会之个人，非脱离社会之个人。毫厘千里，当明辨之。

一、世界语学社会主义　石门华甫其开山也。世界语学者多社会党人，社会党又多采用世界语。泯差别而跻大同，此其过渡梯航也。况石氏之箸作言论，实纯粹社会主义家。其所称道，惟有至诚，惟有亲爱，爱人者人恒爱之，至诚而不动者未之有也。社会主义进行之速率，惟视社会党人之至诚与亲爱之程度。世界语之进行亦然。且社会主义书籍多译用世界语，世界语传播所及，即社会主义传播所及。其关系之密切如此，不能不认世界语学为社会主义一要件矣。

一、单税学社会主义　亨利·乔治其开山也。单税学与社会主义之关系，一如世界语。而单税即土地公有一方便法，尤与社会主义之定义相符。单税学家或谓单税以外，更无所用社会主义，不知单税仅社会主义之一条件而已。惟此为根本的条件，故单税实行，则社会主义如为高者之有丘陵也。而其理易明，其事易成，其效易见，不似社会主义之体大思精，又无近功，且或为不肖者所假借以行恶也。故单税学特简捷了当，平易近人，而社会党特喜采之。此学与世界语学发生之先后相若，而流传皆极速而且广，石氏、亨氏之功伟矣。世界语学与单税学之价值亦于此可见，要皆社会主义同气连枝之良兄弟也。

以上论列，信笔所之，凌乱无次，其详当俟专条。此则拉杂丛残，非定稿也。至余个人所希望所主张者，则本哲学之思想，以科学为根据，具宗教家之精神，取教育家之态度，执劳动家之事业；一方采用极端的共和政体，一方采用进化的集产制度；罢除税制、军备，注重教育、实业；认个人为社会之分子，认世界为社会之范围；个人自治，世界大同。此等希望，此等主张，谓之个人社会主义可也，谓之世界社会主义亦可也。兹事体大，有志未逮，发挥光大，存乎其人。谨发大凡，以待作者。茫茫终古，渺渺余怀，不知此书何日告成，尤不知此志何时得达也。投笔而起，为之三叹。

　　余以民国元年十一月杪，猝患目疾，其候甚凶。蛰居病院三十余日，幸免盲废，而自此不复能视细字，不复能继续读书作文至一小时。面目都改旧观，咫尺便如千里。展转淹苦，恐遂将为终身之忧。右文系出病院时作，潦草不足观。至《草［学］案》之著述，以今日目疾下之，更在不可知之数。倘有同志出任斯役者，则所厚望耳。

中国社会党请愿国会书
（1913 年 3 月）

　　本党为中华民国最初唯一之民党，滥觞于前清淫威极盛之日，成立于各省革命响应之秋。宗旨光明，方法稳健，支部林立，党员众多。以世界大同为范围，而不欲妨害国家之存立。以个人自治为基础，而不敢蔑视宪法之精神。凡所揭櫫之党纲，皆可实见之政策。惟窃引权利竞争为大戒，而专以普遍鼓吹为前提，务期转移大多数人之心理，造成大多数人之舆论。然后同力合作，一致进行，与各政党之纯自立法、行政最少数人着手者不同。夫一则功难而效迟，一则功易而效速，亦岂不知之。然岑楼非起于寸木，而焦烂何救于燎原。党祸之展转相寻，内阁之起仆不绝，政治罪恶，可为寒心。故本党绝不屑意于选举运动，而选举之结果，则国会、省议会皆不乏本党之同人。大势所趋，先声已播。川流海汇，会有其时。而自本党所处之地位言，则仍与立法、行政最少数人立于对待者也。夫此立法、行政最少数人，实社会中优异卓越之分子，而本党普遍鼓吹所当先，且受我同胞全体付托之重，而坐而言之即望其起而行之者也。兹谨撮举本党之党纲，体察民国之国情，取其平易近人切合时用者，计凡八事，代表全党四十万人，实不啻代表全国四万万之大多数人，向贵院提出请愿意见，并附加简要浅显之说明。贵院有受理人民请愿之职权，务祈分制议题，取决公意。倘蒙通过全案，立予施行，本党幸甚，中国幸甚，人类幸甚。

　　一、实行普通选举　普通选举者，平民政治之原则也。各国革命，牺牲无量数之心血颈血，皆为是耳。中国今日之国会组织法、选举法，亦几于此矣。然而窃以为有未尽者三。一曰两院并立。夫议员为代表人民而已，而参议院胡为者乎？社会党主张减政主义，又曰，有分业，无等差。今统治机关固猝难废止，然横列之区域不可少，而纵行之阶级不宜多，故省可废也。存畛域之见，启割据之心，行政濡滞，手续频繁，员司冗查［沓］，经济糜费，其弊不胜言。宜改使各县直隶中央，以统一事权，化除界限。若参议院尤为骈枝矣。代表人民乎？则一众议院而已足。代表土地乎？则除人民外，土地无意味之可言。代表团体乎？是间接选举也。代表省长或省议会议长乎？是寡头选举也。皆与普通选举之原则未符。而中央学会及华侨选举会，其扰乱已先见矣。故本党亟望草定宪法时，幡然采用一院制。一曰财产限制。夫积极资格之限制，年龄、学力二者可矣。而众议院选举法第四条第一、二款，皆以财产为根据，虽有第六条第五款消极资格之补救，犹不如竟删去之。一曰男女不平等。众议院选举法第四、五条，皆特标"男子"二字。夫女子之不可遽有参政权，恐程度未逮耳。若其年龄、学力悉合于积极、消极之资格，而故屏弃之，是抹杀国民之半数，且何以解于平等之旨乎？故"男子"二字宜改为"人民"二字。

二、普及平等教育　富贵贫贱之不平等，智愚贤不肖之不平等为之，实教育之不平等为之。故教育平等，为一切平等之根本义。盖必所具之智识能力平等，而后所得之权利幸福可平等也。三代庠序学校之制，自天子之元子以逮庶人之子，悉纳之大学。本党则主张自初生至成年，无男女，无富贵贫贱，均由公共机关衣食而教诲之。此与慈善、养老三者并重，而人事乃粗备矣。苟使专征税、破除遗产办到，所有公共事业，必可支应裕如。今既不能遽语此，而又困于行政费与军备费，遂使根本大计，变为附属问题，良可慨也。目下先其所急，有必须改良者二。一曰两等小学概免学费，初等小学并免膳费。今全国竞言教育普及矣，然高等小学则收费为当然，初等小学则免费者无几。在办学者，则校舍、校具之设备，教员、职员之薪俸，为数不赀。在求学者，则图书、纸笔之代价，冠履、衣服之程式，望风却步。公立如此，私立无论矣。城镇如此，乡僻无论矣。回视科举时代，书院膏火之沾润，私塾束修之低廉，犹足以策厉孤寒，溥遍文化。近则读书之事愈难，而识字之人愈少。于是普通学识，乃惟膏粱子弟得其优先权，且据为专有品矣。普及云乎哉？平等云乎哉？谓宜划定地方行政费之过半以从事于此，更以强迫制度继之，其庶几乎？一曰男女之学科及学程相同。夫男子、女子，聪明才力，虽各有独到，而不甚悬殊。若认女子天才劣于男子，则尤不可不以人力弥缝而挽救之。此正教育之本义，所当急起直追兼程并进者也。今制小学以上，男女异校。而学科则女子独简，学程则女子独低。天才偶绌，人力不加，男女将永无平等之日矣。谓宜男女同校，果其有碍学业，则中学时代，不妨异校。而学科之多寡，学程之高下，必毋使参差。除海陆军学外，一切男女共之。

三、专征实地价税　　租税为国家唯一之收入，其征取之方法与支配之用途，得其当则利国福民，失其当则病国殃民。中国租税一仰给于田赋，所谓地产税也。其率甚轻，不敷应用，于是盐课、厘金、杂税种种出焉。条例烦苛，负担稠叠，民生益凋敝，而国库益空虚。其征取之方法与支配之用途，自社会主义言之，皆不正当者而已。社会党多主张实地价税。夫地价者，生于天然，成于众人，而属于地主者也。假有荒地于此，其地价之低昂，恒视人数之多寡以为衡。地主则一无事事，而惟需以时日，坐收其厚利。因其无产物也，租税遂不及之，是至不平等之事矣。地价税者，对于此荒地方实价，每年估计，值百抽一至抽五，或虽多取之而亦不为戾也。至于地面之垦辟、耕耘、种植、畜牧、建筑诸事，因工作以增进其价值者，不在此例。盖征税于人力者，是限制生产力之发达，而增加劳动者之负担也。故地产税病农者也，落地税病工者也，通过税、输出税病商者也，宜悉予罢免，而专征唯一之实地价税。此事发议于美人亨利·乔治，各国社会党率先赞成之，各国政府亦多采用之。今坎拿大、纽西兰，南非洲之一部，英、美、德之诸城，均已实行而有成效。其利益甚多，杀富豪兼并之风，破地主垄断之弊，一也。有地者不敢自荒，榛莽可开为膏壤，二也。无地者易于购取，游手悉变为良民，三也。税法简便统一，官厅胥吏无从舞弊，四也。苛例蠲除净绝，农工商旅自由进步，五也。中国广土众民，实地价税一项，已足敷今日岁出之预算而有余。若更加征遗产税，而限制军备费，不出十年，新旧欠债可以清偿，公共机关可以遍立，将突飞猛进，为全球第一富国。黄金世界，岂虚语哉？

四、重征遗产税，限制相续法　　世界最大之罪恶，莫如遗产制度矣。夫无治共产主义，既未能实行，则个人者，凭借自己之智识能力，取得应有之权利幸福，亦自由竞争无可如何之事，且足以资观感而促进化，毋宁姑存之。至于遗产，何为者乎？传授遗产者，巧取豪夺，作奸犯科，而刑罚滋多矣。出纳之吝，聚敛为工，而金融停滞矣。承受遗产者，父死子继，而利父速死者有之；兄终弟及，而绐兄夺食者有之。依赖成性，安坐无营，而贤者养成废人。挥霍随心，从下忘返，而不肖者流为乞丐。旁观深为不平，小则诈欺取财，大则劫掠从事。暴徒之杀越，鼠窃之纵横，万恶之源，起于遗产者什九。遗产诚有百害而无一利者也。教育之不能平等，亦由此而已。故本党绝对主张破除遗产制度。今世袭君主推倒，是最大之遗产制度已破除矣。其余亦宜用渐进法，先限制其相续，而酌提以归公，并重税以困之。欧美各国早有成例。中国大资本家现虽无几，然当早勒定法，预防流弊。惟此必与小学免费事同时并行，盖破除遗产制度与普及平等教育，有互为因果之关系耳。

五、废止死刑、肉刑　世无恶人罪人，惟有愚人而已。盖人不能自为罪恶也，非社会之教育诱导之，则社会之制度逼迫之。故欲减免恶人罪人，不在惩治其个人，而在改革社会之教育与制度。否则惩治之法纵极严极密，而罪恶之事乃愈巧愈多也。且惩治云者，非仅使之感觉痛苦而已，其目的，一在隔离之毋传染于他人，一在激厉之令愧悔而自返。明乎此者，则知死刑、肉刑为无用矣。死者不可复生，断者不可复属。阻自新之路，长残杀之风，无裨治理，而有悖人道，断宜废止之。其最重者以无期徒刑为断。无论已未定罪，均不更用笞、杖。兹新刑律虽已颁行，而内地仍用敲扑追比。上海租界且借口人民程度不及，议复刑讯。此事关系至大，不可等闲置之。或谓治乱国用重典者，不知此益乱之道耳。况文明日进，今非昔比。故南陵之坑杀疯人，武昌之枪毙烟犯，列强已据为口实，而谓我民国无受承认之资格。非唯人命问题，抑亦国体问题矣。《记》有之，法令者治之具，而非制治清浊之源也。老子曰：民不畏死，奈何以死畏之？孔子曰：苟子之不欲，虽赏之不窃。孟子曰：菽粟如水火，而民焉有不仁者乎？故治标之法，当多设感化院、习艺所，俾恶人罪人知所振拔。治本之法，当彻底改革社会不良之教育与不均之制度，俾恶人罪人无自养成。今上下相征，以利为市，朝野如洗，救死不遑，而欲专恃死刑、肉刑，以减免恶人罪人，此贾长沙之所为痛哭流涕长太息者也。

六、限制军备　兵凶器也，战危事也，必不得已而后用之。其原因本以保卫国民之生命财产为目的也，而其结果乃至以国民之生命财产为牺牲。强国以胜利之虚荣为奖劝，弱国以败亡之惨苦为申警。介乎强弱者，则以保守故常维持均势为说词。故可百年无战事，不可一日无军备。而强权即公理，武装为和平，其言遍天下矣。然而贞下起元，物极必返〔反〕。窃意继今以往，更数十年，战事必渐稀，军备必渐减。盖一则社会主义之学说胜之，而一则经济问题之实力限之。天心厌乱，人情恶死。社会党人因势利导，奔走号呼，以弭兵为帜志，而劳动党哄然应之。重以宗教家、哲学家之提撕，无政府主义者之警告，社会之舆论不变，政府之野心已寒。况乎经济问题，日形棘手，国家怀破产之惧，司农兴仰屋之嗟。又况机械益精，而糜费益重，一船一炮，价辄不赀。据最近统计，全欧经常军备费，每日平均至三万佛郎。一有战事，则直接间接之消耗，尤难以数算。败者固不可复支，胜者亦不偿所失。故海牙保和会成立，国际裁判法颁行，弭兵之机已动矣。譬如法庭公开，两造折服，虽有桀骜不驯者，然内绌于财政之恐慌，内慑于众怒之难犯，亦将回心悔祸，俯首受成，不敢冒大不韪为孤注一掷，以侥幸于不可知之数矣。今中国政教丛脞，民生艰难。而军备费，以前清四十镇计，已年需银一万万两。革命后陆军约增四倍，更将筹办海军，至少年需银四五万万两。以语其人，则国民之教育未备，军事之智识缺如，盗贼而已矣，乞丐而已矣。以语其器，则收拾他人之唾余，宝为新式，推广洋商之销路，注其漏卮，标本而已矣，古玩而已矣。夫国家之强弱，本不在军备之多寡，而唯在教育与实业之盛衰。教育不普及，实业不进步，虽兵精械良，犹不可恃。如俄、土者是其前车。今经费之虚糜既如彼，而军事之成绩又如此，为对内乎，是自杀也；为对外乎，是儿戏也。向若移此巨款以办教育与实业，果使教育、实业能占全世界最优等之地位，则全国纵无一海陆军，亦谁敢侮我哉？然撤除军备，非一国之事也。谓宜先限制之，毋令过于教育与实业经费之预算。而练一兵收一兵之效能，出一饷得一饷之代价，不亦可乎？尝谓军备之卫国，犹衣服之卫身也。衣服固不可全弛，然善卫身者，务得合宜之空气、光线及饮食料，以培养元气。元气充实，则衣服虽轻简，而风寒不易中之。不此之务，而徒厚其衣服，将衣服愈拥肿，而元气愈亏耗，少一不慎，病且不起。教育者，国家之空气、光线也。实业者，国家之饮食料也。以此思之，思过半矣。

七、奖励劳动　劳动者，神圣也。国家根本之大计，农工而已。人民正当之职业，农工而已。今全国上下，舍本逐末，巧者夤缘为官吏，拙者堕落为游民。其实官吏亦大半皆游民也。农工而外，惟教育家、科学家、商业家，犹能间接生利，自余皆直接分利，而转鄙夷直接生利神圣之劳动者如奴隶，如犬马，至不齿于人数。乌乎！心理如此，风尚如此，民何以不贫且死？国何以不乱且亡也？夫国家组织，固不能无直接分利之人，而人民生活，要当勉为直接生利之事。非唯社会主义主张如是，即政治学、经济学之主张亦无不如是也。且欧美社会党首在推倒富豪，而中国社会党则首在奖励劳动。何以言之？中国大资本家、大地主本尚不甚夥，而国民多以游手好闲为能事。夫大资本家、大地主所以应推倒者，为其不自劳动，而坐攫他人劳动之利也。今游手好闲者，其弊亦正同。故推倒富豪与奖励劳动，事各有当，而理则唯一。奖励劳动之法，各国行政与社会事业，皆极为注意，著之定章。中国尤宜格外措重，如设立储蓄银行、贫民学校、慈善病院，及交通费之减成优待，衣食住之特别取缔。年龄之限制，则老幼必加保护。时间之限制，则昼夜不宜兼程。此皆官厅所应有事也。抑尤有进者，中国工业幼稚，尚纯然为农业立国之时代，故当以奖励农民为第一要义。乃前清旧制，为漕米正供及北部民食计，禁止米谷之输出，农产物价低微，农民生计穷苦，此实贼害农业一大苛政也。而洋货无所抵制，外币无自吸收，正货缺乏，债务增加，国家亦日陷于悲境。盖全国农民占人口十分之六七，未有农贫而民富也，未有民贫而国富者也。今宜确定重农政策为国是，恳辟荒芜，使游惰归田。改良耕作，使收获自倍。解除米禁，使金钱流入。奖励劳动莫大乎是矣。

八、废止婢妾制度，限制娼妓行业　中国向重宗法，而家庭制度之弊，至今日而已极。知有家庭不知有个人，故无自立心；知有家庭不知有国家，故无爱国心；知有家庭不知有社会，故无公德心。夫家庭造端乎夫妇，而夫妇之道，苦不胜言。故极端社会主义，必解决夫妇名义。普通社会党人，亦不承认法律上之夫权，为其以妇人为所有品，实与个人独立、万民平等之原理不相容也。婢妾、娼妓更无论矣。今世界文明虽犹未逮，而各国对于婢妾制度，无不悬为厉禁。即于娼妓营业，亦颇引为深耻。惟中国法律公然许可，且奖励之。虽近有贩卖人口之禁例，然婢妾制度如常，娼妓营业转盛，则亦掩耳盗钟之故事耳。此实与人道、国体两有重大之关系。窃谓婢妾宜立时废止之，断不容其有；娼妓宜设法限制之，俾渐即于无。至于贩卖人口，则尤罪大恶极，所当深恶痛绝，必须雷厉风行者也。男女大欲，一听双方之自由。仆御劳役，必给相当之工值。更致力于教育与实业，为拔本塞源之计。道德增进，学识发达，则肉欲为之锐减。职务繁忙，希望复杂，则荒淫有所不遑。教化盛行，则人格自尊。生计充实，则丑业不作。缓急并营，标本兼治，树人道之保障，扬国体之光荣，在此一举矣。

本党请愿国会八事，系第二次联合会议决。正式国会初成立时，余力疾起草，经各部认许，委托北京部就近投递众、参两议院，泥牛入海，消息杳然。盖两议院诸君子方巫巫于闹党见争议长之事，殊无暇及此也。有人发议，揭此八事为党纲，组织一社会主义的完全政党。余亦赞成，然主持无人，亦终成虚语耳。

中国社会党对于宋教仁暗杀案宣言
（1913 年 4 月）

　　社会党之所以成立，人道与正义而已。国家之所以成立，宪法与法律而已。故反乎人道、正义，悖于宪法、法律者，我社会党人我国民必出全力冒万死以抗争之。本党性质向主温和，于现政府固无所容心，与各政党亦不存成见，且深引权利竞争为炯戒，而专以普遍鼓吹为前提。故一年半以来，对于朝野新旧两派间，常持中立的超然的态度。兹不幸而发见一不祥之事，使本党不能自已于言，则宋教仁暗杀案是也。暗杀罪大恶极，虽在野党，虽无政府党，犹非所应为。乃众口喧传，各报移载，则政府在朝者竟为此案之主谋人。夫政府对内对外所恃者惟信任耳，此案发现，信任全失，更何以代表国家统率国民？此实中华民国之奇耻大辱也。不惟不信任也，又互相猜疑，而即此互相猜疑之一念，已足以亡国灭种而有余。此尤中华民国之巨患隐忧也。一般政党及国民，或慑于威武，或诱于利禄，或惊于意气，或蔽于感情，或敢怒而不敢言，或可言而不可行。而公堂之一味迁延，舆论之任意揣测，人人怀弓蛇之惧，处处闻风鹤之警。小则扰乱心思，荒废政事；大则酿成祸变，破坏和平。此案乃益不可收拾矣。本党认此案为朝野新旧两派竞争之见端，故非局中人所能自了。媾和固未可易言，决裂则不堪设想。夫所恶夫暗杀者，为其反乎人道、正义，悖于宪法、法律也。故处分此暗杀案，亦必以不反乎人道、正义，不悖于宪法、法律者为断。调停不可也，报复亦不可也，回护不可也，株连亦不可也。用持平之方法，为正当之解决，使政治罪恶不致演而愈烈，国家根本不致因以动摇，斯我中立的超然的社会党人之天职，亦我普通国民之天职也。兹发表本党之主张，以征求国民之同意。其大略如左。

　　一、会审公堂应从速正式宣布一切证据。

二、国会及国民应向政府为严重之质问，并要求满意之答复。

三、证据正式宣布，果与政府有嫌疑关系，国会应提出弹劾大总统及国务员案。

四、证据正式宣布，果与政府有嫌疑关系，大总统及国务员应辞职，由副总统代行大总统之职权。

五、最高法院应组织特别法庭，收回自办，以伸国权。大总统以次均亲身到案，公开审判，以伸法权。

六、一般政党及国民，应尊重司法之信用，静候审判之结果。至公认法律解决全然无效时，应以政治解决继之。

似此办法，虽未必尽当于两派之初意。然自人道、正义之精神言之，自宪法、法律之范围言之，我社会党人我国民，今日所主张者，当然如是。本党具第三者资格，负维持之责任，谨合四十万党员而一致宣言。亟希望同意之团体或个人，共为声援，向各方面要求并监督以上条件之实行。成败利害，所不计也。

> 宋案发现，舆论激昂，什九集矢于中央，展转猜疑，不可究诘。各党人多来探求意见，因草右文，于四月十四日，假南市新舞台，召集大会公布之。自问于人道、正义、宪法、法律两得其平。乃政府嫌其太激烈，斥本党为国民党前驱。而国民党又嫌其太温和，诋本党为政府左袒。甚矣！直道之不可行也。其后审判迁延，事机决裂，第一条一切证据讫未在法庭正式宣布，而竟由程雪楼、应季中两君以行政官地位，黄克强君以私人资格，通电发表。第二条国会始终无严重之质问，政府亦始终无满意之答复。第三、四、五、六条，则因证据之宣布非出正式，故不能确定其与政府之关系如何。国民乃纯以怀疑心理，感情作用，演成种种无意识无价值之行为，既未见国会提出有效之弹劾案，亦未见政府提出引咎之辞职表。该案虽收回自办，而法庭组织，颇费周章。尤可笑者，竟为应桂馨、武士英二人，议开特别法庭，以《约法》上大总统礼待遇之。余率先专函驳诘，其事亦率[卒]不果行。然一般政党及国民遂益不复尊重司法之信用，不及静候审判之结果，且不俟公认法律解决之无效。一部分人已进取政治解决、兵力解决，而法律解决乃真全然无效矣。乌乎！谁为为之，此岂本党初意所及料哉？

代表中国社会党为宋案事致黄克强诸公书
（1913 年 4 月）

宋案发生，舆论鼎沸。本党处中立地位，谋正当解决。曾开大会，特发宣言。主张即开会审公堂，将案收回自办，立时公布证据，借释各方猜疑，并推论将来有组织特别法庭之拟议。兹闻武、应二犯业经引渡前来，而诸公会议先从组织特别法庭著手，并草订条例，呈请政府颁行。窃以为误矣。按《民国临时约法》，特别法庭之名义，惟审判大总统得适用之，武、应二犯非大总统，何以有受特别法庭审判之资格？此法理上不可者一。政府无变更法律之权，况于《约法》乎？今草订不应组织之特别法庭条例，而呈请政府颁行，是假政府以命令变更法律之权也。此法理上不可者二。特别法庭不应组织而组织之，示人民以普通法庭之不足恃，而生其轻视之心。损法庭之尊严，蔑法律之信用。此法理上不可者三。此案一日不结，人心一日不定，时局一日不安。组织特别法庭手续繁重，时日迁延，夜长梦多，隐忧方大。此事实上不可者一。特别法庭之法官将如何产出乎？政府任命，既蹈回护之嫌。民间公推，又杂党派之见。各人主观歧异，必至聚讼纷纭。反不如固定超然之机关，且并无上诉平反之余地。此事实上不可者二。设将来不幸更发生类似之案者，将又开特别法庭乎？抑仍付普通法庭乎？由前之说，则原有法庭为赘疣。由后之说，则新设法庭为自扰。此事实上不可者三。故鄙意以为此案只宜按照通行法律，即以地方审判厅为第一级，公布证据，判决罪名，愈速愈妙。而循例得上诉，经高等审判厅，至大理院为终止。倘法律解决全然无效，则惟有借政治解决为后援。但非至大总统被弹劾受审判时，不应有所谓特别法庭之组织。本党无司法责任，鄙人非法学专家，但为尊重《民国约法》起见，不敢不质直上陈。究竟今日组织特别法庭之理由与必要何在，尚祈惠速明白答复为荷。（下略）

中国社会党于宋案及借款反对
兵力解决宣言
(1913 年 5 月)

　　兵凶器也，战危事也。据世界文明通例，外则抵御强敌，内则变更国体，不得已可一用之。外此而用兵者，无论政府之对于国民，国民之对于政府，均谓之叛乱而已。天佑中华，壹著戎衣，而共和告成。惟国耻日深，边衅时作，以我国人夙尚和平，又绌实力，故隐忍至今。乃宋案发生，舆论骤变，借款事起，愈益激昂。怨毒中人，郁久必泄；跃跃欲试，岌岌可危。政府有拥兵自卫之嫌，各省有分离独立之耗，人民有乘时发难之心。万一不幸而至于兵力解决，人道前途，国家前途，尚可问乎？乌乎！同胞辛苦汗血所豢养之军人，不敢用之于外侮者，乃用之于内讧之政争乎？不忍用之于逆藩者，乃用之于本部之汉人乎？夫宋案法律问题也，借款政治问题也。无论朝野，无论南北，无论新旧，同是神明之血胤，五色旗下国民之。无论谁是谁非，谁曲谁直，无论温和，无论激烈，无论调查，无论决裂，无论变化至何等程度，要皆法律解决、政治解决范围内事，断无应用兵力解决之必要与理由。停有甘为戎首者，即公敌也。破坏人道，扰害国家，罪实尸之。本党不忍四万万兄弟姊妹之生命财产，付之孤注；五千年文明之历史，二百万方里锦绣之山河，听其陆沉。特发宣言，声其意见。遏乱于事始，防患于机先。号召全国不主张兵力解决者，求其加盟赞同；哀告全国之主张兵力解决者，冀其回心悔祸。于以维持人道，维持国家，使革命惨剧不至再见，恐怖时代不至延长，国际不至激剧动摇，民生不至大蒙损失。其决议如左。

　　一、本党于宋案及借款事件，绝对反对兵力解决，而主张法律与政治解决。

　　一、本党要求南北海陆军队，于宋案及借款事件，超然中立，不加干涉，虽有长官命令，非对外不开战。

一、苟有首先执行兵力解决者，本党当联络全国人民，认为公敌，共反抗之。

一、万一发生兵力解决之事，本党当联络全国人民，奔走运动，共遏止之。

> 五月一日，上海国民、自由两党人来，约同发起公民大会，谋宋案及借款之解决也。余以是日为万国工党罢工纪念节，本党自开讲演大会，不克与闻他事辞之。而沙淦、徐企文两君，乃代表纯粹社会党及工党，加入公民大会中，其决议已脱法律政治范围，而露兵力解决之端倪。本党特于其明日发表右文，并专电黎宋卿君，恳转电中央及各省海陆军人。缘黎为开国元勋，且领参谋总长，地扼南北，势处超然，故以绸缪桑土事属望之。乃黎君既不见覆，而舆论多笑为杞忧。除商会数君外，无赞许者。吾谋不用，而战祸遂开。耗矣哀哉！

中国社会党对于南方事变宣言
（1913 年 7 月）

　　呜呼噫嘻！我国民与政府竟决裂不可收拾矣。吾人所希望之法律解决、政治解决，完全无效，竟至以兵力解决矣。本党曩者深忧过虑之言，竟不幸而见之实事矣。呜呼噫嘻！民穷财尽，兵凶战危，一之为甚，其可再乎？姑无论是非曲直如何，亦无论成败利钝如何，我国民生命财产有限，直接间接之损失，有形无形之牺牲，何可胜计？而国本震撼，外患纷乘，尤不忍卒言。呜呼噫嘻！夫何使我至于此极也？社会主义，维持人道，崇尚和平，本党主张，夙昔如是。当宋案、借款事起时，朝野猜疑，祸机已现。曾开大会，特发宣言，通告各省军人，要求勿加干涉。危词悚论，痒口晓音，事有可为，言犹在耳。原冀绸缪未雨，敢云洞烛先几，而论者多讥为无病而呻，即本党亦深幸所言不中。乃天不厌乱，人各有心，风动尘飞，遂有今日。今日之事，复尚何调停之可言，亦断非口舌所能办。狂澜既倒，保障无从。惟本党之主张及宣言，决不随风会为避趋，亦不计实力之赢绌，竭忠尽虑，一意孤行。本恻惕恻怛之怀，为奔走号呼之计。被发缨冠，不敢怠遑。泣血椎心，庶几一悟。此吾人之天职，当为同胞所矜许者也。呜呼噫嘻！天下汹汹，舍本逐末。教育不普及，产制不改良，官治不减除，军备不裁撤。道德堕落，生计艰难，舆论诽张，职事废弛。由今之道，无变今之俗。虽有善者，亦莫如何。世方狃于政治革命之形式，而昧于社会革命之精神，以为兵力万能，何求不得。祸福倚伏，兴仆仓皇。吾侪小人，乃长为一二英雄魁杰者之刍狗而已。天下愈乱，《春秋》愈治。社会主义，意在斯乎？呜呼噫嘻！大夫君子，无我有尤。百尔所思，不如我所之。

　　右文系闻湖口、九江事变时作，以七月十五日，在万国社会党上海俱乐部第一次大会发表之。同时复以个人乡谊，致书发难诸君，略云："袁氏柄国，一年有半，用人行政，功罪较然。一夫独呼，而各省响应，人心思乱，众望有归，已可概见。发难诸君，又多共和缔造之元勋，政治革命之巨子，其不得已苦心，当能见谅于天下后世。而鄙人援《春秋》责备之义，以为犹有可议者二事。一手续未备也。袁氏固临时参议院选举之人，国会成立，当然辞职。宋案、借款，两事继起，群情疑骇，乱象将成。国会既未提出弹劾，复不着手选举。既未经政府解散，复不能自行解散。威武屈节，利欲薰心，观望因循，养痈待溃。而袁氏以瓜代无人，名义犹在，凭借尺寸，惟所欲为。政府之罪，皆国会之罪也。虽曰弹劾未必去位，选举未必得人，解散未必不更促其决裂，然此正当之手续，固不可不先为经过者也。向使经过在先，则今日之事，岂不尤师出有名哉？一、名义未安也。九江、南京讨袁军，皆宣布独立。夫独立云者，脱离原有之国家，而别谋建设之义。如北美脱离不列颠而独立，非利宾之脱离西班牙而独立，又如法兰西之脱离布尔奔王朝而独立，中华民国之脱离□清帝室而独立，皆是。所谓中华民国者，四万万人公有之国家，非袁氏一人私有之国家也。所谓讨袁军者，反对现政府之代表人，非脱离中华民国也。既未脱离，何云独立？若谓反对袁氏为独立，是直承认袁氏即为国家。若谓地方自治为独立，则与反对袁氏有何关系？'独立'二字，用违其宜，内启割据之嫌，外召瓜分之祸。名不正则言不顺，言不顺则事不成，所当特别注意者已。"末复原本人道主义，提出社会革命，而痛论政治革命不可再见，南北战衅不可轻开，略如宣言之指。发难诸君不能听也。而民党激烈派，乃反疑为政府之侦探。余自是不复妄想作调人，惟与本部同人，发起兵燹救急等会，从事于一部分消极的慈善事业而已。

《洪水集》自叙
（1913 年 8 月 7 日）

余自十岁，即属文字。二十年以来，随作随弃，中更兵燹，百不存一。癸丑六月望日，余三十一初度也。搜辑前此论箸关涉社会主义者，都十余万言，汇为一集，付印发行。非传文字也，传社会主义也。且文字为传社会主义而作，亦不可更以文字论之矣。惟是社会主义学说非一，集中诸作，大抵随缘说法，因事立言，有叩而鸣，无意垂久。故执是集者，以为社会主义如是，社会党之宗旨如是，固不可也。即以为余生平对于社会主义之主张一切如是，亦不可也。槽［糟］粕而已矣，鳞爪而已矣。三年前余始演说社会主义于杭州，满中丞增韫君以祸甚于洪水猛兽电奏清廷。余昕然曰，江洪水也，虎猛兽也，不亦宜乎？因自号洪水，且以名是集，意者社会主义之在中国今日也，一如洪水之滔天而来，浩浩乎怀山襄陵，沛然其莫之能御也。千里一曲，盈科而进。不善治水者激而行之，放浪横决，不见其害［利］，但见其利［害］；善治水者，因而导之，交通灌润，不见其害，但见其利。水哉水哉，固有取于水也。中华民国大总统命令解散社会党之日，江亢虎识。

致浙江都督朱瑞书论解散社会党支部事
（1913 年 8 月）

介人都督执事：

前因本党定海嘉善支部，无故迭被干涉。曾由本党本部及不佞个人，专函陈白，至再至三。未蒙惠复，方深诧异。顷读八月三日《新闻报》，忽见执事通告公文，摘取本党规章，援引纯粹社会党禁例，勉强比附，锻炼周纳，勒令解散本党浙江各属支部。不佞不知本党何负于浙江，执事何仇于本党，而必处心积虑摧残净尽以为快也。执事所以罗织本党之罪名者，曰筹画遗产归公，曰破除家庭制度，曰尊重个人，曰不分国界、种界均可入党，皆以为与纯粹社会党党纲相同，且确系实行共产主义，云云。夫家庭制度之利弊，遗产归公之是非，此事原属学理问题，见道不同，无暇深辨。惟语其作用，则至为寻常，不过本党党员，各以志愿，著之遗嘱，自将身后财产若干，捐入公共机关之用，有似慈善事业，且亦法律行为。本党固绝不强制党员之遗产必须归公，执事亦安能强制吾人之遗产必勿归公乎？若谓此即共产主义，而强制使不实行，是蔑视法律上遗嘱之效能，而阻阂社会慈善事业之进步也。类推隅反，充类至尽，一切财团法人，孰非共产制度，将胥世人为守钱虏耳。且君主家天下，以遗产视国家，而世袭为皇帝，乃世袭遗产之最大者。若以破除此制度为非宜，势不至取消民国规复帝国不止。而孔子所称不独亲其亲，不独子其子，货不必藏于己，力不必为己者，乃真为无家庭之罪魁矣。至于尊重个人，即天赋人权、万民平等之义，实共和法律之根本精神。君子自重重人而见重于人，又中外古今之达道也。执事既以尊重个人为不然，则必以自轻轻人而见轻于人为然，道德之谓何？法律之谓何？尤可怪者，不分国界、种界均可入党一条，不知何以亦开罪于执事。执事亦尝闻万国社会党之名称乎？社会党者，世界共同之组织，非一国独有之机关。故除国籍法所限制条件外，入党者义务权利平等，不拘国界种界之异同，此寰球通例也。近世交通日便，国际关系日多，举凡政治、学术、慈善各团体，均有不分国界、种界之成例，不仅社会党如此，而社会党尤无不如此。执事乃断断于等级与界限之间，欲返之鸡鸣犬吠老死不相往来之部落时代，抑何不思之甚也？执事所挟持为口实者，不外禁止纯粹社会党之部文。纯粹社会党之应否禁止，不佞曾致书中央政府抗论之，兹不复赘言。惟本党并非所谓纯粹社会党，且所谓纯粹社会党者，即由反对本党而发生，通国皆知，前函屡详。而执事乃故故并为一谈，以行其欲加之罪之成见。不知本党成立最早，支部几遍国中，内自首都，外迄藩服，风声所树，舆论翕然。浙江一隅，既不能自外生成于民国，本党支部，即不应独被禁止于浙江。惟浙江支部多至数十起。党员多至万余人，流品不齐，弊端间作。执事果就事论事，以人治人，鉴空衡平，情真罪当，维行政之秩序，伸司法之特权，本党亦断不得而回护之。然执事亦断不能为个人而牵涉全体，因事实而指斥学说，遂据以非难党纲解散支部也。况并此个人之不法事实上之现行犯而无之，顾乃望文生义，有意为难，揭"以免愚民受其煽惑"八字为判词之主文，不恤弁髦人民集会结社自由之神圣约法。呜呼！执事不自为一身名誉计，独不少为民国政体计乎？执事须知社会主义之在今日，社会党之在全世界，如日月之经天，如江河之纬地。至如本党宗旨正大，方法温和，夙以鼓吹感化为前提，决无激烈暴乱之现象。执事凭借威武，惟所欲为，解散诛锄，易如反手。惟是人心不死，真理常新，执事能解散浙江社会党，而不能解散全国社会党；能解散全国社会党，而不能解散全国社会党党员信仰社会主义之心。使如死灰之不可复燃，槁木之不可复活，然则一隅之起仆，一时之隐见，何损于本党？何损于社会主义？徒见其不知[自]量而已。鄙人为最初倡道社会主义之人，又被举为中国社会党总代表，对外交涉，责无旁贷。迫切上诉，口不择言。万一曲赐鉴原，俯准收回成命，君子之过，人皆仰之。若谓言莫予违，法在不赦，则作俑之罪，批鳞之诛，九死不辞，惟命是听。惟无论如何，务祈裁答。倘以搁置为能事，而竟充耳如不闻，则是笑骂由人，刚愎自用，非不佞所望于执事者矣。专此渎布，即颂钧安。

　　本党浙属支部最多，其与官厅之交涉亦最烦。闻各支部党员颇有不正当之行事，乃朱君不援据法律，惩治个人，而专傅会部文，干涉支部，其用心殊不可解。右文为最后之忠告。不数日而大总统解散社会党之命令下，乃恍然于朱君盖能得风气之先者，而右文为词费矣。

呈袁大总统文论解散社会党事
（1913 年 8 月）

大总统钧鉴：

　　窃见报载解散社会党各部之命令，及宣布北京社会党首领陈翼龙罪证之公文，绎诵之余，至滋疑骇。查各国多有社会党，本党之成立，在各国之后，而开中国之先。然各国社会党多系政党名义，而本党则先从研究学理入手，命令所称，适得其反，诚以中国今日，朝野均欠文明，政治尤丛罪恶。而一般假借政党，迫胁官吏，鱼肉乡愚者，实为同人所深恨也。本党宗旨正大，方法稳健。此次事变，迭发宣言，力持人道主义，尽瘁慈善事业。方愧弭乱无术，宁有煽乱之心？支部均属公开，党员悉听自便，并无悖谬宣誓，尤非秘密机关。救国社向由国民党人主持，锄奸团闻系纯粹社会党人发起，皆与本党绝不相干。虽本党党员多兼隶国民党，然一党有一党之性质，一党有一党之主张，其影响固彼此不相及。又有沙淦者，别立一社会党，即所谓纯粹社会党，名与本党混淆，实与本党反对。其人其事，共见共闻。该党早奉通饬解散，沙淦亦因别案处死。徒以雅郑相乱，遂令玉石俱焚。综观陈翼龙各罪证，均系牵涉他党之事，一无关系本党之事，岂有以陈翼龙一人对于他党之行为，而使本党四百余起支部、五十万众党员连坐同科之理。至交通外国社会党，正为增进国际和平。然虚无党则向唯俄国一国有之，且十数年前，即已声明取消，并入无政府党。而虚无党仅为历史上一死名词，决非如命令所称为各国皆有之党，且为今日现存之党也。以上各节，事实昭彰，谊难缄默，代表公意，披沥上陈。务祈准人情、国法之平，明团体、个人之辨，收回成命，昭示大公。援据此项呈文，再行通饬各属，但令防止匪徒倡乱行动，毋许钳制人民集会自由。而本党本部、支部及一切党会，凡无扰害、煽惑情事者，当然不在查禁、解散之例。庶于维持秩序、保卫公安之中，仍寓尊轻［重］《约法》拥护人权之意。回中外之观听，安反侧之人心，社会幸甚！国家幸甚！尝考各国政府与社会党之已事，如英、美、德、法，皆放任自由，而宁谧无近；如日、俄、意、西，则干涉严重，而祸变侵寻，事固相因，势非得已。盖社会主义为历劫不磨之真理，社会党乃世界共同之组织，每遇阻力，愈促进行，取径或殊，会归则一。大同郅治，寤寐期之。回顾国中，蜩螗羹沸，程度相差太远，实现不知何时。言念及兹，可胜痛憾。临书怅触，不知所云。谨呈。

　　民国二年七月秒，见沪上各报专电，本党北京部主任陈翼龙君被逮。旋又见专电，陈君已被省释矣。党员有自北来者，其说亦同，而本部电问，则久不得复。八月初旬，大总统解散社会党之命令与陈君枪毙之噩耗，中外遍传。又数日，而北京军警执法处宣布陈君死罪之牌示亦出现。本部特开紧急会议，众意佥谓：陈君罪证，确否不辨，且个人行事，尤与全党无关，应先以公呈声明为入手办法。余任起草，原稿三千余言，有十不可解之说。干事诸君嫌其激烈，力求和平；嫌其冗长，力求简短。遂删订如右文，以八月十五日付邮，讫特别联合大会时，已半月以上，而返响阙如。盖无论激烈，无论和平，无论冗长，无论简短，亦终于无效而已。命令牌示，照录如左。天下后世，可以观焉。

附　临时大总统命令原文

查近日匪徒，每借政党名义，迫胁官吏，鱼肉乡愚，殊足以妨碍政务，扰害治安。且蓄意煽乱，潜谋不轨。全国人士，莫不疾首蹙额，深以为病。兹据京师、天津等处呈称，破获社会党秘密机关，搜出种种犯内乱罪证据，并查有勾通外国虚无党妨害国际和平情事，显系倡乱行动，迥非文明各邦所称社会党研究学理者可比。若不从严禁止，必至酿成巨患，破坏大局。着各省都督、民政长及各军司令官，将所有社会党本部、支部，一律严行查禁。此外一切党会，如有扰害煽乱与该党类相似者，亦准由各该都督、民政长及司令官勒令解散，分别惩治，以维持秩序而保公安。此令。

附　北京军警执法处牌示原文

为牌示事。照得七月二十八日，准京师警察长函奉大总统交查，社会党首领陈翼龙，勾串外国党纲、妨害邦交一条。遵经派员侦明，陈翼龙往来京津，行踪诡秘。遂于本月廿五日，在宣武门外南横街社会党本部，将陈犯弋获，并由其衣袋内搜出直隶中华银行军用票百元，手票一张，及日记簿一本，内载该党简章三条，内有分设锄奸救国等党团机关，联络外国党纲，纠合同志，便于乘间起事，诸同人沥血宣誓，骨肉勿告等悖谬字样，除呈报政府外，特将所获犯证，一并送请讯办，等因。准此，当经督员查明证物，详加讯鞫，将陈翼龙即陈意农，年二十八岁，湖北罗田县人，于上年来京，秘密组织社会党支部，党纲与俄国虚无党无异，即以慈善、教育普及为名。本党总机关设在上海，支部已有四百余处，诱集入党者约有五十余万人。前因宋案发生，拟以猛烈手段对待，复发起锄奸团、救国社各种名目，计与俄国虚无党联络，以图乘间举事，不料即被警厅侦探送案等语。查该犯陈翼龙袭取外国乱党宗旨，建立团党各目，机关既有四百余处之多，党员复有五十余万之众。联络外国党人，潜谋不轨。不特法律视为弁髦，直以同胞生命为儿戏，实属天良丧尽，罪无可逭。陈翼龙应即按照军法，处以死刑。特此宣告罪状三日，即提陈犯验明正身，押赴行刑场枪毙，以昭炯戒，其各周知，须至牌示者。

中国社会党特别联合大会去职宣言
（1913 年 8 月）

鄙人以中国社会党发起人资格，两被选举为本党总代表。竭蹶将事，夙夜彷徨，病目经年，尤多废弛。前因召集第三次联合大会，先自声明，预辞连任。兹以紧急事件，特将联合大会提早举行。瓜代有人，远别在即。自顾生平，迂拙成性，本无调和群众之术，尤乏筹画经济之才，实力不充，进行多梗，终日所疲于奔命者，乃多不急之周旋，无谓之交涉，而于学说之传布，实事之措施，转有未遑，引为深憾。况社会主义，流派各歧，社会党人，义务平等。自鄙人尸此名义，而一般论者，往往以鄙人个人之是非，为社会主义即社会党之是非。于是鄙人言行之自由与学者思审之自由，皆不免多所牺牲。党员号称五十万人，与其进也，归斯受之，鼓吹时代，固应尔尔。然风俗犹此风俗，人心犹此人心。任何意美法良，皆适足为罪恶所利用，收效无日，流弊已多。假公团以自便私图，因分子而贻羞全体，此社会之蟊贼，亦本党之害马，而社会主义则不任受过也。尤可笑者，好奇心理，随喜而来，一度签名，百事都了，自暴弃其主人翁之天职，而专以万能主义责难于当事之一人。微论精力有限，断难肆应裕如。假有人焉，综揽全权，操纵自我，事无不举，令无不行，则所谓社会党所谓社会主义者，复尚何价值之可言。而彼一人者，无群策群力为后援，虽复驰骋一时，终亦必身败名裂而后已。故社会主义，社会之事也，无一人可不负其责任，亦无一人可独负其责任。而鄙人曩者果于自信，居之不疑，无以引起全党党员之责任心，俾各得有所凭借以自表见，其罪已大矣。然今日之去，则又有说焉。社会主义之初倡道也，勾萌坼甲，调护需人。两年以来，其名词概念，已普及大多数人心目中。四百余地之机关可以取消，五十万人之信仰不可没灭。每遇阻力，愈促进行。大势所趋，前车具在。大总统之命令，各长官之文告，皆传播社会主义之媒介。而火传薪尽，发起人之能事毕矣。且社会主义乃历劫不磨之学理，社会党乃世界共同之组织。一隅之起伏，一时之屈伸，进化公例，讵能幸免。剥极必复，贞下起元，瞻望前途，乐观无量。今日之事，既不可以理喻，复不可以力争；既不忍听专制者之摧残，复不忍见反动者之惨剧。则奔走四国，联络同盟，或箸述一室，输布理想，养勿用之潜势，培图南之雄风。时乎时乎，一息尚存，不敢不勉。各行其是，各尽所能。取舍异宜，会归则一。真理不死，则千载犹旦暮也。精神常通，则万里犹户庭也。凡我同志，共鉴此言。

本党第三次联合大会，照章拟订民国二年十月一日召集，已登报公布。因解散命令一下，本部公议提早，于八月三十一日举行，作为特别联合大会。时日迫促，通信隔绝，各部代表及本部党员到会者仅百余人，议决五事：一、请愿国会，援据《约法》，向政府提出质问，要求取消解散之命令。一、本部继续维持，各部党员可直接通讯。一、支部既经解散，可办社会主义研究会，或不收学费之平民公学，专为研究学理，普及教育，不涉他事。一、取消总代表名义，别推举本部干事。一、推举鄙人出洋，联络各国社会党，并赴明年维因万国社会党同盟大会。惟鄙人声明，不受正式委托，须筹得旅费，自由担任之。盖自此以往，鄙人得脱离中国社会党总代表责任的地位。而个人与社会主义之关系，则始终不变。生死以之，有如此水。

对时局宣言
（1914 年 5 月）

　　宪法、国会、政党者，立宪国成立之要素也。此三者存在而有效时，政府、人民之间，无论冲突至何等程度，不应有武力解决之事。迨不幸而三者破坏净尽，则人民对于政府之公意，已别无正式表示之机关，万不得已，乃诉诸武力，求最后解决，此所谓革命也。方宋案与借款问题初起，鄙人首先宣言反对袁氏（国民党之宣言讨袁在二年七月中旬，而鄙人之要求袁氏退位及请愿国会、提出弹劾案则在四月中旬，实早三个月。其后袁氏之解散国民党在十一月初旬，而解散社会党则在八月初旬，亦早三个月）。又同时宣言反对武力解决。盖以当时宪法、国会、政党皆尚存在，政党可以抗议，国会可以弹劾，宪法可以制裁，并无武力解决之必要也。不意二次革命反动之结果，政党先倒，国会继之。于是鄙人投稿旧金山《少年中国晨报》，其标题曰：《中华非民国矣》，其结论曰：而今而后可以言武力解决。近则《约法》又被摧灭矣。立国要素，破坏净尽，倒行逆施，惟恐不及。彼方日日制造武力解决之心理，日日催促武力解决之实行，虽欲幸免，其可得乎？独是武力解决者，治标之法也，而必进揣其本原。武力解决者，暂时之计也，而必更计其久远，盖非是无以善其后而竟其功也。此一义也。武力解决者，对于袁氏一人及其死党数人为示威之运动耳。若以报复为心，以诛杀为快，府怨树敌，尤而效之，流血相寻，曷其有极？而九死一生之中华民国，将终葬送于更迭反动之中，当大非主张武力解决者之初意矣。此又一义也。心所谓危，言无不尽。凡百君子，敬而听之。

新大陆通信片·宣言
(1914 年 7 月)

　　鄙人自闻知社会主义、无政府主义以来，见个人本位、社会本位两派极端之冲突，常妄思有以调和而折中之。对于社会党，则不赞同其趋重国家，迷信政治。对于无政府党，则不赞同其采用强权，否认机关。于是有三无主义之名词，有个人自治、世界大同之界说。而有志未逮，语焉不详。且居中国社会党总代表，其言论行事，又颇为地位所牵率而不得自由。惟个人之主张，固始终而一贯耳。到美以后，见闻思想，日益繁复。读书求友，肆应不遑。而旧时同志，移书责难。或推为社会党之首领而劝令改组正式的政党，以从万国一致之方针。或期为无政府党之先驱，而劝令致力消极的革命，以达大罢工总破坏之希望。河汉无极，冰炭我肠。尤有多人，疑社会主义同志会及新大陆通信片，主义不明晰者。须知同志会不过接引侨氓，俾知自求社会主义、无政府主义之智识而已。通信片不过报告内地，俾知此间社会党、无政府党之现状而已。皆非所谓主义，复何论于明晰。至于鄙人今日，已脱责任关系，纯属私人资格，但愿假此数年，遍读社会主义、无政府主义各家原始之著作，广交社会党、无政府党各派主动之人物，虚心研究，实力传布，愿为学者。不为党魁。愿为单独行动，不为团体组织。以科学为根据。以教化为进行。行其心之所安，取其性之所近。就目的言之，所异于社会党者在无国家，所异于无政府党者在有机关。就手段言，所异于社会党者在不专恃政权，所异于无政府党者在不假用暴力。而两派极端之学说，其果能调和无间、折中至当与否，则此时亦殊难自必也。进步退步，得失喻于寸心。知我罪我，是非付之多口。为代裁复，特此宣言。

新大陆通信片·集会
(1914 年 8 月)

　　社会主义直接运动或政治运动为今日世界争持之焦点，各派间语言文字之讨论辩驳，随地随时闻之见之。六月二十八日夜八时，社会劳动党召集辩论大会，题为"政治运动妨害劳动界自由之断案"（"Resolved that political action is detrimental to the emancipation of the working class"），是认者（affirmative）为都博斯岂君（Fred Duboosky），否认者（negative）为茉丽·斯华布君（Mary R. Schwab）。都君盖俄籍之犹太人，现在卜吉利大学肄业，即少年社会主义同志会（Young Peoples Socialist League）之发起人。其所主张乃职业机关主义（Syndicalism），亦直接运动之一种。如美国之 IWW 即其代表也。此实最新之学说，发生后于社会主义、无政府主义，而非社会主义亦非无政府主义，又非普通之工团主义（Unionism）。其第一次国际大会，以去年九月杪十月初间召集于伦敦。代表到者英、美、德、法、荷兰、比利时、意大利、西班牙、瑞典、诺威、巴西、古巴、阿根廷凡十四国人。其名词英美通称 Syndicalism，一称 New Unionism，一称 New Socialism，一称 Localsm。其主张则各种职业直接运动组织机关，取现世国家的政治而代之。盖因政党社会主义与个人无政府主义各趋极端，渐滋流弊。此派之成立，乃大受一般心理之赞同，进行正未可量也。都君大意谓，现世国家的政治决不足以增进劳动界之自由，至将来劳动界自行组织机关，纯以职业为前提，断不更采用现世国家的政治机关之形式。茉丽君则谓非社会党在国会占大多数，并组织完全政党内阁，则无论何种良法美意，亦不能实现施行。倘社会党在国会占大多数，并组织完全政党内阁，则无论何种良法美意，亦均可实见施行。是日听众甚盛，时间甚长，双方议论皆极谨严，亦极透辟。惟以各怀谦抑，转嫌过于和平。有英国独立工党（Independent Labor Party）某君起而演说，主张武力解决，诋学理辩论为无用。闻者虽不尽赞其言，而一时皆鼓掌称快，亦可见感情演说之作用矣。

美国大政党除共和党（Republican Party）、民主党（Democratic Party）外，尚有新起之进步党（Progressive Party），鼎足而三。而社会党（Socialist Party）人数虽微，增加极速，亦可与三大政党相抗衡。至其主张，则共和，民主属右党，有保守的倾向。社会党属左党，有改革的精神，进步党属中立党，一方维持社会组织之现状，以托庇翼于资本家；一方采用国家主义的社会政策，以博欢心于劳动家。每当实行运动选举之时，则共和、民主、进步三党往往互相提携，与社会党为敌。故社会党今日实处于孤立地位，而言论与文字的战备乃永无解严之时。兹届大选举期近，除左右两党绝对不能相容外，进步党与社会党接触较多，论争亦烈。两党公议订期六月三十日，假座梦国游冰场（Dreamland Rink）特开辩论大会，各推主要人物为代表。进步党为利得博士（Prof. T. H. Reed），乃卜吉利大学政治学教授，曾充加省总督、进步党魁张孙（Governer Johnson）之头等书记官。社会党则彭列同君（N. W. Pendleton），乃社会党之候补副总督。是晚八时开会，入场券价二角五分。听众鱼贯而入，陆续至三四千人。场中座无余位，乃闭门而谢客焉。余到会略晚，座位在后，听之不甚了了。利君道貌岸然，老成持重，惟理论既欠圆满，词锋亦非犀利。闻者除进步党党员外不大满意，鼓掌之声极稀。彭君年少气盛，精悍绝伦，嬉笑怒骂，眉飞色舞，妙在论理清楚，证据充实，非同纯任感情。听众欢呼，几于全场一致。故其结果社会党占大胜利。次日各报哄传，舆论几为之一变。

七月五日，社会主义同志会例会期也。午间约请社会党干事斯密斯工程师（E. B. Smith）演说实业团事（Board of Industry）。实业团者，加省社会党发起，联合工党各团体共同组织，为劳动界对于政界交涉之唯一机关。此次提出请愿书，向本省政府及国会要求制定新例，无论何项公司工厂，每日工作不得多于八小时，每人工价不得少于二元五角，即每月七十五元，合华银百五十元以上。此在吾国足抵一司长、科长之薪俸而有余，固一般时务人才所百计奔走钻营而不可必得者，此间则普通劳动家工价之最低率而已。若其工弥苦。则其价弥昂。拉［垃］圾车夫之岁入，有至华银三四千元者。不知吾国一般时务人才闻之将取鱼抑取熊掌也。前月有游民五千人，由西美编旅行队赴东美，沿途要求职事，声明每日工作八时，每月工价百元，揭之旗章，悬为定格。各处市长及行政官极意羁縻，设法位置。几经磋议，始将工价减轻，每月至少六十元。而大多数人非所愿也，故各团体代表拟以七十五元为最低率，提出请愿书，要求制定为法案，凡居留之外人有市民资格者，得一律享此权利。社会党特派斯君代表，送签名册来社会主义同志会，征集华侨之同意，余则转托美产华侨总机关之同源会代办。是日复请斯君演说此事之始末及前途之关系，赵恩得君为传译焉。惟其结果仍无佳况，签名者寥寥不及十人。综其原因约有数事。一则固有权利久惯放弃。二则西人团体向无往来。三则土生执照假冒者多，恐以签名致生枝节。四则此案万一通过，将不能随时任意降格求容，尤同胞所私忧而窃虑者也。观于前者五月节大会及今日之事，益叹黄白工界携手之难。彼普通工党排斥华人无论已，如社会党之工人方欢迎我引重我，而我乃深闭而固拒之，使闻所闻而来者见所见而去。其又谁尤？其又何说？

美国社会党（SP）与社会劳动党（SLP）大同而小异，前已屡述之。兹两党会同订期七月五日晚八时，假座波黑米亚会场，特开辩论会。社会党代表为斯利克满律师（H. Slikerman），社会劳动党代表为茉丽·斯华布夫人（Mary R. Schwab）。社会党诋社会劳动党含有破靴党（Sabotage）性质，社会劳动党诋社会党含有官僚党性质，其结果仍不能相下，亦不能相并。惟下次选举运动，则议定联络进行，此两党之美德，亦对外之急务也。

同日同时一会堂更有无政府党人之大会，惟在别一广厅，会为巴苦宁生日百周年之纪念祝典（The 100th Anniversary Celebration of Michael Bakunin），系巴苦宁学会（Bakunin's Group）联合无政府党各团体所发起。到会者男女约近千人，俄籍尤居多数。公推演说家八人：一俄文君（Wm. C. Owen），二阁曼君（Emma Goldman），三斯卜利丁君（Chas. T. Sprading），四何罗越君（Walter Holloway），皆用英语。五俄达尔君（Vidal），用意大利语。六彻巴克君（Cherbiak），七破列卡破夫君（Polekapoff），皆用俄语。八沙发君（J. Shaffer），用犹太语。此八人皆现世最著名之无政府主义学者。俄文、阁曼两君生平前已略述之。斯卜利丁君即著作《自由与大自由家》（*Liberty and the great libertarian*）之人，此书为无政府主义一大宝典，各派学说略备，征引繁富，议论持平。彻巴克君即美洲俄文《革命党报》（*Velikü Okean*）之主笔。破列卡破夫君则以革命下狱垂十年，新自西比利逃来。会场陈设颇极经营，中悬巴苦宁遗像，饰以红旗二枚，一曰无法律但有爱情（Not law but love），一曰无强权但有自由（Not force but freedom），皆巴氏语也。每演说毕，间以乐歌，尤有兴趣。其后不知何事，场中忽起冲突，至于用武，势甚汹汹。时余方在社会党会场中，遥闻搏击声极剧。一方面则社会党人与社会党人以口舌战，一方面则无政府党人与无政府党人以腕力战，亦奇观矣。然以言论自由至于武力解决，诚大不幸之现象。社会党常假此以诋诬无政府党，他党又假此以诋诬社会党，要之吾人所当深戒也。

自英、美、法革命后，世界文明各国人民无不取得言论、出版、集会三大自由。而凡宗教家、社会主义家为传播普及计，尤多利用通衢演说。通衢演说必在市廛繁盛、车马喧阗之会，而又必以不碍交通且能容多数人驻足者为便，故城市官厅往往特别规定其适宜各地点。至于演说何事，则官厅从不干涉之。三藩市之格兰特街（Grant Ave）口，近马格街（Market St.）处，为全埠最适宜之通衢演说场，每晚八句钟时在该处演说者恒数团或数十团。每团环而观听者多至数千人，少亦百数十人。各团宗旨不同，任人自择所信好者赴之。每团携备特制之演说台，其形式如手提箱，中贮旗帜、徽章、书报、水壶、乐器等事，极简便而适用。散会恒在夜午十二时。其演说动人者，欢呼鼓掌，声闻数里，并酿金以犒之，或掷花以荣之。余尝谓通衢演说之难，甚于会场者数倍。一、行人杂遝，万籁喧阗，演说者必大声疾呼，使人不乱于听闻。一、既无坐位之安排，又无秩序之约束，演说者必聚精会神，使人不倦而思去。一、来住无常，更番迭代，演说者必随时着力，始终不懈。一、流品太杂，程度万殊，演说者必尽人能解，雅俗咸宜。以余所知，通常演说家每不擅长通衢演说，一至通衢演说，顿觉精采大减，因是声价骤低。盖通衢演说别有天才，不尽关学问也。七月九日晚间，闻何罗威（Walter Hollway）之通衢演说，窃深拜服。何君盖无政府党人，又为合理学会会员（National Rationalist Association）。此会不啻专为反对基督教而设，支部甚多，出版甚富，并有月刊之机关报，何君乃该会著名文学家且演说家也。是晚演说取《新》、《旧约》书中不合论理不合哲理不合科学不合历史者，逐条辨驳，口若悬河，声如洪钟，学理湛深，而词意显浅。亘三小时间，行人摩肩而来，翘足而立，引领而望，倾耳而听，会垂散矣，而不忍竟去。演说能事，叹观止矣。

社会党党员丹尼君（D. R. Tanner），美术家亦演说家也，终年惟

以旅行演说为职业。所至出张其自绘之图画，有历史画，有时事画，有
讽刺画，有滑稽画，皆关系社会主义或社会党事。通都大邑，穷乡僻
壤，争欢迎而观听之，仿佛一传教牧师也。七月十二日，社会主义同志
会约来演说，此所谓图画演说（Chart Lecture）。其中有德国议院座位
图一轴，示明十二大政党之势力及地位，极右者为保守党，极左者为社
会党，计有议员百十一人，若再加三倍。则可占多数矣。丹君确信政治
运动为社会党惟一正式之方法，而痛诋无政府党暴乱偾事，其言颇失之
偏激，然此固美国一般舆论之代表。而破坏消极之无政府党人，其府怨
树敌以自沮前途之进行，亦可以知戒而自反也。

　　七月十九日，美洲国民党支部开二次革命纪念大会，追悼死事诸
子，假座广街之新戏院，到者男女三千余人，此间侨界最近一大盛典
也。时黄克强君适自日东来游，随行者五人，有邓孟硕君为旧相识，是
日一同到会演说。黄君之女公子震华君亦从焉，其风度装束，不愧为新
民国一模范女青年。会中挽联多至数百挂，余亦为人嬲令捉刀，勉凑十
余首付之。晚间国民党复假江南楼为黄君开欢迎宴，党员列席者二百余
人，余亦辱招致为来宾。主席请演说，余先原本社会主义，历论古来英
雄伟人之祸国殃民，后乃按切中国时事，以为所谓英雄伟人者，或亦足
为以毒攻毒之妙用。次青年会干事朱伯元君之夫人演说，余在美洲听中
国女子演说者此为第一次，才难不其然乎？有妇人焉，全场生色。夜十
二时，尽欢乃散。

　　美国社会党人除正式之政党劳动党外，尚有许多研究学理联络感情
之团体，如社会党青年会（Young People's Socialist League）即其一
也，其会员以中学校生徒为最多数。七月二十二日晚间开会，请社会党
著名演说家密勒斯氏（W. T. Mills）演说。密氏英人也，年六十以来，
在美洲传播社会主义最早二十年前，曾于三藩市设一社会主义之夜学
校，并印行校外讲义，后迭加修补，勒为成书，名曰《生存竞争》
（*The Struggle for Existence*），嗣后发愿环游全球演说五年，其旅费即
由此书价供给之。近自纽西兰岛来美，各处社会党团体欢迎之，演说无
虚日，是晚即述其生平之经验及此书之梗概。书价美金五圆，盖巨籍
也。其后逐日在司格特会堂（Scottish Rite Hall）演说。有一演题曰
"澳洲、美洲与黄祸论"（"Australia America and the Yellow Peril"），
其时日适与余在社会劳动党演说相冲突，未得闻知果作何语，或有讥其
挑动人种恶感者。然据新闻所载，则重视黄人而厚勖白人而已。

余既一度以英语直接演说，闻者颇许可之，或又以其事宣之社会党之机关报中，于是各团体招邀者四来，大抵皆不知余英文确实之程度。余则再三陈明声闻过情之失，非不得已不敢应也。七月二十三日晚间，屋仑埠社会党青年会请往演说。固辞不获命，乃勉为一行，谢英伯君、杨宗汉君、彼岸君偕焉。八时半开场，余略述中国古代思想之进化，秦、汉以来思想之退化，以为由于政体专制之影响而然，更述近数十年青年思想变迁之激剧，及社会主义输入之关系，听众循例鼓掌不绝。然自问则知之不能言，言之不能尽，特彼以外人初学而假借之，非真有可以欢迎之价值也。有列诺自博士（Dr. F. E. Reynolds）者，专门研究金融及币制问题，主张废金本位而采用汇划方法，为推行社会主义之一方策，特远道而来见，并赠所著《美国银行家及职业家》（*Uncle Sum our Banker and Employer*）为赞。余亦以拙作英文《中国社会革命》小册子报之。十时散会。会员相将跳舞，计女子人数恰与男子等。他处会场亦大抵皆然，真教育平等之极致矣。

社会劳动党援例请余演说两次，具如前述。其第二次订期七月二十六星期日晚间，仍在该支部之会堂，演题为"中国前后革命之因果"，先期登报宣布。来宾数倍寻常，盖不尽该党党员，并不尽社会党同人，其普通各界关心东方时事愿闻中国革命始末者亦甚多也。余仍用英语直接演说，分为四节：第一节泛论革命为进化之天然律，第二节综论中国古来历史上之革命，是为朝代的革命，亦可称上级人最少数人即贵族的（Fendal Lord）革命。第三节专论近年前后两次之革命，是为政体的革命，亦可称中级人较多数人即绅士的（Bourgeoisie）革命。第四节推论将来之革命，是为社会的革命，亦可称下级人最多数人即平民的（Proletarian）革命。复申论第一种革命为一王家事，第二种革命为一国民事，第三种革命为全世界人类事，故中国政体革命不必求助于外人，外人亦未得而助之。若中国社会革命之进行，则必与全世界同志者相携手，全世界同志者对于吾人无不有诱掖扶持之责任，通俗所谓红色国际运动（Red International Movement）是也。此事无论发现于任何之一部，全世界同志者皆当一致从事，而以外国资本输入之现状及趋势卜之，或不幸而先在中国发现，未可料也。演说至此。鼓掌之声如狂。余夙不擅长感情演说，而是晚则颇参以感情作用。以余不完全之英语，而能令听众如此倾倒，足见社会革命已成人类常识，时机殆不远矣。然读者必勿误会社会革命亦如政治革命枪林弹雨血薄肉飞之惨剧也，盖此特少数人之事耳。若多数人先占优胜，且果如所云成为人类之常识，则一夫攘臂，万众倒戈，如草从风，如电引火，旧制度如土崩瓦解，新制度如水到渠成，不戕一人，不折一矢，而大功立集，亦意中事也。试一回顾中国辛亥之役。以小喻大，观往知来，已可思过半矣。

新大陆通信片·交际
（1914 年）

　　此间社会党人至夥颐矣，其智识程度诚非吾国党人所可及。惟此高彼下，各自有其水平线，而此水平线则以普通教育为准衡。至于出类拔萃之人，其遗传性与感受性必又有特殊之原因在，固非偶然，亦非常例也。然自吾人观之，无论其如何度越庸常，至超然于社会之上，而其实所以致此者，乃无一而非直接或间接、正面或反面受社会之贶而然。故出类拔萃之人，宜自思惟吾受社会之贶既独厚，即为社会靖献者当独多。独善其身，已辜天职，况于鄙夷他人以自异，甚且牺牲他人以自逞，如一般英雄豪杰之所为，真社会罪人矣。余与此间社会党人交际，常见有高出水平线之人才，从事独贤，诲人不倦，外无崖岸，内无怨尤，心折之余，感叹不置。学者不当如是乎？

　　社会党人多劳动家，普通政党或易视之，然以最近十数年计，则社会党人对于哲学与科学之大贡献，亦颇不逊于非社会党人，至以社会主义为专门学问而极深研究者，在西美断推马克的威君（Wm. McDevitt）。马君虽社会政党党员，而其人则一学问家而非政治家，现充三藩市市政厅教育科长。自设一书肆，自为经纪人，凡社会主义、无政府主义各种新学说书报靡不具备。余得略窥西籍门径者，多赖马君之口讲指画焉。马君博学详说，而一以科学社会主义为归，尝著论反对国家社会主义及无政府社会主义，皆极朴实说理之文，自谓无一字无来历。Chicago IWW 者，无政府革命党人机关也，攻击社会党殊剧，独深敬佩马君，数请演说。马君亦能进尽言，不为唯阿，尝痛斥无政府党中之暴动分子，以其阻碍社会主义之进行，罪恶与政府及资本家相等。无政府党人或假黑手党名义投书恫喝之，马君一笑而已。

　　无政府主义家在美洲者，何尔君（Alee Horr）最以宿学见称。何君盖匈牙利人，与近世自由土地学派（Free Lander）之元祖黑自卡（Theodore Hertzka）为至交，著作等身，从事英、德、法文无政府党报记者二十余年，尝自揭橥为中和无政府主义（Fabian Anarchism）。其夫人美人也，故常居美。何君固主张有机关有契约说者，却不以巴苦宁及克洛泡克金之主义为然。尝语余曰，巴、克一派乃革命的共产主义，非无政府主义，往在伦敦曾与克君辩论至数十反，克君最后贻书即自承认余说，欧美学者多能知之。而不谓东方之无政府党人乃皆宗共产为嫡系，而反斥独产为异端，真愤愤也。言下喟然，属余为撮译其书。而其书乃至艰深而不易读，惟有请俟异日耳。

无政府党人多出产于专制酷烈之俄国，故反对者恒言曰，无政府主义，非自动的主义，乃反动的主义而已。其言固不尽然，其事则实如此。而此中尤多有声名有势力之女党人，如前纪之阁曼君（Emma Goldman）即全球轰动一老名下，而最近复有崭然新露锋铓一妙龄女儿，则马库罗莎君（Rosa Markus）是也。罗莎亦俄人，而产于纽约，其父本急进革命党，自西比利脱狱潜来。幼受庭训巴苦宁学说。十岁入中学，明慧绝人。十四毕业，即著一书，名《虎口肉》（*The Tiger's Jaws*），痛论美国公学制度之不良，而归本于无政府主义。一时舆论靡然，销行至五六万册。嗣后游行演说，所至倾其市人。《母地球》（*Mother Earth*）杂志亦时有论撰，行文谨严简练，如老师大儒。而为人则倜傥风流，巾帼而有须眉气。余尝在演说场中见之，其身裁态度乃无一不肖傅文郁。傅文郁者，中州女子，幼曾从余问字。辛亥以来，运动革命事业，投身社会党、国民党。善辩而敢为，是其所长。惟学问无根柢，行止无检束，人皆诟病之。前年为北京暗杀案嫌疑，袁政府以二万金购逮入狱。经多人百计救出，复冒险北上。事败，东走扶桑，日文报纸以女荆轲目之。罗莎乃恰与神似，而学问及行止却迥非文郁所及。文郁今年已二十，罗莎则甫十有七耳。后生可畏，前途万里，然文郁不知求学，而罗莎则鼓吹之暇，日手一编，能纵读俄、英、德、法诸籍，将来造就更未可量也。

社会主义学说
（1914 年）

近读《民声》、《正声》、《牺牲》、苏门答腊诸报纸及内地同志之来函，深喜国人对于社会主义、无政府主义研究之心久而倍热。惟以流派复杂，异议纷纭，坐生歧路之悲，转益望洋之叹。不揣谫陋，辄就年来见闻所得，感触所及，略述一二。借释怀疑，并代答覆。

一、“共产”、“集产”之名义及其区别

“共产”二字，由西文 Communism 译来，此无疑义。“集产”二字，则或由 Collectivism 译来，或由 Cooperation 译来，用者不一。Cooperation 乃近似社会主义一种工作营业之方策，其生产分配机关，并非悉归公共，不过资本家兼为劳动家，质言之，即股东自为工人或顾客兼为店主而已。余旧作《洪水集》所引“集产”名词，多有作此解者，读者不可不察也。至 Collectivism 则近人所取以与共产主义并列，分为两大宗。鄙人曩者或亦有此失，及今覆加研究，并参之载籍，质之交游，则知此名词与“共产”之名词实无严重明晰之界说。有谓“共产”为总名而“集产”为专名者，又有谓“集产”为总名而“共产”为专名者。大抵“集产”之名词发生较早，含义较广；“共产”之名词则自万国劳动同盟宣言始认定采用，特别表章之。而一般论者著者，尚任意沿袭，无有区择，实相通非并列也。其尤奇者，近人多谓社会主义是集产主义，非共产主义；无政府主义是共产主义，非集产主义。更为误会中之误会。此等误会，源于日本人，成于孙中山，而断案则定于刘师复，鄙人亦与有罪焉，不敢讳也。语其实际之历史，则“集产”、“共产”两名词，古来本无界说。自一八四七年万国劳动同盟成立，马克斯始专用“共产主义”之名词。自一八七二年万国劳动同盟分裂，马克斯派始专用“社会主义”之名词，巴苦宁派始专用“无政府主义”之名词。又以

"无政府主义"之名词对于财产之主张无表示之含义，而又不愿袭马克斯已专用之"共产主义"之名词，一时乃反采用"集产主义"之名词以示异。其后见马克斯派习用"社会主义"之名词，而不复仍用"共产主义"之名词，于是乃又转而采用"共产"之名词，合称为"无政府共产主义"。故知两名词之区别，属历史的性质，不属学术的性质。若单就"共产"、"集产"中西字义推求之，固无从索解也。而此实际之历史，取舍互异，分合无常，两名词乃益缪辖混淆，不可究诘，使我东方学者目眩头晕，唇焦笔秃，千辛万苦，始终搔不着痒处，真闷杀人。

二、社会主义各派对于财产之主张

谓社会主义是集产主义犹可通也，谓无政府主义是共产主义不可通也。盖无政府主义苟不与共产主义合称，则对于财产无任何主张之表示者也。近人或谓集产主义是各取所值，因之谓社会主义亦是各取所值；谓共产主义是各取所需，因之谓无政府主义亦是各取所需。按各取所需自 According to needs 译来，以为无政府共产主义所表示之定义。各取所值，自 According to deeds 译来，以为社会主义所表示之定义。此在西文早经公用，而汉文"各取所值"之"值"字，译自 deeds 殊属不宜。Deeds 训"作为"，不训"价值"。盖社会主义对于财产之主张，除生产机关必归公共外，其分配法，言人人殊，约分数种。一、平均法，通称均产，其说最旧。一、需要法，即无政府共产主义所谓各取所需。社会主义未始不用之，而多数则主用各取所作为之说。惟此中又分数种，有时间标准法，无论何项工作，时间同则所得同；有勤劳标准法，即按劳心、劳力之程度分量，精密计算之；有牺牲标准法，凡污秽幽苦之职事，勤劳少、时间少而所得独多，是也；有结果标准法，不问时间、勤劳、牺牲如何，惟以工作结果之价值定所得之比例，此乃真所谓各取所值。而才能卓越者，独优游而占便宜，诚自然界不平等之现象，未尽善也，社会主义家亦多不赞同。今以"值"字译"作为"，以此一派之学说赅括社会主义，并赅括集产主义，诬先辈而误后人，所当明辨而切戒也。

三、无政府主义与共产主义根本上之冲突

"无政府主义"之名词，由 Anarchism 译来，源出希腊文，Ana 训"无"，Arche 训"治"，故译为无治主义最佳。其所信仰，纯以个人为前提，所谓完全独立，均等自由。至对于个人与个人之关系即社会的关系，则以相互扶助为枢纽，有亲爱而无强权，有合意而无法律。如阁得文氏（W. Godwin）、如斯梯涅氏（M. Stirner）、如托尔斯泰氏（L. N. Tolstoy）、如特克氏（B. R. Tucker），皆其代表也。此与以社会为前提之共产主义，一属消极，一属积极；一属离心，一属向心。在论理上实无可以同时并行之道。自巴苦宁派倡为无政府共产主义之学说，克鲁泡金益发挥而光大之。一方主张极端个人主义，一方主张极端社会主义。如以共产为目的，以革命为手段，实社会党人事，非无政府党人事也。盖共产必需法律，革命必用强权，而法律与强权固无政府主义所不许。夫法律与强权本各有广狭二义。就广义言，凡有机关与契约，即有法律与强权，亦即含有政治的性质与政府的作用。近时无政府共产主义家既知机关与契约的必要矣，则机关行动之事，即政治也。机关管理之人，即政府也。契约，即法律也。制行此契约者，即强权也。而无业者请他往一语，尤强权之明证矣。恩格尔氏（F. Engels）之科学社会主义，其结论曰，从来政府为统治人民之机关，后此政府则为整理物件之机关。试问无政府共产主义，非认此整理物件之机关之存在者乎？如此则无政府共产主义亦有法律，有强权，是即社会主义矣。此就广义言之也。就狭义言，则矫伪之法律，军武之强权，社会主义固绝对的反对之。即所主张之社会革命，其进行手段亦只以大同盟总罢工为唯一之戎装。过此以往，如暗杀、暴动等事，则无政府党人或为之，而社会党人不为也。经济之组织革新，政治之根柢全变。科学社会主义之结论又曰，燎原之火，可以为炊；杀人之电气，可以疗疾。喻一切势力之在世间，其本质无善恶之可言，惟视人之能否利用而已。政治何莫不然？又曰，社会全体掌握生产机关，阶级及国家自归无用，不待废止，立见消灭。试问无政府共产主义，非欲阶级制度、国家制度之消灭者乎？如此则社会主义亦无法律，无强权，是即无政府共产主义矣。此就狭义言也。总之，个人的无政府主义，既格于事实而不能行；共产的无政府主义，又悖于理论而不可通。向尝窃窃疑之，近见西籍中个人主义及社会主义皆有反对无政府共产主义之著作，惟国人苦鲜知之，特略发大凡，以启学者自由研究之渐，勿徒震惊其名而盲从之可耳。

四、社会主义各派进行之方法

社会主义各派进行之方法颇不同，兹特用评论法括为数种，举其梗概，详其利弊，大约如下。甲、政治运动。此实各国社会党一致进行之方法也。盖近世所谓文明各国之政治，皆由宪法、国会、政党而成立而措施，故欲取和平稳健之途径以贯澈所主张，惟有组织政党，以战胜国

会，以改革宪法，果能达到大多数之目的，则国家与社会之组织，政法
与经济之制度，均不难以过半之公意变更之。据十年来，各国社会党之
报告，则增加之率，愈近愈速，所谓大多数者，或为将来所必至之一
境。盖除最少数之贵族、富豪、地主、教徒及极端保守党外，固皆有吸
收或提携之希望者也。语其利，一则折冲坛坫之间，制胜庙堂之上，无
意外之失败，无不幸之危险。二则取大多数之同意，借大多数之厚援，
而后改革而后实行，无临时之阻力，无事后之反动。语其弊，则未得大
多数以前，政治、经济之性质与作用，常含有制造罪恶之特质。入其中
者，往往与之同化，而失所把持。既得大多数以后，一恐此多数中意见
纷歧，又生决裂。二恐有人假大多数之名义与势力以自行其私。乙、军
武革命。此所谓堂堂之阵正正之旗也。劳动家之平民对于资本家与政
府，俨然敌国，正式宣战，揭社会革命之宗旨，采政治革命之成法。语
其利，则直捷了当，彻底澄清。语其弊，未成功则牺牲太多，祸变太
烈，水深火热，得不偿失；既成功则少数之暴民或武人专恣于上，多数
之反对者、旧势力者孽牙于下，更迭起仆，流血相逐，法兰西之恐怖时
代可为前车。丙、同盟罢工。此政治社会党以外最通行之唯一方法也。
盖政治运动过于迂缓，军武革命过于激剧，惟此较为折中。语其利，则
实力抵制，有挟而求，制资本家之死命，而不害人类之生命，直接行
动，组织机关，去政治之劣点，而仍保政治之优点。语其弊，一则人心
不齐，储备不足，难于持久。二则普通工人无战斗之能力与器械，不禁
军警之干涉。三则交通停滞，金融恐慌，资本家折阅尚微，而一般人之
损失反大。故用之增加工价，减轻苛待，一部分一时期之事，尚可收相
当之效果。若所谓大同盟总罢工者，则其事之难成，较之政治上占大多
数而尤甚也。丁、暗杀暴动。所谓直接行动，破坏工夫，急进社会党及
革命无政府党之惯技也。其言曰，破坏者，惟一之建设也。又曰，暗杀
一二人，暴动三数日，其直接间接之影响，甚于言语文字之功用数十百
倍，此所谓利也。其弊则不可胜言，或暗杀一二人，而展转被杀至无数
人；或暴动三数日，而反覆牵动至无宁日。历史成例，数见不鲜，可为
毛戴也。戊、模范殖民。自由社会党及温和无政府党所主张。志同道
合者，自由结集而成。又分两种，一、有机关契约的团体，不啻一雏形
之国家，特原本公意变更形式而已。一、无机关契约的团体，因个性之
发展，以合意为连锁，不假造作，一返自然。此皆所谓乌托邦，所谓极
乐土也。发自理想，见之事实，无习惯之拘束。遁世无闷，自为风气，

无外界之侵占。此其利也。然人群演进，终不能复为古初简单之生活。借曰能之，是退化矣。其弊一。交通或名胜之区，吾人既未从着手。至于荒僻险阻，天造草昧，则经营缔造，又断非少数之人力与时日所能遽期其完成。其弊二。虽曰无习惯之拘束，然个人之根性习染终不能划除净尽。且纯任思想，则各有主张，筑室道谋，必事半功倍。其弊三。虽曰无外界之侵占，然世界之交通往来，终不能永久谢绝。而同化公例，常服从多数，一齐众楚，或有始无终。其弊四。欧美各国数十年来从事模范殖民者不可数计，而皆如一现之昙花，是可鉴也。若三五素心，乐数晨夕，山深林密，耕田读书，如古所谓避世之隐君子，固个人生活自由之极致，而非所论于积极的社会主义者也。己、鼓吹传布。此实一切方法之根本方法，任何进行，必采用之，且有百利而无一弊者也。以学理为根据，以智识为前提，以教育为凭借，以言语文字为作用，以转移心理制造舆论为彻上彻下工夫，以言论、出版、集会三大自由为保障，随时随地随人可行者，惟此而已矣。综而论之，以上六事，除鼓吹传布外，余者皆利弊互见。语有之曰，两害相权取其轻，两利相权取其重。而其利害之轻重，则各因历史、地理、民族、周围事情种种之关系而万有不同，不可执一以概论也。且吾人夙信历史的惟物论一切现象皆循因果相生之定律，而所谓当然者，乃皆不得不然，若虚悬一定见而是非可否之，无当也。审是则知六事者，各有其特别相宜之时与地与人，而吾人平日所用之方法，则惟有据超然的公例，自由选择其最通常之一则，其有特别事件，原不可逆亿计之。况六事之间，互有关系，或分途而并进，或相反而相成。胶柱鼓瑟者愚也，是丹非素者妄也，学者戒之。

五、鄙人从前之学说

鄙人从前之学说，今日自己观之，亦有不尽惬意处。一则切磋无人，读书太少，趋于理想而忽于实情。二则输入伊始，阻碍万端，为便宜说法计，而傅会古人及迁就时势之弊，皆不免焉。惟除以全党代表名义发布各件外，大体自信无讹，始终亦尚一贯。乃近时论者颇肆讥评，虽间有药石之言，而未得症结所在，不知其果误会耶，抑别有用心也。鄙人本自附于社会主义，其于无政府主义非反对亦非主张。惟尝创为三无之说，无宗教、无国家、无家庭，而对政治、经济之意见，则明白宣布土地、资本、机器三者当归公有，教育、实业、交通三者当归公营，军备、赋税、刑罚三者当由减免以达于消灭。至政治、法律名词，本各有广狭二义。鄙人一方承认广义的政治与法律，即有管理之机关，有合意的契约是也，谓之有政治有法律可也。一方排除狭义的政治与法律，即如现世制度主治与被治阶级之政治，及少数人强迫多数人或多数人强迫少数人之法律是也，谓之无政治无法律可也。或者所甚疑者，则遗产归公一节，似乎仍许私有财产之存在，而不知鄙人本有土地、资本、机器公有之说，遗产归公者，在土地、资本、机器未尽公有以前，则假此为破除一切私产制度之简便手术。盖政治运动、军武革命、模范殖民三事，皆须旷日持久，若遗产归公，则随地随时随人可自由行之，无流血之惨变，无外界之干涉，而既归公者自不更归私。此管理遗产之公共机关，即将来共产社会之实地试验场，而为国家制度之政府之瓜代人。此一义也。在土地、资本、机器既尽公有以后，而个人生活享乐之费用物件，无论其由何种分配方法得来，若积之太多，传之甚久，则必又成为一种私有之财产矣。惟注定遗产归公，然后财产及家族之恶弊可以断绝根株，永无萌蘖。此二义也。故遗产归公者，未共产时代为共产之一种进行法。而所谓遗产者，即含有土地、资本、机器之私有财产也。既共产时代为共产之一种补助法，而所谓遗产者，则除去土地、资本、机器之私有财产也，读者当可释然矣。此外如《民声》杂志所引拙著《洪水集》有曰，无机关无契约之世界，能安居乎？能进化乎？此真研究学理之言耳。乃彼既承认所主张者为有机关有契约，则即鄙人所承认为能安居能进化者矣，而偏丑诋之，以为反对无政府之证据。夫即使鄙人向者此言果为反对无政府，并为反对有机关有契约之无政府，然能安居乎、能进化乎二语，亦只属怀疑质问之词，自命无政府主义者固当解释而辩明之，为能安居、能进化之答案。况其意固与彼等主张全同，而顾代改为不能安居、不能进化之完全肯定式，反以武断鄙陋等字詈人。又如教育、实业、交通三事，鄙人主张社会公营，彼自命无政府主义者，亦主张社会公营，则又全然同意矣。而顾代为揣度曰，语意之间，一若如何，因复以诳语盲吠等字詈人。观此两条，则若而人者，果有可与研究此学理之资格之价值与否，尚为未经先决之一问题，故此文一切不论及也。

中国社会党略史
（1914 年）

一、缘起

辛亥端午，余在杭州女学联合会演说，题曰"社会主义与女学之关系"，是为中国有社会主义演说之始。六月十五日，假地上海张园，开社会主义研究会，是为中国有社会主义团体之始。是日《社会星》发行，是为中国有社会主义杂志之始。九月十五日，社会主义研究会改组中国社会党上海本部，是为中国有社会党之始。中华民国元年二月一日，《社会日报》发行，是为中国有社会主义新闻纸之始。

社会主义研究会乃一广义的社会主义之团体，开成立会时，来宾到者四百余人，签名为会员者五十余人，男女皆有之。时处满清专制政府下，不能发表吾党政治上之主张，惟作为学术的集会而已。其工商同志诸青年又别有惜阴公会之组织。迨武汉起义，上海于九月十三日宣布独立。其又明日，余以社会主义研究会发起人名义，召集特别会，提议改组社党，发表党纲八条，全场通过，即假惜阴公会为上海本部事务所，余被公推为部长。至民国元年一月，仅十日间，而本部党员至五千余人，江苏、浙江两省支部成立者至二三十起，可谓神速矣。

中国"党"字向为普通名词，而非固有名词，且向为他人指斥之名词，而非团体自称之名词，有之自本党始。中华民国初成立，君宪政党既归消灭，民宪政党尚未发生，即同盟会亦仅为革命机关，而非政治上正式的集会结社也，有之亦自本党始。故本党不但为中国有社会党之始，实为中国有党之始，又为中华民国有政治集会结社之始。其后各党会离合无常，起仆相嬗，本党始终不改党名，不改党纲，不并吞人，亦不并吞于人，比较的最有长期间之历史者矣。

本党人数之多，在中国各党会中，当时亦居第一。自成立至解散，不足二周年，而签名为党员者至五十余万人。但此中真能了解且信从社会主义者，实居最少少数，而其最大多数，则因大革命时突受异常之激刺，发生一种好新好奇心理，而传染成为风气，一唱百和，莫知其然。在本党以普遍鼓吹为前提，不啻输布社会主义之广告公司。与其进也，归斯受之，虽未了解，虽未信从，而既已签名，既已入党，即不难驯进于了解信徒之境。其性质有似教会与学校，殊不可以资格、程度、流品等限制之。而与他政党之专欲利用多数盲从附和之人，以运动选举之胜利者，其目的又不同。但人数太多，分子太杂，而风俗犹此风俗，人心犹此人心，其假公共名义以自便私图，因个人行为而贻羞全体者，亦颇有之，不容讳也。

一、主张

本党之党纲八条，系为按照中国当时事情，切合人民一般心理而作，故不能尽与纯正社会主义所主张者相符，亦不能尽与各国社会党所主张者相符，并不能与鄙人个人夙昔所主张者相符。其后中华民国正式国会成立之日，本党复提出请愿书八条，意在立见施行，所言尤为浅近，兹仅各举其纲领如左。原文例证繁复，解释说明，不及备载也。

中国社会党党纲八条（辛亥九月十五日）

一、赞同共和　按此因当时中华民国尚未成立，而多数人犹持君主立宪之说，故有是言。且本党意谓共和尚非郅治极轨，特较善之政体而已。

一、融化种界　按此因当时五族共和尚未公布，而革命军犹持兴汉灭满之说，故有是言。且本党意在世界人种同化平等，不专指国中固有之民族而已。

一、改良法律，尊重个人　中国向承家族主义之极敝，近又袭取国家主义之皮毛，而法律上特蔑视个人，蹂躏个人，本党则认个人为社会之单位，而尊重之。其说后详。

一、破除世袭遗产制度　本党意谓世袭遗产制度，为社会至不平等事，实一切罪恶苦恼之根源，必须先破除之。至自身劳动所得，则不妨仍属个人私有权，但以有生为断，死则仍归之公共社会中。

一、建设公共机关，普及平等教育　本党意谓经济之不平等，由于智能之不平等。智能之不平等，由于教育之不平等。自初生至成人，无贫富贵贱男女，当由社会公共机关一致教养之。

一、振兴直接生利之事业，奖励劳动家　中国贱视劳动，习惯游惰，或虽非游惰，而舍本逐末，仍为分利之人。本党意在资本公诸社会，劳动普及个人，有分业，无差等，各尽所能，互受其利。

一、专征实地价税，罢免一切税　本党采用亨利·乔治单一税学说，凡人力所生，皆不征税，此在中国颇易实行。

一、限制军备，并力军备以外之经营　各国同苦军备，而中国之虚縻为尤甚。本党意谓简练一小部，留为警察之用，其余费用，宜悉数移拨经营教育、实业、交通、慈善等事。此等事果皆能于世界占优胜之地位，虽无军备，谁敢侮之。

中国社会党请愿国会书（中华民国二年三月三十一日）

一、实行普通选举。

一、普通平等教育。

一、专征实地价税。

一、重征遗产税，限制相续法。

一、废止死刑、肉刑。

一、限制军备。

一、奖励劳动。

一、废止婢妾制度，限制娼妓营业。

一、组织

甲、本部支部　本党并非完全政党之组织，故其本部不置于首都之北京，而置于发起最早、党员最多、交通最便之上海。其余无论省县乡村，地域之大小，不依政治上区划管辖之关系，凡有会员五十人以上者，皆为支部，直接本部。各支部事权经济，独立平等，不受本部之节制。除联合会所公决之规章各条外，一任各支部便宜办理。凡党员欲发起支部者，须自赴本部或经他支部介绍本部，由本部发给认许证，俟成立时，再报告本部，由本部发给该支部之图记。嗣后每月须将人数、经费、事务逐一照式填表报告本部，并提出经费收入全数百分之五，津贴本部。本部按期寄送机关杂志新闻于各支部，并随时通知公布各事件。各支部言论行事，须以本部为标准。

乙、联合会、党员会、干事员会　联合会每年一次，各部各举代表，在本部举行，以本部代表为主席，公议本党全局问题，及一年内进行之方针，并修订规章，选举党总代表，即本党主任干事。如遇特别事故，得由本部召集临时联合会。党员会每月一次，干事员会无定期，均在各该部举行。

丙、党员　无论何人，不须介绍，但亲赴本党各部写具履历书、志愿书，皆得为党员，由各该部发给证明书收执。无论至本党何部，其义务、权利相同。党员言论行为有反对本党、败坏本党之事，经党员弹劾，干事员调查得实，由本部宣布除名。党员既除名，若亲赴本党各部写具悔过志愿书，并得党员五人以上之证明书，由本部宣布，得再为党员。

丁、干事　本党不置党魁，通称干事。每部选举主任干事一员，对于党员负责，自行嘱托书记、会计、交际、庶务四项干事，无定员，经各该部党员认许，对于主任干事负责。干事公费之有无多寡，各部便宜办理。主任干事不职，经党员弹劾，多数通过，另行选举。其余干事不职，经党员弹劾，多数通过，由主任干事另行嘱托。惟本部主任干事兼有代表全党总持各部之责，如有不职，由各支部提出弹劾于联合会，多数通过，另行选举。其任期皆一年。

戊、经费　党员入党，纳特别费，每月纳经常费，均无定数。由各该部收存应用，每年募集基本预备金一次，由各支部汇交本部收存。非经联合会议决，不得应用。

一、事业

甲、社会主义研究会　本党成立，此会仍存，专为同人相互讨论学理之机关，本部、支部皆有之。

乙、演说会　凡分两种：一种系本党同人向党外人演说，就中又分普通、特别两种。普通者每星期日举行，特别者无定期，每年一两次。一种系本党特请外国同志或党外同志向本党同人及党外人演说，无定期。

丙、编译会及印刷厂　编译会设于本部，专编译各种社会主义之书籍。印刷厂由第二次联合会各代表发起，未及成立。

丁、杂志新闻　本部有《社会日报》、《人道周刊》及《社会党月刊》，党员陈止澜、李怀霜、张客公、徐安真、盛国城、白蘋洲诸君为主笔，各支部共有杂志新闻约五十余起，惜经费不继，多作辍无常。其余党员自办之杂志新闻，及党员在他杂志新闻为主笔者尤多。又从前国民党各杂志新闻，大都为本党之特约机关。

戊、平民公学　大革命后，余首以本党名义创设平民公学于南京部，教育贫寒男女小学生，不收学费，并供给冠服书籍文具。其后各部多有仿办者，共有百校以上。以余所见，北京、南京、苏州、扬州等处，成绩最佳，各有学生二三百人不等，其余党员自办学校及从事教育职业者，几居全数十分之一云。

己、育婴堂、幼稚园　同人以破除家庭制度，建设公共机关，必先从育婴堂、幼稚园入手。党员私人自办者，有十余起，惟规模均不甚大。

庚、音乐队及新剧团　同人热心新剧，投身伶界者，不乏其选，而进化团、开明社、新剧同志会，主要之人物，皆本党党员。周游各省各部，颇受社会欢迎。去年开明社一行三十余人，由本党本部介绍往重庆部演剧，闻现尚在四川一带进行。

辛、流动部　党员陈冀龙君，发起流动部，代表本部，周游各处演说，并奏音乐，演影戏，所在发起支部甚多，后陈君随余北上，此事乃一时中止。

壬、女子参政同盟会　女党员林宗素、唐群英、张馥真、张昭汉、陈鸿志、张汉英诸君发起女子参政同盟会，北京、上海为总会，各省多有分会，会员共计万人。本党女党员居十分之九，北京、上海、武昌等处并附设女子法政学校。

癸、工党　党员徐企文君，发起工党，上海设总部，各省设分部，党员十余万人，多兼隶本党者。其后徐君主张激烈进行，运动军队革命，渐与本党乖离，然一般工党党员仍与本党之关系不绝。

子、世界语会　本党首先提倡世界语，机关杂志亦参用世界语，同人并发起世界语学社。

丑、万国社会党俱乐部　余与外国旅沪社会党人等所发起也，中华民国二年六月十五日第一次举行，嗣后每月一日、十五日夜会食蔬席。中外男女同志，无论主张何派，无论已未入党，得人介绍，均可到场。每人膳费五角。其宗旨则讨论学理、协助进行、交通消息、联络感情四条。自由演说谈话，最有兴味。余及英人查克逊君（Mr. J. Gackson）被举为书记。

寅、义赈协会　本部党员叶士菁君等，因浙江温处水灾所发起之临时机关，假本党各部附设收捐处，并推余为名誉会长。后改办慈善协会，别为独立永久之团体。

卯、兵燹救急会　第二次革命时，本部同人所发起之临时机关，推余为名誉会长，党员朱兆松君等为干事，并设分会于南京，一时收养之男女难民至十余万人，战事平后停办。

辰、《人道日刊》　第二次革命时《人道周报》馆被毁停版，改办临时日刊，纪载战时惨状，鼓吹人道主义，反对武力解决，战事平后停办。

一、解散

中国朝野间，向来误认社会主义为危险恐慌之名词，社会党人为破坏暴乱之分子。故自统一政府成立，对于本党，久存疑忌之心，而一般官僚及资本家复从而媒孽之。然本党仍得照常进行者：一因革命初成，民气正盛，不便遽事摧残。二因本党无竞争政权之野心，且言论行为亦均无可乘之隙。三因余与袁总统本旧相识，且政府及社会尤多相知相谅之人。故中国北方发起支部者，叠受当地官厅之禁制，自余与中央直接交涉而后，一律成立。其一证也。本党第二次联合会时，有党员数人，嫌余主张过于温和，独立一纯粹社会党，鼓吹暗杀暴动之事。事为政府所闻，特颁命令，通饬各省，严行查禁。其实纯粹社会党，仅有上海法租界一机关，而本党各省支部，乃大受影响，所在骚然。经余通函各省当局，声明命令所查禁者，乃纯粹社会党，非本党。又向中央政府抗议，略谓纯粹社会党虽有扰乱秩序之宣言，并无妨害地方之实迹，不应查禁，亦不必查禁，云云。政府大不谓然。未几有宋教仁暗杀案及大借款不交国会通过案，南方舆论集矢于袁，国民党之激烈派谋举二次革命。民国二年四、五月间，本党两次召集特别大会于本部，认宋案为法律问题，借款为政治问题，均不适用武力解决。然舆论激昂如此，足为国民不信任政府之确征。一面电袁，请自引罪辞职，以明心迹而谢天下。一面电黎，请主持全国军队中立，勿干涉此法律与政治问题之事。一面电国会，请速提出弹劾政府案，以免南北之决裂。一面联络各省商会、教育会，奔走运动，为釜底抽薪之计。乃其事终于无效，而国民党疑本党为政府左袒，政府疑本党为国民党前驱。且袁夙厚遇余，而余竟首倡引罪辞职之说，并促国会弹劾改选，故尤深憾余。七月杪，北京宣布戒严，本党北京部主任干事陈翼龙被侦探告讦逮捕。八月八日，以煽动内乱、妨害外交定罪枪毙。并以陈君一人封禁北京部，又以北京一部解散全国各部。时南北战事未了，正式总统选举事未行，政府方欲假此立威，为解散一切党会之入手。兹将北京军警执法处宣布陈君死罪之牌示，及大总统解散本党各部之命令，照录如后。大总统之命令一下，本党全国各支部均被当地官厅军队解散，法人产业悉数查抄，而党员之生命诛夷，家财损失，尤不可以数计。本部因在上海英租界，苟免此厄。

余一面电陈中央政府辩论此事之非理，一面订期八月三十一日，召集临时联合大会。奈交通隔阂，消息濡滞，届期各部代表到会者仅百余人。公议推举代表请愿国会，质问政府；本党本部仍继续维持，为全国交通总机关；各支部任举一人，担任通讯事宜，一切直接本部。余被推举出国旅行，别置本部主任干事，而取消总代表名义。时内地同志逃避来沪者纷纷，不能不勉为赒济，而本部处恐慌时代，索债者闻风四集。筹备应付一清，乃移交各册籍于新干事，本党于是乎暂告一结束矣。

中国无政府主义之活动及余个人之意见
（1914 年）

中国古哲学家有如黄、老、杨、墨之说，多属个人无政府主义或共产无政府主义之思想。庄子所谓圣人不死，大盗不止，剖斗折衡，而民不争，其代表也。此外主张无政治无法律无机关无契约者，往往而有之，惟无此名词耳。光绪、宣统之交，吴稚晖、李石曾、张溥泉诸君创设《新世纪》周报于巴黎，实华文无政府言论机关之先河。先是余曾倡导三无主义之说，即无宗教、无国家、无家庭是也，尝投稿此报中，未几因费绌停刊。迨共和成立，张溥泉竟投身国民党，当选为众议院议长，其同人多不直之。于时有刘师复者，本政治革命党人，尝谋刺广东提督李准，未行而炸药暴发断臂。后又谋刺袁世凯，领得革命党巨赀，亦未行，转而倡道无政府主义，与其同志数人在广州立一晦鸣学舍，传布世界语及华文无政府主义之书报。又立一心社，有戒约十二条，一不食肉，二不饮酒，三不吸烟，四不乘轿及人力车，五不用仆役，六不婚姻，七不称族姓，八不作官吏，九不作议员，十不入政党，十一不作海陆军人，十二不奉宗教。中国社会党第二次联合大会时，有非政治派者数人，与余共立一研究无政府主义之学会。而党员沙淦者，则别立一无政府之社会党，专以攻击本党为能事，惟附和者不过数人。其后沙淦因冒充红十字会募捐被拘，复因他案处死，此党遂消灭。而刘师复亦因毒毙军官李世桂之嫌疑，自广州而澳门而上海，现在东京出一世界语及华文之周报，名曰《民声》，鼓吹激烈进行。以上即中国无政府主义活动之现状也。余极信仰社会主义，而亦极喜研究无政府主义。故无政府主义之入中国，余亦为其介绍之一人，惟所主张则以无宗教、无国家、无家庭为度，而未尝倡言无政治，特将来之政治，决非如现在之政治耳。余尝斟酌于政治万能与政治罪恶之两说，以为政治本有两种性质：一种曰国家政治，一称官治，如军备、赋税、刑罚等是，此实政治罪恶之源泉也，宜用消极主义，俾日即于简单；一种曰人民政治，一称自治，如教育、实业、交通等是，此实政治万能之枢纽也，宜用积极主义，俾日臻于繁备。设必一切扫而空之，试问将来成何景象。若更有组织，则即仍有机关，亦即仍有政治矣。若更无组织，则人类能否生存，社会能否进化，无论谁何，不能下圆满之答案也。故就目的而言，余取有机关的。至于进行之方法，无政府主义以暗杀暴动大破坏为先锋，余则大不赞成。夫无政府主义所不两立者强权耳，今以暗杀暴动大破坏进行，是以强权攻强权，在理论上则自相矛盾，在事实上则激起反动，恐无益而有害、欲速而反迟也。事之不成无论矣，即使幸而有成，而旧强权推倒后，新强权之同时消灭与否是一问题。新强权消灭后，旧强权之乘间再起与否又一问题。无论谁何，亦不能下圆满之答案也。故就手段而言，余取非强权的。若以广义论之，或可称为有机关非强权之无政府主义。但余并不欲混用无政府主义之名词，而无政府主义者恒故混用社会主义之名词，已为一般人所习见习闻也。沙淦不名其党曰无政府党，而曰社会党，不名其主义曰无政府主义，而曰纯粹社会主义，曰极端社会主义，此固别有用心。乃刘师复既痛诋社会党与社会主义，又痛诋纯粹社会主义与极端社会主义之名词，而亦自称其主张者曰完全社会主义，曰真正社会主义，而反谓社会主义之原始人圣西门、卡尔·马克斯所主张者非社会主义，不太离奇乎？鄙意社会主义、无政府主义既已分离，不妨各行其是。惟两者原出于一本，距离非远，同点甚多，对于外界异党，断宜互相提携，互相劝勉，方合吾侪身分。若如沙淦、刘师复辈，专心致志以攻击社会党为惟一之天职，阋墙不已，忠告无灵，余虽决不屑为反唇之讥，而未尝不深引为吾道之憾已。

中国古来社会主义之思想
（1914 年）

　　语曰，人同此心，心同此理。故古今东西之学说，往往不谋而合，不约而同。而凡一学说之能成立流传发达者，亦必犁然有当于人类同具之心理。惟以历史地理之各殊，虽大同而不无小异。社会主义之学说，固近世之出产品，且西洋之输入品，而其类似之思想，则中国古来有之，然穿凿傅会攘为中国固有之学说者妄也，若深闭固拒斥为中国绝无之思想者亦妄也。尝欲刺取经史百家之记载类似社会主义者，倡为《社会主义述古》，有志而未逮也。兹偶举一二，供吾演说之资料，分为三事证明之。

　　一、学说上

　　孔子曰，四海之内，皆兄弟也。又曰，天下一家，中国一人。又曰，平天下。又曰，天下国家可均也。又曰，不患寡而患不均。又曰，大同之世，不独亲亲，不独子子，使老有所终，壮有所用，幼有所养。货恶其弃于地也，不必藏于己。力恶其不出于身也，不必为己。故路不拾遗，夜不闭户。又曰，人失弓而人得之。百姓足君孰与不足，百姓不足君孰与足。其余黄老之学说似托尔斯泰，庄列之学说似布尔东、巴苦宁，王充之学说似柏拉图，孟、荀、申、韩、管仲、商鞅之学说似国家社会主义，杨朱为我似个人无政府主义，墨翟兼爱似共产无政府主义。若斯之类，不可胜举。

　　一、制度上

　　井田之制度，二十授田。六十归田。二十以下，上所长也。六十以上，上所养也，即遗产归公。且山林沼泽，均公有也。又有力役之征，即近世所谓征工制度。学校自天子之元子以至庶人之子皆同入大学，即教育平等。三老、五更则公共养育之一端也。以至盐铁专卖、青苗、保甲等事，皆国家行政之近似社会主义者。又同姓则有祠堂，同乡则有会馆，同业则有公所，以及善堂、义田、社仓制度，皆地方自治之近似社会主义者。

一、风俗上

内外分治，各尽所能。饮食同席，各取所需。谚有之曰，你的就是我的，我的就是你的。哥老会、雷公会等尤足表现此种精神。此外则宗教、种族、国家等界限皆社会主义进行之障碍也。而中国人有宗法有教育而无宗教，故宗教的观念不完全。中国人种族最杂而同化作用又最大，故种族的观念不完全。中国人于"国家"二字向无定义，或视世界为国家，或视朝廷为国家，或视邦域为国家，故国家的观念不完全。自他方言之，三者为中国人之缺点，自社会主义者言之，三者实中国人之优点也。

总之，社会主义之思想，中国古来有之。而与泰西不同者，一多属理想的，而未进入于科学的；一多属道德、伦理、政治方面，而未注重于经济方面；一多属哲学家、文学家、政论家，而未普及于实业家、劳动家。此所以社会主义之学说，其成立、流传、发达皆较泰西为后也。

中国革命之概观
（1914 年）

中国上古之时，君位皆由禅让，且及身而止，有共和民主之意。自夏以来，传子传世，君主专制之局成。而其末叶，则必有革命者起而代之。历史相沿，始终不变。□清定鼎之初，民族恶感戟刺异常，革命思想旷代流传，乘机爆裂，太平天国之乱，其最著者也。惟前此皆为中国历史上旧革命思想，而孙逸仙倡导民族、民权、民生之说，则以改革政体为重要之目的，是为世界历史上新革命思想。同时又有主张君主立宪者，其势力亦颇与革命党相颉颃。此两种新势力皆发生于□清末叶外患急剧之时，而构成中国近二十年之历史。间尝各区养成、猛进、反动、回复等时期观察之，则得极有趣味之比例如左。

一、光绪二十年，中国败于日本，朝野大惊，思想骤变，为两种新势力发生之时期。

二、自当时至光绪二十四年四月，废八股，兴学校，奖游学，立报馆，保国会于以成立进行，为第一新势力（假定为君主立宪党）养成时期。

三、光绪二十四年五月至八月约一百日间，第一新势力之代表康有为、梁启超等不次擢用，变法极速，为第一新势力之猛进时期。

四、自是年八月西太后临朝，六烈士弃市，康、梁出走，新政推翻，至光绪二十六年五月约三年间，为第一新势力之反动时期。迨信用拳匪，排斥外人，而反动乃达于极点矣。

五、光绪二十六年七月，联军入京，清帝西狩，和议幸成，而新法复起，至宣布预备立宪之谕旨，康、梁个人虽未复用，康、梁学说则已盛行，直至宣统三年七月，约十年间，为第一新势力之回复时期。然自拳匪之乱，清廷之威信全失，君主立宪之说已不如民主革命之说之动人，而同盟会、光复会于以成立进行，故同时又为第二新势力（假定为民主革命党）之养成时期。

六、宣统三年八月，武汉革命党起义，至中华民国元年，约一百日间，而南京之共和政府成立，第二新势力之代表孙逸仙被选举为临时大总统，至南北统一，为第二新势力之猛进时期。

七、自中华民国元年三月，孙逸仙退位，袁世凯被选举为临时大总统，唐绍仪内阁一倒，官僚党、君主党渐次起用，至二次革命失败，国民党解散，孙、黄出走，为第二新势力之反动时期。迨政党、国会、《约法》、自治团体、司法制度相继取消，迄于今日，而反动亦几达极点矣。

自右表观察之，可得两种新势力之比例。第二新势力之养成，较第一新势力为长，其猛进即较第一新势力为剧，而其反动亦较第一新势力为甚。以此推之，其回复也，必较第一新势力为迟。而既回复也，必较第一新势力为久。但有猛进必有反动，有反动必有回复，此乃物理自然之定率，不可以苟免者也。若欲安步直进，而免此迂回挫折之苦，则惟以制造心理，转移舆论，求大多数人思想普及为第一根本要义。盖当戊戌变法之时，君主立宪之思想未普及也，故康、梁虽猛进一时，而终有西太后之反动出焉。辛亥革命之时，民主共和之思想未普及也，故孙、黄虽猛进一时，而终有袁世凯之反动出焉。西太后、袁世凯实当时大多数旧势力之代表，非一私人之能事也。然反动力达于极点，则第二反动力又起，所谓回复是已。夫迂回挫折，固大为国计民生之不幸，然欲安步直进，则又有人寿几何之叹。且思想之普及，有时亦必假猛进之势力为后援，而其功乃尤速而大也。故西哲有言，万事有渐而无顿，又曰进化为螺旋体。而事实往往不能如理想之圆满，此中若有不可思议之造化。迫人必入于迂回挫折之途，而不能以自脱，而猛进，而反动，而回复，如扁舟之下瞿塘，如六马之走峻坂，虽欲操纵而控制之，其效亦已仅矣。天地不仁，刍狗万物，何其酷也。

至于社会主义之在中国可称为第三新势力，其发生在第二新势力养成之时期，其养成在第二新势力猛进之时期，今与第二新势力同受反动之压抑，其猛进当在将来第二新势力回复之时期。至于反动如何，回复如何，则当视其猛进如何为比例，非此时所能逆料也。惟世界进化之结果，最新之势力必占最后之胜利，此则吾党所当自信而自奋者矣。

中国革命之原因，虽由种族之恶感与政体之变更，而究其实际，仍从经济问题而起。盖中国种族最杂，同化作用又最大，满人入关二百数十年，已为汉人所同化殆尽。其持复仇主义者，不过倡道革命之少数人，且假借名义为号召之便利而已。至于共和政体之思想，则尤居少数之少数。然而武汉一役，各省从风者，实因大多数人迫于生计之困难，而希冀革命一成，可以增进其生活之程度而已。前清末叶，朝野空虚，真有四海困穷天禄永终之象。一因外债稠叠，利息繁重。二因洋货充斥，现金外溢。三因宦途拥挤，人骛分利。四因实业幼稚，民多游手。总之外国资本家侵入之结果，鲸吞蚕食，精华无几。政府与人民又皆不思根本的救济法，饮鸩止渴，剜肉补创，至死而不悟。其后邮传部倡铁路国有之说，近似国家社会主义之政策，不知当时人民对于政府已无丝毫信用心。而政府专任亲贵，滥借外资，尤动全国之公愤，于是乱事遂一发而不可收拾矣。民军初起，豁免租赋，广招游民，颇能得社会一时之欢迎，而根本的救济法仍讫未着手。其生活程度之增进，不过少数军官及军人，而大多数人自革命以来外债愈加多，实业愈停滞，生命财产直接间接之受其损害者尤不可胜计，国利民福，愈趋愈远。此等意外之失望，相反之结果，不啻心理上之自杀，而反动力乃得间以行之。吾人观于第一次革命所以遽成与第二次革命所以遽败，以为皆经济问题之枢机，今则人民对于革命信用与对于政府之信用同降于冰度，而所谓根本的救济法，乃愈不能不重望于社会党人。惩前毖后，尚慎旃哉！

中国劳动家现状
（1914 年）

中国劳动家可便宜分为数种，现状之大略各如左。

一、普通工人

中国机械工业尚未十分发达，故非机械工业者谓之普通工人，俗称手艺工人。其中细分行业，各有专科，有三百六十行之说，最大者如建筑、缫丝、织布、染坊、陶冶、顾绣及木器、漆器、五金器之工匠皆是。陶冶俗称窑业，以江西景德镇、湖南醴陵县为特盛。缫丝、顾绣以江苏、浙江两省为特盛。漆器以福建为特盛。此等工团，少者数百人，多者数万人，分业而治，比屋而居。他如成衣、理发等日用工业，则遍地有之。各行规则不同，而皆有公议之机关，名曰公所，亦曰会馆。同行醵赀成之，公推值年董事数人管理，每年春、秋大会两次，各行奉祀其首先发明此业之人。会时除公议事件外，并迎神、演剧、宴饮为乐。各行多世其业，并收徒弟，以年龄十岁至二十岁为限，三年毕业。入学时须奉贽敬，毕业时须奉谢仪。此三年中，惟师是听，奔走给役，时遭夏楚，如奴隶焉。毕业欲称出师，已出师者谓之伙计，始有坐位，并领工资。工资至少者每月二三元，至多者每月十余元。去留转徙或自立业亦听自由矣。凡官吏有苛例，其示威抵抗之法，名曰齐行，即同盟罢工也。公议宣布齐行时，一律遵行，无有违异。非得董事之知照，不敢开门复业，虽官吏末如何也。此等行业之团体，其成立甚早，殆在数千年以上。即同盟罢工之事，见于历史者，亦已数百年以来矣。

一、工厂工人

工厂工人多属机械工人，其最大者则矿厂、铁厂、丝厂、纸厂、革厂、面粉厂、呢绒厂、烟草厂各业为特盛。此等大工厂，中国营业与外国营业者各占半数，而最高之工头大抵皆外人。每厂工人最多者有数万余人，如江西萍乡之煤矿，湖北大冶之铁厂皆是。其中阶级甚多，工资不一，至少者每月四五元，至多者每月二三十元。江苏、浙江两省之丝厂、纱厂则女工占十分之七八，每厂女工最多者有二三千人。各厂并多用童工，为其价廉，且多不给价者。工厂例不供食住，间有厂外特建余屋租与工人家属者。此等工人亦各有公议之机关，自工党发起后，尤多全体加入者，亦间有同盟罢工要求加价之事。虽不能持久，亦时奏功效。惟资本家之压制及管理者之钳束，自二次革命之失败，乃逐渐进步而不已，而凌辱女工，尤为恒事。以世界潮流卜之，将来或有溃决之一日也。中国各种劳动家中惟此项工人有一定工作之时间，至少每日八时，至多每日十四时。又有一定休息之日期，年节、庆典、星期皆放假，此外则除三节外无有也。

一、佃户

佃户农人亦工人也，可分两种。一种通称佃户，即承种地主之田，批立合同，订明年限。农具、肥料、食住（住处多有地主代备者）皆由佃户自备，收获则各得其半，而租税由地主任之。又一种亦称长工，为地主所雇用，给以食住及工资，终岁勤苦，而所得极微，至少者每年四五元，至多者每年二三十元，其地位亦略与奴隶等。佃户交租欠缺或迟延时，地主往往控诉而拘囚之，并及其家属。亦间有抗不如约反客为主者，是视地主之势力如何耳。此外尚有一种曰短工，于农忙时雇用之。又附属农业如采茶、摘桑则女工为多。

一、行商

行商亦可谓之工人，即负贩是也。或一人或数人，或近在城市，或远涉绝边，无多数之资本，无一定之行栈，无确立之团体，以有易无，卖贵买贱，其所得或仅足供生活费及旅行费。曩者中国社会党人曾发起青年负贩团及女子负贩团，以游历地方、调查风俗、开通智识、传播主义为宗旨。虽不发达，尚可支持，惜推行未尽利耳。

一、佣人

佣人者，介于工人与奴隶之间者也。其地位一如奴隶，惟有契约，有工资，双方得自由辞退，此为不同。中国工资贱而游民众，故寻常人家皆有佣人，分为做厨、洗衣、跑街、拉车、伺候各种，而女子实居大多数，其中惟乳媪地位较高，车夫工资较优。□清时代官吏最多，佣人亦最多，一官吏之家庭往往佣人每至三四十辈，近则渐减渐少，然尚随处有之。其介绍之机关，北曰媒行，南曰荐头，双方交涉均此辈为之居间，其第一个月及每年三节，双方须各出工赀之半额酬之。工赀至少者每月一二元，至多者每月十余元，但主人交际往还及买卖物品佣人例得沾润，年节寿喜亦别有赏赐。富家之佣人恶习甚深，弊端百出，从前官吏之腐败，此辈实为逢恶之尤。此辈又有更用佣人者，俗称三爷，至今犹未尽绝也。

一、奴婢

奴婢者，古时惟以俘虏充之，后乃渐行买卖之制。终身执役，并及其妻孥。三百年来，佣人盛行，男子之买卖已绝，女子亦以未嫁为断。至前清末年，明定买卖人口禁例，奴婢已为法律所不许。惟其实际则买卖女子者仍所在有之。其销路约分三种：一曰妓。鸨母买之，使营丑业，而生厚利，除生活费无所与也，俟从良时，则其夫为之赎身，往往视原价数倍数十倍不等。一曰妾。丈夫买之，地位甚低，生子则贵，惟不得自由离婚。一曰婢。主人买之，此完全奴隶制度也。又分两种，一曰活卖。其家属可来探视，及年可加价赎回。一曰杜卖。生死不得过问，至其末路，或纳为妾，或卖与人。主人善良者，则遣嫁之，复其自由，亦有终身为婢者，其苦不可胜言矣。法律明文禁买卖并禁虐待，然习非胜是，积重难返，苟非社会革命，此辈劫运无终了时也。

中国女学古今谭
（1914 年）

一、男尊女卑之哲理

古往今来，各地各人种进化之程序与现象，无一不小异而大同。重男轻女之风，东西如一。近百年来，天赋人权学说盛行，欧美女子始渐趋于独立自由平等，然以积重难返，大半仍属空谈。中国一切文明皆较泰西为特早，惟女子之地位，五千年来无进步。礼教为之防闲，法律为之钳束，习俗为之鄙夷，悉根于历代相沿之学说。而此历代相沿之学说，又实由于上古哲理思想比例傅会之失实而传讹。曩尝著为专论，究其根源，至有趣味，兹撮要于此。中国经籍最古最神圣者莫如《易》矣，《易》有太极，是生两仪。两仪者阴阳也，举宇宙间形形色色均得以阴阳二类区别而概括之，故系辞传曰，天尊地卑，乾坤定矣。卑尊以陈，贵贱位矣。动静有常，刚柔断矣。又曰，乾道成男，坤道成女。又曰，乾阳物也，天下之至健也。坤阴物也，天下之至顺也。说卦传曰，乾天也，故称乎父。坤地也，故称乎母。又曰，乾为天为君为父，坤为地为母。总之以天属阳，又以男比天，天位在上，于是凡尊贵刚强吉德之名词皆附焉。以地属阴，又以女比地，地位在下，于是凡卑贱柔弱凶德之名词附焉。此等哲理思想，盘据人心，信仰深固，成为学说，立为礼教，制为法律，衍为习俗，于是人类之半数乃长沉沦于无形地狱中。三代以前，女子尝为俘虏品。其后或蓄为奴隶，生死惟命；或用为货贿，交易各得；或饰为玩具，缠足美观。最惨忍者，至有溺女不育之事。直至前清末年，始明文禁止缠足及买卖人口，则历来女界黑暗幽苦之情状可想见矣。

试征之《礼》，《郊特牲》篇曰，妇人从人者也，幼从父兄，嫁从夫，夫死从子。再征之《诗》，《小雅·斯干》篇曰，乃生男子，载寝之床，载衣之裳，载弄之璋。乃生女子，载寝之地，载衣之裼，载弄之瓦。又征之字，女如也，象掩抑之形。妇伏也，伏于人也，又服也，服事人也，从女持帚。

二、多妻主义

中国向行多妻主义者也，《礼·昏义》篇曰，古者天子立后，六宫、三夫人、九嫔、二十七世妇、八十一御妻。蔡邕《独断》曰，天子一取十二女，诸侯一取九女，卿大夫一妻二妾，士一妻一妾。汉、魏以来，宫中设立女官，名位阶级不等，其实皆备进御。自唐讫清，踵事增华，宫人数在三千以上。而臣民妾媵之多亦远逾于古制，富贵家儿往往以十二金钗为美谈。至于买婢尤无限制，有至数十百人，往往见纳于主人，或始乱而终弃之。此辈以色事人，得宠则权势上驾乎嫡妻，失宠则践踏不齿于人类。民国法律犹公认婢妾之存在，惟禁止买卖，妾则准嫁娶，婢则准佣工之例，多妻制度固依然未革也。此事原因甚夥，试略举其数端。一因贱视女子，故贸易之道兴，而驱使之途广。二因俗以多子为瑞，故必多妻乃能多子。三因婚姻太早，且夫妻年齿相当，女先衰而男犹壮，故中年纳妾习以为常。四因社会经济问题，贫人无生资自养掌珠，而富人有余力广置篷室，妾婢之宗属或且仰此以为温饱焉。职是之故，多妻主义特盛行于上流社会士大夫之家，非唯取合古制，亦多财之效耳。基督教输入，倡导一夫一妻主义，惟教徒大多中下流社会，素贫且贱本无多妻能力者，其因宗教之信仰而影响于风俗者实甚薄弱也。

三、女子防闲之严

中国历来女子防闲之严，全球诸国，除突厥外，殆无其比。《礼》曰，七年男女不同席，不共食。又曰，男女不杂坐，不同椸枷，不同巾栉，不亲授受。嫂叔不通问，诸母不漱裳。外言不入于梱，内言不出于梱。女子许嫁缨，非有大故，不入其门。又曰，外内不共井，不共湢浴，不通衣裳。不通乞假。女子出门，必拥蔽其面。夜行以烛，无烛则止。道路男子由右，女子由左。又曰，女子十年不出。防微杜渐，避疑远嫌，至矣尽矣，兹偶举《春秋》二事，足见其实例。一班楚季芈未嫁女也，公宫火，有小臣钟建者负之而逃。其后议嫁，季芈曰，钟建负我矣，不可他适。卒下嫁之。鲁伯姬老寡妇也，公宫火，伯姬曰，女子无姆傅不下堂。竟以焚死。其愚真不可及矣。至战国时，犹有以嫂溺当否援手与孟子为辩难者。及今思之，此等事岂复成为问题哉。中国自来所谓礼教，皆令女子坚守深闺，不与世事，不见外人。上流社会富贵人家，婢妾愈多，防闲愈密。凡为女子，不啻生而即受终身监禁之刑。然而男女性欲秉自天然，遏抑甚则横决生，法网严则作弊巧。一方面制度日苛，一方面风俗日坏，故历观往史，亲属淫乱及因奸谋杀之事，尤剧于今日，且多出于帝王及士大夫家，而娼妓一业亦流行甚盛，皆此防闲之反动也，防闲亦何益哉？

四、古代之女学

中国三代之时，学术大昌，庠序林立，以经史考之，其普及之盛，实不亚于今日欧美，而化行俗美，或又过之，惟女子教育则毫无足观。其主义惟以养成家庭主妇为目的，其施教者惟限于母及姆傅，其科目则以四行（妇德、妇言、妇容、妇工，见《礼·昏义》）为主课，而治饮食、制衣服之事特注重焉。故《易》曰，主中馈。《诗》曰，惟酒食是议。《礼》曰，执丝枲，治丝茧。织纴组紃，以共衣服。观于祭祀，纳酒浆。笾豆菹醢，礼相助奠。所讲习者，如是而已。盖学校教育、社会教育皆女子所不得与闻，所恃者惟一特殊狭义的家庭教育，故智识、体魄皆无发展增进之机。况此特殊狭义的家庭教育者，亦惟最少少数所谓簪缨阀阅而又诗书门第者仅能得之，非可期之一般之女子。且自三代以后，阴教不修，家庭教育又愈趋愈下，德育则取汉曹大家之《女诫》七章，唐宋若莘《女论语》十章，唐郑氏《女孝经》十八章，明孝文皇后《内训》二十章，合称女四书，为章句记诵之学而已。智育则烹饪、裁缝、刺绣以外，或涉猎诗词小品，及琴棋书画等事。体育则反矫揉造作以戕贼之，务以柔弱纤细为美。以上所举，犹为女界中最上上乘，其次者则惟以《三字经》、《百家姓》、《女儿经》为教科，又次则不能自识其姓氏者，殆居全国女子总数中十之七八。宋谚有曰，女子无才便是德。流俗相传，奉为宝律，故女子能文字者，或反自讳不以示人，惧蜚语之讥评，可谓甚怪事矣。

五、中国古来之名女

中国古时女学虽不甚注意，而女界名人则历代有之，惟大都以贞孝节烈著称，正史所有《列女传》，连篇累牍，皆此类也。至于正史以外记载女子者，又多关于美色或爱情之事。兹篇所述，务欲舍此两途，别求特种的人才，略分为数种。一、学问家，如伏生女之传经，曹大家之续史，其最著者也。一、词章家，如徐淑、谢道韫、上官婉儿、花蕊夫人、李清照、朱淑真，其最著者也。一、美术家，如蔡文姬之琴、卫夫人之书、管仲姬之画、苏若兰之织锦、薛灵芸之刺绣，其最著者也。

一、政治家，如战国之无盐后、君王后、隋之谯国夫人冼氏、唐之汧国夫人李氏、五代之司户参军黄崇嘏，其最著者也。一、剑侠家，如红线、红拂、聂隐娘、荆十三娘，其最著者也。此外如汉缇萦之请除肉刑，晋木兰之变装从军，宋梁红玉之桴鼓助战，亦皆彤史中之异彩，而尤为空前绝后之女界人物。则断推唐之武曌、明之秦良玉，一则自立为皇帝，临御数十年，而政治修明，文化发达；一则受职为总兵，统众数十万，而军威远震，边徼敉平。奇人奇事，不第中国历史所仅有，抑亦他国历史所绝无者已。

六、近代女学之发起

近代女学之发起，不能不推首功于各教会矣。五十年前，中国女子皆仅受家庭教育，即父母尊长之教育也；或家庭的学校教育，即各聘专师自设家塾，兄弟姊妹同窗肄业是也；或类似之学校教育，即私塾教育，自行束修附课肄业是也。惟此等教育，其性质其制度与近代之学校教育迥殊。而近代之学校教育，其能施及于女界者，则新旧基督教实倡始之。吾人固非宗教家，且极不满意于基督教徒在中国之举动，惟就事论事，功罪自有不能相掩者，此类是也。考中国教会女学最初在广东、澳门，渐而及于沿海各省太埠，江苏、浙江、福建皆颇盛，更进乃推广至于北方之天津、北京、奉天、济南、太原，中央之汉口、长沙、九江、安庆、重庆，于是西部亦骎骎普及矣。教会学校之通弊在偏重神道而不重国学，故学生多思想锢蔽，根性浅薄，毫无国粹之素养，不受社会之欢迎，设学最早而成材最少，其女学尤然。自西历千九百年，上海创办务本女学，于是中国南部始有独立的私立女学。千九百四年，北京创办女学传习所，于是中国北部始有独立的私立女学。其年直隶、江苏、湖北诸大吏先后创办女学，是为地方的官立女学之始。千九百九年，学部创办京师女子师范学校，是为中央的官立女学之始。千九百十年，学部并通咨各省一律开设女学，而私立者尤风起泉涌焉。自是以来，教会学校亦大革新大改良，以应时势之要求。其十年间之进步，较前五十余年间不啻倍蓰之，则观摩竞争之效也。革命前后女界大开通，女学亦大增加，惟旋起旋仆，多未能持久。乃翌年二次革命失败，全国复返于保守之旧辙，教育日趋颓运，女学尤极退化矣。

七、近年女子之风尚

革命者，除旧布新之猛剂也，惟变化太剧，故往往有反动随之。中国女界压抑已久，忽然开放，有如发狂，矫枉过正，势所不免。自社会党女党员发起女子参政同盟会以来，选举代表，赴南京参议院及北京参议院两次要求，均无效果。而此外奇特之团体名目尤繁夥，如女子北伐队、女子国民军、女子军事讲习会、军事后援会、女子尚武团，则关于军事者也；女子参政急进会、女子法政学校、女子法政讲习所，则关于政治者也；爱国妇女会、女子慈善救济会、赤十字社，则关于慈善者也；女子进行社、女子负贩团、女子植权公司、女子新剧社，则关于商业者也。此等团体，大抵以上海为中心，其发起及加入者，又多半社会党女党员，其举动称道既与中国固有之礼教风俗过于相反，而不肖者又或假此为放僻邪侈之行为。故论者以此罪女学，又以此罪社会主义。盖当时中国各大党惟社会党有女党员，且其义务、权利完全平等者也。自二次革命失败，社会党被武力解散，此等团体亦均以干涉而停止。女党员或雄飞国外，或雌伏闺中，一时匿迹销声，非复当年风气，惟慈善、商业各团体仍有继续保存者，然亦生趣索然矣。

八、中国女子教育之主义

中国女子教育，完全一家庭教育而已。近来虽有学校教育，然亦完全一家庭主义之教育而已，故其恒言曰良母贤妻，曰相夫教子。盖所谓女子教育者，并不以教育女子自身为目的，特为夫与子造成适当之补助人格而已。其后国家主义之教育大盛，其影响旁及于女学，于是女子教育似亦由家庭主义进于国家主义，故又有恒言曰，女子者国民之母也。然细绎其意，亦不以教育女子自身为目的，特为国家造成产出国民适当的补助人格而已。故上两者表面所称道虽各不同，而其实皆可名为补助人格之教育。余尝于演说场痛斥之，以为果采用国家主义之女子教育，则当曰男子国民也，女子亦国民也，今男子不曰国民之父，而女子独曰国民之母，是明明不视女子为国民矣。盖余对于女子教育之意见，自初迄今断然排斥家庭主义与国家主义，而主张世界的个人主义，即以造成世界上自动的个人为宗旨者是也。余一方面承认女子与男子各具特殊之天才，一方面承认女子与男子同处平等之地位。而此平等之地位，实建设于经济的基础上，故必以职业自由、生计独立为第一义。中国古来女子除卖身或卖淫外，几别无职业之可操。二百年来，始有为人家佣工执役者。二十年来，始有为女学或小学教职员者。人家佣工之职业太卑，而学校教职员之职业又太高，且惟此两途尤嫌太隘，故中等普通之职业必宜推广于女界。七八年来，女子渐从事于工业，以缫丝、纺纱、织布为大宗，全国不下十万人。三四年来，女子渐从事于商业，全国不过数百人而已。余则谓男子所知女子皆当知之，男子所能女子皆当能之。除娼妓外，女子无一不可为。除兵役外，女子无一不应为。此等理想，固与中国古代之礼教、近时之风尚格格不相入，即较欧美各国女学之成绩亦似更高一筹，窃深自信世界文化之衍进，人类思潮之趋归，终必至此。若教育界有责任者先事指挥而准备之，则牺牲之事愈少，而实现之期愈近。曩尝在一女学演说曰，轻女子者视女子为奴隶为玩品，不以人类视女子也；重女子者视女子为天使为神仙，亦不以人类视女子也。吾侪但当视女子为人类而已。轻女子者束缚之压制之，不平等也；重女子者呵护之供养之，亦不平等也。吾侪但当待女子以平等而已。且不第此也，即以旧义良母贤妻相夫教子言之，所谓夫与子者固俨然国民也，而为之妻为之母者所受之学校教育，乃仅以裁缝、烹饪、编物、造花、音乐、图画等等为能事，吾不知将何以相之，何以教之。故视女子为直接的国民无论已，即视女子为间接之国民，甚至真正欲达其补助人格之教育之目的，亦非改良现在学校之方针而不可得也。闻者以我言为何如？

中国氏族考
（1915 年）

中国自太昊、伏羲氏正姓氏，别婚姻，始有世系可考。三代以前，姓氏分为二，男子称氏，妇人称姓。姓生而有之，氏则受自天子或诸侯，传之冢子，有罪则夺除之。氏所以别贵贱，贵者有氏，贱者有名无氏。姓所以别婚姻，有同姓、异姓、庶姓之别。三代以下，氏姓通称，而女子多不称名，但称其姓曰某氏。兹综姓氏之缘起，约可类分之如下。一曰以国为氏，如唐、虞、夏、商、江、黄、秦、晋等皆是。二曰以郡为氏，如红、蕲、番、郴等是。三曰以邑为氏，如尹、苏、毛、樊、单、甘等是。四曰以乡为氏，如裴、陆、庞、阎、郝、尸等是。五曰以亭为氏，如糜、采、欧阳等是。六曰以地为氏，如傅、蒙、杨、关、东乡、西门、南野、北郭皆是。七曰以姓为氏，如姚、姜、姬、嬴、任、伊皆是。八曰以字为氏，如孔、方、贡、施、颜、童、公羊、子叔皆是。九曰以名为氏，如伏、轩、禹、汤、汪、金等是。十曰以次为氏，如孟、仲、叔、季、祖、祢皆是。十一曰以族为氏。如左、景、索、党、掌、赏等是。十二曰以官为氏，如史、籍、帅、寇、司徒、司马等是。十三曰以爵为氏，如皇、王、霸、侯等是。十四曰以技为氏，如巫、屠、甄、陶、卜、匠等是。十五曰以物为氏，如蒲、苻、车、冠、儿、窦等是。十六曰以谥为氏，如文、武、庄、严、闵、厉等是。十七曰以系为氏，如王子、公孙、仲孙、叔孙、原伯、申叔等是。十八曰以恶为氏，如莽、枭、鲸、愎等是。

中国姓多一字，其二字者谓之复姓。复姓本甚少，其后多有删改为一字姓者，惟外族译音之姓多二字、三字至有七八字，然其后亦渐删改，至今存者绝希。（译姓有避中国姓字者，有制中国姓字者。）外族姓氏宋以前大别为代北、关西两种，内包苗族、氐族、羌族、羯族、匈奴及契丹、鲜卑、突厥、回纥、沙陀、吐蕃而言。宋以后有辽、金、元、西夏诸外族侵入。元为蒙古姓，金为满洲姓，一称女真姓，西夏又有党项诸姓，至清而八旗姓益多，惟多不称姓，而取其名之第一字代姓以为常。海通以还，欧美诸国人亦多音译其姓为中国字，如元之马哥孛罗、明之利玛窦、罗明坚、庞迪我、熊三拔、龙华民，清之潘如白、汤若望、南怀仁，其最著者也。

姓氏虽同而宗派则异，如贺氏、林氏、鲍氏、郭氏、裴氏皆有三，王氏、高氏皆有四，刘氏、元氏皆有五，杨氏、卢氏皆有六。又有姓氏虽异宗派则同，如京氏即李氏，恽氏即杨氏是也。

改姓之故可分数种。一曰赐姓，又分两种，一赐亲臣，多赐宗姓，谓曰国姓，一赐降番，或赐宗姓，或赐他汉姓，如汉代之赐姓刘，唐代之赐姓李，明代之赐姓朱，其最著者也。又赐恶姓于罪人或被征服者，如英布改黥氏，孙秀改厉氏，马何罗改莽氏，杨玄感改枭氏，皆是。二曰避讳，如籍氏避项羽讳改席氏，（以音似改。）庄氏避汉明帝讳改严氏，（以义同改。）师氏避晋景帝讳改帅氏，（以形似改。）姬氏避唐明皇讳改周氏，邴粲避唐讳改李氏是也。三曰避仇，如端木赐之后改木氏，又改沐氏，伍员之后改五氏，疏氏避王莽之难改束氏，牛金之子改宇氏是也。四曰省文，如蔓为万、莘为辛、随为隋、郭为章、鄤为禹、鄫为曾、郇为荀、桥为乔是也。五曰省言，如卢蒲为卢、钟离为钟、褚师为褚、司寇为寇、宗伯为宗也。六曰别族，如季氏别为季孙氏、傅氏别为傅余氏、葛氏别为诸葛氏是也。七曰音讹，如陈氏为田氏、韩氏为何氏、吕氏为甫氏、欧氏为区氏、虢氏为郭氏、郯氏为谈氏、共氏为洪氏、穆氏为缪氏是也。八曰夷变，如贺鲁为周氏、是娄为高氏、是连为连氏、拓拔、纥骨皆为元氏、悉云、宥连皆为云氏、独孤浑为杜氏、破多罗为潘氏、步鹿斤为步氏、拔拔氏为长孙氏是也。九曰养子，十曰承继，或以甥承舅，或赘婿为子，或变己姓，或兼己姓，如张罗、许邓、陆费是也。十一曰避恶，如氏改是、奚改稽、哀改衷、马矢改马皆是。十二曰冒称，如以吕易赢、以牛易马，及刘知远、石敬瑭皆是也。

氏族谱牒之最古者为汉刘向《世本》二卷，惜其书不完存。其余如唐何承天《姓苑》十卷，林宝《元和姓纂》十一卷，皆有名。而明凌迪刊《万姓统谱》一百五十卷为最多。宋王应麟有《姓氏急就篇》，编为歌诀，搜罗宏富，明王圻《续文献通考》分韵收姓，单姓三千三十八，复姓一千六百十九，共四千六百五十七。其通行者有宋《百家姓》及明廖用贤之《尚友录》，凡氏姓不在此二书者多改就之，故今存姓氏不过数百，而源流乃益纠纷不可考。

姓氏以外别有郡望，其制盖始于汉，所以明各姓之土著或封地也。分中国本部为九十郡，或一郡一姓，或一郡数姓，其宗派异者或数郡一姓，小姓、僻姓郡望多不详。今仍用之以别婚姻，凡同姓又同郡者不通婚。

中国古时各姓往往自为标帜，缀之衣裳。唐时此风为盛，至今日本犹存，谓曰纹。中国则自元以后，通行元押，每姓一式，凡署名签字辄泐之纸尾，后多雕为古铜私印，文人墨客特喜用之。

姓氏之学除专门家书外，每姓各有家谱，详纪受姓之始及世系分支，历代名号、年岁、婚姻、子嗣、迁徙、功业等等。大抵每三五十年辄增修一次，综其事者为祠堂。祠堂由全族公款建立，例举齿德行辈并尊者为族长，任期大抵终身。凡嫡传长子归总祠，余子、庶子或别立支祠。遇有修谱大典，族长通知本族子弟散居各方者，订期亲到或举代表或专员报告，襄助其事，并制定新世系名字。如有迁徙日久已入外籍者，则得自立一祠，或附入该处同姓之祠，乃与原籍之祠离绝。祠堂除修谱外，每逢年节，祭祀祖先，调处族人纷争觺觢之事，并为族人主婚及发丧，又以公款利子所入奖励科甲应试公车为宾兴费，及周给族人贫乏废疾鳏寡孤独不能自存者，实一共产自治之团体也。

中国人普通名字可分为三，第一为姓，第二排名，第三实名。排名所以别世系行辈之尊卑，每于修谱时，公议陆续选定十字或二十字，为此十代或二十代排名之用。此等字皆吉祥常用之语，多纂为诗歌，和声叶韵，以便记诵。凡男女初生，由父母命名，缀实名于排名之下，合二字为一名，向祠堂报告注册，谓之谱名。如有雷同者，族长命更易之。子孙临文往往避讳祖父之名，乃避实名，不避排名。对人称名往往只称一字，亦称实名，不称排名。各姓习惯间有实名在上排名在下者，又人或于谱名外更制一名为社交通用。

中国袭古封建之旧制，最重嫡系之长子，谓之大宗，又谓之伯子。嫡出而非长子谓之余子，庶出之长子谓之孟子，庶出而非长子谓之庶子，故稽中国谱牒之学，则嫡系必特详。各代帝王或传长或传贤，清代则传贤不传长，而世袭封爵仍以传长为常，惟除蒙古王公、西藏喇嘛、苗族土司均无分土分民。蒙古王公、苗族土司传长传贤其制不一。西藏喇嘛则无子可传，假托神道，拥立活佛，有纷议者，则掣签定之。此外则孔子之后称衍圣公。自汉以来，张道陵之后称天师，自唐以来，世袭最久，谱系亦最详。

孟子曰，不孝有三，无后为大。故中国人特重子嗣，无子者律许置妾，无定额。仍无子者，则继最近支中同行辈者之子为子，称所继者为父母，而称所生者为本生父母。又有兼祧者，得娶两妻，一属本生，一属所祧，或一妻而生有两子，则分属焉。此外有立甥为子者，有赘婿为子者，又有不立子而立孙者，更有养他人子使改从己姓为己子者，广东富人此风特盛，故血统世系益繁揉矣。

中国佛教出家者别取法名，例不称姓，不结婚。男曰和尚，女曰尼姑，往往冠以"僧"字或"释"字为姓。其衣钵相传，亦有世系，亦有排名，别为谱牒，兹所不论。道教则称姓而不结婚，亦以师弟行辈相传。其结婚者，俗称火居道士。近世倡无家庭主义者，亦不称姓，不结婚，不用排名。满、蒙人姓多不传，而用其名之首字为姓，今则多改冠汉姓矣。

将来之中国社会党
（1916 年 3 月）

避地以来，倏逾三载。朋旧星散，时局日非。耳屏国闻，口绝政论。目疏仓圣，手谢毛锥。舌耕余闲，惟综揽旁行斜上之载籍。亦非欲领博士学位，成象译专家。第以身世两穷，形神交病，物质快乐，既匪我思存，风雨嘤鸣，又阒其寡和，消磨华发，怡悦精魂，无聊极思，赖有此耳。献岁伊始，忽获尺楮，自坎拿大来，曰博吟社，为丐文也。且属以大同为主题，云将采入舆论一斑集中。乌乎噫嘻！今世何世，尚有舆论耶？今世何世，遑言大同耶？未数日而同志友谢英伯君复自纽约驰书，殷殷商榷中国社会党前途之进行。乌乎噫嘻！谢君谢君，以何因缘，谈及社会党事？以何因缘，谈及中国社会党事？自民军溃覆，中国社会党已成历史上之名词。自欧战肇开，世界社会党已成不合时宜之废物，其党徒已成不识时务之罪人，久矣久矣。今自命东方拿翁者，方汲汲规画子孙帝王万世之长业。攀鳞附翼，响应景从，遍九州而皆是。而寰球横目之伦，乘爱国热潮，亦人人思贡其最后之生命，以枕藉诸大英雄之马蹄。举世汹汹，若将终古，如社会党者，宁尚有句萌之时机，立足之余地，与夫研究讨论之价值也耶？仆所居为卜吉利市，在北美加利福尼州，一届九、十月间，则大雨时行，阴霾四布，沟浍汇为江河，衢巷沦为泽国，蠓蠛昼见，蛙龟跳梁，此抟抟者，若专为若辈飞鸣之世界。居人出必张盖，入则杜关，自秋越冬，迄于春始。亦既久而安之，有友自客岁负笈莅止者，初则咨嗟于湿蛰之不可耐，继乃驯习于潦行之不可免，终且绝望于晴晖之不可得。孰意比来气候骤变，雨期已过，丽日方新，万汇昭苏，群阴敛戢，花间蝶舞，枝上莺啼，截然别一气象。乌乎噫嘻！贞下起元之运，剥极必复之机，时乎时乎！当严寒而料量春衣，负骄阳而绸缪茅屋，或笑为多事，或讶其达天，吾人今日，毋乃类是。然使天演之公例可凭，人类之生机不绝，则流血相逐之恶剧，必无持久之理，倒行逆施之神奸，必有贯盈之时，特迟早间耳。向者中国社会党之成立，固按切当时时势之要求为招徕，其后有国界与无国界、有政府与无政府之争议迭起，逮被解散而犹未已。谢君亦尚以此为问，鄙见则断然持无国界而有政府之说。初意固是如此，今乃愈觉其然。盖"政府"二字，解作广义，只是机关，不关形式。虽政府之形式须大变，而政府之机关必终存，否则个人主义、唯我主义，非复社会主义矣。缘既云社会，已含有机关之意义，即含有政府之作用也。至于国家实近世一切罪恶之源泉，即政府之罪恶亦太半因国家之存在而存在，故当毅然破其界限而否认之。但进一步言，则"国家"二字亦有广狭二义，而狭义乃为其普通义，即有帝国主义、祖国主义、军国主义之一或二或三者兼备皆是，若如部落国家，市府国家，凡不属以上三主义性质者，固例外也。国家特著之大障阂，在军备与关税，民族之交恶，经济之不均，皆直接间接由此而起。国家界限未全破时，当先行国际裁判，而以军备公有为之后盾，如一国之警察然。当先许贸易自由，而以关税同盟为之先驱，如一国之统捐然。各国当重订国籍法，无论谁何，随地随时，自由入籍。一经入籍，义务、权利，在法平等，去之他国，亦得改籍，此尤水中调乳釜底抽薪之策，泯除畛域，融合感情，简单易行，功效最捷。余如异种之通姓，国际之集会，言文币制之统一，律度量衡之折中，胥前世纪来已引之端，而现世纪间必结之果。由国家的入世界的，何莫非社会主义自然之趋向乎？至于将来之中国社会党，或径标明为社会民主党，以避免无谓之论争。但须知者二事：一、共和不能赅民主之概义，不过民主一种普通政体而已，宜更加改革，力求向上，而勿以法、美现制为止境。一、投票不能尽政党之能事，不过政党一种权宜方法而已，宜采用各国社会党、劳动党章，政治活动与实业组织双方协进，而勿蹈各政党失败之前车。尤有极要之戒律，则悬今日欧陆社会党为炯戒，断不可迷惑于流行之国家思想，而牺牲其本来之无国界主张是也。主脑既定，大体无讹，纲领规条，兹可勿论。善哉博吟社！乃诇及大同，敢于结尾，特下断案：社会主义必为大同主义。凡非大同主义，即非社会主义。若国家社会主义专以国家为本位，无政府社会主义纯以个人为中心，皆不可谓为大同主义，故不可谓为社会主义。鄙见如是，质之博吟社，质之谢英伯君，质之一般舆论，以为何如？

陈英士诔词（代）
（1916 年 9 月）

　　民国五年五月十八日，陈公英士为共和革命军事被贼于海上。九月十日，在美侨氓追悼而诔之，其词曰：

　　惟帝降衷，人爱自繇。华彝均性，贵贱齐俦。辛亥义旅，倒戈建酉。曰公天下，匪寻世仇。公起富春，树牙淞渎。叔子轻裘，东山绿竹。入综工商，回翔甸服。展轮方驾，载羁骏足。神奸不戢，倏试凶锋。桃源浴血，群蜚剌空。帷幄再建，杼轴旋空。铩羽而下，东海之东。金马行天，碧鸡啸雨。名士渡江，将军卷土。公左右之，指挥旁午。独夫腐心，苍生抃舞。未悬太白，先坏长城。世无锄麑，乃戕赵卿。此椎可惜，不击暴嬴。宫车晚出，待公而行。黯黯新华，萧萧沪水。杳杳国魂，衮衮髦士。抟抟方舆，茫茫青史。千龄万代，同归于此。乌乎哀哉！

中国古来公学制度
（1917 年）

中国之有新式公学，虽不过近五十年事，然公学肇建，实为最古，且其制度历四五千年而未尝歇绝。偶撮其要，分述三章：一、科举以前之公学制度。二、科举以后之公学制度。三、书院或地方公学制度。其私学家塾不与焉。

一、科举以前公学制度

中国公学建自五帝（2953—2205 B. C.），统名成均。（用《周礼注》董仲舒说。）虞（2255—2205 B. C.）分上下两庠，即大学、小学也。上庠兼养国老，即爵德并尊之老人。下庠兼养庶老，则庶官及死事者之父祖也。上庠在西郊，下庠在王宫之东。夏（2205—1818B. C.）改名东序、西序，养老、习射胥于是焉。殷（1818—1154B. C.）改名右学、左学。天子曰辟雍，诸侯曰頖宫，有水环之，辟雍内方外圆，頖宫内方外半圆，皆大学也，战功受成、释奠亦于是行之。又设瞽宗为教乐舞之所。周（1154—255 B. C.）承四代之制，立五学于京师，辟雍在中，天子承师问道及养老更则就之，南成均学德，北上庠学书，东东序学舞，西瞽宗学礼。（用《周礼订义》郑锷说。）其在地方则二十五家为闾有塾，五百家为党有庠，二千五百家为遂有序。自天子之元子以至庶人之子，皆八岁入小学，十五岁入大学。（用程颢说。）同学序齿，以大夫致仕者为父师，士为少师。新谷已入入学，距冬至四十五日出学。其教科，小学则以六艺，大学则有六礼、七教、八政等科，春夏秋冬各异其业。大司徒领小学事，大司乐领大学事。每乡每年举行乡饮酒乡射等礼，乡大夫率其俊秀执事，使不率教者观感之，不变则移而教之，又不变则屏而远之。三岁一大比，乡大夫论乡之秀士升之司徒曰选士，司徒升之太学曰俊士，统名造士，皆免徭役。大乐正论造士之秀者以告于王，升之司马曰进士。司马论进士之贤者以告于王，而定其论，然后官之。任官然后爵之，位定然后禄之。故其时官吏皆出于公学，而学校之制实与井田相辅而行，乃中国古文明之黄金时代也。战国至秦，周法坠地。汉元朔五年（132 B. C.）始设博士弟子员于西京。元始三年（3A. D.），始立郡学，并制定郡国曰学，县道邑侯国曰校，乡曰庠，聚曰序。四年，王莽奏立辟雍。后汉建武五年（25），起太学于东京。中元元年（56），复明堂、灵台、辟雍古制。明帝亲临行养老、习射、饮酒之礼，躬自讲经，诸生问难，圜桥观听者亿万人。永建六年（126），重修太学，凡二百四十房，千八百五十室。熹平四年（175），刻石经于太学门外。当东汉末，太学生三万余人，内有六十岁以上者百余人。魏晋以来（起220），虽经丧乱，此事不废，至北魏元氏（386—552）冀［异］族入主中夏，而崇儒兴学，一时称盛，尤足多也。

二、科举以后之公学制度

自汉、魏时（起206 B. C.），公学而外，进身之路甚多，如选举、论荐、上书、征辟、试史、纳粟皆是，然犹以公学为正途。隋大业二年（606），建进士科，为科举制度之始。唐代因之，定科目考试之制，有秀才、举人、明经、进士等级。沿用至清，于是用人渐以科举为正途，而公学乃变为科举之补助教育机关，其规模、名额不复如前代之盛，然制度固始终存在也。唐（608—905）制京师设六学，而皆隶于国子监。定额国子学生三百人，太学生五百人，皆贵胄。四门学生千三百人，则庶官子弟。别有律学生五十人，书学生三十人，算学生三十人，又有宏文馆学生三十人，崇文馆学生三十人。其职官则国子监祭酒一人，司业二人，总领各学事。国子监博士掌教五人，助教五人，主讲四人。太学博士六人，助教六人。余略称是。其都督府州县各设学，学生定额八十人至二十人不等。国学入学年限自十四岁至二十五岁，分年肄业，各有定程。旬假一日，假前博士考试。读千言，试一帖，讲二千言，问大义一条。总三条，通二为第，不及有罚。年终通考，口问大义十条，通八为上，六为中，五为下。三年下第，九年无成及不率教者罢归。每年五月有田假，九月有授衣假。二百里外给程，岁中违程过三十日、事故百日、亲病二百日，皆罢归。学生入学具束修，用绢加酒脯。在学皆食廪饩，衣紫衣。贞观二年（628），设立孔子庙于国学，为孔庙与公学合并之始。十三年（639），全国有学舍千二百区，高丽、百济、新罗、高昌、吐蕃皆遣子弟入国学，国学生凡八千余人。大历元年（766），重修国学，用钱四万贯，又贷钱于民而取其息，谓之青苗，以供学费。宋（960—1126）制凡学皆隶国子监。太学内舍生三百人，外舍生二千人，上舍生百人，成绩佳者可递升补。每月小试，二年大试，上等授官，中等殿试，下等省试。大中祥符四年（1011），立乡校。天圣元年（1023），赐学田，是为公学有学田之始。嗣后学费大宗多取给于学田，略返周代井田学校之遗制。宝元元年（1038），立郡学。庆历三年（1043），立四门学及武学，改南京府学为国子监。四年（1044），诏州县皆立学，赐锡庆院为太学号舍。治平初（约1064），制定十岁入小学，二十岁入大学。熙宁初（约1068），太学生徒二千八百人，皆给食费，并置官医。元丰元年（1078），诏遣诸路州府学官五十员，即今视学也。二年（1079），定太学生舍为八十斋，斋各五楹，容三十人。上舍生三百人，外舍生二千人，亲贵听讲额二百人。月一私试，岁一公试。岁赐缗钱二万五千，又取州县田租屋课息钱为学费。崇宁初（约1102），诏天下兴学，皆行三舍法，又增设书、画、医、算四学。南宋建炎元年（1127），置国子监于临安，考试用积分数法，五十五分为及格，分等升级。辽（907—1168）、金（1115—1234）、元（1260—1328）皆设国子监，金并设女直国子学、女直府学，元并设蒙古国子学、回回国子学。至元二十五年（1288），天下立学二万四千四百余所。明洪武初（约1368），立南京国子监。八年（1375），诏郡县闾里皆立社学，选太学诸生年长学优者三百六十人分往各郡教授。十六年（1383），奏淮府州县学每年贡一人，在翰林院考试，中式者入国子监。又诏民间自立社学，有司不得干预。二十二年（1389），日本奏遣官生入学国子监。二十五年（1392），琉球奏遣王子入学国子监。诏增修号舍，以居诸生之有家室者。永乐元年（1463），立北京国子监，又于两京皆立武学。清踵明制，顺治四年（1647），诏各省立大中小学。直至新式学校建立时，各省府厅州县皆有儒学，奉祀孔子于大成殿，谓之学宫，资以学田，设教谕、训导等官而统之于学政，学政简自中央，每省一人，三年一任，盖以考试官兼学务官者也。每月朔望，例集生员行谒圣礼，春秋丁祭，其事尤隆。又有廪生月给廪饩，佾生专司乐舞，惟各学但具议式，不重讲贯。且诸生必经科举，乃得出身，故科举之途日尊，而公学之制乃日坏矣。

三、书院或地方公学制度

书院之名，始于南唐升元中（937—943）江西庐山之白鹿洞。盖当时宇内扰乱，未遑诗礼，国家立学，仅存具文，故贤士大夫退而聚书讲学于名胜隔绝之区，从者恒数千百人，实兼图书馆与学校两性质。本私立也，其后绅衿资助之，官府奖励之，朝庭褒异之，遂成为一种地方公学。宋太平兴国二年（977），诏赐监本九经于白鹿洞书院，又赐石鼓书院额。大中祥符二年（1009），应天府民曹诚造学舍百五十间，聚书数千卷，诏赐应天府书院额。八年（1015），赐潭州岳麓书院额，增赐中秘书。是为宋初著名四大书院。盖皆乡党之学，而其田土之锡，教养之规，乃远过于州县之学。（用马端临说。）嗣后四方闻风兴起，自都会以至村僻，多有书院，一县之境至二三十区，一城之内或四五林立。建筑费、经常费皆出于地方公产之收入，纯为自治制，不经官吏手。延聘四方硕彦或本处绅耆主之，名曰山长。山长有束修，学生有膏火。或寄宿膳或否，各处不一其例，亦不一其额。大抵每月朔、望聚会一次，山长演说。会课考文，山长命题，或经义、策论，或诗文杂作。无论何人皆得入试，山长评定甲乙，约分三等，一等得奖赏金，二等得奖赏文房具，三等为落卷。有膏火之学生屡列三等，则黜去之，而补以他人。每数年辄选最优文卷汇刊行世。乡有大事，亦多假书院为礼堂或会场，而以山长为主席焉。此书院制度之大略也。自宋以来，凡名儒大师几无不主讲书院者，其位望至崇，其流风亦至远。至于清末，此风未泯，如北京之金台书院，南京之两江书院，直隶之莲池书院，湖北之两湖书院，湖南之岳麓书院，广东之广雅书院，实当时文化之中心，即今各新式学校亦多由书院改建者也。通而论之，上古之世，用人皆由公学，故公学极盛。自汉以来，异途错出，而公学渐衰。自隋以来，科举专行，而公学尤衰。公学既衰，而科举又不足以得真才，于是有心实学者，或私家传授，或聚徒讲贯，然无机关则难持久也，于是书院制度出而代之。书院制度成立，公学之精神遂由国家公学移于地方公学，而国家公学乃仅为崇拜孔子之教堂。中国数百年间学术赖以绵延不绝者，书院与有功也，书院实古式公学已废后新式公学未兴前一绝大教育行政之事业。在华基督教初设学堂，亦名书院，如北京、南京美以美会之汇文书院，上海圣公会之约翰书院，汉口之文华书院，九江之同文书院，皆其最著者。盖当时中国通俗无学堂学校之称，但名书院，故彼等亦袭用之，今则皆改称大学矣。夫书院之于中国重要如此，而外人或仅闻其名，未详其制，或并其名而未闻，华人今日竞言公学，亦鲜有留意书院之始末及其关系者，故特著之。

右文多本作者记忆及意见草创点缀而成，阅者欲知中国古来公学制度者，可参观以下各书：

杜佑《通典》卷十三至卷十八。

郑樵《通志》卷五十八至五十九。

马端临《文献通考》卷四十至四十六。

《图书集成·选举典》卷七至十七。

外舅刘公墓志铭
（1918 年 1 月）

乌乎！先外舅斡卿刘公卒后七禩年，绍铨乃得自北美合众邮词以铭其墓于长沙。此七年中，身世万变，先府君先公二日弃养，绍铨闻讣欧陆奔丧江宁。阅年而革命军起，嗣是政府更造，中原鼎沸。长沙适当南北之冲，生者宛转于兵戎，死者不安其窀穸，盖久而后能葬也。乌乎哀已！公系出江右望族，父南阳公在赣为乡贤，在豫为名宦，又当时醇儒也。庭训勖公希圣希贤，而不徒以科名事功为亟亟。南阳公之言曰，有过唯恐不自知，有善唯恐为人知。公拳拳服膺，故终其身无赫赫之行，而国计民生保全者大，识者谓其有台辅风度。至于出处之慎，取与之严，尤与挽近仕宦人异其趋。公服官农部，久长司曹，历办赈捐，监督南新仓、西仓、丰益仓，总办湖南厘金局、官矿局，皆世俗所见为膏腴之地也。处之累四十年，年终或至断炊，长物悉付质库，领俸而食，赁庑而居，身后治丧之资犹有待而后举焉。乌乎！此岂常情所能推信者哉？绍铨犹忆在甥馆时，公尝以手评《近思录》相畀，其书历劫而幸存。庚子之乱，公处北通州重围中，读书治事如平时。联军攻入，全城糜烂，公以无守土责，从容挈家人徒步出走。仆役皆冒死相从，用命惟谨。绍铨私心赞叹。公养气有素，得人甚深，造次颠沛，其效立见。入夜投止荒村，乞得麦饭一盂，沸水一尊，公亲调和与众分食之。藉稿而卧，仰视星斗，微声吟哦，犹顾儿女作慰藉语，若不自知在患难中，从者亦且忘其在患难中也。绍铨少故跅弛，公恒裁抑之，顾属望甚至。庚戌夏间，绍铨将西游，省公于长沙。一日偶偕观剧，公笑谓曰，人世如剧场，纷纷者皆备节目砌末之用，所谓正角者，全幕仅一二人而已。今海内多事，中国且为新剧场之中心，汝宜勉为正角，否则宁勿登台也。绍铨闻言汗下，期期不能作一语，至今思之，不登台之言验矣。孤负厚期，摧痛何极！公仪表修伟，广颐丰下，正色耸立，有泰山岩岩气象。性故卞急，而接人特温恭有礼。躬行忠孝，严事兄嫂，抚兄弟子犹己子，笃于风谊，孤寒多所周恤。配李夫人，尤贤淑能内助公。公尝曰，吾处忧患而能自乐，处贫乏而能有余者，李夫人力也。幹卿公字，讳启翰，江西新昌县之天宝乡人，新昌今改宜丰，南阳府知府讳拱宸公弟二子，生道光丙午十月二日，卒宣统庚戌十一月六日，中光绪丙子举人，任户部员外郎，改湖南候补道，葬长沙东门外龙塘冲。子三：长钧，云南普洱道尹。次煦，早卒。次昂。女三：长蓉寿，适婺源戴氏。次云寿，适绍铨。次静寿，未字。孙男十，孙女十一，外孙男女各三。公寿六十时，绍铨尝为序其行事甚详，文佚不传。今屏居绝国，楮墨久废，往往终岁不作一字，顾铭公之墓所不敢辞也，谨为铭曰。

懿欤我公！先民之遗，末世之师。和光有耀，同尘不缁。庸德庸言，可歌可思。才弗卒用，功弗竟施。魂返太虚，魄藏于斯。激风厉俗，视此铭词。

与朱鼎言领事论修侨史书
(1919 年 6 月)

径启者：

美国人卡南奇氏近捐巨款，设会调查各国侨氓情事。芝加哥大学社会学教授为此西来，访问华侨历史及现状。鄙人苦于语焉不详，特偕诣三藩市中华会馆及各团体参观，搜集材料，亦复不得要领。因思华人通美，时经百年，往来者数万人，居留者数百埠，而统计报告，未有专书可资依据，文献散佚，数典而忘，非唯治国闻者之憾，抑亦有司与行人之羞也。内地各省县向皆有地志，意美法良。前年鄙人返国，为美政府搜罗此籍，现已陆续运到二千余部。今年暑假应聘往华盛顿国会图书馆，为之分类编目，用便检阅。今卡南奇氏又有此举，外人于我，调查搜讨，其勤如此，我当何以自处乎？兹幸执事硕学通才，总领侨事，鄙意宜及此倡议，特设专局，创修侨史，记述既往，垂示方来。车中无侣，偶拟大纲，借备采择。事果成立，鄙人甚愿承乏纂修，为五年来海外投荒留一鸿爪。至于进行方法，容俟核夺决复，再以条陈。勿猝布达，即颂政祺。

一、此事应由驻旧金山总领事馆、中华会馆、中华商会协同提议，各团体代表公决施行，并申请公使馆立案，以昭郑重。

一、应在中华会馆附设修志局，专治此事，其主任即由上三公团之代表充之，担负一切事务上之责任。

一、应由主任公请纂修若干人，担负一切文字上之责任。

一、此书应命名《美国华侨通志》。若兼记英属坎拿大，则命名《北美华侨通志》。若更兼记中美、南美诸国，则命名《美洲华侨通志》。

一、此书系属官书，体裁款式应仿各省通志之成例，但于图表写真，应采用最新方法，其译名并附英文。

一、此书告成，应再择要移译英文，印刷分布，以期增进友谊，宣达侨情。

改良留美学生监督处说帖
（1919 年 9 月）

自美国退还赔款，又因欧战频年，中央派遣游学多留美者，各省效之，日增月盛，自费尤不乏人，留美学生监督处骎骎乎为海外教育一重要机关矣。然现在办法殊多未尽，不佞居留此邦，专事教育，见闻较切，谨略陈之。

一、事权不一也　官费学生通计不过五六百人，而有三独立之监督处。一属外交部，经理清华学校学生。一属教育部，经理中央暨各省官费学生。一属海军部，经理该部官费学生十人。三处各设机关，各置员司，不相统属，并不相关联。而事务与权限，则界线至不清，譬之治丝而棼，不仅无专设必要已也。曩在美京，遇政界中人，询及三监督处之区画，反复不能明了。多人误认外交部之监督处为北京美国公使馆所派出，因不解中国中央政府何以同时分遣至三人之多也。前年美国教育报告，译外交部所派者为中央官费监督处，译教育部所派者为地方官费监督处，而译海军部所派者为海军管带，其实三者皆非也。去年清华学生抵美时，外交部、教育部两监督同时并到旧金山照料，各报多误为一正一副，因两人一老一少也。各方公私函牍，恒以误投被拒，展转延阁，其纠纷不便甚矣。

一、经费虚縻也　三监督处事本一处可办，既分设矣，于是各争体制，各立名目。每处有会计，有书记，有司事。每处有房租，有开销等费。常年经费多者美金二万余元，少者亦七八千元，十分之八，皆虚縻也。监督及员司多无所事事，坐享薪俸而已。并有挂名不到差，如内地领干修者。学生通信往往累月不复，学生请费往往过期不付。倘以此虚縻之款，派遣官费生，则每年可增二三十人；津贴自费生，则一时可给二三百人。今乃黄金虚牝，而仍庶事丛脞，可胜叹哉！

一、资望太轻也　历来监督人选，有由教会出身者，有仅中学程度者，有旧日官僚，有新毕业留学生，有外交官兼摄。美国情形熟习与否，教育经验充足与否，姑不具论，惟国学多无门径，汉文多不清通，甚者饮博游戏，无以矜式士林，甚可惜也。去年某大学庆典，各国皆派硕儒代表，中国所派某监督，举止失仪，报章腾诮。又某监督中夜挈女留学生赴下等宴会跳舞，为男学生所窘。某监督赴某旅社访友，英语谬误，为厮役所斥。此外尚多辱国之事，皆资格太轻之过也。

以上三事，欲图改良，先谋统一。今三监督分隶三部，畛域分明，各不相下，只有一并裁撤，援日本留学生监督先例，由大总统特简专员接办，以重职事而专责成。惟所派专员，必须具有资格如左。

一、必须国学通品，且非基督教人　闻某监督因向受教会提携，遂专以倡道基督教为事，不第所用员司无一非教会中人，乃至自费学生请补官费，非入教受洗，不能合格；非英文通信，不予回复。又有多数官费学生，不入正式大学，专就教会学校，研习神道学。此事不仅虚耗官费，实为将来人心世道之忧。学生远适异域，国学荒芜，国事隔阂，爱国心因而薄弱，方鼓励诱掖之不遑，何堪更有此等监督，公然排斥国学传布异教者乎？

一、必须曾经留学美国，为彼邦人士所推许者　今三监督无一留学美国之人，而专办留学美国之事，不但不为美国人所推许，乃至不与美国人常往来，如坐井中，如堕雾里，无怪其受侮学生见轻友国也。

一、必于中美教育界皆有经验之人　中国留美学生监督，顾名思义，必须曾在中国教育界办事，又必须曾在美国教育界办事者，方能胜任，此当然之理也。前次美国教育联合会，某监督被招列席，先遣人代拟宣言一通，当各大学校长教授演说之余，出自袖中，勉诵一过，专称颂美国退还赔款之德意，而于教育问题毫不涉及。次日报纸传诵，谓某监督主张外人代办中国教育，至今贻口实焉。夫一无经验之人，固未有不临机而偾事者也。

不佞既非学生，又非官吏，与各监督毫无恩怨与利害之关系，且所陈各节，非故暴各监督私人之过失，乃假此考见当时派遣之失当，而因以进谋将来另组之改良也。伏望政府诸公，顾念团体之宜尊崇，学风之宜整顿，财政之宜撙节，斟酌损益，采择施行。幸甚幸甚，惟此事要在最高当轴，内断于心，令出维行，方收效果。若漫然咨之三部，则三部各私其人，各护其短，事必无成。而不佞乃徒以空言贾怨而已，则此说帖毋宁留中不省之为愈也。冒昧直陈，统希宥鉴。

与徐又铮书
（1920 年 3 月）

顷阅西报，见公开拓外蒙联络路线之计画，私心叹服，以为真当世才也。顾视清高，规模宏远，彼悠悠之口，真所谓燕雀安知鸿鹄之志者哉。不佞一介书生，万里亡命，二十年前留学日本，十五年前服官京曹，教授国学，创办北京女学，十年前环游全球，返国发起社会党，反对袁氏帝制，削迹拘囚，流离出走。到美以来，滥膺学位，忝任讲师，兼主国会图书馆汉籍部事。前岁衔命回华，搜集官书，会值复辟，仓猝言旋，忽忽今又三年。回首神洲，壮心未已，羁身海国，归志浩然。现已请得例假，将于夏季遄返。自问十年读书，十年行脚，学识才望，可以有为。然举世滔滔，四方蹙蹙，驹系辕下，蛟伏池中，非所愿也。今公非常人也，而不佞亦不敢以常人自居，倘于新辟之邦，畀以方面之任，则士为知己者用，自当竭忠尽虑，既以报国，即以报公。生平研究中西政治学说，尝欲调剂孔、孟之圣学、王道与最新社会主义民主主义而实验之施行。假以事权，宽以时日，不出十年，草昧榛狉之域，可一变为声名文物之区，使人知经生可以致用，哲学非仅空谈，于愿足矣。不佞在此，颇堪自了。所以干达，非为谋升斗之资，实欲假尺寸之柄耳。倘不以为狂妄而有所谘询，奉赐后，再详陈。（下略）

陶译季特《政治经济学》序
（1920 年 8 月）

　　有宗教之迷信，有哲学之迷信，有科学之迷信。宗教之迷信，哲学者、科学者均能辞而辟之。哲学之迷信，他哲学者或科学者，恒持门户水火之见以攻之。惟科学之迷信，在近世魔力为最大，几取宗教与哲学向来之威严而代之。试征其例，自达尔文建天演论，而政治界无不奉弱肉强食为天经地义。自亚丹·斯密倡土地、资本、劳力鼎立说，而经济界无不准是为财富分配之原则，而为地主与资本家争三分之二所有权。自马秀斯举人口增物产减之例，而天下嚣然以人满为患，限制生育之方术，侵略移殖之政策，纷纷焉。乌乎！伟哉克鲁泡金之互助说。卓哉！卡尔·马克斯之《资本论》，用科学方式，破科学迷信，开新世纪人道一线曙光，而政治界、经济界风气乃为之一变。法儒季特之《政治经济学》，亦代表此时代新思潮一杰构也。社会党老同志陶乐勤君，好学不倦，勇于著述，职业余暇，移译此书，费时一年，易稿五次，勤亦至矣，乐即寓焉。书成适余归自新大陆，属为弁以一言。余以诸公序之已详，不复赘论原书及译本之价值，惟举其私心之感想如此，以为任何迷信，皆当铲除，而科学迷信，必仍以科学方式破之，此社会主义所以不仅为理想也。

教育者之责任
——在江西教育会讲演
（1920 年 10 月 1 日）

鄙人此次返省，只能勾留五天，且离乡太久，社会状况，非常隔阂。今蒙诸位同乡，欢迎讲演，好像一部二十四史真不知从何处说起。鄙人讲演，向系由各地自定讲题，今日的讲题"教育者之责任"，原是省教育会定的，范围仍是很宽，不能一一陈述。但就我一时想起来的，说一说罢了。回想鄙人在前清时代曾做过腐败的官吏，那知到了民国，官吏更腐败了；所以至今未尝一登政治舞台。惟自读书识字以来，关于教育事业，最爱仔细研究，可惜余生也早，并不是从学堂里一条鞭毕业出来的。虽曾充任北京大学教员多年，当时风气初开，故得滥竽充数。若在今日，岂不惭愧！自民二社会党解散以后，个人也有生命的危险，遂亡命往美国；又为生计而就职业，不能专心求学，实系一大憾事。我想中国官吏腐败之故，也是因为多数人没有独立生活，祸国害民，实基于此。鄙人在美忝主讲席六七年，与在本国办学合算，共有十三年，都是处于教育者之地位。现在就我的经过，我的心得，对于这个讲题说来，以为教育者之责任，可约分为四种。

（一）教育者对于学说或学术上的责任　教育者对于各种学说，应取研究的态度，只要说明，不必判断，因教育与宗教不同：教育者不是传教师，传教师是传播他的宗教，自为主体；教育者是传播别人的学说或学术。应该自为客体，不可参以己见，妄加武断的批评。因为青年血气未定，一切先入为主，往往阻其思想的进步，所以讲什么学说，便当忠于什么学说，否则成见在胸，强题就我，那就失却了教育者的本来面目。因世界文化日进无已，学说是非随时而殊，古时所谓公理，现在多已根本动摇，去扶持那已经动摇了的旧道德，固属不必，而一味好新好奇，盲从现在的新道德，也是不对的。教育者只可处于旁观的地位，敷陈成说，引起新知，听学生自由思审，自由抉择。比方鄙人在美国大学担任的学科，是中国文化。我在讲堂时，便将素抱的社会主义，抛在一边，专去宣传中国文化。讲孔、孟时，就阐发孔、孟的宗旨；讲杨、墨时，就阐发杨、墨的宗旨。倘若加以己见，牵涉傅会，就不免有画蛇添足之诮了！

（二）教育者对于学校的责任　教育者对自己的职务，应认为一种天职，并且当做是终身的事业；对于学校，应认为服务场，好像军人对于国旗，消防队对于救火警号，船员、船主对于所驾驶的轮船，应该存一个守死勿去的责任心。我国尝说师严而后道尊，现在中国的教师是太不自尊重了，或倚教育为啖饭之地，或借教育为进身之阶，这种人那能得人尊重他。我们既然许身教育，就不应见异思迁，必须忠于所学，忠于所职，这就是美国大教育家罗尔斯（Royce）氏的忠学。这个是抽象的忠，理想的忠，与忠于个人，忠于一姓的不同，一切奋斗精神，牺牲精神，都从这里发生出来。

（三）教育者对于学生的责任　我们须知教育者对于学生，不能增益其所不能，只要启发其固有的可能性，就算尽了责任，如我中国旧式教育的食古不化，贪多嚼不烂，那是大错的。凡造成一个完全的人，却有三种关系：（甲）遗传。从祖宗父母承袭来的所谓先天的秉赋，这个关系做人的三分之一。（乙）环境。由社会种种机会凑合而成的，有时候不是人力可以勉强得来，这个又关系做人的三分之一。（丙）教育。这也不过三分之一的能力而已，教育万能这句话，未免太言大而夸了。我们想为学生增益其所不能，是万做不到，惟有利用他的可能性，使好的可能性，有自然发展的机会就是了。所以学校对于学生，因材施教，随时指导，是唯一的方法，不可过存奢望，也不可因希望难达，就去灰心。近代教育的趋势，是要发展学生的个性，如德国、日本整齐划一帝国式的机械教育，是太陈旧不适用了。我们对于优等、劣等儿童，须加以特别之待遇，所以有许多新式学校，采用单独教授。美国公学，虽然也取画一制，而私立学校中，往往两三学生，竟开一班，他们的成绩，常比公立的好些。近有一个资本家，办了一个学校，学生仅五十几个，他的年龄自十二岁至十七岁，均是看他的个性，施以适宜的教育，表面上虽似贵族制度，实际上却是自动精神。就是讲社会主义的人，对于教育也是取启发个性的所谓教育平等，乃是增进普通程度，并非压迫优秀青年。我国旧式的家庭教育和私塾的各别教授，很像也是启发个性，惜乎用意不同，对优等生是用填鸭主义，对劣等生是用高压手段，不能记忆，即加夏楚，这样与西洋画一式的教育，同有抹杀个性的危险，都是消极的，不是积极的。我们对于劣等生，不可不知三种救济方法：（子）教育救济。（丑）医理救济。（寅）法律救济。法律救济，不定是加以刑罚。西哲说："天下无罪人，只有愚人。"因罪恶都是由教育或环境或遗传的不良才发生的。刑法的沿革，最初采报复主义，如汉高祖入关，约法三章，就是采这个主义；后来采隔离主义，他的意思，以为罪大恶极，不可救药，把他监禁起来，以免贻害社会；到了现在，是采感化主义了，所以监狱里，有感化院，差不多像一种公立学校似的，这个可与教育相辅而行。

（四）教育者对于社会的责任　教育者对于社会，负有表率的责任。教育者固然应为学生的表率，但学校为一地方文明中心，所以教育者同时要为社会的表率。群性的势力，固然很大，有时个性的势力，也能够转移群性。做表率的人，应以良心为道德标准。因道德有变迁，早先认为道德的，今日有认为不道德的，惟良心为临时之标准，比较的靠得住。凡自命为社会表率的人，事事要凭着良心做去，毁誉得失，都可以不必管他，并不是要世界对我都无异议，才算表率，总要所倡导的学说，确本于良心之自由就是了。

以上四种，也不是什么科学分类，不过为临时演说的便宜。我从前发出公函，有"发挥旧文化，输入新文化"之说，我并不是无意识的迷信旧文化，也不肯无意识的崇拜新文化，然以为旧文化不但要保存，并且要用世界眼光，科学方法，去发挥他。至于新文化，现在最要输入，暂且不必批评，因为输入很少，纵是批评也没有价值。我是主张社会主义的，所谓新文化虽与社会主义很有关系，但不是同一样的东西，所以我并不愿用新文化这个名词。今天我所讲的，可概为两句话：凡教育家一面要养成学生的自动力，一面要提起自己的责任心。但有责任心的人，又要结合一个团体，不然，就没有实力，就不能满足我们的责任心与这个恶浊社会宣战了！

求学与救国
——在江西教育会讲演
（1920 年 10 月 2 日）

今天到会的人，多数是学生，所以就讲这"求学与救国"的题目。我在美国已七八年，本国新文化运动的状态，未尝亲见，不过就报纸所载的，知其一二，说来不免有隔靴搔痒的地方，还要请大家原谅。

我看一般国人，对于学生救国运动的意见，不外两派：一派是反对以罢课为救国方法的。他说学生当求学时代，应当研究学问，造成完全高尚的国民，以为将来救国的地步。若在求学时代，借口救国，抛弃光阴，恐怕是国还没有救，自己的光阴和学业已受了莫大的损失，到了将来实行出来替国家做事的时候，反没有真实的学问，那时候悔也迟了。这派人的议论，也有道理，我不敢说他的不是。一派是赞成以罢课为救国方法的。他说学生求学，原是求救国的学问，现在国事日非，我们学生不从事救国运动，倘若国已亡了，即有高深学术，亦无处可用了，所以不惜牺牲一切，抛弃暂时的功课，挽救永久的国家。这派议论，颇受社会的欢迎。

我以为这两派议论，各有理由，所谓"此亦一是非，彼亦一是非"，岂可加以武断的批评呢！但是凡事有经有权，有缓有急，晓得经权缓急的分别，自然不会做错了。哲学家说"是非真假优劣，都是相对的，比较的，并非绝对的"。农人不能因救国而辍耕，工人不能因救国而罢工，商人不能因救国而罢市，因为农、工、商各有职业，舍职业而为救国运动，是不明白轻重缓急的道理。农、工、商三界如此，学界也是如此，因为求学就是学生的职业，尽力自己的职业为一问题，服务社会公益又一问题，不能因从事职业而忘却社会，也不能因奔走公益而抛荒职业。学生以求学为救国，效果虽缓，却是经；以罢课为救国，效果虽急，却是权。经可永久用的，权只可暂时用的；经是救本的，权却是救标的。

诸君明白这层道理，就得了求学与救国的精义了！

还有一层：人尝把求学与救国分为两截事，划分出两个时期出来，以为学生未毕业前，是求学时期，不必救国；毕业后是救国时期，不必求学。所以我国学生，往往已得了毕业证书，为求学终止时代，这种谬想，是很危险的！学问本无止境，"毕业"两字，不过表明在某校修业期满，并非说我们的学问已经告终。若认真讲起来，不但几十年不能毕业，就是今天把现在的学问都学毕了，到了明天，又有新学术发明出求，那里有毕业期限呢！所以一方面说求学时代，就是根本的救国；一方面说毕业出来，为国家做事，还是实验的求学。两件事本是一件事，我国那种两截的谬想，都是历史上遗传下来的。因为自有科举以来，古代学校，变成了教育的辅助机关，主要还在考试；后来仿照著外国人办新学堂，也就把那科举的思想比附他，什么小学毕业奖秀才！中学毕业奖五贡！大学毕业奖举人、进士！外国毕业回来的，还要奖翰林！（俗语叫做洋翰林。）这种思想，根本错误，煞是好笑。现在学校奖励办法，虽然停止，然而大学校还有学士、硕士、博士各种头衔，一般人仍拿科举时代的眼光看他，这种妄见不划掉，教育的真精神，何能实现呢？大家要知到［道］，自小学到大学，是学校内求学的时代，有老师指导，好比儿童要学行路，时时要大人扶持。到了大学毕业的日子，才算脱离学校内求学的第一日，即为学校外求学的第一日，到这时候方才算得有自己求学的能力，好比儿童自己会行路，不要大人扶持的样子，所以英文名词"毕业"，实在是始业的意思，就是这个道理，可惜被中国翻译错了，误尽青年。我看中国留学生，由外洋毕业回国，就自以为满腹经纶，登峰造极，无所不知，无所不能的样子，于是把学问完全丢开，专工去求升官，想发财，对于新学术，新思潮，那里再有工夫研究？中国学术界不进步，这实是一个大原因。所以我想办一个大大的图书馆，不但是为社会教育、学校教育的补助机关，也是因为一般毕业留学生，可以增进新知，更求深诣，随时进去看看最近出版的新书新报，庶几乎不至于故步自封，夜郎自大。可见图书馆，实是大学以上一个研究院呢！

去年五四运动，全国学生联合会的成绩甚好，德约拒签字啊！保留山东问题啊！曹、章、陆免职啊！霎时间罢学，罢工，罢市，全国震动，社会上都以学生为救国的主要分子，那晓得罢课又罢课，弄得司空见惯，习以为常。起初农、工、商各界，还肯做学生的后援，各省长官也有打电响应的，中央政府鉴于众怒难犯，居然事事俯就舆情。到第二次罢课，那农、工、商就不罢工、罢市了。到第三次罢课，官厅且有实行干涉的。这是什么道理呢？就是学生以权为经，以缓为急，不善藏锋，轻于尝试，所以就"一鼓作气，再而衰，三而竭"了！大凡做第一步的时候，就要想到第二步、第三步，以至最后一步。譬如引火，第一步用火柴发火，火已着了，但是这区区磷寸，霎时即灭，不预备第二步的燃料，究有何用！去年学生以罢课为救国的方法，毕竟没得好完全效果，就是只有第一步的办法，没预备第二、第三步的，好像只有一枝火柴，没有别的燃料接济他。诸君试想：如果罢课就可救国，那救国的事业也就太容易了，一罢课就救得了国，世界上只要有学生，只要会罢课，那里还有亡国之惨呢！所以我常说罢课是消极的，求学是积极的，积极的是经，消极的是权，经可常用，权是不可常用的，常用就越用越不灵了。

五四运动，不是要求诛戮曹、章、陆吗？大家晓得曹、章、陆从前是日本留学生，我在日本正与他们同时，那时候中国留日学生，一共只有三十九人，平日谈论祖国的事，他三人痛恨政府腐败，外交懦弱，要想如何整理内政，如何恢复主权，一种爱国的志气，救国的热心，也不让现在五四运动的学生。不料一做了官，就渐渐变了宗旨，前后迥若两人，这是什么原因呢？我说：这是地位的关系。当日留学的时代，立于学生的地位，环境干净，空气新鲜，所以就讲救国；后来从政的时代，立于官僚的地位，种种引诱，种种牵掣，身家的观念太重，周围的关系太深，所以竟不惜卖国求荣，甘心做一个国贼。但是仔细想想，他们起初何尝不想做个好人呢！无奈受了环境的影响，不知不觉就为社会所软化了。古人说："近朱者赤，近墨者黑。"又说："习俗移人，贤者不免。"可见我们若不能有特立独行的精神，执锐披坚的力气去战胜环境，就会被环境战胜了！地位问题，影响极大，比方外国资本家，是社会党和劳动家所深恶痛绝的，往往有由劳动家出身变为资本家，到这时候，他虐待劳动家，反比从前资本家虐待他的时候更厉害，好像忘记自己从前的苦处，这也是地位的关系。立于劳动家地位，就与劳动家表同情；立于资本家地位，就与资本家同鼻孔。还有一个最浅近的比例，我们江西人不是欢喜蓄童养媳么？做婆婆的不是大都虐待童养媳么？有好多做童养媳的人，受了婆婆的虐待，说我将来有做婆婆的日子，要如何如何优待媳妇，那晓得到了果然做婆婆的日子，不但不优待媳妇，他虐待的手段，反比他婆婆待他更加厉害，这也是地位的关系，因媳妇和婆婆的地位不同，环境不同，所以思想和行为也就不同。愿大家立定志愿改造环境，不可叫环境把自己的志愿改变，那么诸君将来虽做了官，也就不至忘了学生的本来面目，但是环境要怎么改造呢？这个就应该研究社会主义了，因为社会主义，正是以社会为一切改造本位的。

社会改造说
——在江西教育会讲演
（1920 年 10 月 3 日）

我第一次讲的是"教育者之责任"，范围很小。第二次讲的是"求学与救国"，范围较大。今日讲的，是"社会改造说"，范围又更大。我记得辛亥以前，不论是革命党，非革命党，都迷信国体改造，国家就可以富强，这都是迷信共和万能的。现在革命将近十年了，国体是改为民主了，国会也有了，宪法也有了，还有几省早年并曾民选过省长，在理应要歌舞升平了，那知内政外交一切仍毫无进步，还有许多事情，并且逐渐退化，于是一般人渐渐失去共和万能底信仰，以为单改造国体，不改造社会，是不行的。论起改造社会来，又可分为两派学说：

（甲）是唯心派，以个人为本位的　他以为改造社会，先要改造个人，改造个人，先要改造个人的心理，所以说革命不如革心。但他不知道心理是由感觉的激刺反射而成，假如把一个孩子，从小就单独禁闭起来，不叫他同外界接触，他底身体虽然会长大，他底心理决不能发展，可见环境的现象，实是形成心理的根本。在唯心学派，认定心是虚灵不昧的，孟子的"性善"，王阳明的"良知"，虽是一部分有理，但都不知道心理不能离五官而独立，五官又不能离外界而独立。况且要想如宗教家、教育家的办法，一个人一个的去改造，等到中国四万万人都改造，恐怕是河清难俟、人寿几何呢！

（乙）是唯物派，以社会为本位的　他以为心理不能悬空存在，个人不能单独生活，所以改造个人心理，要从改造社会状况做起，把一切目可见耳可闻的，四肢五官可以接触的，都改造过来。五官受了这种环境底激刺，心理上的思想，就自然不同。大凡社会主义家，多是主张这唯物论的。但这里又要发生一个疑问：改造社会底原动力到底是什么？岂不还是个人的心理作用么？那末，到底是先有好个人，才有好社会呢？还是先有好社会，才有好个人呢？还是改造个人，就可改造社会呢？还是改造社会，就可改造个人呢？好像鸡和鸡蛋，到底是先有鸡后有蛋呢？还是先有蛋后有鸡呢？因果环循，很难决断。我对于这个疑问，却有一个特别见解。诸君知道社会主义原是发挥平民精神，打破阶级制度，所以一切都要平等的，但是人为以外的事，如天时、地利和祖先遗传种种关系，万有不齐，社会上自然有一种最少数的优秀分子出来。我们对于这种出人头地底人，不可轻视他，嫉妒他，且要培养他，奖励他，这种最少数的优秀分子，就有战胜环境，改造环境底能力。等到环境改造了，社会的制度重新组织了，那大多数的普通人，也自然而然跟着变好了。但是这些少数分子，第一要激发责任心，不肯自暴自弃；第二要结合大团体，一致积极进行。然后才能跟这个万恶社会宣战，从根本上去推翻他。至于这种战略，大概不外以下四条：

（一）模范试验　由同声同气的人，按着自己的理想，创立实行的机关，如戒烟戒酒、自由同居、不受遗产种种，这是个人做得到的；如组织新村平民教育、互助工厂、合作银行种种，是要有团体才做得到的。这些试验的事业，欧美、日本理想社会主义家都有实地经营的。他底效力尚不可作乐观，因为一部分人势力太小，常常受龌龊社会底牵制，往往不能坚持到底，况且有消极避世的趋向，未必能鼓向外扩充。

（二）职业组合　把士、农、工、商各行的固有团体，用新法组合起来，叫他变为一种立法、行政机关，由小团体联成大团体，将来就作为政府的代用。英国的基尔特社会主义（Guild Socialism）、法国的星地克工团主义（Syndicalism）、美国的世界工团主义（Industrial Workers of The World）都是这个宗旨，不过实行上，有急进、渐进的不同罢了。这个必须先有很好的基础，并且需用很多的人才，各行里都有彻底觉悟，能自动的人才行。不然，就怕要被人利用，或者是有名无实，终觉难望成功。

（三）政党活动　这种法子在欧美各国行了好久了，但非有固定的宪法与真正民选底国会，决不能发生正式的政党。政党的作用，是应用选举方法，取得多数胜利，组织责任内阁，改革国家制度，这种叫做慢性的革命，又叫做不流血的革命。当民国二、三年间，我国国会议员，有时在议场上抛墨盒，拍桌子的争闹，大家都说不好，其实是极好的现象，因为他们如果为政见不同，那争闹是当然的。议会里多一番冲突了，地方上就可以少一番冲突，比较近年来武力解决，借口兵谏的好的多了。不过党员信仰党纲，要同宗教家信仰教条一样，不容有一毫个人利害的私见参杂其间，并且要用种种方法公然运动，不过不要用金钱和美人运动就是了。党员一方面要遵守本党的信条，一方面又要尊重敌党的政见，假定社会主义将来能普遍全世界，一定还有别党反对他，所以要免除革命，就要有两三个政见相反底政党，同时生存，互相辨论，互相牵制，互相调剂。各党都有自由发展的均等机会，流血惨剧，自然可免了。中国人毫无政见，随声附和，拥戴私人，希图荣利，固然可耻，有一些人因感政治腐败，就鄙弃不顾，那也错了。须知政治的事，不是人民的权利，乃是人民的义务。好人不入政界，国家前途，还有希望么？况且政治本体，原不是腐败的，不过存乎其人罢了。所以生在立宪国体之下，有集会、结社、言论、出版等种种的自由，组织模范的政党，从事正式的政法活动，那是极应该的。若是虽有宪法，不过一纸空文；虽有政党，不是用兵力压迫，就是用侦警监查；虽有议会，不是钦选议员，就是金选议员。国民在政治上绝对无自由发展的余地。更不幸天灾人祸相逼而来，到那时候，定要逼出一种现象。这种现象，我不忍言，又不忍不言，就是下面所说的。

（四）社会革命 又叫做阶级革命，这种革命，不是社会主义家提倡的，却反是政府与资本家制造的。那就是压制与穷困的一种反动力了，要是不然，无论如何提倡，也不会发生的。等他一发生了，多数的人，就如同中了狂热，理性失了作用，必有许多无益的流血。我们社会主义家，很不愿意看见他，而又没有法子制止他。我常说无主张无组织底革命，比有主张有组织的革命，危险万倍，所以到了"山雨欲来风满楼"底时候，就要有人出来指导他。这等人要有责任心，要有远大眼光，要有牺牲精神，他并不是提倡革命，只能算是救济社会，减少无益底破坏。人家说：我是"洪水"、"猛兽"，这与我底名字，也很切合，我也很愿意的。譬如洪水真来了，要糟蹋好多田庐，冲死好多人畜，我们既不能使洪水不涨，又不忍见洪水横流，只有用大禹的成法，因势利导，引他归到湖海里头去，但是水道经过底地方，是要吃点亏的，并非不爱惜他，因为洪水要借他经过，没有法子。将来资本家、军阀、官僚，就是社会革命时水道之冲了！社会革命，如果到了不能防止底时候，就要使那无意识的变为有意识的，所以学说鼓吹，是很紧要的，而且鼓吹底力量越大，将来底危险越小。无论做什么事，都要先使大家共见共闻，然后自然易知易行。现在社会主义，尚在鼓吹时代，将来究用那种方法实行，要看多数人的趋势如何，我也不敢妄下断语。但是我们改造社会，究竟向着什么目的去做呢？凡目的近而且简单的，就容易达到；若是远而又复杂的，那就难达到了。从先的种族革命、政治革命，他们的目的，比较起来，尚算是简单而且很近，只要推翻□清，建设民国，两句话就完了，所以动手以后，九十天工夫，就居然达到了目的。然而我们也不可忘记了一般志士，十几年提倡鼓吹，奔走运动的功劳。至于社会改造底目的，又复集〔杂〕，又远，一般人很难明白，所以我要从简单浅近的地方说起。据我看来，不过四个条件：

（一）天产公有　天产最重要的，就是土地，以及日光、空气和水都是，其余人家劳心劳力得来的产业，我们并不是要一概没收的。现在的天产，差不多都被资本家垄断了。中国早有人垄断地皮，近来又有人垄断水，欧洲、美洲还有人垄断日光、空气呢。我们主张天产应归国家公有，有的应归中央政府管理的，有的应归地方政府管理的。我国三代以前底井田制度，每人二十而授田，六十而归田，每夫百亩，足养八口之家，使人民四十年间暂时领有土地，利用土地，又不收税，不过有公田力役之征，这就是公有底意思。秦始皇废井田，开阡陌，也因为广土众民，日久弊生，和种种的关系凑合而成，并不是他一个人底力量所能完全破坏的。后来王安石主张恢复井田制，那就未免过于"胶柱鼓瑟"了。我们只要略师古意，兼采新法，那平均地权的事，是一定可以见诸实行的。

（二）教养普及　这一层欧美各国还没有办到，中国近来教育，比早先更不普及了。因为往年教育，很省经费，近来新式学校，就是免了学费，还有书籍费、操衣费、膳宿费等等，贫苦人家，那里负担得来。所以我说单免学费，还是不行，必须一切要都由公家供给他，自幼稚园到大学，都要像师范学校一样，才能说到教育普及呢。且"养"字比"教"字更要紧些，现在的社会，对于未成人负培植的义务，将来的成人，就对于社会上尽服务的责任，报施之理，原该从大处着想，这才是不独亲其亲，不独子其子。社会对于个人的义务，不但是教养未成人，并且要教养不完全和不幸的人，老弱残疾鳏寡孤独都要使他得所，这是国家应办的政务，并不是什么慈善事业。

（三）职业代议　现在的议员，或按区域选出，代表地方；或按人口选出，代表人民。在表面上看起来，极为公平，其实不然。无论那国国会议员，从前做过官吏、律师的，总占百分之七八十，这等职业，在人民全体算起来，不到百分之一，他们何尝能真正代表多数呢！即以江西一省而论，教育会或者完全是办教育底人组织的，此外农、商两会，恐怕不过几个绅士主持，已经就不公平了。况且省议员大半是用金钱和官力运动来的，当然更不能代表民意，就假定他们想尽心尽力去做事，然他们既不知多数人民职业的利害，议起事来，恐怕要和晋惠帝说："何不食肉糜"的一样。惟有改用职业代议，才可以免除阶级专制，缓和社会革命。凡选举一定要详细调查人口，各人底职业，也要分类记载出来，先分大类，如士、农、工、商，再分小类，然后按各职业全人口，为他们代议士的名数的比例，所有各职业的代议士，都由本职业团体产出。到了议会，仍按各职业组织委员会，遇有议案，交有关系的委员会审查，这就可以代表各种职业，也就可以真正代表大多数的人民了。三权鼎立这句话，现在已成为过去底事实，孙中山主张五权，我却主张一权，就是由立法机关造出行政、司法来。不过立法是人民直接选出的，行政、司法是人民间接选出的；立法权是最高权，又是唯一权，民选省长，正适合这种趋势的。这种一权制，最旧的英国，最新的俄国，都向同方面进行了。

（四）全民参政　代表政治，不过是较善的制度，也不可过于迷信他，譬如我叫儿子代表赴某处的会议，他回来报告他发表的意思，就未必都合我的意思。父子之亲，一人之事，一事之小，一时之间，尚且如此，何况别人！何况几千万人！何况几十百案！何况两三年的长久！但是废除议会，事事都用总投票，又太麻烦了。现在有一种新学说出来，可以救济议会政治底流弊，叫做"全民政治"。就是把几样要紧的权提出来，叫人民全体参与其事，不让议会专擅独断。大约有三：（甲）创议权。人民想办一样事，若政府和国会底眼光，都没有看到这层，或者和政府、国会底利害相反。请愿国会，又无把握无效力，可作成文书，经全国或全省公民几分之几签名赞成，就交给政府照办，不必经议会通过。（乙）复决权。政府执行底事，或议会议决的事，人民认为有害，可作成文书，经全国或全省公民几分之几签名反对，政府或议会，立时就要把这事打消。（丙）免官权。普通官吏任命权，虽可由民选的首长作主，但所任命人，若是有害地方，又用金钱或势力操纵议会，或议会被政府所软化所屈服的时候，可作成文书，经全国或全省公民几分之几签名，交到原来任命他的机关，就要立时罢免他。这三种权，学者主张最多，并且已经有地方实行了，还有人主张再加一两样的。总而言之，代议制度的进步，也随时代潮流为转移。社会主义普遍世界的日子，即代议制度进步到极点的日子。

今天这"社会改造说"，也可以看作社会主义讲演录。只可惜时间有限，仍不能罄我的意思！

中国文化在西洋之影响
——在江西教育会讲演
(1920 年 10 月 4 日)

不佞承教育会之属，要将东西两洋文化交互的影响说一说。今日的讲题，是"中国文化在西洋之影响"，且从中国文化这一面说起。这"文化"两字在西洋为 Civilization，本是个抽象名词，有文明开化的意义。中国为五千年古国，固有文化，传播最远，只因国力不强，遂为外人轻视，那是无可讳言的。我在外国，常听得欧美人对于中国的怀疑，说中国是否算有文化的国家，中国人是否算有文化的民族。我听见非常愤激，不知彼辈此等论调，究以何者为文化标准，难道是专以火器之利，兵舰之多，为标准么？或者是专以工商业出品精良为标准呢？若依这些比较，我们自然是远不如人。但是枪炮货品，只可算是武化、物化，算不得是文化。中国向称声明文物之邦，并不是他们武化、物化可比，只因国弱民贫，外人遂生此怀疑态度，甚至连我本国人也都怀疑起来了。外人抹杀我们的文化，我们不去怪他，若是本国人也都自己看不起自己，那就是思想上亡国，实在最可痛心的！我们评论文化，固不可有先人之见，更不应存势利之见，须知文化优劣，并不以国势强弱为正比例。回想四五十年前，外人初与我国通商，我们对于他们的文化，也很怀疑，并且中了一种妄自尊大的习气，对于称呼他们的字，往往加上一个犬旁，或故意采用不好的字，以表示鄙夷之态，后来他们用武方征服我们，才渐渐醒觉起来。但当时所见，仍以为他们除船坚炮利之外，没有什么文化，以后细察心考，才知道他们的政治、学术，完备得很。从前外人对中国文化的观念，就和中国人起初对外国的文化观念是一样。两方面的研究，都是由浅而深，由粗而精，由具体而抽象，由形下而形上，这也是不能不经过的阶级。中国文化对于世界的贡献，他不具论，单就三大发明而言，现在科学上的进步，那样不是直接间接受中国人之赐呢？

（一）指南针　本是中国黄帝时发明的，后来传入欧西，称此器为指北针，名虽异而用则同，天文家、航海家，都因此才能进行。

（二）火药　发明之始，约当汉武帝的时候，本是用他放焰火，以为庆乐的意思。后来蒙古人入中国，乃利用此物造猎枪。欧洲人通中国，又变本加厉，精益求精，变成一种杀人的利器，中国人实在不能任咎。然而发明之功，却是不可掩的。

（三）印刷　外人多说是十四世纪德国发明的，然而仔细考究，中国更早了五六百年。我们不必旁征远引，五代的官印九经，见于正史；北宋的木刻，南宋的活版，如今还有流传。有人考得印刷，是由中国传到高丽，再传到日本，再传到荷兰，然后传到德国。中国文字，极为繁复，印刷是极不容易的，乃能首先发明木刻活版，古人创造的能力，真可钦佩，真不愧为世界文化的先锋了！

以上所说，都是过去的成绩，除了这三大发明，以后一两千年，中国对于世界，竟没有别的什么新贡献，实在惭愧得很！然而流风余韵，至今尚有许多为外人所尊重的。我不是曾说"凡文化之输入，皆有必经的阶级"么？大抵先由天产的，渐进于工艺的，再进于美术的、哲学的、文学的。

第一我先说茶　茶本是中国的特产，外国人从前所用，纯由中国输出的，陆路由西比利亚到俄国，水路由福建到荷兰国、英国。北人叫茶为"查"，所以俄国和日本叫茶的声音，与此相同；福建人叫茶为"提"，所以英文叫茶的声音，与此相同。此皆纯由我国输出之证。

其次为丝绢，亦同时输出，欧人颇为珍贵。对于刺绣，尤爱若拱璧，因其纯用手工，非机器制造所能及。中国人常以为机器制造的，就是好东西，不知西人却正与此相反，有许多物品，必要标明是人工做的，才能得多数买主欢迎，可见西人很嫌机械的呆板，重人工的生动。寻常西人的家庭，必得一二中国刺绣品陈列厅中，以为美观。我国的磁器，也与绣货齐名，故江西磁器，驰名寰球。绣货、磁器，皆有彩画，从此联想中国的绘画，遂为世界美术一大特色，现在外人尚没有赏鉴的能力，不过是一种嗜好而已。欧美博物馆中所陈列的中国古画，常有赝鼎，这都是一般奸商贩运的，目下虽可发财，第恐将来有西人真赏鉴家出来，那就与我国美术界的名誉，大有妨碍。其余还有雕刻、油漆等事，都是属于美术的工艺品，也非常受西人的欢迎。

现在我要讲到抽象的、形上的了。我们常见外人来中国传教，以为欧美人都是信基督新旧两教的，不知他们对于基督教，也不过因历史习惯如此。其实不信教的人很多，信别种教的亦不少，且美国信仰自由，宗教尤为复杂，近有许多人研究远东宗教，如佛教、婆罗门教，及印度、波斯各种宗教经典，欧美皆有译本。由中国传入者，儒、释、道三家书籍，亦颇为大观。儒家本非宗教，惟《易经》文字奇古，义蕴宏深，仁者见仁，智者见智，苦无的解，外国译本多至二十余种，所本亦各有异同。又如道家《老子》一书，译本也多至二十余种，这都是为他语多费解，可以任意附会的缘故。我们江西龙虎山的张天师本来是五斗米道，与老子哲学无关，然因此也很受外人欢迎。美国近数年来，发生一种《易经》道教，拿《老子》八十一章，印证《周易》六十四卦，居然设立教堂，招收信徒，发刊杂志，热闹得很。其余《庄子》、《列子》、《文子》、《尹文子》等，皆经译出。儒家的四书五经，更早已勒为成书，风行四海了。翻译主任是英国教师列格（Legge），他先来中国传教，后在英国当大学教授，四书五经，都是他一手译成，并且他的译文差不多认为英文的定本。这实在得一个中国学者臂助之力，那就是天南遯叟王韬。他中过太平天国的状元，上过万言书，洪秀全败后，清廷查知其事，要拿办他，他就由香港同列格（Legge）逃往伦敦，充当大学助教，闲时翻译经文，起初不过为亡命糊口计，岂料卒成此不朽盛业，为交通两洋文化一大功臣。又如汉、宋门户之争，朱、陆异同之见，陈希夷的太极图，王阳明的良知学，也渐渐成了欧美各国哲学、文学上的问题了。近因战事影响，环境转移，西人心理上，也起了剧变，不但上述哲学、宗教，有人殚精研究，就是我国最无根据的迷信，如圆光、算命、招魂、扶乩之类，现在都有人考求。如英国的罗基（Lodge），本是科学界的泰斗；比国的墨德林（Motherine）本是文学、音乐界的明星，著述等身，名闻世界。自大战以后，他们脑筋受了大激刺，都变为灵魂学家，他们自信能与灵界交通，能知鬼神情状。到美国各大教会演说，到处欢迎，异常踊跃，那些会场，总比此间要大四五倍；听讲的人，也总比今日要多四五倍；入场券的价格，竟卖到二元至五元。我也花过几块钱听过他们两次，他们所讲的故事，和我三四岁在上饶的时候，听家中的老妈子说的话差不多，你说可笑不可笑！我国文学本是最高尚的一种学问，且因文体根本不同，西人是很难领会的。我尝劝西人学中文，并不希望他们能看书，能作文，我以为不学中文，他们那语言文字的观念，是不完全的。他们总想一定要有字母，有文法，有标识，才能叫做文字。不知中国文是没有字母的，《马氏文通》未出现以前，也不闻有所谓文法；胡适文学革命未提倡以前，之乎者也矣焉哉后头，也用不着花花绿绿的圈圈点点。这些怪事，都是欧美学者所梦想不到的。

现在西人要学中文的，一天比一天多了，固然有许多是为出使、传教、经商、游历的用处，但也很有人拿他当真正学问去做的。我在美国嘉省国立大学当教授，当时美国大学教中文的只此一处，中国人在美国大学教中文的只我一人，所以美国农部、陆军部都特派专员前来留学。除教中文外我兼担任讲座，讲中国文化，全课分为四部：（一）历史地理，（二）政治社会，（三）宗教哲学，（四）文学美术，都用英语讲授，学生前后不下数百人，还有许多常期傍听与临时傍听的。此外我还担任美国国会图书馆汉籍部主任。这图书馆在美京华盛顿城，建筑壮丽，收藏宏富，要推为世界第一。其中材料，全用铁石，火不易燃，上下四壁，满张名画，用摩色石，或摩色玻璃镶成。储藏图书三百万余种，编列书目，极为精密，要看何书，几分钟就可查出取来，并有电气运送的隧道通到国会及白宫，往来便捷，如在一堂。汉籍部的基础，本由前清两宫送给美国政府的官书而起，后来逐渐增加，已有了六万多套。单是地方志书，就有二千五百多种，大小丛书，也有三百多种。我自五年前就事，每年暑假三个月，都用在这里头，仿《四库全书》分类法，把他整理起来，一面检〔捡〕要紧的做出英文提要，一面拿着各种书目，按图索骥搜求采办。美政府发了宏愿，凡中国书都要买一部，还想把历史上、科学上有关系的择要翻译，即此，可见中国文化的价值了。三年前我还替中、美两国政府立了一个交换官书的契约，年年彼此图书馆里都添了不少的材料。除此两件职务以外，我还在美国组织了一个弘道会，会员有两百多人，多是有名的教育家、哲学家、文学家、美术家，每月集会两次，一次讲哲学，一次讨论中国近事。我今年又和一个美国诗人同译了一部《唐诗三百首》，要算英译里最多的。这几年来，欧美很爱读中国诗，几乎成了一种风气，好像中国人爱做白话诗一样。以上各节，都是我个人的经验，也可算中国文化史上一点小小故事。

总而言之，文化本身，自有价值，自有魔力，不必定要借着国势去传播的。现在西洋人既欢迎中国文化，中国人也欢迎西洋文化，将来两洋文化媒合沟通，必有一种新文化产生，合于全人类的要求，那才是我们理想上的大同世界了！

在江西女子师范讲演词
（1920 年 10 月 4 日）

鄙人对于教育的经验，最初就是在北京创办女学，那时不过二十来岁，年少气盛，勇猛直前，北京虽已有了一两个教会女学，至于中国人在北京自办女学，恐怕是自我作古。后来居然推广到四校，支持到五年，直到我往欧洲游历，才请交学部接办，现在还有存在的。我当办学之初，就承认女子为社会上一个人，有些男人看女子为玩具，为奴隶，又有些人看为神圣，为天仙，这都是不拿女子当人看待，我很不以为然。我看女子在社会上的地位，和国家政体的进步，很有关系，大概可以分做四个阶级：

（一）君主专制时代　女子不过是闺房的人，所谓"内言不出于阃，外言不入于阃"，他的义务、权利，都在闺房之中，所以女子称呼闺秀，妇人称呼内人，他天天所做的，不过搽脂抹粉梳头裹脚而已。虽然中国历史上也出过几个女英雄、女豪杰，那不过是凤毛麟角，千载一逢，一般人还要骂他为不祥之物呢！

（二）君主立宪时代　女子地位渐渐增高起来，义务、权利的范围渐渐扩大起来，由闺房的人，变为家庭的人。向来办女学的都以淑女、良妻、贤母为教育标准，又以事父、相夫、教子为女子唯一的责任。照这样说，似乎教育女子，不是为女子，还是为男子。所以我说这样的女子教育，是附属的教育、补助的教育、奴隶的教育。

（三）民主共和时代　女子的地位，又增高一步，范围又扩大一层，就由家庭的人，变为国家的人了。当时有一句流行的话说："女子是国民之母。"表面是说明女子与国家的关系，实际还没有承认女子为国民，不过拿他当做制造国民底机器罢了，这也很可以代表过渡时代的心理。其实就承认女子为国民，难道就是无上乘么？为什么世界共和国如德如美，他们的女子，还不肯心满意足，还在那里力争上流呢？

（四）将来社会主义时代　女子的地位，要由国家底人，变而为世界的人；女子的义务、权利，要同男子一样，与全世界发生关系；学术上，经济上，政治上，实业上，都能够与男子并驾齐驱，携手进行。那才是我们理想的女学生呢！

中国女子，向来不很与男子往来，我省风气，闭塞尤甚，一看见男女交际，就联想到恋爱问题，真是少见多怪了！你想女子不同外人往来，不知社会状况，眼界怎么能大？思想怎么能高？莫说学问见识，就是从道德上着想，我敢断定越是社交公开，女子堕落的越少。这是美国实行男女同校所得的结果，经教育家仔细调查出来的。我希望女同胞要记着两句话："教育平等"，"经济独立"。这是女子解放的金科玉律！

西洋文化在中国之影响
——在江西教育会讲演
（1920 年 10 月 5 日）

今日的讲题是"西洋文化在中国之影响"，与昨日的讲题，完全相反。中国是开化最早的国，中国的文化是固有的，是纯粹的，是自然发展的，所以有一种特色，与别种的文化，截然不同，里头也并不含有别种文化的性质。至于外国文化在中国之影响，从历史看来，要以印度文化输入为最早。印度的佛教和佛教前后的哲学宗教，自汉、晋来流入中国，中国文化发生变化，凡道德标准、伦理思想、社会状况，都受了绝大的影响。因为中国向来尊重儒教，佛教与儒教根本上相反，自然发生冲突，冲突的结果，双方都有退让，双方都有改变，然后慢慢的调和起来。儒教起初本力辟佛教，然后来宋五子虽以儒教正宗自居，他们的学说已于不知不觉中参入禅理。比如朱子说：心是虚灵不昧的。从前儒者，何尝道过？是否禅理，明眼人皆能知之。这都是出于陈抟融汇儒、释、道三教为一的传授。象山、阳明诸家阳儒阴释，更不必说了。中国文化受此影响，大放异彩，朝廷政治，人民生活，文学美术，没有一件不直接或间接染了印度化，这是已往陈迹，我也不必仔细说他。我要说的，乃是西洋文化传入中国，中国文化又发生重大影响起来。况且交通便利，流行极速，今日还是不断的输入，这真是"实逼处此"，"欲罢不能"了！大凡新文化输入原有文化的古国，差不多有一定的过程，我想把他分为五个时期，大概是不错的。

第一，惊疑时期　中国文明首出，对于世界，有目空一切之概，骤然与西洋文化相接近，觉得他精神上、形式上都和自己的不同，便惊疑起来。这时候人民底心理有两种：（甲）无意识的崇拜，（乙）无意识的排斥。明末西洋文化，在中国势力很弱，还不发生什么影响，以后西洋国家势力渐强，输入的文化势力也就膨大起来了，一直到前清鸦片战争为止，都在这个时期中，道、咸年间出过一部书，名《中西纪事》，人多以为是信史，然内容荒谬得很，说什么西洋人底机器，要用人血去祭的，小孩子进医院要挖去眼睛，牛皮可做女人，木人能织布，种种奇谈，令人发笑。人民在这时候，对外面输入底文化，毫不生"知"、"情"、"意"的作用，好像猝遭打击，茫然自失，也不知其所以然。

第二，冲突时期　中国数千年之古教，深入人心，成为风尚，西洋文化，纵然优美，必不能博多数之同情。何况一切优美的，当初也并不曾输入，猜忌既久，嫌隙自生，于是由心理上的惊疑，发为事实上的冲突，自鸦片战争起至义和拳乱止，都在这个时期中，一切纯系"情"的作用。庚子之变，攻击西洋文化，尤为无理取闹。有人改慈禧太后的谕旨说"励精图乱"，"发愤为雌"，可以概括当时的现象。

第三，屈伏时期　自义和拳败后到大革命为止。当时中国，完全被西人的武力屈服，乃误认他国国势强，所以文化一定很优；中国国势弱，所以文化一定很劣。于是野蛮排外，一变为奴隶媚外。不但政府如此，国民也是如此；不但外交如此，所有政教都是如此。此乃是"意"的作用。这时期虽不甚久，然流毒直到如今。

第四，抉择时期　革命告成，共和肇建，直接的功效怎样，是另一问题，但是人民底心理，似乎稍知自重了，这实是民族再造的一线生机。有见识的人，内顾本国的历史，外察世界的潮流，渐渐动了知己知彼的欲望，存了截长补短的念头，这才是"知"底作用。一方面想介绍采用外国的文化，一方面想发挥光大本国的文化，两两比较，纯取批评研究的态度，不过我为主，彼为客，与第三时期彼为主，我为奴的不同了。奴对于主是屈服的，主对于客是欢迎的，所以双方的关系，一是勉强，一是自然，现在我们正极力在这个时期里做工夫。

第五，融会时期　这个时期，差不多两文化的界限已经破除，两文化的异点已经消灭。第四时期，尚是一主一客，到了如今，同是一家人了。我说两性大冲突后可得一种调和的结果，比方佛教的出家，是与儒教的宗法极相反的，那知到了日本，居然有不出家的和尚，这也可作为自然调和的一个证据。将来中西两文化一定有结婚生子的那一天！所谓"你里头有了我"，"我里头有了你"，这就是融会的极则。

讲到这里，我尚有一个大问题，要提出来与大家谈谈，就是生命问题。大凡一切物体，可分得个体、集体、全体三种：个体是生老病死循环的，全体是进化向上不息的，这都不成问题，但是集体的生命怎么样呢？若说集体是同全体一样的，何以从古以来，国家、民族，忽兴忽灭，埃及、秘鲁、希腊、罗马竟无一存；若说集体是同个体一样的，那么中国已过了壮盛之年，到了衰老之境，"崦嵫短景"，"风烛余光"，终是要死的，我们又何必奔走号呼，知其不可而为之？所以这个问题，实在是我们中国生死存亡一个切己的问题，这个问题不解决，万事都无根据的。我们要知道物体所以生存，是因为有一种生命的原料。这种原料，经科学家最近考究，知道确是一种物质，可以培养，并且可以移种的。所以虽是个体，当他生命未绝的时候，都有可以延长生命的方法，不似中国吞丹服气那样渺茫，但实是由中国道家修炼法里头研求出来的，好像由黄白术发明化学一样。欧战未停时，巴黎医院有个博士专门研求此法，有因犯已判死刑，他就实行解剖，使该犯牺牲生命，供献他人，结果发现人的生命原料，仿佛一种膜质，可以取出移种于人，曾将一少年人之生命料，注入一七八十岁老翁之身，此翁本体生命料，所余无几，乃一经注入，精神、体魄，宛与少壮相同。嗣后各国无不从事研究，美国加利福尼亚省之圣坤丁监狱，有多数医士取死因为试验之资，结果甚良，并可使取出生命料之人，不致遽死。可见个体生命，尚可因人工增加生命料而延长，何况集体？中国年龄虽已耄耋，苟注射得法，生命仍可延长，不过最要紧的，当乘此未死之时，赶紧补救，倘至已死，虽巴黎医院某博士亦无能为力矣！生死关头，正在此时。我辈既要保存历史的文化，如原来的生命力，又要吸收西洋的文化，如注入的生命料，盖对于五劳七伤之病躯，必须加意维持，勿使元气消亡而自绝，然后新生命料可以注入，可以消纳，打成一片。注入的方法，不外从精神、物质两方面着手，我们自己是病人，我们自己又是医生，大家都要负责任的！

宗教进化
——在江西青年会讲演
（1920 年 10 月 8 日）

近五六天，承教育界及各界人挽去演讲，约有二三十次，精神疲倦已极，此次在贵会底演讲，要算我在省城底尾声了。我非基督教徒，也非青年会员，到处常蒙贵会欢迎，实在感激惭愧得很！今天的演题是"宗教进化"四字，可以分做三节来说。

（一）宗教的科学化　宗教与科学在从前是两不相容的，所以欧洲中古时代有信地圆说的，宗教家就斥为异端，置之死地，别的不用说了。后来科学进步，发明日多，势力日大，信用日固，宗教家也幡然变计，去容纳他，并且去利用他。明末清初到中国来的天主教神父，多半是天文家、算学家，耶稣教士在中国翻译科学书的，更为开风气之先。贵会也附设各种学校，教授各种科学，可见宗教已与科学同化了，这是第一进步。

（二）教会的社会化　教会与社会在从前是毫不相关的，好像画了一道鸿沟，如中国所谓"方以内方以外"者然。社会一般的风俗习惯，教会里总要反对他，隔绝他，教会仿佛离社会而独立。有多数人以为一定要出家出世才能算得纯粹宗教家，与中国道教、印度佛教略同。现在底教会已渐渐与社会接近了，知道宗教不如此，是不能持久，不能传远的。贵会尤极注意于社会事业、教育慈善等等，无不尽力维持，可见教会已与社会同化了，这是第二进步。

（三）基督教的中国化　基督教与中国文化从前是彼此冲突的，基督教虽也是东方教，然而盛于欧美，传自欧美，精神、形式多与中国思想制度殊异，所以互相猜忌仇视之念是很深的。传教的人早先都恪守成法，不肯将就通融，后来渐渐改了方针，迎合中国心理，采用中国习惯，更有许多穿中国衣，吃中国饭，读中国书，写中国字，讲求中国哲学、文学的。至于中国地理、人情、语言、风俗，教士尤其精通，近来并有多人提倡保存中国旧文化。贵会到处联络学生，教授国语，研究汉文，可见基督教已与中国同化了，这是第三进步。

本来中国文化发生甚早，程度甚高，中国人口又居世界四分之一，无论何种宗教，不经一番中国化，是不能在中国站得住的。经了一番中国化，不但站得住，并且还加上一层特别的光彩，譬如佛教就是一个好证据了。不过佛教无国力为后援，何以反见兴盛？基督教有国力为后援，何以尚不普及？这有两个原因：一因佛教是中国自去求来的，所以没有恶感情，不生反动力；二因佛教经典都是文人翻译的，所以上流社会有学问的人喜欢去研究他，由文字的美感，引起信心的皈依来。基督教既不幸有外交教案的关系，又不幸没有高文典册的《圣经》译本，所以吃了亏了。教义的高下如何，那还是另一问题呢。

我又想着宗教性质的进化，也可以分出三个时代来说：

（一）元始的时代　宗教在人心的作用，完全是一个"畏"字。天堂、地狱之象，福善、祸淫之训，风雷、凌蚀之罚，都是使人生畏的。

（二）半开化的时代　宗教在人心的信用，是一个"敬"字。你看祭祀之礼，诗书之文，穆穆皇皇，恪恭将事，那一样不是敬的流行呢？

（三）开化的时代　宗教在人心的作用，是一个"爱"字。新宗教家都说上帝就是爱的别名，除了爱，没有神，没有宗教，所以说："上帝爱我，我爱上帝；上帝爱人，我也爱人；爱人如己，爱敌如友。……"说的诚然中听，但是欧美这些基督教国，为什么互相残杀呢？难道真是为爱而战么？我们须知爱是精神上的空言，生活是物质上的实事，若逼得人不能生活，那爱就有点靠不住了。在英文，"爱"字、"生活"字声音相近，凡讲爱的不可不注重生活。我常说："生活的利害相同，吴、越可以为一家；生活的利害相反，手足可以变仇雠。"这是我们社会主义家的物质史观，恐怕可与宗教家的唯心说互相发明，互相补助的。我们的希望是要改造环境，改造遗传性，建筑一个未死以前地球上的天堂！

社会主义之今昔
——在山西大学讲演
（1920 年 11 月 17 日至 20 日）

第一次　名词与通义

鄙人离开本国，已经七年。这次从美国回来，想到各处游历，顺便讲演。现在来到贵省，与诸君子聚会一堂，非常荣幸，标题是"社会主义之今昔"。鄙人在前清时代，就很信服这个主义。记得初由欧洲回来，杭州朋友约我讲演，头一次在女学联合会发表"女学和社会主义的关系"，登在报上，被浙江巡抚增韫看见，上了一个电奏参劾，说我是"洪水猛兽"，奉旨革职交地方官看管！只好逃到上海做我的事业。我以为"洪水猛兽"，用在我的身上很惬当，"江"是"洪水"导成的，"亢虎"不是个"猛兽"么？所以后来我所作关于社会主义的文章，汇刻成书，命名《洪水集》，大约上海还有卖的，这是已过去的事情了。民国元年，组织社会党，许多人看成怪物，然而党员也有四五十万人！究竟能够了解社会主义的有几人？当鼓吹时代只要他入党，晓得这个名词就是好的。民国二年，袁世凯下令解散社会党，并严拿首要！我就亡命到美国，一直住了七年。近来中国都喜谈社会主义，公然能在各省研究，算是一种好现象，不过细加考察，能真正明白的，仍旧不多。我和朋友谈论，曾下了十二个字的批评，就是"无系统，无组织，少材料，少研究"。这个样下去，随便拿社会主义作一时髦口头禅，谬种流传，那就非常危险！鄙人这次与诸位谈话，分做四次，因为不是几句简单话可以说完，四次也是勉强节约，各成段落，每次自为首尾，听得一部分，能明白一部分，不至茫无头绪。请先讲社会主义的"名词和通义"。

为什么用"社会主义"这个名词呢？"社会"两个字，包括得很多，有人说我"提倡社会"。要晓得社会是用不着提倡的，凡是有组织、有机关的团体，都叫做社会，学校和教育会、商会等是社会，国家也是个社会，人类以外的蜂和蚁，他也有他的社会。又有人恭维我，说是"社会大家"。社会既自然存在，谁也离不开社会，无人不是社会上的人，怎么样来作"社会大家"？要真正的说起来，只可称为"社会主义家"，或是"社会主义者"。更要知道社会主义，和社会学、社会政策、社会服务、社会救济不同，许多人混成一事，分别不开。现在可以比较的说说。

"社会学"是科学，"社会主义"是主张。科学是用研究的、讨论的态度，凡是考察社会如何起源，如何发展，如何是他的趋向，用过去归纳到现在，就现在又推测到将来，这都是社会学的范围，是不加自己的意见要他如何进行的。社会主义，就有一种主张，希望能够实行，达到自己的目的。和专门研究讨论，是完全两样。

"社会政策"是政府看见社会上不安的情形，要防止扰乱，缓和革命，定出些优待劳动的办法，如工场管理法等等，或扶助资本家，行一种温和主义，笼络一般不平的劳动家，只要不起暴动就完事。"社会主义者"便不然，要把社会上许多的弊害，从根本上解决，那些不澈底的办法，敷衍一时的手段，都不赞成。德国宰相俾斯马克（Bismark），他的社会政策很有名，也就是抵制社会主义的一种很得手的方法。

"社会服务"是热心救世的各个人，看见社会上有许多痛苦，许多罪恶，制度也不完全，生活也不充美，就发生一种同情心，不辞劳苦，不惜牺牲，专为社会上尽义务，想把污秽的变为清净的，黑暗的变为光明的，如传教，讲演，办学校，设平民工厂……自己并不希望什么报酬。这种人很可敬的，一般宗教家和社会改良家，都乐于从事，里面也不能说是没有社会主义者。空间是因陋就简的治标法，做一件，算一件，不是社会主义的根本计画，谋全体的解决，这也要分清。

"社会救济"是临时的治标法。上面说的社会服务，还是平时就有，性质较为长久些。这种救济，都是随着一种变故发生，此如今年的旱灾，就拿些钱出来买粮食和衣服来放赈；或是遇瘟疫传染，就设法防止，施药治疗。此外社会上种种不幸的现象，都用救济的方法，谋一部分的安全，和社会主义，可以说是没有甚么关系，不过和社会政策，还有一点儿相同。

以上四项，既分辨清楚。还有宗教家、政治家、哲学家和社会主义家，有许多混同，也要把他弄明白，免得发生许多误会。解释如左：

"宗教家"有信仰，有狂热，有牺牲的精神。社会主义家，本来也是如此，不过有一种大大的区别。世界上的宗教很多，都是由亚洲发生，就我个人的观察，可以佛氏"三界唯心，万法唯识"二语为代表。宗教是谋精神上的解决，从个人方面着想，偏重在"正心修身"。社会主义是谋物质上的解决，从社会方面着想，注重在"治国平天下"。所以宗教是唯心的，是精神方面的，是以个人为本位的，是求达到灵魂安全的；社会主义是唯物的，是物质方面的，是以社会为本位的，是求达到人类生活的。

"政治家"要组织政党，运动选举，作政治上的活动，想揽政权。社会主义家，有时也一样的努力。看起来似乎不分，其实是各有各的作用。政治家要施行他的政策，得到政权，能够件件办好，就算达到目的，还有发官迷的，只要有官做就完事。社会主义家，虽然政权到手，政治上不过是一种手段，还要解决经济问题，谋社会全体的福利，不是以政权为最终的目的，不专为得做官，那更不用说了。所以政治家是以政治为目的，社会主义家是以政治为手段。

"哲学家"同时做社会主义家，这是常有的事，比如 Marx 马克斯是德国哲学家 Haeckel 黑格儿的门徒。现在来中国的 Russell 罗素，他很信服 Guild Socialism "基尔德社会主义"，他本是哲学家，并且是用数学、物理学来研究哲学的大家。但是社会主义，不能看成哲学，因为哲学只发明原理，说是如何如何，或是应该如何，却不注意制度，不表示手段，虽有理想，不能实行。社会主义，则不仅理想，应如何就要如何，都有个具体的办法，注重制度和手段。所以哲学是研究的，理想的；社会主义是试验的，实行的。

社会主义的名词说完了，他的范围如何，诸君大约可以明白。再讲他的通义。什么是社会主义的通义呢？通义和定义不同：定义因派别不能一致，各有主张，他的说法，就大有差异；通义是无论那一派，都能容纳得下去，是一种共同的主张。有人用自由、平等、博爱等名词作为社会主义的原则，也可以说是通义，不过太广泛，太无归宿，许多不合道理的事情，都可利用这种好名词来造罪恶，我很不愿意用他来标榜，也不能表示真正的社会主义是何物。我所用的有四种主义：

（A）公产主义　这是社会主义最重要的元素，不能做到公产，就不能达到社会主义的目的。我用"公"字，也有个意义，因为社会主义，有集产、共产、均产等派别，把他总括起来，都是要将社会上的财产，公同享用，不能由私人独占。对着私有说公有，不论他集在国家，共诸大众，均给各人，没有不是公的性质。里面本有许多条件和办法，暂且不说，因为这个地方是说通义的。

（B）合作主义　这个要分广义和狭义两种。广义的合作，把全社会看成一个团体，人人都要劳动，也可说作"劳动普及"，凡是劳心劳力的都包括在内，就是教员、官吏，仍能认为劳动家，同是帮社会办事，不像那"不劳而获"的资本家。这种劳动普及的观念，因为人在社会上，彼此互助，享了许多权利，也应该尽一分义务。就是得薪俸，受报酬，只要尽了个人职务，纵不直接的利于社会，也间接的教社会受益，自己享点权利，还不至于抱愧。现在俄国有句流行话，"不作工就没有饭吃"，倘若专要吃饭，不肯作工，那是吃别人的饭，就是掠夺别人的东西，和资本家差不了许多。狭义的合作，就是劳动事业之一种，组织单独的团体，如合作银行、合作工厂、合作商店、共同消费社等等。公共做工，公共买卖，公共享受，这不能算是社会主义，只能作为社会主义的嚆矢。还有托尔斯泰（Tolstoy）的劳动主义，人人要独自生产，独自消费，造屋耕田，煮饭缝衣，一个人都要办到，合［和］中国的许行学说一样。怎么能够成为事实呢？真正的社会主义，是主张"分业合作"，各人做他能做的事，分得越细，合起来就很大。所以社会主义，不是个人或少数人能行的，并不是单独团体能行的，我以为最好是一个国家，至少也要一省，才可推行，再小是没有好办法，就办起来，也没有什么效果。至于中国人，看见讨饭的，发点恻隐心，给他一两个铜子，讨饭的算不得劳动，给钱的也算得社会主义家么？又有朋友亲戚，借钱周济，也与社会主义不关痛痒。欧美各国，有一种组合的办法，就是狭义合作的一部分，并且很有成绩，在中国还不多见。

（C）民主主义　这个名词很难定，许多人直译作"德谟克拉西"（Democracy），简单说就是"平民精神"，是自由、平等的本质。不过自由、平等，也没有绝对的道理，天下并没有绝对的真，绝对的善，绝对的美，只有比较的合乎真、善、美。合乎自由，合乎平等，人人能得着幸福，多一点儿享受，也就可以过得去。民主主义顶重要的是直接选举，反对财产限制，教育限制，正是表示平等的精神。就我个人看起来，财产限制，是万万要不得，根本上没有理由；而教育限制，在社会主义已行的时候，还要有个至小的标准，才无流弊。至于自由，说是没有范围，推到极端，大家的自由，都是冲突，还是不能自由。只要言论自由、出版自由、集会自由，扩充到最大限度，凡是不妨碍公安的，都不能干涉，这个在社会主义上是万不可少的。还有违反平等的阶级制度，贫富贵贱，相差太远，实在要根本破除，但是智愚贤不肖，也难说是没有一点儿分别。想解决这个问题，只有机会均等主义，教各人都能发挥他的个性，农人要有田耕，工人要有工作，教员要有书教，不教社会上有智力合〔和〕体力的被那些富豪贵族来压制，大家在水平线上，都有均等的机会，以后成就的大小，再看各人的本领如何，比如赛跑，有一平行线作出发点，跑起来有先有后有胜有负，那是各人聪明才力不同，也就用不着怨恨不平了。现在的社会，都没有均等机会，大家不能立在平行线上，所以世袭制度和遗产制度，非废除不可！袭爵制，在今日已不关轻重。产业继承制，依然存留，应极力反对。此外政治、法律、风俗、习惯等，有违背机会均等主义的，都要一律革除，才有真民主主义实现。说到这里，各人的能力不同，虽然先时是机会均等，结果还不是有能力的占胜，仍旧是阶级不齐么？这个是关系财产的分配，社会主义家，有主张各取所值的，有主张各取所需的，都应该注意。我个人意见，是依劳力的价值做标准，不依各人的需要来主张。这是机会均等以后的话，暂时不必多说。

（D）大同主义 这个名词，日本有译作国际主义的，实在是世界主义。国家不过是地理关系，人种也不必过于分别，这样的狭小观念，由于相沿的习惯，没有什么理由。本来四海都是同胞，人类都是兄弟，所以用"大同"的名词。这并不是受别人的鱼肉，任别人来宰割，"正当防卫"，还是要有的，不过最反对的是军国主义。"募兵制"要完全废除，"征兵制"仍旧可用，组织义勇兵队，保卫自己，防备他人，也就是一种"非攻精神"。至于世界将来，能不能废兵，现在还难决定。但是侵略主义，多数人没有不反对的，社会主义家不用说，只有少数军阀与野心家，凭着自己的私意，勉强弄得国民服从。战败了，大家受害，是自然的结果；战胜了，国民遭殃，仅仅少数人得着利益罢了！德国这次受了个大教训，东方抱侵略主义的，毫没有觉悟，照样的还要再演那一回惨剧，别人已经代他担心。我们本着"非攻主义"，教国民服短期兵役，可以得着正当防卫的效用，还可以强健体格，振作精神。德国社会党的党纲，就有废常备兵设义勇兵的规定，很可作我们的参考。

以上的四种主义，仿佛是社会主义的"四维"，无论那一派，都不可少，所以说是通义。若是有一种相反，可以断定他不是社会主义。但是程度上主张得有重有轻，那就不能一律，看他对于这四种样样都有就对了。现在诸位既把通义弄明白了，顺便可以下个定义，就是："社会主义的主张，是从私产上谋改革，作解决社会问题的根本。"这种说法，虽不大完备，有些遗漏的地方，确是没有什么大错误。鄙人还有几句话要附带着说说：社会主义上加"冠词"，很不妥当，集产社会主义，共产社会主义……因为包括不住，反教人容易误会，把真意弄失掉了。我这次回国，遇着很奇怪的事情！到南京时，李秀山也和我谈社会主义；在北京时，中央政府的要人也是一样。他们不来反对，就很难得，偏要把这几个字敷衍场面，真不知道是怎么一回事！又有一般真谈社会主义的，不肯把他明白说出，恐怕受人攻击，用"新文化运动"来遮掩，这样笼统名词，实在不能表示真相。要主张社会主义，就说是社会主义，可以教大家觉悟，磊落光明，若是要忌讳，那又何必来提倡呢？鄙人自始至终，是讲社会主义，不愿用笼统的名词，囫囵吞枣。中间受环境的影响，学问的修正，不能没有多少变迁，也是因时制宜的，没有畏惧，没有忌讳，无论何时，还是讲社会主义。

第二次　派别与纲领

今天是这里讲演的第二次，题目还是照样。讲了社会主义的"名词与通义"外，应该接着讲他的"派别与纲领。"昨日讲到末节，对于"新文化运动"，嫌他有点笼统，不觉加了个批评。今日接着一封信，发生了误会，说我批评他是"怪僻"，是"无理取闹！"我是用新文化对待社会主义说，新文化含义很多，自然有他的领域，谈社会主义，就不必用这种名词来笼统。记得我从前参观个天文学校，说到"星云"、"星气"漫着天空不晓，得经过多少年，才结成星颗，地球也是一颗星，结成地壳以后，我们人类，才生活在上面。当初都是无组织、无轨道的一种汽质，成了各个行星，才有他的组织和轨道。新文化，现在还合〔和〕星云、星气差不多，要在他的领域里面有组织，有轨道，只好希望着将来。社会主义，是结成星颗的，有定义，有范围，有系统，不必合在新文化一处说，我何尝把新文化说的那样坏呢？诸君切不要误会！我说社会主义，不还说过不应该加"冠词"么？因为加上"冠词"，包括不住，或者和原义相反，不能相容，这也是就社会主义确定以后说，就大家真正的了解以后说。现在要讲他的派别，又不能不用冠词，作个权宜的方法，便于区划，教他眉目清楚，并不是自相矛盾，结局还是把这些冠词不要。世人分别社会主义，有就宗旨上观察的，说是共产主义，均产主义……有就手段上观察的，或主张武力革命，或主张政治活动，或主张职业选举……有就态度上分的，或公开，或秘密，或激烈，或温和……有就地域上分的，如英国社会主义，法国、德国、美国社会主义……种种的分类，非常复杂，都难说是很精密。我就主观的见解，教听的人容易明白，要减省许多名词，免牵涉西文，不能辨别，分成四派。也不敢说是精密，比较的少点毛病罢了。那四派呢？（A）国家社会主义，（B）无政府社会主义，（C）理想的社会主义，（D）科学的社会主义，再就各派里面说说他的纲领。

（A）派是以国家为前提，救济社会上一时不平为目的，实在算不得社会主义，叫他做社会政策到不远。这一派主张得很强，定要说他是社会主义，可以把昨日所说的四种通义，合［和］他比较，就晓得他很不妥当。第一，国家社会主义，也主张公产，但是这公产的主人翁为谁呢？自然是国家来管理，代表国家的又是谁呢？自然是政府，代表政府的还不是行政官吗？行政官借着国家名义，滥用他的权力，任意使用这公共的产业，危险该有多大！所以国家公产，就变成少数行政官的私产。第二，要合作是劳心劳力两途，本来是一种分工，没有什么贵贱高下。若是国家社会主义，行政官就来治人，一般无权力的就受治于人，往往一部分人出来专制，合作的本意，完全不能相符了。第三，民主国家，人民也能办到普通选举，机会也似乎均等，然而国家是非常的尊严，人民不过国家的附属品，有时遇着国家大事故，就拿人民的权利来牺牲，人民也是无可如何！第四，大同和国家的存在，虽然不大妨害，但是国权太重，成了个超然的地位，永远不能破除，致成一种迷信国家的现象，或者演成帝国主义，只晓得有国家，不晓得有社会，自然不能够大同。由这样看起来，国家社会主义合四种通义，件件都有些抵触，所以算不得社会主义。

（B）派的无政府，要分作积极的和消极的两种。这派和社会主义，本来不大相容，好些人又合在一块儿讲，也不能不把他说说。巴枯宁（Bakunin）、克鲁泡特金（Peter Kropotkin）是积极的，以社会为本位；德国斯特拉（Stern）、托尔斯泰（Tolstoy）、恩特斯是消极的，以个人为本位。他们的主张，有许多很奇怪，现在的无政府党，多半是信服共产，所以叫着无政府共产主义。要精密的说起来，无政府只有个人主义的靠得住。第一，不承认机关，以为政府的机关，是用强权武力来压迫人的，很可以被少数人来利用。第二，不承认法律，以为法令规则等项，都是保护资本家，也都是束缚人的东西，专为一部分人谋幸福。第三，不承认首领，以为总统、总长、代表等，都可不要，他们是想来治理别人，各人应本着自由意志，自由行动，绝对不受人的干涉。若是要讲共产，这三项就不能少，合〔和〕无政府主张有些冲突。政府的意义很广，不限狭义的官厅，大学校也可说是政府，自治会也是个政府。共产就不能没有个政府，这政府就是任何组织的一个机关。有机关不能没有一种契约，也不能没有管理员。这契约不是法律，管理员不是首领吗？没有这三项，要共产，能够共得不乱吗？在欧美各国，这一派很受干涉，势力不大膨胀，主张的人，可也不少，很有一番热忱，我很佩服他们的。不过有点不好的现象，无论在何国何时，无政府党和社会党，终是立在反对的地位：无政府党攻击国家，社会党还保存国家；无政府党痛恶一切有权的政府，社会党在一定范围内，承认政府的干涉；无政府党要纯粹共产，社会党还许人有不生产的私产。所以无政府党恨社会党，和资本家、官僚差不多！我以为两方面既不相容纳，也不必彼此攻击，"不相菲薄不相师"，各行各的主张，这是应有的态度，然而万没有调和的余地，并且不要混合成一样，分辨不清。

（C）派的理想家，发源得很早。我到山西来，起了一种感想，觉得许多学者，欢喜把古今中外比附援引，果然能够有统系，有组织，何尝不好？无奈有点不可能，终久弄不清晰，反成个似是而非！《礼运》"大同"一章，康南海就说是孔子的社会主义。南海的学问，我非常佩服，这样的说法，我实在不敢附和。近于社会主义的理想，在中国也不仅孔子才有个大同，老子的"小国寡民"，庄子的"建德之国"，列子的"华胥氏之国"，佛家的"庄严净土"，多少都有一点超然的理想，然而完全在现社会以外，并没有实行的方法。耶稣教这种理想更多，我今日在青年会演说，也略为说过。他们觉得现在的社会不好，或者以为古时候是好的，就追想到过去的状况，或者希望身后必有天堂，就怀想着将来的黄金世界，可以说是宗教的理想社会主义。还有欧洲的理想家，如柏拉图（Plato）的"共和国"，莫利（Morris）的"乌托邦（Utopia）"，傅立叶（Fourier）的"法兰克共产团"，和中国陶潜的"桃花源"，都是空中楼阁，凭着个人的主张，假设一个实现的新生活，要描写个什么情形，在笔墨上就能得着个什么乐土，可以说是小说的理想社会主义。这两种既不能在现社会上实行，也不是真正是社会主义家。"新村运动"，比较的可以办到，在各国也很不少，究竟是一种世外生活，偏于理想方面的多，下次得着机会再讲。

（D）派要算社会主义的正宗，可以详细点说。现在讲社会主义的，多半归于这一派。创始的人就是马克斯，他一千八百一十八年生在德国，直到一八八三年死在英国。在他三十岁的时候，发表《共产党宣言》，是世界上顶有名的，也就是他那主张成熟的特征。怎么叫做"科学的社会主义"呢？因为不像从前的空想，有系统，有范围，有方法，有门径，没有当初那些社会主义家的神秘作用。他的重要的著作是《资本论》，中国还没有完全翻译出来。现在分成四项，说明他的精要所在。（1）物质主观，有译成"唯物史观"的，大意说是社会上道德、宗教、政治、法律……所有一切进退善恶的现象，都是物质作用。换句话说，就是经济的影响，人类的生计问题。社会和国家的生活，没有永久不变动的，这种变动，没有不是跟着经济走的。社会的经济是基础，一切道德、宗教和政治、法律、制度等项，皆建筑在这基础上面，基础一动摇，上面的建筑物，自然不能安稳，所以社会物质的生产力，发达到一定的程度，旧有的生产关系，受了压迫和束缚，两方面就起了矛盾，不久定要冲突。冲突的结果，旧社会存在不住，生计问题可以圆满解决，有一种自然的趋势。马氏用这种唯物的眼光，观察欧洲各国的历史，不但由已往变到现在是如此，循着这条路推到将来，必定还是如此，我所以称他是物质主观。有人说他这种主观的推测，偏在物质方面太过，总有点靠不住，他自己却认定是唯一的根本方法。（2）劳动万能。从前的经济学家，对于土地、资本、劳力三生产要素，认为一样的平均，毫无轻重，这就是亚丹·斯密（Adam Smith）等所主张的，对于财富分配，三项要一体均沾。许多人奉为天经地义，不敢变更。马氏独批评他不合事理：土地是自然的东西，合［和］日光、空气、水、电一样，没有什么价值，因着人工经营，荒地可以变成良田，城市人烟稠密，他的地价，比乡村贵，越开发得好，越有价值，倘若没有人来利用他，还不是一钱不值么？说到资本，又是怎样来的？作买卖，由垄断来的；作官，由刮地皮来的；作军阀，由抢夺来的；作纨绔子弟，由祖父遗传承继来的。无论他如何，推到资本的根源，决不是他们自己有什么本领弄得出来，都是剥削别人劳动的结果，他就霸为己有！离开了过去许多劳动家的一种蓄积，又从那里来的资本呢？所以土地、资本，算不得生产的要素，只有劳力是生产的要素，这就叫做劳动万能。后来一般劳动家，都已觉悟，政府和资本家，串通一气，用些牢笼手段，什么保护劳动，增加工价，优予待遇，来收买劳动家的欢心！我们终觉得不甚满意，资本家享用的还是很丰厚，那一样不是劳动家汗血造成的果实？他们说地球也是劳力造成的东西，更显得他是万能了！（3）利益余剩。这个名词是我译的，很觉得生硬，也有译成赢余价值的。资本既是别人劳动的结果，由资本又新生出资本，就是利益的余剩。比如某工厂用工人一万名，做出来的货物，共值一千万元，用去工人的劳酬费三百万元，还存下七百万元，这就有三分之二开外是利益余剩，劳动家所得的不过三分之一！这是随便举个例，还有够不上这个数目。资本家又用许多方法来剥削，或者说是他不够开支，出货太少，拿出来的帐薄〔簿〕，由他计算，是靠不住的，如是延长作工的时间，增加机器，扩张生产的能力，添雇妇女幼童，使劳动的供给越多，工资自然要低下，他得的利益更厚，拿来又作新资本。富的越富，穷的越穷，劳动家永远出不了头，成了工钱的奴了，没有这工钱，就不能生活！应该把余剩的利益，全归劳动家收管，或是均分，才算公平，算合理，不能听资本家任意掠夺，他凭什么要享那么大的利益呢？（4）阶级竞争。照着上面所说的情形，社会便有两大阶级，一是有产的，一是无产的，资本阶级和劳动阶级，有产包括动产、不动产在内，不专指金钱说；无产是没有这些有形财产，他仍有精神劳力的无形财产。有产的体力、脑力都不用，积下的财产用不完；无产的只得很少的工钱，费尽气力，衣食还有点顾不住！两阶级利害相反，冲突自不可逃。劳动家应联合地方和国内及国外的工人，攻击那资本阶级，把所有的土地和生产机关，都归公有，那时候自然没有这些不平的现象了。记得在美国一个会场，听他们演说，满口是些"四海同胞，亲兄弟"的话，把这好名词拿来空说，令人生厌。我就起来合〔和〕他们辩论：同胞兄弟，也不见得都是亲爱的，为得争承袭或分家业和遗产打官司的不知有多少，还要请外人来帮忙，夫妻两个也有为得财产起冲突的，经济是根本问题，关系各人的利害。只要利害不冲突，四海自然是兄弟，不用口说；利害有冲突，兄弟也变成仇敌，口说也是空事！所以劳动和资本的利益要平均，不教他发生两样阶级，就用不着竞争了。说到这里，诸位也不要误会了是劳动家来压制资本家，我们对于资本家个人，并没有甚么恶感，反对的是资本制度。只要把制度解决了，个人还合［和］我们一样，用不着攻击。比如中国的新国会，骂他的人很多，我们凭良心说，也加不上他的好处！然而国会里面的个人，实在有好的，很有我的好朋友，相信他决不是坏人！怎么混在国会内就坏了呢？这正是制度不好的原故。阶级竞争，就是要用新制度改换旧制度，教人人成劳动家，人人也是资本者，共作共享，没有一人立在偏重的地位。换句话说：这个新制度，就是劳动普及，资本公有，阶级的界限打破，个人的报酬满足。马氏主张科学的社会主义，大概也不外乎此。

上面的四种派别，业经讲完，以外的派别还很多，归纳在这四派里面，似乎没有多大的遗漏，不过细目和方法不同，现在再把世界的社会党运动大概，与诸君择要一说。就着四派合参，更容易知道些纲领。先说世界社会党的三次国际联合会议，再说美国社会党前后的情形。

第一国际大会，是一八六四年，在英京伦敦开成立会，有马克斯（Marx）和巴枯宁（Bakunin）两派，互相辩论。马氏主张科学的社会主义，由民主国家，经营生产事业；巴氏主张无政府主义，对于国家制度，必从根本推翻。论真正的无政府主义，只有托尔斯泰（Tolstoy）和克鲁泡特金（Kropotkin）两人，一重个人，一重互助，都有澈底的见解。当时马氏要从宣传上着手，随社会自然的趋势来解决；巴氏以为经过一次暴动，胜于五千册子的鼓吹。两方面全然相反，毫不相容，从此分裂为二，永久也不能调和！

第二国际大会，是一八八九年，在法京巴黎开成立会。又于一九一二年在别思勒（Basle）开代表会，这一回居然有东方代表列席，乃日本片山潜氏。又于一九〇九年在比京布普塞（Brussels）开代表会，我以非正式代表出席此会，至于此会所讨论，有两种主张：一派要参与政治，取得政权，借政治活动做手段，好实行社会主义的改革；一派不以为然，须脱离政治关系。议论得有声有色，结果赞成政治活动的占多数，到现在还照样进行。

第三国际大会，是一九一九年，在俄都莫斯科（Moscow）开成立会，并订定以后每年开代表会一次。劳农政府已经成立，到会的当然是赞成俄国式的社会主义，反对的也不敢去，很有人不肯承认他们会议的结果。这次曾［会］发表宣言二十多条，最要紧的是打破国家观念，免除国际战争，不承认政治活动，必须用革命手段，各国劳动党要互相扶助。这也是受了一种教训，有个情由在内：当着欧战初起，各国的社会党人多知道战争含着军国主义作用的，没有不极端反对，然而战机一动，都发了无意识的爱国热狂，把自己的主张不顾，来赞成军阀派的战争。在德国议会，社会党议员实不少，那时表决宣战案，投票反对的只有一人。所以俄国这次会议，拿来作为警告，可见政治活动是靠不住的。不过俄国式社会主义太走极端，现在合［和］德国或能接近；比、法就不能相容了。再把这三次国际会议结果总括起来，就是：第一，社会主义与政府主义分离；第二，社会主义与共产主义分办。

为什么要说美国社会党呢？我在那里住得很久，和他们的社会主义家，时常有些来往，知道的较为明白，不妨就大概的情形，作一种报告。七八十年前，欧洲迁往美洲的人民，都抱着自由、平等精神，很有些社会主义思想。不久英国人和美国本地的人，组织社会党；德、奥和犹太人，另外组织社会劳动党。他们的宗旨都相同，只有手段是两样。社会党重在政治活动，势力颇不小，每届选举，总投票约有二百多万人，也提出候选总统的名单，合［和］政党不差什么；社会劳动党不愿意在政治上活动，专注重社会革命，初成立的时候，很有点气概，后来渐渐的失了势力。此外就是美国顶特色的 IWW 党——有人翻成世界工人会，是一个职业大组合，也不赞成政治活动，但是暴烈分子太多，有许多无意识举动，手枪炸弹，极不当作一回事，实在没有益，反有害，政府要严禁不用说，社会上一般人，见着也生厌恶。因为美国人的天性爱和平，这种惨酷的手段，自然是不表同意的，可是他里面真有纯粹的好人，不爱身命，极有热忱，和宗教信徒相彷，我是很敬服这些人的，说他是"质美而未学"罢了。美国这次参战，合［和］欧洲的情形一样，主战的占多数。全国社会党，在芝加哥开会，虽然分赞成、不赞成两派，还是赞成的不吃亏，那不赞成的，都下监狱作苦工去了！因为他们反对战事，很是有些活动，不像空有主张，没有实行的。自从俄国革命成功以后，美国新近的社会党，又有三派：一个还是社会党，他们有老资格，偏于保守；一个是共产党，主张社会革命，暗中与俄国劳农政府表同情通消息，表面却化为许多名目，以免政府和社会的注意；一个是共产劳动党，多半是犹太人主持，党员很少，大都对俄国劳农政府表同情。美国现在干涉激烈的社会党很利害，对于旧党作政治活动的，当然听其存在！他里面的黑暗，也合［和］中国不相上下。欧洲"国际联盟"的和约，美国没有签字，"戒严令"还没有取消，所以事事能干涉，共产劳动党，受干涉得更厉害。加着参战得胜，一般回国的武人，觉得有多大的功劳，将来恐成个"新军阀"的势力！他们的军士，假着"爱国"两个字，在社会上随便干涉，遇事横行，说是补助行政的不及，情形很是危险。现在正想号召党徒，组织个军阀的大党，果然成立，必定变成英国的样子。威尔逊本来喜欢用好名词，他心下却未必是那回事！所以许多人说他是伪善家。"新军阀"在国内那样胡来，未尝不是他的暗助，这是美国一件很可怕的事，今天带着说说，明晚再说社会主义的主张。

第三次　主张之条目

鄙人前两次讲演，是社会主义的"名词与通义"和"派别与纲领"，讲到"科学的社会主义"，认他是正宗。马克斯本是十九世纪中期的人，直到现在，我们还是照他的主张么？我个人以为各种主义，不如马氏的能够实行，且没有什么大毛病。虽然不能墨守，一步一趋，我的主张，大体仍是马氏的背景，也可说是由马氏主张里面脱胎出来的。有人问我是那一派的社会主义，就答是"科学的社会主义"，不过尚有变通罢了！现仍分做四项，按着次序说明。

（A）天产公有　我在"通义"里面，曾说过各派社会主义，都不能没有公产这一条。但是财产的种类很多，有限制没有？动产和不动产，有形财产和无形财产，都归公有呀？还是以某种财产归公有呢？照着正规矩讲起来，一切产业，都应该公有！不过要现在办得到，只好就天产一部分着手。土地是大宗；以外的空气、日光、水……都不是人工造出来的，天然就有，人人有分，不应该有"所有权"。就这种天产，占做私有，劳力的只得三分之一，不劳力的反得三分之二，是悖理的，违法的，不正当的，不自然的，必须从根本上废除。天产是劳力者共同使用的器具，而土地公有，在中国古代，早已实行。黄帝画野分疆，就用公田制。唐、虞、三代，逐渐进化，后人称起盛治来，他那时做"天字第一号"，还不是为得这土地公有吗？井田制到周朝才很完备，按《周礼》和孟子所说的办法，稍微有点不同，他确实可据的，是八家为井，每井若干亩，划作九区，中间一区作公田，八家合耕，那八区归八家收用，可见除公田以外，没有什么赋税。人民二十岁受田，是从公家领来的；六十归田，仍旧是归还公家的。平均劳动四十年，八区的人家，自然可以生活。到了战国，商鞅就废井田，开阡陌，富豪可以兼并，秦始皇的时候，井田已经没有影响，从此有不耕田的也能吃饭，要耕田也没有田耕，私有制度，牢不可破，弄成今日的现象！诸位不要疑我是王安石后身！我决不是王安石那种人！三代时候，人数少，井田能办得到；后来人口多，保得住土地够分配么？我们可师古不可泥古，取他的精神为法，不要拘他的形式蛮来，社会主义的天产公有，正是井田制度的精神。不过现占有有土地的人，不必尽是巧取强夺，或者是劳力和遗产得来，忽然取消他的所有权，未免令人难受，恐怕有些难行。可以用三样的方法，比较那样合宜，采择着照办。

（1）激烈方法　认土地所有权极不正当，都是割据和侵占得来的，须一律没收，归国家社会所有。现在的俄国，就是这样的办法。因为土地公有，只要某人能耕种，就可以交他经营，暂时为他所有，耕种的人多，必然没有荒地。若是私有，不轻易与人耕种，致令荒废了许多地方，不能有利于社会，并且出了一种"地皮大王"，非常奇怪！选择那交通冲要的所在，别人看不出什么利来，可以贱价出卖，他就广为收买，不耕不种，也不造屋，等到要修铁路开商埠的时候，价值大涨，转卖出去，可以得着几倍十倍百倍的大财，丝毫不费力，坐享其利。他不过藏着一纸地契，能赚许多金钱！我们说资本家不公不正，地皮大王，更是不公正了！径由公家没收，道理极合。俄国所用的激烈方法，按正义说，实不能算是大错，由豪强手中夺来，供给多数人民利用，又有什么不好呢？

（2）比较的和平方法　这就是对于地主，用累进的税率收税，虽然不把他的土地没收，也渐渐有这种趋向。美国享利·卓慈氏，创"单一税"说，他以为国家的租税，别样都可不用，只要有地租就够了。至于农夫劳力的结果，仍一律免税。换句话说，就是照地价课税，不照地产课税。有人不认他是社会主义家，又有人承认这是由私有时代变成公有的过渡。本来由劳力生产的东西，是他们正当的所得，课这样东西的税，是压制劳动家，废止倒很合理。单一税自然是公平的，就是土地上加了工作，如建筑、耕种等事，也合［和］别种劳力一样，地租也不应课在他们身上，只有课那地主"不劳而获"的才是。按那地价实在状况，价越高，税越重，不问他用来生产没有，地皮大王恐怕吃亏，不敢听他荒废，就落在农民手里，又因得税率累进，负担不起，再也不来兼并，已有的，或者还要转卖给旁人，大地主变做小地主，这小地主还得不到好处，逐渐归为公有，不劳动就没有饭吃了。

(3) 和平方法 孙中山主张"平均地权"，凡地价由地主自定，报到政府，就他的数目抽税。这里和"单一税"相仿，不过没有多大的变动，照样能做到公有的地步。地主报价少，抽税固然也少，但是国家可以照他所报的价钱收买，不能由他变动，就是卖给旁人，也要由公家经手，不能私相授受。原主无论何时，只能收他的定价，多卖的价钱，由公家收用。地主若是报价多，那自然很好，抽税也随着加多，报定了以后，永远不许增减。这样一来，报少了，怕公家收用；报多了，又担税难堪。结局只好都归公有。

上面的三个方法，有缓有急，总之能使土地公有。我不说是天产公有吗？再举水和空气、日光做个例，这都是取不尽用不竭的，似乎不至于私有。然而资本家组织来自水公司，不难塞井填池，行他垄断的手段，这是水的私有了。富贵人的房屋，又高大，又开许多窗户，又占的房间多，还要住在烟囱的上风，他的空气，量也多，质也好；贫贱人的房屋，又狭小，又不能多开窗户，又好些人团在一屋，时常住在烟囱下风，他的空气，量也少，质也坏，不是空气也变成私有么？空气是这个样子，那日光自然是富贵人家占得足，贫贱人家享得少，有好多大城市贫民只能住在地窖子里，日光也不能公有了！诸如此类，都要用法子来救正，不教他们独享独乐，大家能平均使用，共同快乐，共同享受，才算是公平，才算是社会上的幸福，不公有就办不到了。

(B) 教养普及 怎么不说是教育呢？我主张儿童从幼稚园直到专门和大学校，所有教费、养费，都应该由公家出。现在大家说普及教育，越说越不能普及的！从前三家村的蒙馆，自衣自食，贫儿读点《三字经》、《千字文》，每年不过费上数百文钱，以至数千文，就可以多少受点教育，还有些普及的影子。学堂开办以后，大大不同。非富厚的村庄不能立学堂，非有钱的子弟不能去读书，因为要膳费、学费、操衣帽和课本、纸笔等费，寻常人家，那能负担得起？就说膳费以外，不收学费，别的费用，都较往年大得多，也非中产以下的人家办得到，那贫寒子弟，无论你如何强迫他，也不能专供给子弟读书，自己就不吃饭呀！并且还要教他子弟做点事情，才能糊口，把什么来读书呢？所以现在的教育，是贵族式的教育，决不能普及，真要普及，政府就不能把有用的经费，都花在军队和外交黑幕里面，反看着教育不要紧，与我们主张社会主义的大大相反。我们以为国家应该把收入的过半数，用在教养上面，不但儿童幼稚园和国民小学归公办，就是专门学校和大学校，也是公家担任。无论男女，无论贫富贵贱，都教他能受高等教育，一切食用等项，不用自备，完全是国家供给，这和第一次说的"机会均等"是一个理由。只要大家能在平行线上受教育，那资质不齐，智愚各异，或者半路上不肯上进，便属无可如何，归咎各人自己，并不是环境有什么不平啊！

此外还有教育上一段历史，可以顺便说说。从前山西没有小学，先办个山西大学，好些人以为不对，那知道这是很有趣味的问题。各国的趋势，都是先有大学，后有小学。英、法、德、意，现在还存着数百年来的大学，没有存着数百年来的小学，可以说办大学是办各种学校的初阶。这个里面的缘故，昔人总以为教育和国家无关，是各人父母的责任。我国三代的庠序制度，废了很久，科举时代，读书的专求科名，父兄教子弟，是为的光宗耀祖，私人可以享荣华，受富贵，与社会没有什么影响，各国也大致如是，不过非科举制度而已。后来慢慢晓得大学和高等专门，在国家很有关系，不是个人办得到，须由公家担任。再进一层，中学、小学，也应该公家来办，蒙养还是家庭自办，再后也觉得要公家经营，现在正是这种趋向。人生就作社会上的公民，要社会好，就要公民好，所以社会必须负教养的义务。受教养的享了这种权利，对于社会，也必须尽力报答。换句话，就是人民未成年以前，社会为个人尽义务；既成年以后，个人为社会尽义务。办到教养普及得时候，《礼运》所说"不独亲其亲，不独子其子，使老有所终，壮有所用，幼有所长，鳏寡孤独废疾者皆有所养"的大同景象，就不致于成为空想。我对于养的上面，还主张"公共育婴堂"，更应该公家尽特别义务，担任充分的经费。现在欧洲妇女，都不愿生儿，法国这种风气最甚，政府虽设法奖励生育，禁止避孕和堕胎，究竟是消极办法，收不了什么效果。大战以后，人口更少，有主张开放"多妻制"的，使他多生儿女，恐怕实行起来，也不见得就有效！只有婴儿公育，长大点又有幼稚园容纳，妇人自然肯生产。他们避孕堕胎，不尽是图快乐，怕十个月的辛苦。我们读的《论语》上说"子生三年而后免于父母之怀"，他们实在是怕这三年的累坠。倘若生子过多，简直是终身不了，日日在抚育儿女的困难里面，加着生计不足，更是为难！果然社会上可以代他负这种责任，他又何苦不肯生育呢？况且公育有特别好处！这里面都是专门讲究育儿法的人，样样经过训练，寻常妇人，个个可以生儿，未必个个有做母亲的程度，糟蹋儿童，恐怕不少。中国也有育婴堂，无论他的设备，不敢赞成，他那部分的慈善事业，也和我主张的性质不合，以及养老院、残疾院等，都不能看成慈善事业，要当作社会上义务事业。

（C）职业代议　　这件事在中国很有关系，话也很长，我后天专讲"代议制度之改良"时，再详细解说，今日但讲这一项。我从前说中国的社会主义，将来必很发达。现在怎么样？我也不是预言家，大势是这个样子！代议制度，世界各国，将来定要改良，我也敢断言的。现在的代议制度，是用人口做比例，将来一变，便是职业里面的人口比例，就叫作职业代议制，因为专以人口比例，流弊很多，须从根本解决，才有真正的民意代表。本来这民意要用代表，就说是全体民意，也不敢认为绝对可能，只有比较上的良好罢了！人口比例，先有精密调查，看来是很公平的，天下惟有似公平非公平的事件最易误人。我国职业界，向来分为士、农、工、商四民，而选举的结果，只有士占大多数，其余三项人民，简直没有插足的地位，这并不仅中国如此，英、美各文明国家，他的代议士，有百分之七十五至八十五，当初都充过官吏和律师，正是士民的阶级，能够说是公平么？不要说他们营私舞弊、违背民意的不良分子，就算他肯实心任事，公正无私，他只明白自己一界的事情，怎么能知道农、工、商各界的甘苦，可以发言中肯，代表那模糊影响的利益呢？所以非各行职业，都能举出本职业的代议士不可。譬如山西省有二千万人，先行调查，士、农、工、商，各有若干人，每项职业，又再分类，分的越细越好。士的里面，分为律师、新闻记者、吏员、教员、学生，学生里面，又分为大学、中学，农、工、商照样类推。再就各职业人口用比例法，可以得若干议员，他们自然会选本职业里面的好脚色，对于本行的事务，晓得最清楚，利害又切己。各界人民，都能得平均的利益。这样一办，不用社会革命，而社会主义，已经实行了。还有两种很好的效果：第一，没有职业的人，不能取得选民资格，被选更无想望，那高等流氓和中下等的游民，必定要谋职业，寄生阶级，可以逐渐减少。第二，寓着鼓励平民受教育的用意。职业选举，别的都不用限制，只有教育，要具至少的程度。倘若弄些拉车的挑粪的，以及一般无知的愚民来做议员，他不捣乱议会么？并且他们希望代表本职业的公意，更要准备点学识，才不至于塌台。不过这里有点疑问，资本家多半有职业，他们恐怕专制吧？这却不然！因为仍用人口比例，资本家不能以一人算两人，无论如何，他们总居少数，他的代表，决不会多，自然没有专制的余地，那些多数代表，谁不发展他的自由，能听这少数代表来横行么？所以职业代议，果能实行，决无危险，也决无妨碍，我们可以从速试办，俄国的苏维埃（Soviet）制度，就是这个意思。他们用的手段，或者不满人意，然而隔得太远，交通不便，仅得着传闻。有人说他是地狱，又有人说他是天堂。据我个人的推测，算办得不如法，布尔塞维克（Bolshiviki）或者失败，他的这种苏维埃制度决不失败。

（D）全民参政　除职业代议以外，国中全体人民，都应该有参与政治的实权。我们承认政治活动是必要的，是有首领的，官吏都在内，凡属立法、行政，他们也未尝不要谋多数人民的福利。究竟事变无常，总不免有些缺点，不免有些不符人民公意的地方！因为用代议士根本上就不很完全，比如一人代表一人，或者子代父，弟代兄，谆谆嘱付，教他某时作某事，某事应该怎么做，也常常有错误和改变的情形，何况以一人代表数十百万人，作不能预定的事，任期又有数年之久，那能够事事洽合民意咧？他们如变了良心，助纣为虐，人民如何请愿，他还不理，这不是代议士专制么？若救济这些毛病，只有全民参政，保留三种特权，不但防代议士专制，行政官吏，也不教他来专制。可以把这三权说一说。

（1）创议权　地方有某利当兴，某弊当革，行政机关不注意，议员也不知道，或者故意不提案，提出又不能实行。所有地方公民，就可集合开会，请大家公决，或发表说明书类，请大家签名，达到多少人数，就提出建议案，发生法律效力，无论议员、官吏，都不能拒绝驳斥，须照样实行。

（2）复决权　议员通过某项法案，人民觉得不便，或者已经实行的法案，发生许多流弊，人民都可以起来反对。照着前面的办法，不承认他们的法案，或把已行的法案废止，就应该宣告取销，不能再办。

（3）免官权　无论中央、地方，元首都由人民公选，他的属员，可以由元首委任，由他负责。若是属员也要民选，办事就很困难，还可以不负责任。但属员有不法事情，人民仍旧要告发，元首必须罢免这个属员，不能袒护。所以任用可由元首自主，不必过问，免职就由人民干涉，使他不敢乱来。他的后任是谁？又照样的听便。元首不好，只要经过上面的手续，他自己也要辞职，不能再干；议员违背民意，也可以照样的撤回。这样一来，人民都有直接参政的机会，也不专靠代议士了，自己能谋自己的幸福了。

现在把上面总括起来，就是天产公有、教养普及、职业代议、全民参政四种，而"甲种"有三个方法，"丁种"有三样特权，这是我讲社会主义最重要最普通的主张。以外自然还有许多条件，我以为把这四种办到可以算得世界上社会主义的好国家。中国果能如此，各国恐怕也要仿行。今日讲到这里为止。

第四次　实行之方法

昨日讲的是主张。有了主张，要用什么方法，使这种主张，成为实事，今晚就讲"实行的方法"。在未讲以前，有两件事报告，也就在这里声明。

（一）某君今日来信问："社会主义实行以后，是各尽所能，各取所需呢？还是各尽所能，各取所值呢？"这个问得很好，可见已经很有研究。"各取所需"，是无政府主义，我向来不肯主张。"各取所值"，是社会主义，我以为应该如此。这就是两种主义的大界限，他根本上不同。不过"各取所值"，有人疑惑他有两种毛病：第一，劳心的有特别才智，劳力的有特别技能，按他们的所值，自比别人加高，所取的必定加多，不怕他变成资本家么？第二，没有能力的人和老幼残废，他们无能可尽，一点什么也不值，不是要活活的饿死么？这样疑惑，究竟是过虑。社会主义，对于所取独多的，只许他作为消费，不许他用做资本；对于无值可取的，也应该公养公教，特别看待，使他们不能作工的蠢人，可以得生活上必要的限度。这封信里面又问："既主张天产公有，为什么不主张资本和机械都公有呢？"凡生产的资本、机械等类都在内，本来也应该公有，不过先前要从土地公有着手。许多人又把金钱当做资本，不知道算不得资本，金钱只能消费，不能生产。听说山西的富翁，有把银子化成"没奈何"埋在地下！说他有钱则可，说是有资本便不然，资本是用来生产的。

（二）又有一位来信问："先生对于无政府主义，到底有什么意见？"我因无政府主义和社会主义，实际上冲突，自始至终，决不主张。十年以前，我的思想还没有成熟，或者有些通融，现在是认定社会主义了。不过我对于无政府主义，决不攻击，决不非难，决不诬蔑，"不相菲薄不相师"，就是我的态度。别人对我有什么反对，也决不辩明，我以为没有调和的余地，越辩越激烈，双方都有自由，各自研究，各行其是，我也决不强人来从我，纯是学者的态度。我的"题外话"说完了，现在接着说实行社会主义的方法，先就世界上普通的说起，括概共有四种。

（A）模范组织　这个在社会主义的初期，多半如此，前次讲的理想社会主义，可以代表。他们觉得现代社会非常腐败，非常黑暗，无法改良，只好脱离这种社会以外，不怕阻碍，不用成法，寻一个荒岛，或是一块干净地方，要开辟新天地，造成新的社会，实现他理想的标准，建设他伟大的模范。或由农业着手，或从工商着手，甚至用秘密结合其他各种方法，希望成功，就是现在盛行的"新村运动"。欧美各国四五十年以前，已经有许多新村，这个本无危害，也很和平。然就历史考察起来，不幸多归失败，没有能够持久的，成立以后，少则三五年，多则十余年，开首倒很有兴盛的，后来渐渐消灭，实在有两种原因：第一，经济不能独立，往往被资本家吸收或同化。天下事，没有经济作根基，什么也不能办，理想总难成事实。新村必有完全独立的经济机关，不要别人帮助，不受资本家的操纵，或者能实现一部分，要想推广扩充，仍旧有许多困难。所以社会主义，不是一个人或小团体所能行的。人说我主张社会主义，不能身体力行，他是不明白这里面的道理。第二，新村是消极的办法，多数是避世的，隐逸的，宗教的，与世界文化，群众福利，没有很大的关系。我曾在《新自治报》上做了一篇文章，稍为有点批评，果然有人成办，将来退老时，愿意加入。社会主义是积极的，用世的，奋斗的，科学的，与他根本上不同，所以不愿采用。至于抱积极主义的新村，仍旧不是小团体办得到，至少非一省不可。美国现在还有好些新村，都不发达，因为交通便利，外面的环境，都为资本家布满，物质文明，非常繁盛，生活程度很是高昂，难免和他们交际，受他们影响，新村的本质，就不纯全。想闭关自守，隔断交通，要做到老子和托尔斯泰的"返朴还醇"，这种人实在很少。住久了觉得寂寞无聊，渐生烦恼，就要脱离关系，这也是人情之常。可见用新村来行社会主义，不是什么好方法。

（B）社会革命　这种社会主义家，和普通政党相反。政府不好，他自然不为人民谋利益，就是高明一点的政府，要想他实行社会主义，也是"向老虎谋皮"！当着那恶政府的时候，只有抱革命的精神，用激烈的手段，从根本上推翻，再谋改造。俄国就用这种方法，猛战三年，俨然存在，实在令人佩服。他们痛恨世界上有马克斯所说的两个阶级：一是资本家和官僚、军阀，一是劳动家和无财产的平民。这种阶级，决不教他存留，不可姑息，非用武力解决不可。有军队，就鼓动军队，没有军队，也应该设法子运动。不过现在只有俄国成功，许多人都想得着他的详情，好供研究，用在各人的本国，能否相宜。我以为无论他的内容如何，要革命必要流血，两方面都有重大的牺牲，必须有能发能收的把握，才敢实行。倘若破坏以后，一发不可收拾，那就反乎所期！想重来建设，必发生种种妨碍和困难。况且一般劳工和劳农，平素没有训练，怎么能单独打仗？所以革命家必运动军队，联合大举。在中国的军队，更是特别，他们素无知识，只听旁人指挥，站在被动地位，能明白社会革命不能呢？很难作靠。纵然受我们利用，能持久不能呢？事成以后，如何约束呢？如何解散呢？或者又有野心家出来利用，如何抵制呢？很是一种疑问，要费点研究。我们办社会大事业，应该把价值估量，牺牲的大小和成功的多少，预先比较，总要利重害轻。我以为暴动和暗杀相比，暗杀牺牲少，情有可原；暴动牺牲多，心实不忍。论个人自由，我们只有权牺牲自己，没有权牺牲别人，暗杀是各行其志的。暴动便不敢主张。所以社会革命，总要确有把握才好。

（C）政党活动　除少数激烈党派外，多数社会党都是这样主张。因为立宪国家，必有国会。既有国会，就有选举。学者说："选举法是慢性的革命！"社会主义家，只要平时设种种方法，尽力鼓吹，教多数人民懂得社会主义的理由，晓得有许多好处。到了选举的时候，再行公开运动，使总投票时，社会党员，能多数当选，在国会里面，占得多数议席，实行平日的主张，推倒资本阶级，这是很稳健不能反对的！政府也无可知何！不过五十年来，社会党占得三分之一以上的议席，仍旧不能反对战争，致起空前的大战！此外都不及德国，当选的很少；在美国国会，社会党员，只有两席！所以多数社会主义家，对于政党活动，很是怀疑，用既往推测将来，终久怕是没有结果。然历史上的陈迹，也不能看得太拘泥，或者当初的时机不顺，含着别种的原因；或者将来时机成熟，忽然水到渠成。这五十年来，总算个试验时代，我们何妨再试验起来呢！

（D）职业组合　这个和英国的"基尔特"、法国的"工团"、美国的"IWW"相同，不过态度上很有差别。基尔特颇温和，IWW顶激烈，工团在温和、激烈的中间，大概是以职业做标准，不分男女，不问籍贯，不限制教育的程度，只要有职业，必定利害相关，认为组合的一员，共同联合起来，成个政治的模型，有行政机关，有立法、司法的机关。在积极方面，推广公共的利益；在消极方面，防备外面的侵害。各地方用自治式，使人人有练习政治的机会，采合议制，商量应兴应废的事宜。在中央又各选代表，组织一个大团体，这团体不是政府，不是国会，是职业组合的总机关。遇着重要事件，由地方团体议决，再送到中央大团体公布。各种职业，都是这种办法，各有各的总机关，同时中央政府，有地方的代表，有职业的代表，仍是以职业的代表为主要。果然如此，不必革命，不用流血，安然变成社会主义的国家。这种思想，各国相信的人很多，照办的也还不少，然而有点不幸，各国都组织得不大完备，没有能够替代国家执行政权的。他们组织成功的，只限于一地方的职业，纵或组织全国的大团体，办的事情，只有消极事业，如同盟罢工，同盟妨业，减少工作时间，养老保险制度……都是自卫行为，不能积极扩张。有实力统治全国，支配各种职业的，并且大工党的本身，很难有信用，多半是意见纷歧无法统一，是个极不好的现象，许多人极抱悲观！

上面就世界说的四种方法，大概是那个样子。我个人按着中国的情形，再说应用那四种方法的意见，怎样才可以实行。

就"模范组织"说，中国各处创设"新村"的还很少，从前我们在崇明岛想着手实行，现在山西想办模范村，还有模范学校，模范工厂，许多人肯热心提倡，都可列在这一种。不过我有几句话忠告：凡是掌着最高权力来组织国家，到还容易；处在层层压制的下面，要试办新村，反是很难。况且古来有句话说："狮子搏虎，要用全力；狮子搏兔，亦要用全力。"我们办个小学校，和办一个大工厂，要费一样的精神；经理一个新村，和经理一个国家，也要费一样的气力，或者还要加倍的费事，而收效又缓又不广！倘若遇着变乱，烧杀抢掳，毁坏一空，何苦把有限的精力，作这种"难成易毁"的局部事业？就现在各地力说，山西算无事，可以容你们组织，此外不用拿远处比，贵省邻境的陕西，他旧有的村庄，也弄得"可怜焦土"，鸡犬不留，还容你建设新村么？所以政治不改革，就算模范组织很可行，也没有这一片净土，容我们从容布置呵！

再就"社会革命"说，我素爱和平，很不愿见流血惨状，万一演成实事，也是不幸已极！诸位要知道，社会革命，必定有个机会才能造成，决不是社会主义家，平空鼓吹得起来的，也不是几个野心家，容易煽惑得动的。只有资本家、官僚、军阀，最能制造革命，他们那些贪污暴虐，是社会革命的特别制造厂！所以英国的社会，没有这些制造家，

激烈党无论如何鼓吹，终闹不起大革命来！可见社会革命，是自然的趋
势，机会不来，纵然散布千万小册子，也是无益！中国社会革命爆发的
时候，必在纷乱到了极点，才能实现。就近来的情形一看，民穷财尽，
天灾人祸，和俄国不相上下，而人民最驯良，最忠厚，最服从，最忍
耐，最爱和平，胜于俄人百倍。比如今年的旱灾，人民只承认是天命！
饿得吃草根树皮，听说还有全家服毒自尽的，决不作非分的要求，不起
暴动，世界上那有这样的好民情？真令人佩服。然而不好的地方，也就
在此。消极的，不晓得思患预防；积极的，不晓得别谋生计。政府和一
般强有力的，专门营私舞弊，也不代为设法。将来忍无可忍，千百万人
中，难保无一二枭杰，如黄巢、张献忠等人，出来利用。那时大乱暴
起，我辈社会主义家，当着这种机会，要避不可，要免不能，只有处于
指导的地位，使归正轨，把无意识的，变成有意识的，仿佛大禹导洪
水，疏九河，用疏导的方法，可以流入于海。水道所经过的地方，"随
山刊木"，当然有些牺牲，也是无可如何！中国社会革命以后，当这水
道的冲要非牺牲不可的，是些什么呢？就是军阀、官僚、资本家。我们
社会主义家，也是万不得已，必须如此，才能保全多数良民，免得"玉
石不分"，随着他们受祸，并不是愿意用这种激烈的方法。

　　再说"政党活动"，我在民国元年组织社会党用意也是在此。入党
的虽然不少，然流品太杂，态度不明，我自己的主义不坚定，完全是普
遍的鼓吹，散播些社会主义的种子。不久被袁世凯解散，到现在多少生
点功效。但民国成立以来，实在没有真正的政党！所有党派，都不尊重
党纲，或者是一种秘密结合，往往先有阁员而后有政党，可笑已极！我
绝对不承认他是政党，只能算是私党！凡真正政党发生，必先具两个要
件：第一，国家有正式宪法；第二，实行选举法，再行着手办党。还有
两个质素：第一，要党纲鲜明；第二，要公开运动。没有前面两个要
件，政党决不能成功；没有后面两个质素，政党必失却真相。我们社会
主义家组织政党，必用主义来号召，宣布自己的党纲，不同别的政党混
同。运动选举，也要光明磊落，不是什么可耻的事情。倘若不各处鼓
吹，发表政见，能令人贸然投票么？在欧美各国，当着选举时候，运动
当选的人，无奇不有，搭台演说，散布传单，驾飞艇，坐摩托车，吹打
鼓号，大书名字贴广告……一般人并不以为丑。本来想为人民办事，要
实行各人的政见，投票时听人民自由，有何不可？中国人反觉得公开太
丑，而金钱酒食，鼠窃狗偷，关着门与人磕头，也做得出，这才真正的

可耻。我们社会党，政权到手以后，须谋党纲实现，政治不过一种手段，实在还是以解决经济为目的。

再说"职业组合"，就是实行改革经济制度的准备。每种组合里面，必留心人才，早些练习，凡政府所有的机关，都要完全组织。平时既有头绪，到了临时改革的时候，就毫不费力。不过这种说法，是广义的政府。若是现在国家的政府，他们政治活动，由上及下，握着枢机，要政治改良，只有少数首领，就能成功，很容易办理。这职业组合，分途活动，由下而上，非多数人合力不可，至少要几十万人，才能办得动。但程度不必过高，只须有充分的常识，最要紧的是经验和有组织的能力。换句话说，就是会办事，每项职业，至少要十人左右。将来全国的总机关，就在这里面取材。我们应该好好的培养，储蓄待用。并且政治活动，可以利用"群众心理"，所以少数人可以成功；职业组合，必须团员人人负责，发挥"团体心理"，所以非多数人详密精干，不能组织美备。一是粗制的，一是精制的，做起来本很难，然不能因为他难就不办！我以为职业组合，万不可缓，纵不说社会主义，既为共和国人民，便应有这种责任。就各人本职业里面，要谋全体的幸福，有害就当除，有利就当兴，并没有别人可靠的啦！

我把四种方法，约略加了批评，"社会主义之今昔"说到这次为止。我个人由美国回来，在中国是无所系属，平素就抱着难进易退的志愿，在各处讲演，想对国人有点贡献，自己不过处于学者地位，毁誉毫不计较。诸君都有指导者的资格，有指导者的责任。没有职业，赶紧要谋个职业！已有职业，就要做指导者，在本职业里面，作组合的预备！这指导者也不是自尊自大，是自己应尽的义务；也不是一个超人，乃是一个公仆。

女子在社会上之地位
——在山西女师范讲演
（1920 年 11 月 18 日）

  诸位先生！诸位女学生！今日讲演标题，为"女子在社会上之地位"。我于办理女学教育，稍有经验，自问很是抱愧。回想十六年前，在北京教育界的时候，北京虽号称全国首善之区，实则当时风气，极不开通，事事保守，虽有一两处女学堂，都是教会外国人办的。当时我年纪尚轻，不过廿余岁光景，正在京师大学堂充当教习，发愿创女学，但人微言轻，兼之风气不开，所经过的种种困难，真不可以言语形容。我住北京宣武门外丞相胡同，我的房子很大。不幸遭逢庚子之变，先被义和拳匪占据，及至外国联军入京，又将我的房子占据，后来幸而收回，大家都说这所房子不宜再住人了，我就借此发愿创办女学。当初初创的学堂，名字叫作京师女学传习所。初招来的学生，不过几十个人，因为当时反对的过多，阻力太大。但我仍旧是立定志向，百折不回的往前去做，后来居然渐渐的能够发达起来，由一个学校推广到四个学校，学生总数前后差不多到三千人。当时在校肄业的学生，后来很有几个人，与贵省女学界有关系的，如陈振铎（原名叫陈祖诒）、英宝珠、陈竹漪（施今墨先生的夫人），他们都是我的学生。讲到这里，想起当初创办女学的时候，发生许多很有趣的笑话，不妨在未讲本题以前说一说。

  我方才讲过，我办的女学校，是用我自己的房屋。房屋本来是很大的，但是学校一天一天发达，学生一天比一天多，也有许多要住堂的，因为这个缘故，房子仍旧是不够用，不得已只好建筑楼房。当时画好图样，依法呈报警厅，请求批准。那里知道呈文上去以后，许多日子不见批示，后来托人探问，才知道是我的邻居戴老先生阻挠的缘故！这位戴老先生不是别人，就是大名鼎鼎的亲赴欧美考察宪政的戴鸿慈尚书！他老先生因为我们学校建筑楼房，防［妨］害他宅子的风水，所以千方百计的阻挠，甚至预备下极丰盛的酒席，请我吃酒，纡尊降贵的和我商量，能不能把修楼的办法取消。当时我同他老先生讲："学校修楼，是无论如何不能停止的！老先生既以为学校修起楼来，学校的风水，便比贵府的风水好了，那么却有一个两全的办法，就是请老先生的夫人，到我们学校里作一位名誉管理员，更请老先生的女公子们，到我们学校里来作学生，如此办法，岂不是学校的好处？贵府也可以分一大部分了么？"此话讲过以后，这个问题，才算勉强解决了！又有一件事，是募集赈捐。前清光绪三十二三年的时候，江北水灾很重，各处纷纷筹赈。当时我正在北京办学，遂约会同志们发起了一个女学慈善会，就在琉璃厂厂甸开会。会的内容，不过是展览和贩卖女学校的成绩，贩卖国货，并有女学生唱歌、舞蹈、种种游戏，借以募集捐款，作救济江北水灾的赈款。那里知道当时风气不开，反对此事的人可就多极了！未开会之先，不晓得来了多少阻力，我一概不理，依旧积极进行。及至开会以后，到会的人却非常的踊跃！因为他们对于此事，非常怀疑，倒因而引起他们的一种好奇心，于是联袂偕来，瞧看热闹，王公贵人，车马相逐，结果非常圆满，筹集的赈款，超过预算计数目，何止数倍！原定开会三天，后又展期三天，总共筹到赈款一万五千余元，除用费外，一齐汇到江苏，不久就接到两江总督端方的谢电了！此事过去以后一个多月，忽然看见学部上一奏折，即系复奏我们办理女学慈善会的参案，据奏系有七个御史，弹劾此事，所以朝廷命学部查复。学部的复奏倒很妙，他说："筹赈会本来可办，但现当这个风气不开的时候，在辇毂之下，办理此会，恐生意外，业经臣部克期禁止。"云云。好笑好笑！我们的会，本定三天，又展三天，早已办过一个多月了，他复奏皇帝，还说克期禁止，岂非欺蒙朝廷？而朝廷也就甘受其欺，再不过问。当时上下朦蔽的情形，也就可见一斑了！

又有一事，可请在座的卢教育厅长作证，就是学部《奏定女学堂章程》第一条："男子非五十岁以上者，不得充当教职员"云云。当时我创办女学，已经三年多了！忽然政府订出这种章程，我的年纪，那一年刚刚二十五岁，与部章不合，只得到学部声明，具呈辞职，愿把学校交给部中代办，自己出洋留学，等二十五年以后，年龄够五十了，再回国遵章接办不迟，云云。我的意思，本来是有意取笑的，当时听着学部堂官说："章程不必一定实行，何必开玩笑呢？"诸君试想，奏定而不实行，到底要章程何用？前清末年政治的腐败，也就可见一斑了！

以上所说，都是旧事，近来的情形，却渐渐不相同了，教育界一切情形，比从前都进步多多，女子教育，自然也是很见进步。但是去我们理想的圆满时期，还觉着很远很远。现在请讲今天预备讲的本题。

我以为女子的地位，一天比一天增高；女子的责任，也一天比一天增重，而与国家政体，却有很密切的关系的。世界上政体的分别，大约不外数种：（一）君主专制；（二）君主立宪；（三）共和民主；（四）社会主义的政治。女子的地位和责任，因政体的不同，也有一层一层的差别。在君主专制政体时代，女子的地位，我可以造一个新名词来说明他，是什么呢？就是"闺房的人"。在那个时候，女子未尝不受教育，如胎教、姆教等等，但是范围太狭隘了。女子的权力和责任，完全关在闺房里边，《礼记》上所谓："外言不入于阃，内言不出于阃。"最足说明这个时代女子的地位。这种女子，一方面受种种拘束，确是很苦；一方面万事不负责任，也未尝不觉着快乐。这是专制时代的女子的地位。至于君主立宪国家，女子的地位和责任，范围便当然放大些了，似乎由"闺房的人"，进步到"家庭的人"了。因为君主立宪国家的女子教育主旨，有最鲜明的四个字，就是"贤母良妻"。这种主旨，本来很好，我并不反对，不过纯粹以此为女子教育的标准，就嫌他的范围太狭隘了。因为所谓良妻贤母，他的责任，就是相夫教子，曰相曰教，完全处于辅助人的地位，于女子独立人格，未免太不圆满！既是女子要称贤母良妻，何以男子并不要称贤父良夫呢？这便是不平等的铁证。原来这种主旨，是根据于君主立宪政体来的，虽然比较专制时代的"闺房的人"稍进一步，其实仍是与男子不能平等。再进一步，共和民主政体成立了，女子地位，可以说是由"家庭的人"，进步到"国家的人"。在此时期以前，教科书上有一句习用语，很可以证明女子由"家庭的人"，进步到"国家的人"过渡的情形，就是"女子为国民之母"六个字。当这一句话流行的时候，一般女子们，未尝不沾沾自喜，以为自己身分很抬高了！殊不知仔细研究起来，这一句话，仍然是证明女子没有国民资格罢了。因为世界上并无"男子为国民之父"这样一句话，只说"女子为国民之母"，可见女子只算为国民之母，而仍不是国民，如此讲来，女子的国民资格，还不是不能够存在么？讲到我们中国现在所行的，正是共和民主政体，一般女子同胞与男子同胞，同处在平等地位，同属国民，甚愿各有彻底的觉悟，振刷精神，来同尽国民一分子的责任！所谓"国家的人"的女子，就是能负责任的"女国民"了！但是女子到此地位，就算满足了么？我说不能，因为共和民主政体，本也不能算是顶圆满的政体，将来一定还要进化改良。所谓进化改良，就是再进而为社会主义的国家。社会主义的国家，国家和国家的界限，差不多要打破了。这种国家，很注重求全世界全人类的共同安宁幸福。到了这个时代的女子地位，一定更进一步，就是由"国家的人"一变而为"世界的人"，所居的地位，所尽的责任，和男子是完全一样，毫无差别的。

理论上女子的地位，大略如上所说。讲到事实上，不独我们中国女界同胞，一时不容易做到，即在欧美各国，也还不能一律圆满做到，日本是更不必提了。我国古代女子，有国家思想的，如同鲁漆室女，已经是很不易得。讲到世界思想，不独女子所难能，即在男子，又有几个人能够有这种思想、这种觉悟呢？我以为人类思想进步，日新月异，生乎今之世，对于世界最新潮流，必须有澈底的觉悟，由"国家的人"渐渐勉力去作"世界的人"，不论男女，都负著这个不可避免的重大责任。

又"平等"和"独立"的字样，为女界同胞所尝道的口头禅。女子之所谓争自由，争平等，多一半是对着男子讲的。我以为女子欲求对于男子真正自由，真正平等，必须有一种相当的代价，是什么呢？就是先求智识平等，要智识和能力完全和男子一样才行，这是非常有关系的事，所以我们社会主义家，主张男女教育平等，从幼稚园，一直到分科大学，都主张男女同校，不分界限的。男女教育不平等，不独我们中国为然，欧美各国也何尝不如此？在外国地位相同的男女学校，实际上功课的程度，每每要差到一级的样子，可见男女教育平等这件事，全世界尚未完全办到。至于我们主张男女教育平等，所注重的，乃在男女合校，而不主张多设女子专校。因为男女同校，不独学术方面进步，即在道德方面，更有种种好处，此事在美国就有很好的征验。美国最近精密的调查统计说，在男女合校毕业的女学生，比较在单纯女子学校毕业的女学生，就品行上论，堕落的反倒少了许多，因为男子和女子常常晤面，性欲的冲动，当然是要淡薄的，此事盼望教育界的同人，特别注意才好！

讲到"独立"，第一应先求生计独立。女子倚赖根性，也不独我们中国为然，欧美各国也何尝不是如此？一般嫁人的女子，其实实在在的主目的，还是离不开经济问题，我想此事大错了！我在美国的时候，有一次一个女学团体请我去演说，我标了一个很沉痛的题目，英文是"Women, Profession or Prostitution"，大意在发挥女子若是单纯为生计问题而结婚的，实质上便与无人格的娼妓无异！我以为女子结婚，单是从经济问题上发生出来的，便绝对不配称自由结婚！必须女子本身的经济，完全能够独立自赡，然后结婚，方才称得起是自由婚姻，方才称得起是人格婚姻，方才称得起是道德婚姻，

总而言之，现在的政治，是已经由共和民主，渐渐趋向于社会主义，盼望有觉悟的女同胞们，也由"国家的人"的地位，都渐渐的能来做个"世界的人"。大家努力向上，担起做人的担子，一方面要尽对于国家的国民责任，一方面更要尽对于世界的个人责任。要知道女子的地位，渐渐增高，这件事并不是女子的权利问题，实实在在是女子的义务问题，换一句话讲，就是纯粹的责任问题，地位愈增高，责任愈增重，愿女界同胞，努力！努力！

再者，在从前女子地位没有增进的时候，男子对于女子，大概不外乎两种待遇：一种是完全不拿女子做人看，或役之如奴隶，或弄之如玩物；又一种是无意识崇拜女子，由感情冲动作用，发生一种胡帝胡天的思想。这两种是一样错的。我以为男女同是人类，天然是平等的。就国家说，同是国民；就世界说，同是世界人类的一分子。彼此所处地位，一般无二，完全相同；彼此待遇方法，最好是互相尊重人格，平等待遇，同心协力的来担负改造世界的千斤重担。这就是我们男女同胞共同向上的唯一途径。

教育之新趋势
——在山西国民师范学校讲演
(1920 年 11 月 20 日)

今日有机会和诸君谈话，非常高兴，并且可喜对谈的是负教育责任的师范生。兄弟的生活，多是关乎教育：从前在北京大学师范馆当教习，后来亡命到美国，又充教师和图书馆的职员，总计投身在教育界约十三年以上，所以对于诸君，觉得有特别的感情。今天讲题是"教育之新趋势"，新旧两个字，本来没有绝对的分别，不过就现在的趋势谈话，所以说他是新。这种教育趋势，又可分为两期：第一是十九世纪以来这百年间的，第二是二十年以来和欧战后的。现因时间不多，那些教授法、管理法，概置不论，就我个人从历史上和游历上的观察，逐项贡献。

第一期分为四项说明。(1) 由神秘的趋向科学的。这种神秘，譬如仓颉造字，便说"天雨粟，鬼夜哭"，士、农、工、商四民，要把士为首，因得识字是不容易的。当初未开化的时候，人民蛮蠢得很，士能识字，能受教育，就推他来管理政事，那时政治和教育是混合的，不但中国如此，埃及人民，也分数级，士会写字，就很有权力。中古时代的教育，都不免神秘作用，所以说是"师严而后道尊"，孔子的"性"与"天道"，他的学生，说是"不可得而闻"，三千弟子，贤人只有七十二个，不是有点儿神秘吗？汉儒的"经师家法"，宋儒的"理学传授"，还是这种习气，后来渐渐公开。欧洲十九世纪后，科学很发达，一切学问都依据科学的方法，不以神秘为然。教育学有范围，有系统，有手段，有目的，人人皆可以受教育，即人人皆可以学为教师。"教育普及"，各国都很注意的。教育既普及，教师必须要多，师范生成了一种普通职业，没有神秘的臭味了。(2) 由贵族的趋向平民的。古时候有权有钱的，才有受教育的资格，贫贱人就很难很少。中国三代的学校，虽然说由天子到庶人都可入学，但是庶人中必要俊秀，这俊秀是很有讲究，要费点考据，不用详说。后来渐渐的推到平民身上，不分男女贵贱贫富，都觉得非受教育不可。古人无论中西原来也有这种主张，但只是一种想像，何尝能够真正办到呢？自"教育普及"的道理明白以后，颇有实现的希望，一切教授方法，管理方法，也逐渐脱离"贵族式"，成了"平民式"。君主国家，虽然有"贵族学校"的阶级，可是攻击的人很多，所以家庭教育、社会教育，日见兴盛，这就是平民的趋向了。(3) 由学理的趋向实用的。当初学校多半讲"形而上学"，如法学、文学、哲学等，中外都差不多。西方文化，总要算希腊、罗马，然而希腊不出哲学、文学、美术的范围，罗马是法律、政治见长，后来就注重实用，对于寻常日用的事情，专门研究，如农、林、工业、商业、医学等等。每项又详细分析，设有各种专门学校，并且公众人都能研究，不是什么祖传秘传，恐怕旁人知道的，还要用科学方法，编成课本，条分缕析，拿来可以教人，可以自习。现在欧美的大学，虽然有许多普通科目，但是每校必注重一两种实科。美国约计有四百多大学，其中极精的专门实科，有四五十个学校，都是就农、工、商、医等，分出一部分来研究的。那个意思，差不多合全国大学作分工的办法。更有很浅近的事情，也有专科研究，如缝衣、煮饭、盖房、家具等等，都列作科目。我现在当教授的嘉利佛尼亚大学在美国要算第一，比科伦比亚大学还大，他里面是男女同校，共计一万多学生，女子有四千多人，再加校外生，共有二万左右。科目中有很奇怪很可笑的。美国的国民性，好吃甜和冷的东西，就有冰琪凌（Icecream）一科，二学期学完。他的教师，也穿白衣作厨役，做出来的冰琪凌，还要请客尝试，加些批评，或者是本校自用，或者在市上出售。还有修靴补袜的，也是大学一科。从前这些事，何尝值得一学！现在他们不但要学，偏要在大学里面学，这种实用的新趋势，可想而知了。我再举一种小学说说。蒙达梭利的教育，诸君大约是知道的，他教小孩子的学问，每日不过穿衣戴帽着鞋系带等等，因为与人身有密切关系的，莫过于这些寻常日用细故。我敢预言，将来必有许多新发明，都能切于实用。(4) 由高级的趋向低级的。中国初行新政的时候，设学校就要办大学，所以北京大学外，还有许多的大学，有见识的人，都说这是本末倒置，其实这也不仅中国如此，外国还是一样，这可以说是教育史上必然的经过。因为昔人的心理，以为教育是家庭父母的责任，就是大学，也与国家无干。后来觉得高深学问，应归国家办理，关系全国的文化，不是一家一人的事情。这算第一进步。等有了大学，又觉得高等学校、中学校、小学校，一步一步的向下来，都该国家负责，更进一步，幼稚园也有国家办的必要。就我们社会主义家眼光看来，育婴院也要公家办理，这就是"儿童公育"制度。这种由高级逐渐向低级的教育，很觉得有顺序的过程可以叫做教育的化私为公，由上及下。以上是说第一期的趋势。

第二期也分做四项来说明。（1）由命令的趋向讨论的。怎么叫作命令的教育呢？凡属教员或管理员，都是按自己的意见，要学生依样葫芦，把先入为主的成见，灌输到学生脑筋，不教他走一点儿样子。譬如我相信王阳明的道理，就要学生都做王阳明；我相信宋五子的学说，就要学生都做宋五子。这样呆笨的教育，好像是一种命令，教学生一点也不能自由。现在的教育，是取讨论的态度，我懂些什么派别，把他都说出来，听学生自由判断。我说王阳明，就设身处地的做王阳明；我说宋五子，就设身处地的做宋五子。或者有些和我意见不合的学说，我也设身处地的把他说出来，都取"按而不断"的态度，由学生自己去领悟。因为当教授和传教师不同，传教的他先有一种信仰，别教是不能容纳的，所以教人都信他这一教，违背他的教旨，就算不得教徒。教育不是宗教，当教授的要破除偶像，处在开发的地位，采取讨论的态度。比如我是讲社会主义的，在嘉利佛尼亚大学当教授，担任"中国哲学"的功课。各方面的学说，我都照原有的意义讲解，绝不羼杂社会主义的主张，固执我的成见，因为所处的地位不同，态度自然要变换。本来天下事理无穷，学问虽有各科的定义，究竟能算定义不能，很难说的。就是物理学的"公式"、"定律"，仿佛是不变的，将来或者都有变动，也不可知。现在来中国的罗素（Russell），他讲演时，很佩服德国的安斯坦（Eistaine）。安斯坦是一位犹太人，住在德国很久，算是德国人。因为他发明"相对论"，英人尊重他的学说，平素因恨德国人，《泰晤士报》请他做论文，就在报上辨明他不是德国人。他的学说，是反对"空间"、"时间"是"绝对"的，"空间"俨然"时间"之一位，把从前物理学的"公式"、"定律"推翻许多了！这话说起来太长，可见学术进化，不但"形而上"的"精神"学没有固定的道理，"形而下"的"物质"学，也不能确定。但是求学和做事不同，凡求学要怀疑，做事万不能件件怀疑，要有决断。倘若做事和求学一样，觉得都不可靠，那就一件事也办不成！（2）由机械的趋向个性的。当初的学校，无论什么，都要整齐画一，学校的房屋、器具有一定的规模尺寸，学生的制服，必定要一色一式。我在中国参观的学校，多半注重在这一点，教师说什么，学生也随着说什么；教师一问，满堂伸手；学生念书，异口同声，好像机器一样。现在新教育是要"发展个性"，因为教育的主旨，是发展学者的本能，原来是他固有的，不是为学者本来没有这样东西，勉强的要他有。我在这里会着卫西琴君，他办的学校，就是要"发展个性"，不是一种"偶像"的教育，好不好，暂且不要说，总算是在实地上试验，我以为是很好的。我常说中国向来的教育，可以叫做"填鸭式"，鸭子不教他自由，多多给些食料，总要鸭子肥。学生在学校求学，不管他能明白不能明白，多多的往脑筋里面装，囫囵吞枣，和"填鸭"有什么分别？至于"发展个性"的新教育，可以叫做"抽茧式"。教育两个字，在拉丁（Latin）文本是抽的意思，将学生的本能，一丝一丝的抽出来，可都是原来含有的。就是扩而充之，非由外铄的意思。我在美国看见这样"抽茧式"的学校很多，现在还在试验。有人嫌公立的学校太呆板了，许多人特办私立学校，试验这种理想。嘉利佛尼亚（California）有个资本家拿出钱来办一个学校，学生只有五十个，教师、管理到〔倒〕有一百，因为分了许多的班次，差不多同中国从前家庭的西席一样。他想五年毕业，要把从小学起到大学止的功课，都教学生明白。但他决不是"填鸭式"，是要用各种的方法激发学生的本能，仍然是"抽茧式"。不过这种是求速的试验，又有人主张要从缓，究竟如何，要看他们的结果如何，这会儿不能武断。（3）由推理的趋向试验的。从前讲学的人，都好用推理方法，比如有甲、乙、丙、丁四件事，他把甲的内容知道了，就由甲推想到乙和丙、丁，必是和甲一样。《论语》上面说的"闻一知十"，又说"举一反三"，正是这个方法。我们时常说某人"悟性"好，也是因为他能推理，不过这"悟性"顶容易坏事，由他这一悟，到底有错误没有，未曾试验，不能够知道。倘若把错误认做很正当，这个危险就很大，这个悟，不是反成了迷吗？现在的教育，不专用推理方法教人，都要从实事上试验。把甲知道了，不能算是知道乙，还要把乙来试验，丙、丁也不能用乙来比附，仍然把丙和丁各自试验。我面前这桌子，只看见一角，晓得他是九十度，联想到那三个角也是九十度，这个或者是不会错的。但天下的事理很复杂，决不像桌子这样简单，还不如把那三个角都来试验，更觉得可靠。所以数学、化学，都由试验得来；政治、法律、经济，不试验过来，何以知道他的利害！经济更是一种切实的科学，和社会主义极有关系。谈社会主义的派别很多，主张各有不同，彼此辩论，各说各的好，究竟空谈有什么把握，必定要试验过，才分出好歹来，这不过顺带着说说。近来许多心理学、哲学学者，都想按科学研究，心理的试验成绩已很不少，哲学用物理、化学来做根据，罗素这一班人，就是用这个法子很有所得的。（4）由地方的趋向世界的。地方是部落思想，一省一县的范围狭隘，那是不用说的。诸君这个"国民师范"，国民是限于一国的人民，也就不很扩大！本来中国人家庭观念很深，由家扩充到国，所以叫做国家，外国从前也是一样，所有都注重国民教育。现在教育已渐渐成了世界公共的事业，各种学术都已有了国际的联合体，试想我是世界的一人，我就占世界的一分，教育不但为一国造良好国民，并且要为世界造完全个人。中国人常说："学术者，天下之大公也。"这话很有道理。但是近数百年中国对于世界，何尝有什么贡献！论中国学术的材料，实在很多，理想也极精奥，偏偏的一点也发挥不出来，该有多么可怜！盼望诸君有热心研究的，第一要具世界眼光，第二要用科学方法，有范围，有系统，能分析，能综合，将来对于世界，必有绝大的贡献。外国人顶崇拜学者，我前面说的安斯坦，英国人崇拜的了不得，并不因为国籍来轻蔑他的学说。还有印度的太戈儿（Tagore），他是个诗人，到了美国，欢迎得"不亦乐乎"！这是我亲眼看见的。他在各处讲演，入场券每张要卖美金两元，听讲的还拥挤不堪，论他是亡国的人民，诗人的艺术，就有这样的光荣。倘若中国也有这样的学者，发挥许多精深的学说，受欧美的欢迎，那是靠得住的。不仅个人有光彩，国家的声价，也随着增长了许多，比什么政客、官僚、军阀、财阀，都要高得万倍！第二期的趋势，就如此结束。

我在这里还有两种感想，本要详细说一点，现在时间不早，只好再作五分钟的谈话罢。是什么感想呢？中国无论那个学校招考，报考的学生，总没有师范学校的踊跃。因为别的学校要钱，师范可以"施饭"，换句话就是"官费"。毕了业不一定做教员，升学谋事，都借这学校作个渡船。这样的造就师范人才，那能造就得好！依社会主义的眼光看，无论那种学校，都应该公费。国家有这种教育义务，学生愿干什么，就进什么学校。要升学，住各系的学校。如要做官，住法政学校。要当教员，才来住师范学校。自然能够用的就是学的。把师范看做终身的职业，教育自然往前进步。中国现在这种铺张门面的教育，用不着学不好，办一百年，我看也不中用，这是第一种感想。还有一节，教员的待遇，很不高超。社会上一般人民，以为你不配做官，才来当教员。在教员自己，一多半也觉得是无聊的事业。并且地位不稳固，时常不能维持生活。听说好些地方，教员的薪水，好几个月不发。我以为教育是一种职业，并且是一种劳动，要谋自身的安全，须有积极、消极两种办法，都要结成团体才行。消极就是抵制，积极是办理养老保险等事宜，靠政府是靠不住的。这种团体，还要有一定的组织和经营，仿佛是个职业政府，那才不受外面的侵害，造成稳固的根基，有独立自治的精神，这是第二种感想，也是诸君切己利害，很盼望诸君努力。

代议制之改良
——在山西法政学校讲演
（1920 年 11 月 21 日）

今天是兄弟讲演的第五天，这次是最后的一次，也可以算是一个结论。我不是法政专家，讲题是"代议制之改良"，必定有许多不周到的地方，诸君多是研究法政的，还要格外原谅！我不过就闻见所及，略有一点心得，拿来作"愚者千虑"的贡献。代议制度，曾经过多少的牺牲，流多少热血，费多少研究，才能够得来。记得我曾看过一部书，专谈这件事。当初的人民要参政，实在想不出好法子来，大家起来向政府要求，自己也不晓得要求是什么，后来好容易得着这种间接参政的代议制。在后人看来，先前的人未免太笨！不知道天下有许多眼前的道理，没有人发见，极平常也就是极神妙的。现在的代议制无论在中国和外国，都有许多流弊，学者中好些要把他根本推翻，但是事实上还办不到，只有想法子来改良。要改良就要晓得他的不良，我现在分做"普通"和"特别"两层，每层里面，先讲不良，后讲改良。

（A）普通是各国共同的不良，可以分作六项。

（1）**阶级专制** 这种阶级，无论那一国总免不了。议会的代议士，按地方人口比例选举出来，似乎很公道，其实若按全国国民的职业和代议士自身原有的职业核计起来，我们可以查出国民业农、工、商的占十分之七八。代议士却不然，有十分之七八，是做过官吏和律师的，其余各种职业的代表，只有两三分。自然是官吏和律师这个阶级有特权，要怎么样就怎么样！少数的代议士，代表别的阶级的，万万斗不过，要那些官吏和律师来代表各种职业，不要说他不肯尽心来代表，就是肯尽心，因为没有实地的经验和密切的关系，要代表也代表不来！

（2）**少数专制** 代议制本是个"间接制"。若行"直接制"，不但一国的广大，无法实行，就是一省的人民，要他都来会议，也是没有办法。聚合在一堂讨论，人多了必定乱杂，弄不出一点头绪来，所以只有少数人代表多数。各国的议会，总没有到过一千人，中国的国会议员，共有八百，还要分做两院。这种少数人，虽然说是受人民的委托，他们都有一定的意志，就是往好的说，没有卑鄙龌龊的行为，还不是独行其志吗？

（3）愚民专制　现在很有些主张"普通选举"的，什么限制也不要，顶多也不过要成年的人，就有选举权。以为劳动阶级，总是受人压制，非常可怜，说他没有智识，他本是无力量去受教育，怎么不教他们参政呢？但是这些无知无识的都来参政，他们又晓得怎么样办才好？不是凭他们的蠢见胡来，便是受旁人的利用。利用纵然能免，那胡来是没有理可说的，这危险还不是很大么？

（4）政府专制　议会有休会的时间，这是各国的通例。政府在这个期间，就能唯所欲为。重大的事情，虽然说要召集临时大会，他就说是非常紧急，等不得召集，只好随后追认！到了追认的时候，他的事情办完了，他的欲望已满了，议会有什么本领来监督呢？

（5）两权牵制　立法和行政，本来是互相补助的，也是要互相防范的，然而两方面时常闹得不和，专使意气，不管事情好坏，总是不同意。立法交给行政方面的，行政方面说是不能办，勉强要我办，我办不好，不是我不好，是你的法立得不好！要好难，要不好还不容易么？行政提付立法方面的，立法方面说是要不得，再换一样，还是要不得，你若不得我的同意，就那么办去，你就违反民意，何尝是违反民意，违反他们几个人的意思罢了！这样一来，不是东风压倒西风，就是西风压倒东风，正经事情，往往的搁起来不办，乱乱烘烘又闹到散会了。

（6）消极抵制　遇着一件议案，不利我们这一党，或是受了别人的贿赂，要在议场说理由，是没有理由可说的；或者与我们有利，眼看着是多数反对，一定把这件事情闹坏。按各国开会的规矩，要足法定人数才能开会，只有大家不去，教这个会开不成。有人说他们是懒，不晓得这正是一种卑污苟贱的作用呢！

（B）要改良这种普通的不良，也只有对证下药六个方法。

（1）职业代议　这个话我在山西大学已经说过。要救济甲项的阶级专制，只有组织职业团体，各把职业分开，就同业的结合起来，把人口调查清楚，有多少人便举一名代议士。比方本市有一百万人，本市议会有一百个代议士，就是每万人得举一名。假如中学校学生有五十万，就从这里举代议士五十名。这是一个比方，学生能不能被选为代议士，另是个问题。这个办法，惟有人口最多的职业，才能多举代议士，自然劳工阶级要占便宜；资本家和官吏、律师，无论如何，总占少数，不怕他们专制。所以职业代议，有人称他是"不流血的革命"，这实在是政治上最新的趋势，诸位要特别注意的！

（2）全民参政　这个话也在山西大学说过，可以救济少数专制的弊。虽然不是纯粹的"直接制"，总较那完全委托的"间接制"要好得多。这个法子是，要把三种要紧的权普及于一般人民的。第一，"创议权"。因为代议士有不知道的地方，人民都来建议，无论是应兴应革，用多数签名的方法，这议案就算成立，就要实行。第二，"复决权"。因议会议决的案件，与人民的公意不合，大家不愿意，仍然用签名法要求复决，可以把这个议决的案件取消。第三，"免官权"。高级的长官，要由民选。次级属员，可以听他自己委任，如有不法的事情，这属员应罢免而不肯罢免，人民就签名攻击，非免不可；免了之后，准长官再委任他人。若是长官不法，也用这个法子教他去位，然后另选。

（3）教育限制　愚民参政，有愚民专制的危险，教育是必定要限制的。未受相当教育，不能得"选举权"和"被选权"。男女穷富，都可以不问，但是有一件事情要先办到，就是我在山西大学说的教养普及。国家对于人民，应该负教育的责任，费用都归公家出，无论什么人，都可以求学。有了这种机会，他自己不愿受教育，那是他不自尊重，抛弃他的人格，限制这种人的参政权，是很公道很应该的。

（4）国会常开　政府利用休会的时机，办他们的私事。倘若国会不休会，也还有什么可以借口？现在有人提议，国会是要常年开会的。本来行政和司法的机关，都不休息，为什么立法的机关，要休息呢？这不过英国当年传下来的习惯，很没有什么理由。真个怕是劳苦或者没有事干，每日减少时间，也未尝不可。半年的休会，不是故意给机会教政府利用么？

（5）立法一权　"三权分立"人人都以为是天经地义，我看这也是一种迷信罢了！其实流弊也并不少。两权牵制的毛病，就是由这里生出来的。孙中山主张五权，比孟德斯鸠还多两项，我则以为不要多权，立法是国家的最高机关，只要"一权制"，国会议长，就可代表国家，办理国家政事，可以在国会里面设"行政委员会"和"司法委员会"，这个办法，已成一种新倾向，不过没有人明白指点出来。此如瑞士国，他的总统就是国会议长；俄国的列宁（Lenin）政府，他的苏维埃（Soviet）就无事不办；英国虽然是君主国，他的皇帝不管事，当权的只有内阁总理，这总理照例是要由议会多数党选出。这些都是一权制的雏形，何必要头上安头，另外设个什么行政机关，叫一般野心政客利用选举总统，扰乱大局呢？

（6）缺席表决　要救济消极抵制的弊，有人要用出席费的办法，不到会列席，就不给钱，有一次就扣一次。但是这法子还没有施行，你要扣他的，他还不教你扣，一个人不扣，大家都不能扣，仿佛是成了例的，就说是能扣，也不见得中用。他们原来是想要钱，他要做别人的走狗，必定是受了别人的钱，这个数目，少了他便不干，这钱必定纳得很多，扣他一次缺席费，能值几何？他不去贪大钱，还来爱小利么？我以为惩罚要很重，立一个法子，凡开会按到会的人数计算，到五个人就依三个人作多数表决，三个人就依两个人作多数表决，不到的算没有他这个代议士，取消他的表决权！

普通各国代议制的不良和改良，现在已经说完了。再说特别的两层。

（A）特别的不良，单是中国代议制现在所有的，也分作六项。

（1）无统计　中国的人口，究竟有多少？谁也说是四万万人，自那时到现在，就不多生几个，多死几个么？恐怕是三万万或五万万也不可知！不但是全国的人口不知道，就是一省一县的人口，也没有详细知道的。前清虽然编审两次，靠不住是不用说，人民看见调查他的数目，恐怕又要加税，自然不肯说实话！反靠外人和海关的调查来做根据，可笑可耻！在君主时代，还没有多大的关系，现在是共和国家，要人民做主，选举没人口统计，根本上就不能成立。听说某县关着门造名字，一夜能造三十六万人，比用机器造还快，真是骇人听闻！在各国都是没有的。美国办理这件事，花的钱很多，这种费用，是不能惜的呢！

（2）无监督　今日在海子边对市民讲演，已经说过，选举是容易弄弊的，不监督就弄弊越多。现在徐总统下了一道命令，说要监督选举，"如有垄断、把持、贿通、情属诸弊，查有实据，立即举发，尽法惩办"。这种话还要政府来说！人民是为什么要选举，为什么不自己来监督？这种命令，也不过说得很好听，大家还不是视为具文么？

（3）无政党　民国初成的时候，有几个党却有几分像政党，后来越变越不像，弄得大家解体！凡要立党的，不敢露面，藏藏躲躲，也不发

表党纲，暗地里都是捣鬼捣乱，那能算得政党，算他是个私党罢了！立
宪国家，要有责任内阁，要有正式政党。人人都说中国政党不好，其实
中国何尝真正有过政党来！

（4）政府利用 议员爱钱，这是中国加倍的特色，有钱就没有买不
到的。不过现在的政府没有钱，就只好做不要钱的卖买，给议员做官和
兼差，这很不费事的，议员有了官和差事，就可以借官来刮地皮，借差
事来欺诈，为间接的要钱，比直接要的还多，还厉害！

（5）秘密运动 本想做议员，又不肯"毛遂自荐"，觉得很害臊，
怕人看见笑话。倘若把门关上，就是对人家磕头，也是甘心！果然有本
领，有政见，光明正大的要做议员，想帮人民办事，这有什么可耻！何
必扭扭捏捏，作出那种不受抬举的样子呢？

（6）智识缺乏 中国的议员，多半是秘密运动来的。不要什么智
识，也不因为他能代表人民才当选，他也不是为代表人民来当议员。良
心坏的不要说，算是他良心很好，智识不彀，又有什么用处？教他把什
么来代表人民呢？不能说个个议员是这样，我敢说十个人中总有八个智
识不足。这真是中国代议制特别的弱点！

（B） 要改这种特别的不良，又要什么方子呢？还是六个。

（1）调查人口 这个事要国民自己来办，虽然很麻烦，也是要竭力
前进的！因为关系很大，就是不办选举，也应该赶紧调查。靠政府是不
成功，并且还有好些流弊。办这个也不要特别人才，地方上明白点的
人，都能利用。日期还不可太长，定下一个期限，各处都着手实行，从
某日起到某日止，就要一律办毕！

（2）特别监督 要立个督监〔监督〕机关，专查选举弄弊的事。还
要筹一笔大款，专打选举弄弊的官司，请律师，请侦探，请帮手，多多
的提起诉讼，总要办倒几个，就可以惩一儆百，能办到设特别审判机关
更好！

（3）宣布政纲 行代议制，是不能不要政党的！有政党就要有党
纲，把他的政见说出来，人民才有一种选择。就是现在没有政党，要选
举那一个人，也可以问问他的政见如何，请他自己发表出来，合我的意
思我才举他，举他是为他的政见，不是为被选人私人关系。

（4）禁止入仕 政府会用官和差事来收买议员，就应该设法禁止议
员做官或兼差。不但当议员的时候不许，作议员以后，也要停止他几
年。因为他卖身给政府，总有时那政府有一件事情利用他，可以向政府

收报酬。过了几年，未必还是那政府，日子久了，政府也把他的功劳忘记，换一个政府，更不管这件事。议员没有什么希望，也就不受人家利用了。

（5）公开运动　对于这种运动，社会上可以奖励欢迎。运动的方法很多，奇形怪状，都可以使人注意，这并没有什么可羞。因为这样才能教人民知道他的政见，选举时就有把握，比秘密运动好得多。公开运动得凭着政党的德义和个人的本领，运动并不是坏事，只要不用金钱，不用酒色，光明正大的做去，就有价值了。

（6）补习游历　议员既多没有智识，就应该普设补习学校，教他们都来当学生，专学议员须知的学科，这也没什么可耻。智识高的人也还要求学，世上的学问，还有穷尽么？并且要教他们各处游历，分班轮派，这个办法，已经有人实行。到外国看看别人的样子，也长许多见识。美国大学的教习，过了六年，照例许他到外面游历，我这次回国，就是援这个例。教习应该有智识，还要出来游历，因为游历所得，回去又可教学生，何况现在中国议员的智识，本来不大高明呢？这个特别的改良也说完了。

我今天说的这个代议制，是有国家和政府的。如在座诸君，还有以为不澈底，说国家和政府不应该要的，那么，这些话自然不适用。如承认这种改良办法，总要比较的好一点，有了这一点好，再求更比较的好，这就是"改良"二字的本意了。

与靳总理书
（1920 年 12 月）

翼青总理大鉴：

回国四月，游历八省，马烦车殆，舌敝唇焦，虽群众之喁向甚殷，而时局之澄清无望。辱承下问，敢贡尽言。心所谓危，实有二事。一、内国社会之驿骚也。朝野空虚，民生凋瘵。天灾人祸，展转相乘。军阀财阀，一手把持。兵变民变，接踵四起。此不待红旗之号召，而无政府之惨变已迫于燃眉矣。夫一发则不可复收，一动即不易复静，况杀机四伏，指导乏人，无意识无目的之暴动，其危险实十百倍于有意识有目的之社会革命。今政府徒知扬汤止沸，而不思曲突徙薪，并一消极慈善事业，尚有假名义以便私图者。窃恐大破产、大恐慌之来，即在若辈酣歌恒舞时也。一、外交政策之失宜也。新俄成立，寰球震惊。兹破坏已终，建设方始。欧亚各国，渐与通商。况退返侵地，解除苛约，恢复主权，攘斥强邻，有惠于我，当结纳之。劳农制度，共产学说，为世界舆论之中心，亦全国青年所注意，利害如何，当研究之。今政府深闭固拒，充耳无闻。三百年邦交，数万里接壤，数十万侨民，如在十重云雾中。转令风影之谈，逞其鼓簧之技，不知无系统无组织之新思潮，其危险亦十百倍于有系统有组织之过激主义。一旦世事剧转，安知新俄不与我发生直接重要之关系。先事之绸缪未备，则临时因应胥乖。载胥及溺，何嗟及矣！此当国者所以贵有世界眼光，然后可定百年大计也！以上两节，不佞确有所见，倘得从容前席，自当披沥所怀。但愿此函为无病而呻，不愿其言之不幸而中也。专此布达，即颂钧安。

《新银行论》序
（1920 年）

社会主义流别不一，综其通义，在使公共生产之利仍为公共享受而已。自资本主义盛行，于是银行营业发达，所谓子金，实公共劳动之结果也，而享受者乃仅少数一部分人。大抵存户得利最少，股东倍之，经理人又倍之，而社会大多数直接间接生产者反不与焉。经济界之不平，此其例之最显著者已。吾人主张银行当归公共经营，所有赢余当充公共事业之用。南通李万里君初非社会主义家，而近著《新银行论》，顾已有见及此。是知大势所趋，心理如一，社会主义之必行，亦可以此券之。其持论精核，设计周到，尤非专门家不能言。虽与吾所称道者不尽符，要亦过渡时代所有事也。李君自序，一方谋群体之编制，一方保个性之自由，此正吾新社会主义独到处。李君好学，倘进而求之。

书古唐村
（1920 年）

　　新村运动者，理想社会主义之一术也。曩在晋垣讲学时，曾评为避世的消极的退化的，而非所论于山西之古唐村。古唐村如其名，非新村，四千年来文明之遗迹在焉。县知事欧阳君划为自治模范场，而人其人，而庐其居，而田其田，因也，而非创也。地当通衢，与他城镇接壤，非柏拉图之共和国，欧文氏之乌托邦比。精神孟晋，物质发达，月异而岁不同。信哉！其积极也，其进化也。贤有司之与民同乐，而非隐君子之遗世独往也。余闻而慕之，读其报告，询其居人，慨然兴黄农虞夏之想。乌乎！硕鼠跳梁，干净土诚不易得。欧阳侯操牛刀以烹小鲜，亦赖三晋僻左，坐镇有人，故尚可鸣琴而治。试顾崤函二陵风雨之间，白骨蔽路，炊烟不起，不见旧村，遑问新村。悲夫！

与靳总理书
（1920 年）

翼公总理座下敬启者：

不佞入都，时见戎装警士，便服侦探，暗地尾随，扣门盘诘，刺取家事，烦扰居停。正深诧怪，顷阅《顺天时报》"总监疑虑"一则，始知此事实出政府之意。不佞远涉重洋，于兹八稔，今夏例假回国，从事内地旅行，重辱各省招邀，所至公开演说，处超然之地位，为自由之发挥，一切所言所行，均可共闻共见，本无秘密，何待侦查？迭谒台阶，渥蒙奖借，勖以宏济，宠以絷维。若果阳示羁縻，阴加监视，殊非政府开诚布公之道，又岂总理礼贤好士之心？人心诪张，时局黑暗，报载旧议员郝濯等，凤不知其为人，并未闻其姓氏，无端牵及，尤极离奇，究系风影之谈，抑出鬼蜮之技，理应声请饬查谕复。倘认不佞在京为有碍，致烦当轴苐虑，军警贡劳，亦祈明白宣布，即当早离京国，再赋冥飞。惶恐上陈，敬叩崇安。

社会主义与新村
（1920 年）

新村乃理想社会主义之一种，欧美诸同志已试验之，大别为二，一为消极，一为积极。消极者近于无政府主义，其性质属个人的，天然的，避世的，宗教的，复古的，与世界文化、群众福利关系较鲜。积极者近于社会共产主义，其性质属团体的，科学的，用世的，政治的，进化的，机关强固，统率集中，物质日新，交通四辟。如是者至少非得一省为模范不可行，若规模太隘，势力太薄，则其末路非为资本家所摧残，必与资本家相同化。此前车惯例，试验者当预存戒心者也。不佞个人始终主张世界社会主义，其实地进行，必以一国一省为初轫。志不得达，则或山深林密，无人自芳；或车殆马烦，强聒不舍。出处之际，如是而已。为我语新村诸君子，倘能假一团瓢，为我退老时半耕半读计，则为之执鞭，所欣慕焉。

《贫民借本问题》序言
（1921 年 4 月）

　　有介谢君楚桢来见者曰，此楚南名下士也。吾见国中名下士夥矣，大都崖岸自高，夷然若不屑世事，其实菽麦不辨，手足不勤，世固无所用之。又有谬附新文学以自文其不文不学，撷拾一二译名以炫世，世亦靡然推许为通人，盖贸名之术莫捷于此，无惑乎青年群趋之多如渡江鲫也。谢君乃实事求是，究心贫民借本之一问题，出之名下士，诚难能而可贵者焉。中国号共和矣，共和政本在大多数人。环顾芸芸，十之八九皆贫民耳，官僚、政客漠然不以动其心，或反假民智太低为词，以专制而自肆。夫先富后教，御国恒程。今菁莪之造士未闻，而氓楚以无知为乐，孑遗苟活，沦为穷丐，尚何程度之可言哉，借本为救济贫民之一道，愚仍惜其止于治标，顾已胜其他消极慈善事业。观谢君自论，固亦灼见养欲给求为政府对人民唯一之天职，而因利而利，一切悉出人民所固有权，毫无恩惠之可市。且夫资本成立，全恃利子，有母无子，则金钱之淫威大杀，而居积盘剥诸弊可免，故一切营业操之公家，乃社会主义进行第一步。谢君试即借本问题而深思之，当亦有见及此。不知当代名下士谓我何如？然深信大多数之贫民之必咸惬吾说也。

三十节国庆在俄感言
（1921 年 10 月）

十月者，大革命之月也。十年前之十月十日，中国有政治大革命。四年前之十月二十五日，俄国有社会大革命。此两国之历史、地理、政制、风习，所在多同。革命以来，牺牲不赀，创痛弥剧，亦约略相等。然而俄则七月共和，即改共产，后望殊奢。我则十年共和，徒存虚名，前途黑暗。热心远识之士，深有鉴于政治革命之不彻底，而社会革命之不容已，亟思步俄后尘。当鄙人十二年前倡导社会主义时，反对者不曰人民程度不及，无革命之可能，即曰资本制度未立，无革命之必要。迨俄国十月之役成，此论几全失其根据，以彼例我，我国人民程度未必甚低于俄，我国资本制度亦未必独后于俄，然则我社会革命之可能之必要，何遽不若俄？虽然，中、俄间有大不同者二事。

其一，俄国未革命时，固一统一集中之国也，数千年专制形成，数万里号令颟若，两度革命，不过统治权之递嬗而已，其观念与习惯势不能铲地之尽也。至今东西南朔，同奉一尊，克利姆城（莫斯科禁城，中央政府所在）如蛛网之中心，全国无一丝不入扣者。社会革命之所以能速成，劳工独裁之所以能持久，此其主因之一也。而中国则何如？南北分立，又有第三政府，且北与北裂，南与南裂，十年以来，万事皆趋离心式，人人争权，人人无权，省省自治，省省自乱。吾知社会革命虽起，其响应决不如辛亥之捷，而社会革命又非政治革命可比，地理上之孤立，即经济上之不能独立，其失败殆可立待。俄自一九一七年，即渴望各国之能响应，并深信各国之必响应。此次国际大会时，诸首领自承失望，不能不变计而谋与资本国立约通商，并宣言采用家国［国家］资本主义。夫一国之大，尚不足以自行共产主义，何论一省？何论一县？假其能行，必为消极的反古的，而非积极的进化的如吾人之所预期也。

此不可不加意者一也。

其二，俄国未革命时，固一独立自主之国也，政治、经济、对外均不受干涉。虽为债务国，然条约一无拘束，利权一无损失。社会革命告成，公然没收私产，取消外债，而各国莫敢谁何。且外侮益凭陵，而内力益团结。吾固吾圉，守在四夷。敌用封锁政策困俄，俄亦取坚壁政策困敌。相持四年，卒以两不利而俱罢。而中国则何如？门户洞开，太阿授人，政治夷为附庸，经济沦于破产。以言政治革命，各国尚可作壁上观，尤有播弄操纵之者。若社会革命，则列强于我皆资本主人，防范既周，扑灭亦速。政府、军阀为虎作伥，更无论矣。夫以独立自主之俄，与各国之直接利害关系至微，各国尚百计千方以破坏其共产主义之实行。中国为彼俎上肉，有不操刀而割者乎？夫以共产主义已成之俄，尚不能不枉尺直寻，告急于各国，而暂时抛弃其本来之主张。中国方在扶墙学步中，有不举鼎而踣者乎？此不可不加意者又一也。

余为倡导社会革命最早之一人，今又居留社会革命第一成功之俄国，日在共产制度环境中，亲接第三国际诸巨子言论丰采，自觉初心之祈向愈殷，回顾祖国之希望愈热。今兹所陈，绝非反汗前言，亦非畏难思退，特为国内外同志诸青年，进此郑重较量之词。吾人须知，俄国之社会革命，仅与一克连斯岂政府战，中国则须逐一与南南北北诸政府战；俄国之社会革命，仅与本国资本家战，中国则须直接与英、美、法、德、日本一切通商国诸资本家战。吾敢断言，中国之社会革命，决不能如俄国之直上直下一了百了也。故中国当自有其标揭之名义与进行之道途。吾人不可徒为俄国之钞胥，吾人尤不可自蹈俄国之前车覆辄〔辙〕。

或曰，如子所言，与国庆纪念何与？曰，有说也。辛亥革命，为其名是实非，有始无终，故此月此日不啻予吾人以痛苦之影像。今社会革命思潮已勃起不可复遏，必也临事而惧，好谋而成，庶几能发能收，弗致演成辛亥第二，俾后人不以为可庆而以为可吊也。

与全国学生联合会书
（1921 年 12 月）

全国学生联合会公鉴：

自五四运动以来，诸君子爱国之诚，任事之勇，已大白于天下矣。惟是时势益恶，挽救益难，激刺太多，而感觉反缓，锋铓屡试，则铅钝堪虞。况属平时常设之机关，必有切实可行之计画，方不至精神散漫，性质变更。窃谓诸君子今日所能为、所当为者，莫要于监督选举之一事。旧法新选，已见实行，姑无论统一能否实行，国会是否合法，然议员产出，则效力立生。病国祸民，前车可鉴。与其号呼于事后，何如防制于机先。任非异人，时哉勿失，偶就所见，略举数端。一、清查户口统计，为选举法之生命，非此即不能适用代议制。当就贵会所在，克期同时着手，附记教育职业等项，以防虚造而备参考。一、监视投票。选举时当整队到场，检察票瓯，稽查出入，点验票数，计算积分。一、访问选人。对于各政党或类似政党之团体，以及运动选举之人，当随时访问，请其发表政见，揭登报章，借供研究。一、剔除害马。卖国罪魁，流氓政客，劣迹稠叠，证据昭彰者，胪列姓名，与众共弃之。一、侦探黑幕。凡用金钱、酒色、买收、请托之事，察得真情，正式宣布。一、准备起诉。预筹的款，多聘律师，按照现行法规，提起选举诉讼，使负屈者得援手，而舞弊者有戒心。以上各条，虽非拔本塞源之道，庶几曲突徙薪之谋。此外事宜，尚难缕数，要在临时斟酌施行。夫监督选举，本国民天职，而鄙人独以责望于贵会者，亦自有说。一、机关散布，省临时特设之劳。一、地位超然，绝政府操纵之弊。一、当选无望，不生自身利害之问题。一、学识较高，不贻无理取闹之口实。诸君子勉乎哉！若夫代议制之根本改革，鄙人所持职业代表、选民参政、教育限制、立法一权、国会常设诸说，并建设模范政党，奖励公开运动之意见，当以游历余暇，别著专论详之。此函建议如荷赞成，尚希立时开会讨论办法，并代为传布，唤起同情。实为公便。即颂大安。

石苍石《政论》序
（1921 年）

　　苍石先生粹然儒者，二十年前讲学沪上，已以共和政治社会学理诏其门人，门人多成达之选。今年邂近于都下，出示所撰《老学今说》，叹其精确不苟。继复读《政论》，益信先生固贯通中西有心人也。夫师古人师其意而已，言西法者何独不然，乃今之学者不知法意，一切毛袭而皮傅之。往余唱社会主义时，颇斟酌马克斯、恩格尔之著书，而附益以吾国诸哲学说，间参已见，以期折中。论者或诋为不纯粹。亡命十年，历晤彼中先辈，相与上下论议，如德社会党之考斯岂、勃斯泰因，俄共产党之列宁、托洛茨基，英之罗素，美之帝鸡。虽温激殊情，左右异趣，皆谓社会改造当视历史、地理、民族性而决其方针。而今人组织会党，一言一动，悉秉指挥；一步一趋，甘蹈覆辙。有不然者，辄斥为僭越，何其妄自菲薄，视吾人太无创造力哉！先生不识西文，而论政多得挽近政治家精义，其文亦《潜夫》、《中论》之流也。因叙其端，并发吾感。

与叶焕彬书
（1921 年）

幼时读《翼教丛编》，少长读《观古堂集》及《丛书》，心仪久矣。今年欧游归来，从苻宇澄君得悉兴居佳胜，问学日新，灵光岿然，良用忻慰。复蒙不弃，宠以先施，奖借逾恒，益增惭感，谦光盛德，今之古人。自惟忧患颠连，学殖荒落，夙昔抱负，亦欲通东西而共贯，冶政教于一炉。顾绠短汲深，日暮途远，忽忽中岁，苦无所成。考社会主义之精神，原与三代古制、邹鲁遗言、周秦哲说有不谋而合处。此虽西方新学，未可强为比傅。然欲推行此土，必当折中国情。尝谓地方自治准封建，教育普及准学校，土地公有准井田，师古人者亦师其意可耳。承示康、梁师徒各节，即蔡、陈、胡辈亦别有用心，心术偶乖，乱事滋长，吾为此惧。且以今日之世变，不患不能发，而患不能收，辛亥之役，可为殷鉴，此岂孙、黄初意所及料哉？讲学晋、豫，援止迁延，昨甫返都，致稽裁酱。不日仍将南下，拟组织一言论机关，经费尚在筹措中，雅不欲受人津贴，为人机械，所以难也。倚装布达，即颂道安。

忽忽三十年
（1921 年）

　　忽忽三十年。此三十年间，自人类言之，少者日以壮，壮者日以老，而生者、死者，全世界正不知几万万人。自社会言之，富贵贫贱菀枯休戚，千态万状，物质文明之增进，劳动问题之棘手，资本制度之极炽而丰，社会主义之一日千里，均在此期中。自国家、民族言之，则白人之帝国主义，向军备、政治、经济、教育各方面发展，有席卷寰宇之概。而同是白人，其民族根性之违异，爱国思想之冲突，利害关系之相反，酝酿既久，大战遽开，两败俱伤，势穷力蹙。于是干戈暂戢，而磨厉方殷，第二大战或接踵而起，未必能再迟三十年也。自学术、文化言之，则宗教已失其根据，而异说争鸣，莫衷一是。科学愈扩其范围，而怀疑不已，转入迷途。乐观者以为形上形下，各学将次合一。悲观者以为精神、物质，两事相背绝驰。要之此三十年间，思想、言论、出版比较的自由，亦比较的趋向离心式，可质言也。回顾吾国此三十年间，不啻一卷痛心史，主权之剥夺几何，领土之沦丧几何，外交之失败几何，革命之牺牲几何，有形无形生命财产之损失几何，静言思之，不寒而栗。呜呼！世界之大势如彼，吾国之现状又如此，似乎栖息其间者，宜人人有覆巢无完卵之恫矣。然而不尽然，国内教育、实业各机关，颇有与时俱进日起有功者，亦幸巢之尚未全覆耳，吾不必繁征远引也。月前上海《申报》馆属吾为五十周年纪念词，今者《新闻报》馆又属吾为三十周年纪念词。此两大报馆者，如悬老眼于国门，饱阅沧桑之活历史也。其造端皆甚微，而成效乃绝巨。屹然而并峙，巍然而长存，而其前途尤未可量也。于此可知规事业于至难环境中，苟行之以渐，贞之以恒，未尝不可竟成，亦未尝不可持久。彼畏难而思退者，其自信力乃下巫医等矣。虽然，吾尝过《新闻报》馆，主任汪汉溪君导观各部，并自述其二十五年来之经营。知其用心之苦，致力之勤，较吾所见欧美诸大报馆主任有过之无不及，而所成就者则瞠乎其后，岂非以国势凌夷，万事丛脞，故事倍而功不半哉？使吾国而如欧美诸强国，使《新闻报》不在吾国而在欧美诸强国，其成绩当必不止此，然则《新闻报》无负中国，中国实负《新闻报》也。乌乎！《新闻报》之始刊，吾刚十龄。忽忽三十年，吾已颓然而即于无闻之岁。岁月易得，修名不立。俯仰身世，躬自悼矣。即以为贺。贺《新闻报》年事少于吾，而左右社会之力与指导人群之功乃令吾望尘莫及，愈叹后生之可畏而老大之徒伤已。读者想多有同感也。

在北京大学爱智学会演说词
（1922 年 8 月 14 日）

我去年三月赴俄国，今年三月始出来，整整的一年。俄国的情形虽不敢说十分了然，但过渡时代所经过的事实，考察甚详，请为在座诸君略述之。

俄国自经两次革命以后，社会的情形大为改变。考俄国社会民主党的成立已经三四十年，在帝制时代常被政府干涉，言论、出版、集会皆不自由。一千九百零三年时，党中代表逃出英国伦敦开会议，出席的人很多，当时分为两派：第一派主张政治活动，普通选举；第二派主张武力革命，劳工专政。第一派占少数，第二派占多数，少数党首领克连斯岂（Kerenstsy）就是一九一七年三月革命后的大总统，多数党首领列宁（Lenin）就是同年十月革命后的总理。第一次革命，政府中人不全是社会党人，那时候欧战四年，俄国生命财产牺牲的已不少，而政府为协约国所操纵，使战事延长，又不能立时采用均田制度，所以人民多不满意，不到半年又革命了。

俄国全人口中农民占百分之八十以上，但土地概为大地主占有，农民不过为大地主的农奴，所以革命以后，人民希望平均地权，自己有田可耕。少数党运动革命时，原是许人民有自由耕种权的，但是许了不能立刻实行，反失了信用，激成反动起来，好像□清政府许了人民立宪，偏要预备九年，这九年的工夫，正是预备革命了。多数党人有见及此，所以第二次革命一成功，第一就对德停战，忍辱议和，第二就实行均田，自由耕种，然后贯澈他们原来的主张。劳工一阶级人专揽政权，并用武力去实行共产制度，土地、房产、食品、衣物，一概由国家没收，然后再分配于人民，有反抗者，以军法从事。如此过了三年半，俄国已到了山穷水尽的地步，不能不改弦更张，倒转过来提倡资本主义。列宁有一篇演说，大致谓：世界经济进化，是由私人资本主义而国家资本主义，而国家社会主义，由此更进才是共产主义。他又说：他从前所已行的，是战时共产主义，所以可一蹴而跻，将来所要行的，是平时共产主义，所以应循序渐进。这就是过渡时代的意思。

就我的观察，俄国共产党所以让步，实有两个原因：第一是因为农民消极抵制。农民们收获的，除了自用，都由政府强迫没收，并派红军执行，军民冲突，互有死伤，后来农民竟不肯耕种了，广田自荒，赤野千里，弄得大家没有饭吃。第二因是〔是因〕为世界革命失败。俄国共产党热心希望世界大革命，四出运动，极力鼓吹。又因俄国与德国关系最为密切，俄国若得德国之赞助，料想全世界的大革命可以成功的，所以对德国特别注意，派约非（Joffe）为驻德的代表。两国的外交秘密，我也不便说出来，不幸德国共产党内部分裂，功败垂成，一切计画付之流水。俄国经此大打击，起了大觉悟，自知陷于孤立之境，不能不力图自卫之策，于是想出一个新经济政策，恢复旧资本主义之一部，以买大多数人民的欢心，但是原有的主张，已经牺牲不少了。

他们自己常说：从前有许多错误。我想方法上的错误，手续上的错误，用人、行政上的错误，说也说不尽的，但是学理上的错误，只有两点最为要紧，所谓"差之毫厘，失以千里"，这是我们应当特别注意的。

（A）社会主义或共产主义，无论赞成者与否认者，总以为社会主义与资本主义立于相反的地位，要实行社会主义，非打破资本主义不可。凡资本主义所产出所遗留的，都要破坏净尽，才能讲到社会主义的建设。这种见解，似是而实非。我的意思，社会主义是资本主义的进化，资本进化是由小而大，由私而公。我们要打破资本主义，不过是把资本的所有权，从个人或少数人移到社会全体就是了。至于资本主义所产出所遗留之物件，如分工实效（Efflendy）与物质文明（Comfort）是都应当保存，并且应当增进的。若以感情用事，所有历史上的成绩品一概抹杀了，像俄国前三四年许多无代价的牺牲，无意识的破坏，现在要修补，已经难上加难，恐非三五十年不能恢复原状。

（B）共产主义主张劳动阶级专政，人多误会智识阶级和资本阶级的人都是与劳动阶级的人反对的，所以他们很排斥智识阶级，死的死了，逃的逃了，有的幽囚起来，有的隐藏不出，智识阶级的人也用消极的态度抵抗他们，这实在是很不好的现象。现在俄国政府中人，已大改前非，很优待重用有学问有经验的人，这也是吃了大苦得来的教训。

但是他们恢复资本主义一部，我仍是不赞成。大资本家固然不好，小资本家也是无恶不作，其罪有时更甚于大资本家，况且小资本家也可渐渐结合为大资本家。私有财产不去，社会主义是不能行的。俄国初采用新经济政策时，私人的工厂定章只准用二十人，现在扩充为五十人。从前禁止私人对外贸易，现在也开了禁了。这真是"其进锐者其退速"了。

我个人在俄国过渡时代所感受的事实如此，我不能不有几句总批评，做我今天讲演的结论。俄国共产革命是为全世界牺牲的，无论何事，纸上空谈，不足为凭，要去试验，才知道事实与学理相差在何处。俄国实行共产主义，就是一种学理试验，试验的结果，给全世界人一个大教训。俄国人肯牺牲生命财产做共产主义的试验，这种精神，不能不令人佩服。俄国的试验虽有许多错误，但不经他们试验，我们还不知道这些错误。发现了这许多的错误，就是俄国大革命的大成功。

第二次欧游回国宣言
（1922 年 8 月）

　　不佞自社会党解散，亡命去国，于今十载，夙昔主张未尝挠变。比由俄、德考察归来，学说得所折中，进行亦较有把握。回顾吾国，蜩螗羹沸，乱象环呈，社会革命殆将不免，而无研究无准备无目的无组织，其危险尤倍蓰焉。不佞确认南北政府、新旧国会皆为人格破产，从来各会党之主义之政策，及其人物已登台者，皆为试验失败。资本主义下之政治、法律，与夫敷衍调停苟且一切之计，皆直接间接自杀而已。今后惟一希望，只在经济与制度上之根本改革。鄙见以为前者当依新社会主义，其要目有三：曰资产公有，曰教养普及，曰劳动报酬；后者当依新民主主义，其要目亦三：曰选民参政，曰职业代议，曰立法一权。此不佞半生来学问思辨之结果，而欲以所自信者征信于天下后世者也。近来深感旧同志之散漫无归，新青年之回皇无主，平民劳动者之水深火热，倒悬待尽。官僚、政客、军阀、资本家之天良未泯者，觉悟愧悔恐怖，而不知所以自救之术与自反之途。毅然献身为前驱向导者，一方尽力言论与文字之宣传，一方促进团体与群众之运动。宗旨决无迁就，手段务取光明，本一生九死之精神，向我垂毙同胞进此最后瞑眩之剂。其趣起。

新民主主义、新社会主义说明书
（1922 年 8 月）

新民主主义

民主主义为近世人权发达、文明增进一大动机，各国改良或革命之运动，无不悬此为鹄的。然精神虽是，而制度多乖；理论甚高，而实行或踬。顽旧保守者固始终反对之，即崭新之共产党人，亦主张劳动专政，而以民主主义为诟病焉。综其大弊，出自两途：一、真正多数。无论何时何地，无学识无经验之人必占多数，多数政治是为愚民政治。一、名多数而实少数。强权者迫胁民意，巧黠者假造民意，富豪者买收民意，是为暴民政治，奸民政治，富民政治。新民主主义为矫正以上各弊，揭橥选民政治。选民者，人民之优秀者也，以普通教育为本位，以参政考试为出身，以职业选举为登进。盖承认经济组织为政权分配之原则，一方谋政治智识之普及，一方期人民程度之提高。其与旧民主主义不同者，有如左三事。

一、选民参政　中国取士用人向有学校制科、选举之异，宜兼取其长而并用之。凡具最低级学校毕业相当程度，愿为议员及官吏者，须更通过参政考试。以普通法政智识为标准，由立法机关执行，及格即为选民，有选举权及被选举权，惟同时必别有所属之职业。综各职业而计其选民人数，为各该职业投票权、代议权之比例差。选民不第有代议权而已，又有直接投票权。采近世全民参政学说，划出议会事权最要之一二，使选民全体参与之。其已考定者：曰创议权，议会不提出之案，选民可自提出也；曰复决权，议会已议决之案，选民可再议决也；曰免官权，议员及官吏不职者，选民可予罢免也。以上皆依法定手续，以总投票或局部投票行之。盖代议制以一人代表多人，经过长期时间，处分若干法案，万不能尽如所代表者之意。况当选以后，地位不同，态度或变，自由为恶，监督无从，必如今议，然后可免议会专制之弊也。或疑选举以前，加以学校与考试之限制，则劳动界选民必稀，似为不平等。不知学校考试均属公开，即机会平等之保证，且以促进教育普及，而选民必有所属之职业，又以促进劳动普及，实减免阶级冲突之要道也。

一、立法一权　三权鼎立之说，自来法政学家奉为天经地义，其实司法乃行政之一种，立法与行政界限不清，冲突时见，名为互相监督，实则互相牵掣，一事不行。故凡大建设大成功，不在两权之调和，而在一权之超越。然与其偏重行政权，而恢复君主制，毋宁偏重立法权，而实现民主制。且征之宪法祖国英伦之惯例，下议院多数党组织责任内阁，不信任即辞职，不啻立法一权矣。今议国会、省会、县会等各互选行政委员，处理中央及地方政府之事，司法亦为其一部，而皆由所属之立法机关产出。且即为立法机关之代表，而对于人民全体负责任，议会及选民皆得依法定手续弹劾而罢免之。如是则权既不集于少数，而政亦不出于多门，理论、实际两无窒碍，远胜旧制也。

一、职业代议　代议制者，数百年来各国志士仁人无量数心血颈血之代价也，然自现行国会组织法、选举法考之，则不过一二特殊阶级最少数人之胜利而已。盖人类之利害关系，恒视其所属之经济团体而异。自官吏、律师、地主、资本家垄断投票，大多数人无复建议、决议之权。即使议员清白乃心，不尽为金钱、势力所吸收，然自身非出平民，则不能代表社会之大多数；自身果出平民，又不能战胜议会之大多数。今议以职业为单位，以地方为区域，以选民人数为比例，平均分配投票权、代议权。假定某省选民总数为一百万人，又假定该省会议员名额为一百人，即每议员代表选民万人。又假定按职业细分之结果，选民为小学教员者一万人，养蚕者二万人，业织造者三万人，则此省会中当有小学教员互选之议员一人，养蚕者二人，织工三人。又如木匠选民仅有五千人，不足一代表权，则可与最近职业，若石匠、泥水匠、缸瓦匠相合足数，互选一人。至于职业之定义，宜以有经常收入者为断，服官、从军皆视同职业。社会主义未实行前，并地主、资本家亦同享有此权，惟此类人数必甚鲜，故不虞其操纵把持也。游手汉、寄生虫，当然无参政资格矣。

（附则）社会主义未实行前，而组织职业代表团体，凡同业而不同职，且其利害相反者，必区别之，为左右两级，略如各国之上下两院然。政界之首长，学界之职员，军界之将校，农界之地主，工商界之资本家，当属右级。其普通之官吏、学生、兵士、农、工、商人，皆属左级。投票时各从其类，右级不得代表左级，以绝垄断而从多数，否则虽名职业选举，仍系军阀、政阀、财阀之阶级政治而已。至于今日之中国，处现在政府下而试办国民自治式之职业代议制，则政界、军界当专取左级，其余四民，两级并立可也。

新社会主义

由资本主义而社会主义，谓之反动可，谓之进步亦可，要之今日世界之趋势则然也。惟其流派分歧，方术不一，自顷以来，各国改良家、革命家为局部或全体之试验，其利弊亦大略可睹矣。大抵主张国有集中者，苦于官僚众多，政府专制。主张自由共产者，苦于供求无度，劝惩不行。主张逐渐改良者，则支支节节，补苴罅漏，终不能一洗资本主义之心理而铲除其根蒂，且道高一尺，魔高一丈，非后者推翻扑灭前者，将永无伸眉吐气之时，如英、美、法、德诸国一般社会党之失败是也。主张急进改造者，则蔑视历史之遗传、民族之根性与生计之实况，倒行逆施，进锐退速，仍不能不废然思返，重循自然发展之正途，而破坏之余，损失更大，如俄国共产革命四年，乃复采用国家资本主义是也。外观世变，内审国情，执其两端，括为三事。

一、资产公有　产者天产，土地、矿物、森林皆是。资者资本，金钱、机器、商品凡用以生利者皆是。公有者区分资产之品类与性质，若者应为国有，若者应为省有，若者应为县有，若者应为市有、村有，总之，以地方居民全体代私人或会社之所有权。其施行时，可发行债票，估价买收，分期还本，而不给利。外人资产亦同此例，惟依国债惯例行之。至私人或会社于金钱、机器、物品等不用以生利者，仍得享有之。盖社会主义之精髓，在废除资本制度，禁止私人掠夺他人劳动之所得而已。故天产之租金，资本之利息，断然当归人民全体，以充地方公益事业之用，而对于劳动结果之课税，一切罢免之。

一、劳动报酬　劳动者，各尽所能，兼劳心、劳力而言。报酬者，各取所值，有称物平施之义。物之不齐，物之情也，质禀有优劣，用力有勤惰，功能有大小，成效有迟速，若其所得一律从同，非第无以示激扬促进化而已，按之情理，亦似平而实不平，且悖经济界之天则，其势又万不能以持久。法国革命、俄国革命，一再实行而未几皆废，是其证也。夫资本制度既倒，则金钱、物品不过个人劳动之结果，非复社会罪恶之源泉，一切只供消费而不能更用以生利，以至职业之选择，地位之去就，薪水之处分，生活之享受，皆非国家或他人所应干涉者也。

一、教养普及　报酬之多寡有无，虽以个人之能力与社会之需要为准，然人类生存所必须，物质方面之营养，与精神方面之教育，两者实维持及增进个人劳动率之原素。此其供给之责任，当属公立之机关，政治之积极作用正为此也。资产既归公有矣，所有利润之收入，当然足敷人类生存必须之费用，举凡孕妇、儿童、老弱、废疾、无告之人，一切学校、医院、道路、水火、公益之举，皆由地方自由应付，此政府职司所在，非慈善事业之比也。如此则生存之维持为社会之义务，而生活之享乐为个人之权利，社会一般之平等与个人单独之自由，庶几两剂其平而交得其益乎！

双十节正告国人
(1922 年 10 月 10 日)

　　双十纪念谓之国庆节。乌乎！何庆之有？吾见其可吊耳。十一年来，神洲鼎沸，愈演愈乱，政局无论已，举凡教育、实业、道德、风俗、社会现状，几无一事不日见退步，日呈悲观。忆自民二亡命去国，至袁死而始归，嗣后一再游美游欧，约每三年一回国。每回国必见大政变一次，如医家所谓间歇热然。每次予国人以新痛苦，同时诱国人以新希望。国人尝希望袁死，乃袁死而复辟乱生。国人又希望张勋去，乃张去而安福祸来。国人又希望段倒，乃段倒而直奉战起。国人又希望张作霖败，乃张败而东三省分立。国人希望南北统一，乃至北不能统一北，南不能统一南。国人尝希望法统恢复，乃至谈法理者无法可据，争正统者无统可祧。国人所已希望而已失败者，如此如此，此后之新希望，尤层出而不穷，请广狐卷子五不可恃之说，正告国人。

　　一曰宪法不可恃　朝野上下异口同声，以为宪法一成，百事都了。乌乎！是焉知法意？法由人造，而法不能造人。法缘境生，而法不能生境。夫国法犹文法也，试问先有文字乎，先有文法乎？作文法而不因已成之文字，则文法无效。制国法而不依现在之国情，则国法无效。不揣其本而齐其末，虽甚美备，徒等弁髦。而乃痛哭流涕长太息曰，法不能行，不知此正立法者之罪耳。国情固非一成不变，特徒法决不能改易国情。况中国虽未有宪法，固已有《约法》，其效用固应一如宪法。然而十一年来，成绩如何？彼希望将"约"字改为"宪"字，并加以若干理想美观时髦之条件，而谓国法自身即具万能者，非愚则诬。

　　一曰国会不可恃　今之国会制度，学理上、事实上已经宣布，破产之制度也，万不足代表多数之人民。而在吾国尤极滑稽之能事，其腐败黑暗，乃至不可说不可说，且一蟹不如一蟹，每下而愈况焉。虽个体不无可取之分子，而机关实无可存之价值。彼希望非常国会，希望新国会，希望新新国会者，大梦已醒。而希望旧国会者，黄粱亦在将熟时。希望未来之国会者，尚长夜漫漫，恐永无复旦之日。吾请为午夜之鸡啼，正告国人曰，非至吾所主张之选民参政、职业代议实现，国会将长为拍卖场耳。

一曰民意不可恃　民有意乎？曰有。饱食暖衣，安居乐业，如是而已。至于或专制，或立宪，或君主，或共和，或资本主义，或社会主义，皆不足以代表集体之民意。而得其时与宜，则皆足以转移民意，操纵民意。盖真正之民意，只有目的，并无方案。衣食住之安乐，是其目的。而专制以下云云，则其方案也。有远识者，提出方案。有大力者，举而措之。其结果能达此目的，则群众翕然，而后民意之真相乃见，如水平之就下而趋，当其未至于是，民意完全为盲目的，为被动的，可使过颡，可使在山，观者几不知水性之何若。吾观于十一年来吾国民意之惝恍迷离颠倒瞀乱，颇似病人心理，狂人心理，近乃益感于舆论之薄弱，清议之消亡，深信民意不足以平治天下。须天下既治既平，乃有民意之可言耳。

一曰社会事业不可恃　有迷途知返者，或束身高蹈者，痛恨政治为万恶之丛，望望然去之，以精神的改造个人，物质的改造社会，为根本解决，为其功效虽迟而稳健可恃也。吾于此辈，爱之重之，自揣性质，亦与相近，而不愿吾国人之是则是效也。社会事业不能离政治而独立。政治者，一切事业之枢机，数十百人数十百年辛苦经营之社会事业，一二人一二年间，凭借政柄，可使转移无迹，消灭无余。而武力之摧残，法律之束缚，更无论已。此证之十一年来学界之堕落，农工商之消沉，金融之恐慌，团体组织之东起西仆，群众运动之虎头蛇尾，可见社会事业可恃而不可恃。彼万恶之政治，乃道高一尺，魔高一丈，成事不足，败事有余，其奈之何？

一曰外交亲善不可恃　吾十四岁时，试联俄联日论，发端曰，国不患无联，患无以联；不患无以联，患无以不联。更二十余年，而今日犹此言也。当时联日之成效既可睹矣。十年来联美论大昌，吾留美七年，粗知其对我之实情。其经济的帝国主义，一如英、法、日本，孩提我奴蓄我，一如其对印第安人、亚非利加人也。最近俄国、德国革命，彼形式上之帝国政府既倒，于是而联俄联德论起，吾即最初提倡之一人。此次居俄一年，居德半年，亲见西比利亚远东及欧俄吾侨所受之待遇，与夫红军在外蒙古及第三国际大会对吾国党人之情状，德国国民党、民主党、社会党各首领与吾之谈话，而知国家疆域一日不破除，人种肤色一日不同化，无论其为君主政治，民主政治，共产政治，外交之方针或有变迁，国际之道德决无增进。吾国人须知今日之德、俄，犹是昔日之德、俄也，不能自助，不能助人，而任联一国，皆变相卖国而已。

然则吾国人究将何恃？或曰当恃公理，其言甚正，然公理不能自行。或曰当恃强权，其言甚辨，然强权不可久假。主理论者，以为公理即强权。主实验者，以为强权即公理。其言似是而皆非。公理、强权本截然两物，而相需为用，故成功者，惟在公理与强权之合并，换言之，即吾人当始终发扬正义，而同时扶植实力。二者并进，无事不成。一失一得，成败相半。不务乎此，而别望所恃，无事不败。望吾同人，毋忘吾言，毋忘今日。从前种种，譬如昨日死；以后种种，譬如今日生。信如是也，庶几乎其可庆也。

《新俄游记》自序
（1922 年 10 月 10 日）

　　读者苟知下列诸情况者，或能原谅吾书之不周备矣。此次冒险旅行，原意就新俄政治、经济各设施，实地调查，具体报告，搜集资料，分别部居。印件盈箱，译稿累尺，拟勒专著，用中英文刊行。出境时，俄外部以沿途检验綦严，属将所有文书封交特别机关代递。迄今半载，消息杳然，仅此零星琐屑汉文通信稿以怀挟而通过。时当忌讳，地处嫌疑，书不尽言，言不尽意，隐约而已。且通信四十余次，而得达者仅十一次，余均误于洪乔。幸余铅笔原稿尚未尽佚，校补可得太半，阙者即亦不复记省。计每次登《申报》、《新闻报》、《商报》三分，别一分代家书寄家，合原稿共五分。写时以炭纸四夹白纸五，秉铦锋铅笔，一落笔而透九纸，且构思，且落笔，不得易稿，并不得易字，故文理文气乃至词句，疵类稠叠。兹本悉存其真，通信署名"天我"，于吾自身事多不载，载亦用第三人称，付刊时乃改为第一人称。语意间有不融贯处，又前后事隔经年，标目体裁未从一律，凡此诸节，皆不能惬作者之心，知无以餍读者之望矣。《申报》、《新闻报》主人怂恿重刊单行，史量才君并督饬誊清，敦促上版，可感亦可愧也！

　　　　　　　　　　　　　　　　民国第十一双十节江亢虎

游湘留别书
（1922 年）

此次游湘讲学，当道暨各界招待殷勤，感愧交至。猝遭祸变，内外驿骚，政治既重心动摇，学说亦群言淆乱。环顾全国，异说争鸣，谋夫孔多，乱事愈棘。最可异者，言武力统一者乃不能统一所部，倡联省自治者竟不能自治一城。主张召集国民会议，而不经职业团体选举，何异筑室道谋？主张组织行政委员，而不由立法机关产生，是谓分赃盗窟。主张社会革命而徒知利用军队，利用土匪，利用外力，利用暴民，一旦能发而不能收，其危险且什百倍于一九一一年之中国与一九一七年之俄国。综上数事，心所谓危。湘省处南北之冲，承屡战之敝，生聚教训，尚需岁时，外患内忧，又见迭告，所望在位，勉为其难。为政不在多言，当机贵能立断。联省自治先从本省自治始，全国统一必自一省统一始。至于教育之发达，尤赖政局之敉平。社会之康宁，首在经济之改造。不佞深信新民主主义、新社会主义，大之可举世界而理想化，小之可假一省为试验场。凡旬日间所敷陈，悉廿年来之心得，言行一贯，标本兼治，意诚在此。若夫苟且一切之政术，空谈理论之学说，非惟不佞不乐道，抑岂诸公所愿闻？临别赠言，不嫌词费，借致属望之意，并鸣感谢之忱。即请公安，伏惟亮鉴。

对上海劳工各团体演说之大要
（1922 年）

　　鄙人提倡社会主义，廿年来初志不变。惟自民二亡命，在外日久，对吾国劳工愧无直接之贡献。前年回国，因欲调查俄、德社会革命后实况，为吾国前途参考之资。故又于去年春间冒险成行，备经艰苦，计留俄一年，留德两月。耳闻目见，感想万端，并得列席莫斯科共产党大会及柏林三国际党联合会，与彼中首领往还讨论，得益尤多。俄国之共产试验，进锐而退速，未免令人失望，其最大之错误不外两点。其一，因一切公有，一切均分，于是勤无所劝，惰无所惩，而生产之愿力败坏。其实社会主义，但应将一切生利的产业与资本作为公有，而劳动之结果，固应由各个人自由享用也。其二，因主张劳工一阶级专政，实则仍由最少数智识阶级人主持，而利用此名义，排斥其他智识阶级中人，于是相仇念深，互助事废，而生产之能力败坏。其实除少数资本家外，智识阶级本亦劳工之一种，劳心、劳力，固不可畸重畸轻也。今俄国已大觉悟，大改革，惟谓必再采用资本主义，以为过渡政策，则又鄙人所不解者已。鄙人对吾国劳工运动，以为当引俄国试验为前事之师。第一，当认定劳动报酬，各取所值，为最公平最切实之原则，但当争得吾人自己劳动结果之全部，不令资本家直接或间接掠夺可耳。第二，当谋智识阶级与劳动阶级之携手，一方使智识普及于劳动阶级，一方使劳动普及于智识阶级。不必标榜劳工专政，但当主张职业专政，毋使一般不劳心不劳力而无职业者，托身于官吏、议员专以自谋其生计，则政界自有清明之望。至于劳工团结之进行，鄙人以为亦当有两种心得。第一，性质。当专重职业组合，不必多设普通空泛之劳工机关。初办时不妨从极细分业下手，听其将来自然联合，为较大之团体，则基础稳固矣。第二，目的。当专谋本职业之利益，不必遽从事于政治活动，并不必先揭出何等特殊之主义。凡同一职业之人，即本此最密切之利害关系而组合之。任何主义可自由宣传，公同研究。鄙人敢预料宣传与研究之结果，社会主义必占优胜。各个人以良心自动的归附，则信仰坚强矣。吾国职业组合尚属寥寥，同人第一当会议商订一最简要之组合纲要，务使各业得自由伸缩，而全体仍一致大同；第二当在本身所属之职业发起运动，使组合早日成立。此则今日在座诸君子之责任也。

《江亢虎博士讲演录》自序
（1923 年 6 月 15 日）

　　寰游十载，感想万端。返国以来，随缘演说。既无夙构，亦不起草。听众笔记，率付报章。展转传讹，末可究诘。惟江西、山西两省教育会所印，及南京东南大学诸生所述，粗具梗概，亦或脱略节目，羼入方言，其余多无可观，尤不足存。南方大学汪剑余君乃积六阅月之辛勤，搜辑成帙，独任缮写校雠之役，再四怂恿上版流行。余重违其意，勉为披阅，正其阙谬，厘为两集，凡三十余万言。就中社会问题，初讲在东南大学，听众不下千人，笔记不下百通，已印行者亦十数通，此取张孟闻君原稿，比较特详，第二讲在北京男女高等师范两校，第三讲在南方大学，虽大同而皆小异焉。其有口说而无笔记，或有笔记而搜辑未及者，盖数倍于此。夫一时感想本不能为意志之代表，况口说不能尽传感想，笔记不能曲肖口说。读者执是以求，其知我亦已懂矣。行年四十，犹是坐言之人，徒以空文自见，此录之出，又岂余意哉？

民国十二年六月十五日江亢虎

南大一年来之教训与感想
（1923 年 10 月）

　　客岁新秋，归自欧陆，沪上各公团共招邀演说。场中一少年自介来谈，出其刺曰两湖巡阅使署顾问某某，谓方创办一大学，不日将欢迎参观，三数语即散去。余亦旋北上，讲学京、津、鲁、豫、秦、晋间，两阅月而复南下。各公团再请演说，场中又见此少年，谓大学已开，师生均以一亲丰采言论为快，珍重为订时日及讲题。及期而往，少年款接殷勤，谈次请闲，坚以该校名誉校长相属。余峻却不许。比演说，见学生约百五十人，皆鼓掌甚欢。顾会甫散，即争趋质问，演说中何为以贵校相称。余谓此固客礼应尔，诸生乃大哗，以为先生固吾校校长也。余出不意，几不知所以为词。后由诸生代表报告，乃知少年实假贱名招徕，得学生三百余人。开学未久，风潮迭起，去者过半。今存者环恳余出为主持，迫少年吐余款，纵令去。余以已有东南大学成约，虽于十月四日就校长职，直至今年春季，始克实践视事，滋可愧也。一年以来，学生由百五十余人增至五百余人，教员由七八人增至三十余人，校舍、宿舍，视前加倍，三科十系小具规模，运动场、图书馆亦粗有设备，此皆我同事同学诸君辛苦支持艰难缔造之结果也。余个人于此间所得之教训与感想，亦有可约略言者。思念所及，不复诠次，具陈如左。

　　一曰任何美名，皆可假以行恶。久假者或亦成功十之一二，而失败者则八九以为常。夫立宪美名也，而清室以集权亲贵覆其宗。共和美名也，而十二年来军阀、政客、土匪皆揭橥此帜以杀人。统一美名也，自治亦美名也，而国家乃缘此而辗裂而瓦解，地方乃缘此而产生无数部落之酋豪与割据之流寇。社会主义、共产主义皆美名也，而无赖依托者乃至夺人妻女以自奉，肱人囊箧以自肥。凡此末流，讵关本旨，正如皈依大慈大悲佛教之喇嘛，而张人皮为帐幕。崇拜爱敌如友之耶稣之西班牙人，而定炮烙为国刑，吁可畏已！兴办教育其名尤美，而蕞尔上海，假此以行恶者已数见而不鲜，本校创立之动机，殆亦未必不如此，而其究也，终于破露而不能自存，今其人且以类似而尤甚之案卒致身败而名裂矣。寄语青年，与其行险以侥幸于不可知之数，何如各本其聪明才力孟晋于康庄大道间。成固忻然，败亦可喜，俯仰无愧，岂不善哉？

一曰理想有向上之要求，事实无万全之方案。趋避太熟，顾虑太多，固为畏事之徒。眼光太高，希望太大，亦非成功之选。自余回国，向取立中回翔态度，决无意自办一大学。即有此意，亦决不能如此草率以从事。不图有人利用名字，居然一呼而应者数百人。使当时无专科大学，即今日无南方大学可也。使当时非被人利用名字，即今日余与此校毫无关系可也。彼固弄巧成拙，此则弄假成真，天下事有利于一往而误于三思者，此类是也。夫利害轻重以比较而得，祸福倚伏如连环无端，与其持重而趑趄不前，毋宁冒进而逐渐改步，此所以共产主义虽未能实行，而俄国革命精神终不可侮也。

一曰建设必先破坏。然破坏甚易而建设则甚难，且不抱建设之目的而妄用破坏之手段者，其事尤险恶不可为。人当青年，生当乱世，恒富破坏之性，而苦乏建设之能。历来政潮、学潮纯属消极作用，滋可痛也。惟本校旧同学诸君，先有建设之成算，乃下破坏之决心，故不费丝毫之牺牲，而预券最后之胜利。专科大学之破坏，南方大学之建设，同在此指顾间，真所谓千载一时也。若夫无准备，无计画，无意识，无代价，少数人感情自用，多数人盲目以从，则杀身破家亡国灭种，病皆坐此，尚何求学之可言哉？

一曰芥子非小，须弥非大。狮子搏虎，须用全力。狮子搏兔，亦用全力。余始固无意经营此大学，然受事以还，亦复如临深履薄，执玉捧盈，时懔其难其慎之思。其事乃万绪千端，至繁且赜，穷日之力，犹不能犁然有当于心。《语》曰，治大国若烹小鲜。余则以为治大国者，政权、兵权、财权统一，即可以指挥如意，开径自行。若烹小鲜，则偶一疏虞，立致焦烂，而英雄无所用其武，智士无所用其谋，其艰辛乃十百倍于治国，特非躬其局者，不足与道此中甘苦耳。

一曰大体不解决，局部几无所措手。黾勉从事，亦事倍而功不半。居今日之中国而言办教育，诚大可怜人矣。政府之指趋，社会之风尚，似在在予吾人以负作用。如四面楚歌，环顾皆敌国，虽血战不易突重围而出。又如孤舟漂泊大洋中，风涛震撼，粮尽援绝，手把帆舵，技无所施。吾习见欧美各大学，一栋之建筑，或费数百万；一室之设备，或费数十万；一科之开支，一人之薪俸，足供本校全年之需用；且教材完备，人才众多，形式堂皇，精神焕发，长袖善舞。诚哉其然！中国望尘莫及，吾校卑浅尤无可观，猥云大学？欲从世界教育事业以周旋，多见其不知量也。窃不自信，吾人聪明才力必甚后于西人。徒以政局不安，环境太恶，努力奋斗，所成止此，可为恸哭，可为寒心。此非一校之羞，实乃全国之耻，不根本解决，天下事无可为也。

一曰社会主义不实行，教育将永无普及之望。自胜清末叶，教育普及之说已盛腾人口，而其现象乃愈趋而愈远，今非小康之家不能毕业小学，非中产之家不能毕业中学，非大富贵之家不能毕业大学。即毕业大学，而学业尤为未竟也。于是更须游学东洋西洋，其事乃益难如登天矣。本校之成立，不募捐，不告贷，无官厅津贴，无实业基本，惟以征自学生之学费还为学生利其用。顾以本无校舍，市中地贵，寸土寸金，常年支出，乃以地租、房租为大宗，数逾万元，犹不敷用。操场隙地凤荒废不治者，租之亦价数百元。故本校征自学生者，其数虽不至视他大学有加，亦不能视他大学为减。诸生各绞其膏血以纳于校会计，校会计则举其大部以贡诸地主、资本家，为之聚敛而附益之，天下最可痛心宁有更甚于是者耶？然而论理则授者受者视为当然，论势则非此一转移，此数百人将永无求学之地与时。且彼煌煌国立、省立之大学及教会立之大学，其征费亦并不下此。即号称教育普及之国家，大学教育犹是贵族、富豪之专利品，而常保有其优先权。吾敢断言，非至吾所主张之新社会主义实行，高等教育将永不能普及，一切大学特资本制度下之装饰品耳。

一曰兵燹、政潮酷于水火。神州鼎沸，弦诵销歇。上海一角，仰庇外人。非惟富豪所安居，抑亦灾民所托命。非惟通商之孔道，渐成文化之中心。学校如林，生徒麇集。担簦负笈，不远数千里而来。岂好游哉？不得已也。乌乎！为渊驱鱼为丛驱雀，国非其国，民非其民，士农工商群趋租界，内地一任兵匪纵横，黉舍夷为营盘，学生绑为肉票，各省各校能如期开学照常上课者，盖寥寥无几。从事爱国运动者，徒知以收回借地、撤消法权为美名相号召，倘一思及上海办学者与求学者之所以日多，或亦嗒然而自丧乎！

一曰人类不能离政治而生存，教育亦不能脱政治而独立。然处教育者地位，当学生求学时代，而利用之为政治活动之牺牲，则良心所不敢赞同。本校绝不挂莫谈国事之招牌，鄙人尤夙有根本改革之计画，每于公开讲座，直揭积极主张，并欲训练诸生，预为实行准备。然而打电报、出风头、罢课示威、开会运动，一切妨害学业之事，绝不鼓吹而奖励之。至于党见之是非，政局之变化，虽个人或互持异议，而学校则务保超然。又鄙人虽自为社会主义家，而师生非社会主义者，但以不攻击不妨害为限，均得自由评论，共同研究，不存歧视之心，亦不施强聒之教。尊重人格，养成自动，高等教育之原则，固应如是也。

一曰新旧门户之见立。新者缺国粹素养，旧者乏科学常识。调和新旧者，或傅会以求同，或涉猎以炫博，或依违两可而无所短长。本校国学与科学并重，除专修科外，攻国学者必兼通西文，攻科学者必兼治汉籍。诗文或用文话或用白话，乃作者之权。教授或用汉语或用英语，视学程所便，不拘一格，自由发挥。虽沟通融化非一朝一夕之事，互相菲薄互相仇雠之恶根蒂，则自信本未存在，而亦无敷荣滋长之可能也。

一曰感情不通，事权不一，一校不能治，何论天下国家？生平尝言，权之所在，即责之所在，不争权即不负责之谓，亦惟肯尽责者乃自然能得权。虽然，权即集矣，形势扞格，人心睽违，则有权而仍无所用，故又必通感情。本校置行政会议，校长自为主席，每月开会一次，一切须关白而后行，所以一事权也。每星期三日开学校会一次，每星期六日开舍务会一次，每日校长接见十人，人人可在办公时间直诣校长室，人人可自署名签字投书建议箱，学生自治会得推举代表参与行政会议，所以通感情也。大自经费之出入，教员之进退，小至庖湢饮食牏厕游戏琐屑之事，均公开报告，期于共喻周知。而实权之执行，仍一操之校长。学生入学，先定预约，量可而进，知难而退，来者不拒，往者不追，对内集中，对外一致，事无大小，秉此而行，校长可去职，大学可停办，而本校之精神与方针不可变更。

以上十事，乃一时拉杂之谈，非谓一年以来，吾个人所发之感想所得之教训尽是，亦非谓此等感想必发自南大，此等教训必得自南大也。顾念人生虽终身在教育经验中，而大弱点每苦于健忘，事过境迁，旋得旋失，故惟最切近最深刻之感想与教训记忆为较真。余所以特揭而出之，一以见随时随地所闻所见，皆足增益智慧，磨砺精神；一以示前车之鉴，为后事之师，所愿与同事同学诸君相印证相勉励者也。继兹以往，人事如何，不可逆计。《语》曰，百年树人。今本校之程功尚不逮百分之一，而吾人之志望觉尚不逮千万分之一，来日大难，口燥唇干，今日相乐，皆当喜欢，请和声同鸣，为吾南大三呼万岁。

学生运动与公民运动
（1923 年）

　　五四运动之年，余方留美未归。嗣后爱国运动、文化运动踵武而起，论者咸谓五四为少年中国之新元，而逐年纪念之。今年五四余适承苏州青年会约往演说公民运动，而上海《新闻报》发行特刊，亦索余一言，辄就感想所及，约略陈之。

　　五四运动，学生运动也。誉之者曰，学生亦知爱国，中国前途一线希望于是乎在。毁之者则曰，学生辍课以嬉，婆娑于市，掷求学之岁月，开干政之恶例，乃至游行示威，暴动泄愤，学风之坏，学潮之兴，自五四始矣。

　　余以为两者之言皆仅知学生为学生，而不知所谓学生者，学生而外，尚有二重人格同时并在也。盖学生中除未成年人，固明明具有国家公民之资格。此国家公民之资格，不得以方为学生而剥夺之也。故以学生之资格而参与政治，不可也，以公民之资格而放弃参与政治之权，尤不可也。故学生既具此二重人格，即负此二重责任，一方当求学以尽学生之责任，一方当参预政治以尽公民之责任。不幸而此二重责任有冲突者，当随时随地随人随事，量其缓急而先后之，权其轻重而趋避之，夫言岂一端而已？

　　抑吾人之在社会中，又不仅此二重人格已也。有父母则有子之人格，有子女则有亲之人格，有夫若妻则有妻或夫之人格，有兄弟姊妹朋友则有兄弟姊妹朋友相互间之人格，此即中国所谓人伦也。我为某家之人，故对于某家有应尽之责任。同时我为某国之人，故对于某国亦有应尽之责任。同时我为世界之人，故对于世界亦有应尽之责任。此又中国修齐治平之说也。社会为多面的，复式的，一人亦同时具此多面的复式的各种关系。上焉者称物平施，交尽其道，不得已则牺牲小者以成就大者，牺牲大者以成就更大者，此人之度量所以相越远也。

鱼与熊掌不可得兼，则舍鱼而取熊掌。忠孝不能两全，则移孝而作忠。当存亡绝续之交，苟一身有可资靖献者，则牺牲个人之学问，以成就国家之事业。虽然，语有之，求忠臣必于孝子之门。余亦曰，求真正爱国者，必于好学之青年，不容浮薄子弟滥出风头者妄以此为借口也。

故余以为五四运动非学生运动也，乃公民运动也，即公民中有一部为学生者以公民资格参预政治之运动也。故吾人不赞成学生以学生资格从事政治运动，而奖励学生以公民资格从事政治运动，尤希望学生以外全国成年人均以公民资格从事政治运动，吾人对于五四之观感当如此。

新民主主义与新社会主义
（1923 年）

《申报》馆将发刊五十年纪念册，属为文以塞余白。舟车倥偬，不遑暇也，会在京与人论新民主主义、新社会主义，标举要目，诠次为文，同志传抄，未尝露布。因思近今五十年思想界之大进化，殆未有逾此二者，敢假纪念册弘通之便，郑重介绍于国人，并发其端曰：近今百余年之思想，一解放之思想也；而近今五十年之思想，则解放而渐成纪念之思想也。民主主义为政治解放之新思想，社会主义为经济解放之新思想。近今五十年以前，为此新思想之发育时代；近今五十年以内，为此新思想之成熟时代。当其发育也，如山花怒放，林鸟喧鸣，触目见色，到耳成韵，而不能辨其品汇，协以宫商。又如星气弥漫，未凝结为球体；洪水泛滥，未疏导为江河。以言民主主义，惟知曰人权、民约而已。夫人权天赋，乃宗教之牙慧；民约立国，非历史之实迹。其理论无根据，其进行无方策。是为民主主义之第一期。以言社会主义，惟知曰理想乡而已，曰国际工人同盟而已。处资本制度下，而立理想乡者，其结果也，不为资本家吸收，即与资本家同化。处帝国主义下，而结国际工人同盟者，一遇战事，而同阶级之利害关系，远不如同国家者之深切著明也。于是一纸哀的美敦书，即国际同盟之死刑宣告状矣。然而我先辈屡失败而不悔，是可敬也。然而我先辈屡失败而不悟，亦可悼也。是为社会主义之第一期。试验稠叠，群治衍进，言民主主义者发明代议制度，而选举法、国会法出焉。更进而普通投票，全民参政之说出焉。言社会主义者，分政党运动、武力革命、职业组合三途。属甲者，德国之社会多数党为其代表。属乙者，俄国之共产党为其代表。属丙者，又分英国之基尔特（Gild［Guild］）、法国之辛的开（Snvdicate）、美国之世界职工党三派，均为其代表。今日法、美、瑞士诸先进国，俨然以民主义政治之模范自居。俄、德两国，虽左右相距甚远（俄为左派社会党，德为右派社会党），而皆社会主义战胜之领土也。其他各国，亦向三途积极进行。是为民主主义与社会主义之第二期。猗欤盛哉，盖由理想而进于科学，由言论而进于实行矣。惟其为科学也，故研究愈久而疑问愈生。惟其已实行也，故试验愈多而破点愈见。民主国家之选举法、国会法，既为特殊阶级所利用，普通投票全民参政，利害亦不尽相抵焉，行之人口无调查、教育未普及之国，尤几于不可能。至于社会党人，百年以来，尚无专恃政治作用而贯彻其目的者。武力革命而无政治经验与职业机关，必至能发而不能收，有牺牲而无代价。职业组合而不假助于武力与政治者，亦从未见其收功也。而今而后，正吾人大觉悟之时，亦两主义大刷新之日。是为第三期。对于第二期之学说，有修正，有折中，一切皆从经验得来，此法、美、俄、德革命之教训，而诸先烈心思汗血之结晶也。此三期者，每期一蜕化，实不啻每期一革命。当此第三期晨曦一线时，而狃于第二期眼光观察之，未有不大骇且笑者也。且成熟时代，本不能如发育时代之绚烂可观，皮相者或反斥为退化矣。吾知吾论或为时髦青年所不喜，顾自念二十年来，奔走研讨，经过之境界非一，反对论者今日所依据，或即吾向者徘徊踟蹰之过程。生平不敢为欺心媚世之言，愿与好学深思者共印证之而已。今后五十年，殆将为此两新主义磅礴弥纶之世界。谓余不信，请以《申报》第二次纪念册券之。

复李绎之书论《太平天国志》事
（1923 年）

绎之先生：

顷奉惠函，兼示大箸《太平天国志》。取材谨严，持论平允，先民矩矱，上溯龙门，陈志不足道也。不佞薄殖久荒，史事无能为役，惟念洪氏崛起，论者止知为民族革命、政治革命，而不知其实为社会革命，如立教宗，易礼俗，男馆女馆之配置，金银珠玉之归公，不啻共产主义矣。前年游苏俄时，其首领拉跌克亲告余，三十年前在柏林图书馆读德文《太平天国志》观洪氏之设施而有感，实后来投身共产革命之动机。归来为孙中山言之，中山亦云，洪氏实中国社会革命之先锋，为胪陈证据甚夥。两君之言至可玩味。洪氏一切社会新制度今当尚有故老传闻，大箸似详于政事与战事而略于民生经济之状况，此固中国史家之通弊也。又念法国革命、俄国革命，皆以至高理想至美名义为倡，乃其经过则为恐怖时代，而其结果亦大与初愿相反。当洪氏起义时，假自由平等之教旨，托尊王攘夷之名号，而十四年间，倒行逆施，诛戮之惨，剧于闯、献。孙中山道德学问及其所揭橥者皆远过洪氏，而近数年来，西南一隅，人民痛苦，视在北方军阀势力下者亦无末减。今之言社会革命者，其尚毋忘此前车乎？是吾辈之责也。因论太平天国事，遂连累及此，辄以布达，或附大箸以诏时人。即颂撰安不一。

与孙中山书
（1924 年 3 月）

中山先生座下：

南游归来，读《国民政府建设大纲》，觉与不佞夙昔所怀抱近来所主张者，多有相符。国民党改组为有系统之机关，与从前信手拈来之党纲，临时凑集之党员不同，尤深钦佩。惟有不能已于言者一事，则根本势力所在是也。我国革命所以失败，而俄国革命所以成功者，一依民党自身实力有无而断。辛亥之役，民党利用国内已成势力以覆清廷。既覆清廷，此已成势力遂移其锋以待民党，而民党无如何也。又欲利用已成势力，如前有段而今有张，不成当虚与委蛇，一成必立时反向，民党果何所恃以善其后乎？兹闻复有利用国外已成势力之议，据传聘用客卿，训练党军，并有金钱与枪械之接济，吾恐其恶果将有什伯倍于民国十二年来之往事者矣。昔吴三桂假满兵平闯乱，闯平而明社已墟。阿圭拿度赖美人胜西班牙，西班牙去而菲律宾独立即失。前车殷鉴，可为寒心。或引证法人助美革命事，不知彼乃人民之义军，而非政府之国军。且法、美距离至远，与我国接壤强邻者迥异。或又引证不佞前年拟联红党恢复外蒙事，不知当时外蒙正在白党手中，是为已失之藩属，与今日向内发展者迥异。总之，鄙见革命事业，当以人民自觉、自动、自决为原则，以民党自身养成之根本势力为先锋。若在我本无可恃，而利用国内已成之势力者国必乱，其利用国外已成之势力者国必亡。不佞与民党提携二十年，所以始终未加名入籍者，徒以生性喜特立独行，且比年从事教育、文学，与军事、政事不甚接近，然对于先生尊重仰止之意，则历久而不衰。心所谓危，不敢终秘，聊自附于净友之谊，而尤深冀道路流传之非真也。虔叩崇安，伏惟霁鉴。

《新新日报》发刊词
（1924 年 3 月）

　　新旧者对待之名词也。今日之日一犹昨日之日也，是过去者无日而非旧也；今日之日已非昨日之日也，是方来者无日而非新也。一切事理作如是观。以言政治，由君权而民权新矣。然最初为直接民权制，如老聃之小国寡民，柏拉图之贵族共和，卢骚之二万人民的国家皆是也。其后几经试验，几经研究，乃发明间接民权制，小之如瑞士之联邦，大之如法、美诸民主国皆是也。其后又几经试验，几经研究，乃悟间接民权制之仍未当也，于是复兼采限制的直接民权制，选举权、被选举权而外，兼行使所谓创议权、复决权、罢免权。不佞思索观察之结果，更举上列间接两权、直接三权专畀之有职业有教育之选民，而自立新民主主义之学说，较之最初直接民权之思想，盖已经四度之进化矣。以言经济，由私产而公产新矣。然最初为理想社会主义，摩尔氏之理想乡，莫利斯之乌托邦，傅立叶之共产团皆是也。其后几经试验，几经研究，乃发明科学社会主义，马克斯、恩格尔集其大成，第一国际、第二国际之运动出焉。其后又几经试验，几经研究，乃有列宁、托洛茨基诸氏，别标共产主义，促成俄国之革命，而以第三国际相号召。不佞思索观察之结果，更厘定生利机关属公有权，消费物品属私有权，因而创立新社会主义之学说，与英国费边社最近主张亦多不谋而合之处，此较之最初理想社会主义之思想，亦已经四度之进化矣。继此以往，推陈出新，吾人诚不能测其进化之所极，然有两言，敢为预决。第一，最近的所得者即为最新，而无论如何，决不致逆流而退步。第二，最新者未实现时，虽有更新者必无躐等蹴几之理。由前之说，无惑乎英人萧伯纳氏讥列宁为十八世纪村落思想之代表，掘马克斯墓田而得其化石，辄侈为希世之珍。由后之说，吾人自信非至新民主主义、新社会主义充分施行，更无他主义能起而相代。来日大难，敢不勉哉？中国新社会民主党本部既成，在京友人共发起《新新日报》，愿助不佞为新主义之宣传。始刊之日，属弁一言。率书所怀，以质当世。虽其宣传成绩如何尚在不可知之数，然此两新主义必将代表一时代之精神，独占全世界之舞幕，有断然者。而其迟早顿渐之间，则一视同志者努力之程度与数量而已。

《亚东新闻》国耻纪念特刊题词
（1924 年 5 月）

  吾国比年曾以五月九日屈服于日本二十一条下为国耻纪念日，兹议者又举九月七日《辛丑条约》签字为国耻纪念日。乌乎！国之不国，一年三百六十五日，日日皆国耻纪念日也。且国耻纪念日者，非如丧礼忌辰徒追悼既往已也，固将申儆大众，策励将来。乃纪念云云者，惟知士辍于黉，商嬉于市，少进者则游行示威，演说吐愤。持此以往，虽百十年，庸何冀乎？况今日所谓反帝国主义运动，外间已颇讥其不彻底，且别有作用。知二五而不知一十，鄙意则以为特恐运动之不力耳。运动不力，虽无他作用，亦终归空言；运动果力，则所谓作用者，亦终不能以一手掩尽天下人耳目也。作法自毙，必有请君入瓮之时。故吾所引为大患者，不在他人之别有作用，而在吾身之本无实力而已。实力养成，当自各尽所能各称其职始。《亚东新闻》于纪念日不停刊而特增刊，是可嘉也，书此以张之。

与吴子玉巡使书
（1924 年 10 月）

顷奉损书，具征高见。中国社会制度习惯特殊，当然须别求根本解决之方策，此正鄙人新民主主义、新社会主义所以成立也。以民主主义、社会主义本皆舶来品，不尽适国情，必先改造更新，然后运用合式。故中国社会党之主张，与各国所谓集产、共产者颇有径庭。来示于此，似未鉴及，但就中所见，亦多有相同。保中国固有之平民精神，防外国侵入之资本制度，意在斯乎！又前函固谓时势潮流，悉能疏导，不可遏抑。欲免政治革命，当确定立宪政体。欲免经济革命，当采用社会主义。今日中国，四海困穷，强邻逼处，赤化侵略，过激宣传，蹈隙而来，无孔不入。苏俄北据蒙古，抗衡奉张；南结广州，指挥民党；一方交欢政府国会，一方利用学生工人；在京有俄文法政学校，在沪有上海大学，在粤有军官学校，为其直接鼓吹机关；加以庚子赔款任意拨充，补助津贴运动各费。范围广大，根蒂深固，至危极险如此，而巡师似乎不见不闻，宁非咄咄一大怪事？不佞既甚慨社会不平，谋改造之进行，又深知俄患日棘，愧挽救之无术。朝野上下，如醉如狂，明达如巡帅，尚不能尽言以达，其他又何望乎？天地不仁，劫运方始，亦惟有归之气数而已。（下略）

代表中国社会党对于时局之宣言
（1924 年 11 月）

本党复活，适逢政变，党内外争以主张与态度相问，特发表简单概括之宣言。

本党希望经济改造与政治改造同时并行。此次发难者似专注意于政治，与从前各次政变无殊。不趁此从经济改造著手，恐政治改造徒托空言，而社会革命之惨剧仍将不免。此本党之隐忧一也。

本党希望民众自动的改造，即首领人才亦当出自民众之中。此次原动力似仍为军阀，其动机如何，其诚意如何，民众殊未了了。即使当局者纯受良心之驱使，而部下之向背如何，前途之变化如何，尚在不可知之数。尤不知所规画所措施者，果能得人心之同然为民意之代表否。此本党之隐忧二也。

本党希望构成责任政府，先由大势所归之一党，独当要冲，便宜行事，他党但处于监督与批评的地位，以宪法、法律绳之，更恃民众实力为后援，使不致横行而不可制。俟其政策完全失败时，自后他党崛起代兴，为试验之更新。此次十日并出，群言淆乱，吾恐名虽调和实则冲突，始犹敷衍终必决裂。此本党之隐忧三也。

虽然，本党固承认此次政变为比较的有进步，并承认此次发动与参加政变之人亦比较的有进步。本党设身处地，借箸代筹，以为当趁此时机断然厉行者数事。

一、解散现在国会　微论过去十三年间国会罪案高如山积，即以时效言，固早应在淘汰之列矣。快刀一断，可免后来更多之纠纷，此无庸疑议者也。

一、召集宪法会议　当局所揭橥之元老会议、国民会议，不知其效果究如何，然若思赖此解决政治问题，吾见其治丝而棼而已。宜假为制定宪法之特殊机关，最好本月内会议即召集，本年内宪法即颁行。

一、建设非常政府　今日甚嚣尘上之行政委员制，本党固倡之最早，但本党主张选民参政、职业代议、立法一权三条共贯。故所谓行政委员者，乃由职业团体层累选举构成之最高立法机关中产生，又受一般选民直接参政权之监督者也，与时贤所标榜者颇有径庭。若为调和意见分配势力计，漫然凑合一行政委员会，则产生机关与监督机关均不备，所谓方寸之木高于岑楼，其结果必至如前度广东之总裁制。故今日之事，不如直接了当，径由当局建设非常政府，负临时行政之责，而各党各系要人但当专力于制定宪法之一事。宪法既成，即时组织正式政府，然后有行政委员会成立之可能。若举此崭新之处女政制徒供过渡时代之牺牲，甚可惜也。

一、确立经济政策　社会主义本非支支节节之事，但现政府至少当略采用社会政策，以促进人民之生计，缓和阶级之抗争。宜速颁劳工保护、教育普及等法案，定地价税、累进税、遗产税率，奖励地方团体经营公有事业，凡属独占性质均应设法买收，事有可以顺应世界潮流而不甚违反国民习惯者，亦何惮而不为哉？

一、规定职业代议　本党主张改造各条，现政府或以为迂远而难行。惟其中职业代议实治本治标彻上彻下之一策，且已骎骎造成不可侮之舆论矣。今宜即速促成下级之职业组合，进而生产组合，地方组合，为省会、国会新选举之训练与准备。万不可重循覆辙，再种祸根。其构成组合者，又必以选民为限，详见本党说明书中。

一、组织义务民兵　本党不敢遽信中国兵乱从此遂止。人民对内对外自强之基，惟在各地方有身家有职业者，团结训练，正当防卫。当局果欲国民军之名实相符，宜即推行短期征兵制，谋国民军事训练之普及。添一分民兵，即裁一分募兵。务使军不成阀，有枪者不成阶级，此不世之业也。

以上所陈，不足以言政治与经济制度之根本改造，然实今日当局所能办而后来改造所必经者也。至于本党之主张，仍确守新民主主义、新社会主义各原则，即临时政纲八条亦暂无变更。本党之态度，仍不愿加入混合之政界。在任何政府下，但要求言论、出版、集会之自由与政治运动、群众运动之公开而已。此等要求，竟不为前政府所许，故表面一切在停顿中。兹幸值除旧布新之盛，本党惟当愈益奋勉进行。

与某某省当局书
（1924 年）

某公座下敬启者：

政局日棼，世乱日棘，匹夫有责，同切隐忧。不佞十年读书，半生奔走，痛国亡之无日，慨民生之多艰，辄忘其至愚，而贡所一得，发为新民主主义、新社会主义学说，谋政治、经济、制度改造，实缓急折中标本兼治之策。只苦羌无凭借，坐令徒托空谈，虽得多数同情，终难一时实现。年来周历各省，晋接各界，除向青年普遍宣传，并与同志切实组织，务取超然态度，不欲妄有攀援。诚以政府当道多无程度，并无诚意，官僚政客不惟试验失败，而且人格破产，可与谈者，已不多见，遑云共学适道乎哉？顾今日中国收拾全局，诚未易言，然幸有数省，渐循物竞天择之公例，造成一二重心或准重心。此重心或准重心无论为个人为团体为群众，当其实力存在，苟能运用得宜，第一步可以保卫自身之安全，企图内部之发展；第二步可以适应环境之关系，建设共同之方针。不佞尝谓各省自治，即全国统一之始基，诚有见于此也。惟此等重心或准重心，难于成立，而易于破坏，一步蹉跌，全盘动摇，失足已成，噬脐何及。所望当权得位者，闲暇及时，好自为之。为之奈何？千端万绪，蔽以一言，曰务使自身利害悉与地方利害相同而已。执事在□，庶几不佞所谓重心，频年措施，具见规画。当此风云万变，内外骚然，将何以维持固有之成绩，策厉后来之进步。不佞于此，略有所见，但不愿为策士之游说，而甚愿为友谊之赞襄。倘假执事之政权，一试不佞之政见，以主义相结纳，以道谊相切磋，则任劳不敢后人，而成功不必自我。执事将非其人乎？贵省宁非其地乎？今日尚非其时乎？兹谨奉上《中国社会党宣言》一册，《省宪草案》一册，及不佞对于时局意见两篇，虽甚简单，可见梗概。又念此等建议，绝非从个人及本党利益着想，故不揣冒昧，直提出请愿十条，务祈公余详加披阅，可否之处，并希惠速切实答复。时势急迫，关系重大，彼此遇合之际，与不佞出处之间，事非偶然，郑重陈词，伏维谅鉴。虔叩大安！不尽。

再此函并投奉天张雨亭先生、云南唐蓂赓先生、湖南赵炎午先生、湖北萧珩珊先生、山西阎百川先生、广东陈竞存先生、浙江夏定侯先生。合并声明。又及。

附请愿十条

一、不佞所倡道之新民主主义、新社会主义，为矫正现在民主主义、社会主义之流失，专从政治、经济两方改造入手，手段稳健，态度温和。请准在贵省各属自由宣传。

一、不佞所代表之中国社会党，乃正式公开之政治结社，即以前条学说为根据，毫无秘密破坏之行动。请准在贵省各属设立机关，并受当地法律之保护与制裁。

一、新民主主义、新社会主义及中国社会党政纲各条，虽以全国为量，但中国各省政治、经济均可独立，不啻欧洲之一国。故省政府尽可采用，试验推行。

一、不佞所代拟之省宪草案，乃根据最新学理，切合本国现状之计画，各省情况无大异同。请速召集特别会议，制定省宪，并以此草案为蓝本。

一、文字不如口说，间接不如直接，不佞甚愿抽暇晋谒而谈，并赴贵省各属游历演讲。请筹拨往返舟车费及所在食宿费，同行拟携学生二三人。

一、此次奉上印刷品及此外关于不佞学说等书报，请饬贵省各属酌量购阅，并设法翻印，以期普及。

一、不佞及本党愿尽力赞佐贵省自治政策，及教育、实业、交通之事，并愿尽力赞佐对外联络调和，及与各国朝野接洽之事。但于军事，除正当防卫外，不愿与闻。

一、不佞及本党所办教育、实业等事，请加以精神与物质之补助，俾得相与有成。

一、国人往往误会政党乱国，不知政党实立宪国之根本精神。中国之乱，正坐有私党、革命党而无政党，有官僚、政客而无政治家。又国人往往误会社会主义即共产主义、无政府主义，不知三者截然不同，且惟有及早施行社会主义，乃可防止过激思想之蔓延，并可减免社会革命之危险。毫厘千里，请特别注意。

一、当局往往以为不佞主张陈义太高，时机未到。不知人能弘道，有志竟成。且当权得位者，贵能利用时机，尤贵能制造时机。常见近日军阀，能言而不能行，能行而不能即行。一旦事过境迁，毫无建树，空有悔恨，再欲卷土，戛戛其难。殷鉴不远，请特别注意。

社会党与军民长官
（1924 年）

中国社会党复活宣言发表后，《向导》周报有署名实庵者，断章取义，吹毛求疵。第一点以为社会党不应请军民长官提倡，第二点以为中国社会党是一种机会主义。按宣言原文，系对付一般公共机关，不知何以实庵君眼中单看见"军民长官"四字。且通信文字向主谦和，西文往往于互相攻讦之函，署名犹曰"汝之忠仆"，中文此风尤甚。当民国二年鄙人通电反对袁世凯时，篇末有"不知所云"四字，英报译者谓鄙人向袁谢罪，谓"从前所言均不自知"，至今谈者传为笑柄。宣言原文"用更专函声叙，敬求俯察悃忱。倘蒙惠予提倡，尤为感纫公谊"，盖本党既属公开运动，当然希望一般人之了解，更希望一般人之赞成。就文理言，本不专指军民长官，且"倘"之一字，即对于一般人亦归之不可知之数。就事实言，军民长官确有提倡社会主义之可能与实例，不见俄、德两国革命以后，多数军民长官仍即俄皇、德皇时代之军民长官乎？前途倒戈，正谓此也。至于机会主义，所可诟病者，因其投机行为耳。若制造机会与利用机会，固一切成功之要素，岂得而否认之？本党成立远在十四年前，党员多有生命财产之牺牲，其存者颠沛流离，至今日而仍谋党之复活，谓为投机，于心安乎？吾望实庵君之毋易由言也。本党近见许多无意识之讥评，如唾天者之自污其面，实不屑与置辩，惟实庵君之言，或易召人疑问，故偶拨冗一论正之。

代表中国社会党对于时局第二次宣言
（1925 年 1 月 1 日）

自本党发表第一次宣言，政局变化，急转直下。所谓隐忧三事，几几乎不幸而言中。所谓希望六事，则解散现在国会，执政府中已有提议之人，建设非常政府，临时执政府庶乎近之。其余四事，根本大计，未见议及。而执政府颁布之善后会议，孙中山倡道之国民会议，方为今日论争之焦点焉。本党于此，亦聊贡一言。

第一，论者须知善后会议与国民会议并非相反，实可相成。今日政客或假善后会议以抵制国民会议，民党或主国民会议而反对善后会议，本党以为皆不足议。夫善后会议近似各国之元老院，国民会议近似各国之众议院，本非绝对不能并存。况现颁善后会议条例，又似为国民会议之预备。平民之公意固贵有充分代表之机关，然对握兵权拥实力各派要人，既不能解除其武装，即不能不征求其意见，此亦事实上应有之义，唱高调者如之何勿思。然若谓此辈意见即可以代表国民，是又不通之甚者矣。

第二，论者须知善后会议与国民会议皆非彻底解决之道。其能否成立，已不可预断。幸而成立，产出之方法，与代表之程度，在在皆足启人疑问。而会议之有无结果，结果之如何实行，更为毫无把握之事。故一般人之迷信此种会议，一若拨乱反正，起死回生，舍是莫属者，其愚与诬视迷信革命，迷信宪法，有过之无不及也。

第三，论者须知此类会议，苟善用之，如本党前次宣言所希望者，作为特别制宪之机关，而不涉及临时行政与普通立法各问题，则理论可通，事实可行。盖为最初制宪而召集特别会议，固各国先有之惯例。且宪法乃全国永久之成规，与会议者本身无当前直接利害之关系，故冲突较可减免，而意见较易调和。不然者消极则筑室无成，积极或拔刀相向，治丝而棼，乱且益棘。就令各方让步，相悦以解，然经一次政变，即开一次特别会议，国是将长此纷纭，国会将永失功用，尚复成何政体乎？

综上三说，蔽以一言，曰善后会议应以特别制宪会议代之。征集全国各界各团体有智识有实力之重要分子，共同从事于此一劳永逸之盛业。国民会议应以正式国会代之，按本党新民主主义各原则，以选民为本位，以职业为单位，由此而生产组合，而地方组合，更由此而县议会，而省议会，而国会。特别制宪会议，限三个月内成立。正式国会，限一年内成立。均由执政府召集之。执政府幸当此千载一时之机运，应勉立千载一时之事功。新宪法完成，新国会开幕，执政府之责任乃尽。若徒鳏鳏然为临时行政、普通立法问题而召集许多徒乱人意之会议，政府失策，国民失望，前途乃愈不可收拾矣。乌乎！时乎不再，当局勉旃。

中国新社会民主党宣言
（1925 年 1 月 28 日）

　　中国社会党因见中国时局变化迅速，社会学说流派纷歧，不能不明白揭橥，积极策进，爰本原来新社会主义、新民主主义之主张，更名中国新社会民主党，重订组织大纲，在京正式设立本部，公开活动，力谋党纲、党略之实行。谨此通告。

《新星》发刊词
（1925 年 1 月）

　　《社会星》出世后十有三年而有《新星》杂志之发刊。此十三年间，一吾人可痛可愧之纪念时代也。

　　第一，世界大战之爆裂。原始人类流血相逐野蛮残忍之事，因科学发明、物质进步而其祸相千万焉，胜者、负者、直接、间接、有形、无形之耗丧，非数百年不能恢复，而道德、文化几于扫地以尽，且乱机四伏，方展转因循未有已时。谓此为世界最后之大战者，直梦呓耳。

　　第二，中国革命之失败。凡吾羲、农、黄帝以来五千年历史之光荣，先烈心血颈血换得之民主政体，父老兄弟诸姑姊妹馨香祈祷之共和福利，一切如梦幻泡影，随起随灭，而所余者则军阀、官僚、政客、土匪之跳梁，孤儿、寡妇、老弱、废疾、颠连无告者之呼吁而已。近乃愈益黑暗，愈益纠纷，歧中有歧，变不一变，而光明之路尚杳不可见，盖已到山穷水尽时矣。

　　第三，吾党势力之薄弱。民元鼓吹，响应四起。暴令一下，全国噤伏。同志星散，机关瓦解。至于今日，政治、经济之改造，徒托空谈。团体、群众之运动，方在初步。任重道远，心羸力绌。不第外界障阂未易战胜，即此内部组织已苦才难。风雨如晦，鸡鸣不已。长夜漫漫，果何时旦乎？

　　第四，思想言论之幼稚。果吾党在言论界成一系统，占一地位，虽理想不能实现，而舆论有所折中，亦足差强人意。乃并此而无术以达之。比年以来，唱导愈繁，真义愈昧。研究愈进，意见愈离。新青年之迥惑无依，出版物之芜杂无理，其幼稚程度致令人可惊。而互相菲薄互相讥弹之词，则触目而皆是。是岂尽不得已者哉？

总此十三年间，吾人之可痛可愧者尚不止此，而即此已令吾人无说以自解，无地以自容。吾人觉无往不失望，无事不灰心，此足使积极者果于破坏而不恤，消极者甘于放弃而不问，天下事乃真不可为矣。

虽然，吾人因自有其不败之道在。且奚第不败而已，前途尚有无量希望无量乐观，而今而后，吾人活动之时机才发轫耳。

第一，世界无论如何扰攘，而社会主义进步实有一泻千里之概。且所以扰攘者，乃直接、间接、正面、反面催促社会主义之普及之实行。以言政治，则俄有共产党之政府，德有社会民主党之政府，法有社会急进党之政府，即顽固保守之英帝国亦已有一度工党之政府，而各国国会中社会党势力之骤加更无论矣。以言经济，则公司资本主义一进而为国家资本主义，战时各国经济政策几无不采用社会主义之原则，此齐变至鲁之趋势也。以言教育文化，则社会主义几为现世纪时代精神之唯一代表。吾见其横绝大地，贯串历史，自造成一新舞台，且已近正式开幕之时矣。

第二，无论中国如何分裂，而一般人对于社会主义已均有甚深之印象，或希冀其有成，或恐怖其得手，乃至狡黠者思利用之，驯致腐旧者亦赞成之，而学界、工界、军界尤博得大多数亲切之同情。卓识远见之士，咸觉非此不足荡涤既往，收拾将来。思潮澎湃，四周八达，即军阀、官僚、政客、土匪亦敛避而不敢遽撄其锋，且虚与委蛇，以自示善于顺应之能。盖社会主义已骎骎造成一种不可侮之潜势力，此固主张与反对之人所一致承认者也。

第三，无论党事如何散漫，然党中固已有少数彻底了解、绝对信仰、自动服从之人。复活以来，加入手续，务取矜慎，与民元所用方法不同。民元但期鼓吹普遍，种子四散，如风媒植物，初不计其开花结实如何。今则注意搜求中坚分子，领袖人才，为将来社会改造之先驱。故一以当十，百以当千，事半而功必倍焉。华谚曰，兵贵精不贵多。西谚亦曰，力在质不在量。此同人所兢兢自勉者也。

第四，无论思想言论如何凌乱，然国内出版物固已风起泉涌，日新月盛。披沙拣金，往往有得。重以政权解纽，禁网疏阔，人人得逞其臆说，竞为新声，积郁于以宣泄，天才因之发展。故论文字于今日，宜求畅达，无取精严。即此月刊，多吾党青年后进之作品，虽非名著，亦有可观。况吾人今日所当努力者，一方向上研究，一方向下宣传。吾人对于承学者固望其渐进于高明，而对于陈议者初不嫌其略畸于浅近也。

综是种种，故同人先号啕而后笑，且痛且愧，且喜且慰。阁笔视天，则新星烂然，不禁为之跰跰起舞。

答费保彦书
（1925 年 2 月）

四桥先生：

　　顷于报端获读手书，至纫盛谊，征引繁富，蔚矣其文，尤为钦佩。社会主义具体之学说，虽由于近二百年来，欧西产业革命之结果，与新经济学者之倡道，而其理想与历史俱古，且为中外所同，流俗讥评，徒自暴其陋而已。本党新主张，又恰与英国费边社研究所得有许多不谋而合之处，亦人心大同之一征也。鄙人个人与本党之态度，绝不取门户水火之见，除资本主义、帝国主义认为根本相违，无政府主义、共产主义认为取径迥异外，国内已成之国民党及将成之联治党，均当视为友党，而联络提携之。而于联治一派，近年交游，尤为接近。两赴湘垣，贡献政见，并代草省宪全案。尚拟亲历西南诸省，提供制宪者参考之资。合肥、秋浦两公当大有为之时，本人虽不存攀援栖息之思，然倘得假手以实现夙昔主张之一二，固亦不崖岸自高也。匆促奉复，仍希代付宣布为荷。即颂大安不一。

中国新社会民主党关于国民代表会议宣言
（1925 年 4 月）

本党迭次宣言，认国民代表会议理论上、事实上为制定宪法之特殊机关，对于宪法内容制定程序及国民代表之组织与选举，颇有意见。曾由鄙人以善后会议会员资格提出各条，撮其要点，不外数条。一、宪法之起草与审查，应趁善后会议开会期间，由接近民众之会员委员自动互选组织委员会行之，至少亦应使专门委员中各省法团代表全体参加。二、国民代表资格，应以曾受教育现有职业者为限。教育程度于覆选时审查，职业区分于初选时报告，并以各地方各法团办理选举。三、无论男女一律有选举权及被选举权。四、反对特别选举，尤反对二重本位之选举。但以职业团体为本位，以地方区域为范围，以选民人口为比例，公平分配之。五、各省区代表人数按人口标准。六、开议用缺席议决法，以防消极抵制。先发日程，准期开会，不限人数，过半取决。以上皆卑无高论，简而易行，乃屡经提出，多被否决。本党于此引为遗憾。鄙人身为会员，不能不遵重议会原则，服从议场多数。而本党为贯彻初衷维持正义，必须更援据以上各条，唤起民众之注意，期博议场外多数之同情，庶将来制定宪法时，能得相当之补救。兹特郑重宣言，一方声明国民代表会议条例并未容纳本党修正案各意见，一方希望国民代表会议制定宪法时，能采用本党新社会主义、新民主主义之主张，是在本党同人及赞成本党宗旨者努力宣传。

新社会主义与劳动纪念节
（1925 年 5 月 1 日）

　　二十五年前之今日，欧洲工人要求每日工作八小时，胜利通过。嗣是以来，各国工人及工人之友，公认是日为劳动纪念节。凡通都大邑之间，往往见稠人广众，鼓舞欢忻，或游行唱歌，或开会庆祝。各界亦咸念劳动神圣之义，趁此令节，特对工人表示优待。甚盛意也！

　　十四年前，中国社会党曾于是日举行演说会，实劳动节在中国第一次纪念盛典。其后社会党横遭解散，劳动节销声匿迹者数年。民八以来，新运动再起，工界、学界踵事增华，各省各埠多有表示之事。今年中国新社会民主党更于本部所在，首善要区，唤起同情，郑重将事，先期筹备，议决四条。一、在本部事务所招待工界各团体代表。二、假社稷坛开演说大会。三、函请中央公园、城南公园及农事试验场开放一日，由本党派员招待，发给工人入场券。四、发行劳动节特刊传单。在场一致赞成，同志分别负责。此诚空前之举矣。

　　虽然，本党对于劳动节感想如何，对于劳动同胞希望如何，此固党内外所亟欲闻知而本党所极应宣布者也。本党主张具见前后宣言中，兹仅就党纲新社会主义三要则，从其与工界有密切关系之各点，简单声述如左方。言虽一端，思已过半，所愿读者一体究之。

　　一曰资产公有　公有与普通共有不同，且非一切公有之谓也。凡资本及产业属于生利作用，而其影响及于公众生活者，按其性质与种类，而分配于公共机关，使经营之。公共机关者，中央政府，地方政府，市镇乡村之自治团体皆是。故新社会主义实行，则长江大河之水利，纵横全国之铁路干线，将收为中央政府之事业。其小河流小湖水及铁路支线起讫皆在一省境内者，将收为省政府之事业。等而下之，长途汽车可收为县有事业，电车、电灯、电话可收为市有或村有事业。夫今日工人所以同盟罢工、游行示威，日日要求增加工资减少工作而犹以为未餍者，诚见私人资本家不劳而获，坐收厚利，而作不平之鸣耳。且资本家与劳动家因生产发达之结果，而形成不相逾越之两阶级。不第不相逾越而已，其利害又根本相反。故劳动家常仇视资本家，资本家常虐待劳动家。冲突无已，两败俱伤，势不至实业败坏经济恐慌不止。治本之策，不在增加工资、减少工作，亦不在同盟罢工、游行示威，惟在改造生产制度，使资本家与劳动家不复有两阶级之存在，人人皆须劳心劳力以自养，即人人皆劳动家也。然人人皆为组织公共团体之股东，即人人皆资本家也。至此则工资与工作成正比例，而示威者无所用武，罢工者不啻自杀，无风潮自落，全世界将更无工潮发生之机会矣。

一曰劳动报酬　今日社会最不平等之现象，即劳动者饿欲死，不劳动者反饱欲死，于是人人以游手好闲为得计，而流氓普及于上中下三等。此可痛也，尤可忧也。彼主张无政府、共产者，持一切平等之议，凡生产所得当无限制无等级分配于一般生产或不生产之人。其理论似高尚，其结果乃奖励惰性，抹煞天才，消灭竞争，阻阏进化，终不可行。本党采各尽所能各取所值学说，凡劳心劳力者悉依其功能大小用力勤惰，顺天然调剂原则，而报酬之分量自殊。无论何人，具相当之资秉，加以训练与努力，小之可以自食而有余，大之则促人类之向上，助科学之革新，亦在有志者好自为之。夫劳动神圣，不必期他人之尊我也，而在我之能自尊。凭一己聪明才智，或胼手胝足之勤，对于社会充分贡献，然后取其一部为衣食住用之资，固亦仰不愧于天，俯不怍于人，内不疚于心矣，神圣尊严孰过于是？虽社会仍有贫富之差，而制度已无劳资之隔，富亦尽人所欲，而求之自有其道。其道奈何？惟益自奋励而已。然此非资产公有实行，决不能使劳心劳力者各得其应得之报酬，故以上两条实相需而为用者也。

一曰教养普及　生利事业悉归公有，劳动结果各得报酬，似乎不平等之现象可以减除大半矣，然而犹未也。夫均是人也，何以有人能劳心劳力，有人不能劳心劳力。且均是劳心劳力也，何以劳心劳力之功效与成绩，或相倍蓰，或相什百，或相千万。此无他，资秉不同，环境不同，教育不同，故结果不同耳。资秉属于先天，非研究优生学者不能下适当之答案。至于环境与教育则属于后天，教育家、政治家与社会改革家所应引为己任者也。

今日贫富贵贱门阀悬绝，虽天才颖秀，而湮没摧残不获表现者，随处皆是。及其灵气已尽，恶习已成，矫正挽回，事倍功半。故本党主张，无论何人，有生以来，均应受公开一致之教育，一方为社会培植人才，促进生产之效率；一方为个人发展天性，增高生活之技能。教育完成，能力具备，然后听其自动奋斗，不容有丝毫凭借倚赖之势力参与其间，此似不平等而实真平等。盖天下无绝对的平等，本党要求者，惟人人同得此渐进于平等之机会而已。今日之劳动同胞因无缘得此机会，致被压抑处于人类以下之生活程度。故欲得真平等者，当于本身及所生者如何能得教育、养育三致意也。

综右三条，乃本党向来揭橥之宗旨，亦即本党今日对劳动同胞之忠告。凡我劳动同胞，幸速自觉自决，第一勿甘为奴隶、犬马以死，第二勿轻为流氓、政客、乱党所煽惑，徒快一时之意，而贻身家之忧。惟当从事于公开的、合法的政治运动，取得大多数人同情为后援，以进图经济制度之根本改造，自然地位增进，幸福增进。凡我劳动同胞，勿忘中国新社会民主党是诸君前途提携之好友，勿忘五月一日是诸君自觉自决之纪念节。劳动同胞万岁！

代表中国新社会民主党对
上海租界惨杀案宣言
（1925 年 6 月 3 日）

上海租界惨杀案，不问其起因与内幕如何，据现象言，已为民族与国家共同之大耻，且为国际和平与人道、正义前途一大不幸事。本党断然与各界同胞一致行动，力争公理与自由。惟当感情冲动群疑震撼之时，宜懔临事而惧好谋而成之戒。本党窃以为全体罢市罢课罢工，同胞自身损失太大，不如专持不合作主义。对于外人，尤其英人所设立之学校、公司、银行、工厂，一律停止交通，租界各捐一律停止缴付，而纯粹华人自办之教育、实业，均应自动恢复原状，即以收入之一部维持对外人罢市、罢课、罢工者之生计，至交涉满意时为止。至于交涉条件，当就事论事，提出最低限度之要求，如惩凶、赔款、道歉及取消租界苛税、苛例等是。其废除不平等条约、撤销领事裁判权、收回租界诸事，当别组固定机关，合薄海内外朝野上下作长期间之运动，不必并为一谈，以期此案速了。总之无论进行如何，当采用有目的有组织有秩序之手续，万不可徒逞一时意气，单取破坏手段，致乱事蔓延而持久。倘有流氓宵小中外浪人，乘机利用，阴谋煽惑，或再酿庚子之祸变，引起华洋之仇杀与混战，则能发而不能收，将爱国适以害国，其流极有不堪设想者矣。本党为尊重人命尊重国权，一方深恨国际帝国主义、国际资本主义之专横，抱及汝偕亡之恸；一方切望我同胞青年务为有代价之牺牲，期得正比例之结果。谨掬诚意，特发宣言。

为复辟嫌疑案启事
（1925 年 8 月 6 日）

　　顷见北京《世界日报》等披露复辟阴谋中牵涉鄙人致金梁函件，不骇胜异。鄙人为最初主张政治革命倡道民主共和之人，辛亥八月中国社会党成立，即标此义为帜志，与宗社复辟当然处于极端反对之地位。宣统三年，以演说社会主义而革职拿问。民国元年，以二次革命嫌疑而逮捕下狱。二年，又以反对袁氏帝制而亡命出洋。言论行事，班班可考。去岁由金梁介见溥仪，不过随缘说法，借为主义之宣传，且正欲戢其隐谋引入正轨，俾知世界政治之趋势与国家分裂之危机，庶民主主义、社会主义前途不致横生无谓之障阂。故奖借诱掖，无非对复辟运动为釜底抽薪之计，所谓不入虎穴焉得虎子也。乃顽锢动容而相戒，忠言逆耳而不行，惟赠以拙著数编，遂不复再相闻问。当时会见谈话，曾经各报记载，并非秘事。所谓兴汉灭满十二不可说，则早经印入民二出版之《洪水集》中，更非秘闻。据此谓为复辟阴谋，宁非咄咄怪事。且以凤昔所共目为过激危险分子者，忽而牵入绝对不相容之疑案中，虽舆论愤愤，当不至黑白不辨至此。此事本无置辩之价值，惟既经报纸公市，为尊重党义与人格计，自不容缄默而不言，除去函报馆更正，并陈明政府调查证据宣布真相外，特此启事。

请觐溥仪原函说明书
(1925 年 8 月 11 日)

近见本《京报》纸载有鄙人去年春间致金梁函，请觐溥仪，诬为与复辟阴谋有关。自问毫无嫌疑，本意毋庸置辩，诚以嫉我者虽辩而无效，知我者不辩而自明也。惟是世俗悠悠，易滋淆惑，爰就原函受人指摘之处，略诠释之。

金梁君字锡侯，前京师大学堂同事，不通音问垂二十年。客春再遇，谈及溥仪，金君怂恿入觐，鄙人亦愿请见。数日后金君报言，左右顽锢旧臣恐鄙人将有不利于孺子（金君原折可考见），宜先陈明请觐之意，并表好感以示无他，此原函所以作也。函中直称逊帝，便是反对复辟口吻。英明、有望，谓其个人之前途。非常之才应非常之变者，讽其当国破家亡时（非常之变），而仍受制于顽锢旧臣（无非常之才），不能以自脱也。且应变云者，本有变而应付之，非本无变而发动之，何得妄疑为复辟？自叙家世，为表好感以示无他。历举各国政变，欲敷陈者，多由君主而共和，由专制而革命，并明言社会主义群众运动，无一复辟故事。十三年来试验失败，明指政策，非指国体。别求光明之路，即欲实现凤所倡道之新社会主义、新民主主义，有附赠拙著数种可考。中国者，逊帝与人民所共托命，意谓民国不存清室安傅，故曰，救亡之事，贵贱同之，溥仪固《民国约法》所承认之贵族也。要欲戢其复辟之隐谋，引入救国之正道。语意本自明了，而攻讦者，偏强文就题，强题就我，可谓极锻炼周内之能事矣。

至于金君奏折按语，鄙人当然不代负责。同一事实，彼或别有用意，我则初无容心。凡文字有疑义时，欲知真相如何，惟借互相发明他种有力之旁证。鄙人生平言论行为曾有一复辟嫌疑否，清室发见各文件中曾别有鄙人片纸只字涉及复辟嫌疑否，此固论事者之先决问题，抑亦观人者之普通常识也。

此事远隔一年有半，当时政治背景，与今迥不相同，外间绝无复辟阴谋之风说。且鄙人请觐情事，并曾向各报宣传，所呈兴汉灭满十二不可说（见另纸），乃转录已刊旧稿，处处表现反对君主，反对帝制之主张，即此一端已足为反证而有余矣。

一寻常函件耳，登载者如此标题，批评者如此解说，究竟是何作用，令人莫明其妙。其原因与结果如何，惟有静候将来取决公论而已。鄙人生性，夷惠之间，各方均有周旋，主张决无挠变。请觐溥仪确有此函，复辟阴谋不知所谓。谓余不信，请平心静气再读原文。

请觐溥仪原函

锡侯先生：

昨诣内廷，得瞻宫阙，并游御园，至深庆幸，惟终以未获觐见为憾。世运日开，国步日蹙，兴亡之责，不遗匹夫。逊帝英明，前途有望，宜广求知识，博采舆情，用非常之才，以应非常之变。亢虎光、宣以来，各国奔走，法、美之共和，俄、德之革命，意大利之中兴，土尔其之崛起，暹罗之独立，缅、越之灭亡，皆亲见亲闻，可法可戒，倘得从容前席，定当慷慨直陈。至于社会主义之变迁，平民运动之趋向，夙所研究，尤乐敷言。寒家三世仕宦，五人甲科，先祖韵涛公曾侍南斋，不佞少时亦供京职。辛亥之役，一方主张政治革命，一方反对种族革命，曾痛论兴汉灭满十二大不可，驰书民军，几以身殉。（原稿甚长，如索观当钞奉。）十三年来，天下汹汹，一切政策，试验失败，亟需别求光明之路。中国者，逊帝与人民所共托命焉者也，救亡之事，贵贱同之。属在交末，敢布腹心。兹拟下星期南下，倘于日内得一瞻对，固所愿也。敬颂大安，伫迟惠复，不尽所怀。江亢虎拜，三月十九日。

北京教育维护会宣言书后
(1925 年)

　　学潮迭起，学风荡然，部校两方相持不下，智识阶级、教育专家愁焉忧之，有维护会之发起。友人或以告余，余读其宣言，觉意有未尽，又不尽识诸发起人。然甚喜得闲一抒所怀也，故不欲附名，而别识数语。夫学潮之当解决，学风之当整顿，不自今日始，不至今日止。解决与整顿之策，在中国今日现象下，亦惟曰教育独立而已。惟是教育独立云者，非国立学校脱离教育部而直隶国务院，教员、学生脱离现政府而组革命军之谓也。此固于理未协，抑亦在势难行，乃谓教育事业，暂时不与政治发生任何关系可耳。夫岂不知人类本政治动物，学务乃行政一部，教员、学生同是国民分子，特是奔走政治，自有其人，参与政治，自有其时，岂可尽使教员辍教学生辍学以赴之？苟其存之呼吸，群众倒悬，运动示威，偶一为之，犹可说也。若以个人去留局部关系，动辄游行都市，请愿宫廷，将见栖皇道途，蹉跎岁月，教员永无施教学生永无受学之时，而立校本意全失矣。窃思教员、学生既以优秀分子自居，当负师表人伦之责，远缅宣尼天下愈乱《春秋》愈治之旨，近思鲁齐世乱无主吾心有主之言，当使黉舍雍容，自成风气，干戈扰攘，不废弦歌，此根本的教育独立，亦积极的不合作主义也。语曰，《春秋》责备贤者，吾于当轴不欲费词，所厚望于智识阶级、教育专家者如此。维护会诸君其许我否？

五月特刊感言
（1926 年 5 月）

五月为世界最可纪念之月，尤民国最可痛心之月也。其性质虽异，而影响皆弘，鉴往知来，有足述者。

一曰五一劳动节　滥觞于欧陆，而风靡乎全球。三十年前，劳动家始以此日得罢工最后之胜利，而所谓八小时工作率者于以成立。资本家不得已而承认之，政府、国会、法律亦几经周折而后承认之，而今则世界联盟会已通告各国强制执行，奉为金科玉律矣。方其未受承认也，资本家及其保护者皆目为大逆不道。盖当时劳动家久处于奴隶犬马附属品之地位，其人格存在与否，尚属疑问，而发言参政之权利更无论矣。自罢工胜利以来，社会之心理与眼光乃一变，劳动家公然与资本家分庭抗礼，为平等对待之折冲，虽经济学家及政治家或主劳资协调，或主阶级争斗，其说互殊，要之同注目于劳动问题之重大，而同视劳动为水平线上之自由人。于此可见权利须由竞争得来，即法律、道德亦罔非生存竞争之战利品。庄子所谓诸侯之门，仁义存焉。向使劳动家不提出严重之要求，以获得最后之胜利者，恐八小时工作率至今犹在改革家梦想中耳。

一曰五四爱国运动　夫爱国美名也，运动大事也，蒙美名而举大事，又盾以智识界新青年冲动之精神，亦复何求而不得。惟其事可偶而不可常，可暂而不可久。五四之结果虽已逾越轨径，违反动机，然而国民对学生信仰赞叹之意固甚厚也。此后一举再举，滥用群众盲目之权威，为满足少数人野心之工具，而结果乃愈益支离破碎，终至取厌社会，其威权几等于零，其工具亦窳败而不可复用。讫于三一八案，政府与在野党均不恤牺牲智识界新青年之宝血，为孤注之一掷。死者已矣，生何以堪？当亦作俑者始愿所不及此者已。

一曰五七与五九之国耻 袁氏欲自帝，乞援于日人，日人乘其虚，挟以二十一条，于四十八小时内屈服之。一人一念之差，而全国含垢忍耻茹苦停辛，至今未已。痛哉痛哉！自是以来，年年闻抵制日货，而日货之输入如故也。年年闻收回旅、大，而旅、大之占领如故也。日人内怵于民党之蠢动，外牵于列强之清议，亦姑予阁置而虚与委蛇。其实所谓二十一条者，不假要索，不待签约，早已多数见之施行。国人懵然，以为华盛顿会议惠我，巴黎会议惠我，某某博士、大使惠我。乌乎！曾呆竖之不若，何外交可言哉？

一曰五卅租界之惨案 此案就事论事，其是非曲直，本甚深切而著明也。当万目睽睽群众一心之时，人民苟早提合理之要求，政府苟速谋相当之解决，使双方有直接负责之特别机关，则勾当处置，亦旬日间事耳。乃团体与团体争意见，中央与地方争事权，一再调查，互相推诿，彼此皆采用延宕手段，使原案渐不为中外所措意，然后以不了了之。一般高唱入云客气用事者，只提理想之要求，而不谋事实之解决，赤化党人又乘机操纵于其间，募捐救济之事，或以义始而以利终，皆足令人灰心而解体，盖其黑幕有不可问者矣。哀莫大于心死，此其可痛甚于惨杀万万也。

兹就吾人夙所主张者观察之，此数日之历史，皆痛心之纪念。不彻底运动之过程，非更从政治与经济制度上根本改造，则此数日将常与吾人以悲哀的印象，且其印象乃历久而弥新也。夫五一所得仅八小时工作而已，新社会主义不实行，劳资两阶级利害冲突终不可免。且工作日少，工资日高，生活日贵，生产日削，循环追逐，共陷沦胥，而社会革命流血惨剧，将每数十百年而辄一见。至于五四运动，实由政治不良，政党不立，民意无正式代表之机关，于是青年学子，越俎而代庖，若如新民主主义之主张，使全国受教育有职业者，皆得依法律以参政事，有何游行示威之必要乎？五九乃日本帝国主义政治侵略之一幕，五卅乃英国帝国主义经济侵略之一幕，而皆有国际资本主义为其背影，且鞭策之，使不得不倒行而逆施。惟新社会主义取资本主义而代之，新民主主义取帝国主义而代之，而后国籍大同，土地公有，交通自由，居留何处，即守何处之法律，享何处之权利，日本不必要求杂居，英国无从垄断租界，而殖民政策、治外法权等等不祥名词，不复扰吾人之观听，不亦快乎？

虽然，由资本主义进于新社会主义，由帝国主义变为新民主主义，固因时代之推移，亦赖吾人之努力。夫求政治与经济之改造，其正当运动之轨辙，亦惟在政党而已。民国十五年来，有革命党之消极破坏，而无政党之积极建设；有私党以扶植少数人之私利，而无政党以保障多数人之公权。朝野上下，不知政党与革命党、私党之大异不同，一言政党，乃至一言政治，即动色相戒，掩耳如不欲闻。如此国民，如此思想，生此世纪，居此世界，不可以为立宪君主政体下之顺民，尚觍颜称少年共和国之主人翁乎？年年有五月，年年五月有一日、四日、七日、九日、卅日，年年此月此日令吾人俯仰前尘，徘徊歧路，花溅感时之泪，鸟惊恨别之心。吾人既不能在政治、经济环境以外生存，又不能自忘其所托足之国界，与过目之日程，其将长此饮泣吞声以纪念无聊之岁月乎？抑亦有意于黾勉奋发，循正当运动之轨辙，以求政治与经济之改造，一洗历史上之耻辱乎？惟读者自择之。

致蒋介石总司令函
（1926 年 9 月）

介石总司令钧右：

　　顷得湘友来书，据述两度谒谈，均蒙询及贱状，并言私心亦极佩仰，但以无缘晤见为憾，云云。遽听下风，至感且愧。伏念不佞二十年来，本为与民党最接近之一人，又为对中山先生最崇拜之一人。辛亥之役，不佞以社会党名义反对狭义的种族革命，与同盟会、光复会少异其趣，卒之兴汉灭满之口号变为五族共和，自信与有力焉。宋案决裂，不佞以为未经法律与政治手续者，不应遽用武力解决，故主张先由国会提出大总统弹劾案，并照《约法》组织特别法庭审判之，而反对四督称兵之太早，又与国民党见解略殊。卒之二次革命，反以促成洪宪帝制，社会党首被解散，不佞乃与国民党人同时亡命海表。九年自美归来，中山先生招往广州，接席详谈，劝令入党，并拟派充代表赴俄。党证及介绍人咸备，而不佞未肯签名者：一因自身实中国社会党之发起人。二因夙所揭橥之新社会主义、新民主主义与三民五权之说虽大同而不无小异，深信政党但当以友谊相提携，不宜轻易兼跨，或勉强归并。固陋之见，非有他也。其后国民党人多脱离背叛，中山信徒亦多诋毁中山及其主义，而不佞接近民党、崇拜中山始终如一。……今者革命军北伐，国民党之进取力浸盛，讨赤军阀之团结力亦浸盛，南北争衡，不幸或引起国际大战。不佞无似，不敢预测其结果如何，惟请于此时更一表示其意见与态度。不佞自来确认经济制度与政治制度须从根本彻底改造。前者当采用新社会主义，一方不赞成资本主义，一方亦不赞成共产主义。后者当采用新民主主义，一方不赞成帝国主义，一方亦不赞成无政府主义。不第此也，不佞反对专制政体。故君主专制、暴民专制、阶级专制及迪克推多均反对之。不佞反对侵略政策，故英、美、德、日及苏俄所有武力侵略、政治侵略、经济侵略、文化侵略均反对之。更进一步,不佞反对军治而主张民治,反对以党治国而主张政党政治。但亦明知时如今日,民意不能发表,民权不能保障,则政党活动为不可能。故以革命党军政府组织为一时统率便利计,而厉行党治,并厉行军治,亦事之无可如何者也。但此特过渡时代畸形现象,不可以标为党纲,尤不可以著为国是。所望革命速了,内讧立平,革命党改组为政党,军政府改组为宪政府,悉举政权还畀选民。选民政见不同者,各循政治轨道,从事于政党之活动与竞争,无论如何,不更以兵力为政见之决斗。幸而有此一日,不佞当代表新社会民主党,挟其特殊之政见,与其他友党敌党同周旋揖让于新政治之舞台,乃大愿耳。自问性习于文艺为近,于建设为宜,既不能隶革命军麾下,又不甘隶反革命军麾下,投身破坏牺牲之事,更不屑效尤一切营私罔利之某党某系,攘权利,攫地盘,惟有闭户著书,聚徒讲学,或出洋游历,静待时机而已。尝谓革命党如坦克车,所过摧夷,自成蹊径;私党如脚踏车,有隙即入,无路不通;惟政党如火车,虽任重致远,胜前二者,而轨道不设,则尺寸难行。不佞亦窃有志努力于机关车之构造与准备,而拓治道途,敷建轨线,则一惟总司令与其余诸伟人是赖。天下者天下人之天下,中国者中国人之中国,救世救国,其途万千,各尽所能,不敢不勉。辱承明问,辄贡鄙怀。虔叩勋安,顺希赐复。不尽。

代表中国新社会民主党宣言
（1926 年 10 月）

  本党自改组成立，原拟应用政党方式，推行社会主义。不幸国本未定，内战迭起，重以革命，南北骚然，宪法、国会、责任内阁，均不存在，正式政治活动遂为不可能之事。本党既不愿助长内战革命之惨剧，又不屑效尤营私罔利之丑行，惟有专从宣传与准备着手。于经济主张资产公有、劳动报酬、教养普及，而反对私人资本主义及极端共产主义。于政治主张选民参政、职业代议、立法一权，而反对帝国主义、无政府主义，并反对一党专制、阶级独裁。本此信条，立为学说，内结团体，外征同情，一俟内战敉平，革命结束，破坏终止，建设肇新，再当援据夙昔揭橥之新社会、新民主两大主义，与其他友党敌党同向政治活动之轨道以进行。目下但维持通信机关，采取超然态度，对于各派各系，概不合作，亦不讥评。特发宣言，至祈公鉴。

发起国际智识大同盟旨趣书初稿
（1927 年 1 月）

全世界各阶级中智识分子之联合

新时代和平改造具体方案之研究

缘起

新旧递嬗，以成世界，盖无时无地不在相续蜕化中。顾人每忽于自幼而少而壮而老之过程，而独不能忘情于生死者，特以幼少壮老其变也渐，而生死之变也顿耳。抑知现象虽顿，成因则渐。然而一生一死，界划显然，不可易也。历史上大战争大革命，其现象骤变，有如一时代之生死。往古不论，近古如英、法、美之政治革命，泰西各国之产业革命；最近如欧洲空前之混战，俄、德之社会革命，在中国如鸦片之战、联军之战、日俄之战、民族革命、政治革命、社会革命。凡以酝酿新旧时代之更迭。此更迭期间，传统思想之礼教伦理法律制度，浸就崩颓，新运代兴，先几早见。不第具体组织，如国家、家庭、政府、社会等等，胥将更易其形式，乃至抽象观念，如公理、正义、人道、民权等等，亦将重定其意义。盖新时代自有新时代之纲维与标准，与旧时代不相沿袭。比来旧者既破，新者未立，当存亡绝续之际，极危疑震撼之观，殆哉岌岌乎其不可终日也。夫战争与革命，诚人力最大之牺牲，以促天演之进化，而开时代之维新。但此并非唯一必需之条件，且其本身乃无意识，无价值，非继以有秩序之改造，不能自底于完成。不幸人力所加，正作用视负作用恒事倍而功半，故破坏甚易，而建设实难。且同一建设，卤莽灭裂敷衍草率者，要不如先事绸缪群策擘画之周详。新时代建设之方案如何，诚全世界各学者共同之责任已。

今日世界事实之问题与学说之主义，至繁赜矣。问题最切要者，如男女关系，劳资关系，国际关系，社会与个人之领域，治者与被治者之权界，玄学、哲学、科学者对人生观之论争，纠纷万状。于是个人主义，国家主义，帝国主义，国际主义，民主主义，社会主义，共产主义，无政府主义，乘时并出。消积正负，两趋极端，展转相仇，同归破坏。"文明者，人类自造之，将由人类自毁之。"历观国际战争与阶级革命之惨剧，知此语非徒杞人之忧矣。夫天生五材，谁能去兵，人具七情，安得无怒。惟干戈祸国，怨毒戕身，非迫万难，岂宜轻试，煽惑拨弄，尤不忍言。乃今者过激之宣传，反动之恫喝，远胜于和平之呼吁，且一方为有机之组织，一方为无力之呻吟。全世界学者从未有对于以上各问题各主义，捐除成见，荟萃诸科，分析罩求，综合讨论，编置议案，规定信条，从事国际的大规模运动，如主张战争与革命者之所为，不可谓非一缺憾矣。

中国者，世界之缩影也。世界之战争之革命，已一一影响且复演于中国。中国于过去未来数十年间，实与世界同此九死一生之命运，目下尤为世界变动之中心。从前中国学者多乏世界眼光，世界学者又乏中国智识，近来交通少进步矣。不佞夙喜究心以上各问题各主义，甚欲举其所服膺与其所待质者，就海内外学者而是正之，非为增个人之学识，正以应时代之需求。惟是罩求讨论之事，固非破除门户，无以容纳异见；又非预拟范围，无以号召同情。本会意在合全世界善知识经验家之努力，使新时代宁馨儿得以安全产出而已。本此动机，定为旨趣，折中论断，俟诸哲人。其有根本怀疑，先决反对，则亦各行其是，无事相非。天地之大，何所不容？声气应求，物从其类，敢竭晓音，聊资喤引云尔。

大纲

一、确认古来文化为近世文化发达之源泉，但其流为顽固，违反新时代思潮，而足生前途开明进步向上普及之障阂者，必须彻底改造之。

一、确认各国固有文化为世界大同文化构成之原素，但其蔽于偏私，妨害全人类福利，而有悖民族自由、独立、平等、博爱之原则者，必须尽力排除之。

一、确认新时代之礼教、伦理、法律、制度，必须根据历来之经验，适应现世界之环境，利用各科学者之发明，切合一般青年心理、生理之需要，而建设之。

一、确认战争与武力革命其摧残文明比促进文明为尤烈，且科学愈进，则危险愈大，必须设法消弭或避免之。

一、确认今日聚讼各问题有解决之可能，对抗各主义有折中之必要，惟须依各国各科学者之公忠研究，舍小异，从大同，集众长，衷一是，于此提出新时代建设之标准方案。

一、确认各国各科学者研究所得之结果，更须用和平有效方法，唤起群众之觉悟与同情，使此合理建设得以及早实现。

一、确认此等运动为世界今日之急务，亦人类全体之天职，而智识界所负责任尤重。

一、确认此等运动须建立固定集中之国际机关，为有组织的奋斗与宣传。

要则

一、本会拟通函各国著名政治家、宗教家、教育家、哲学家、科学家，征求意见，邀请参加。

一、本会拟在各国都会中心设立交通通讯机关。

一、本会拟每周或每月于交通通讯机关所在公开演讲。

一、本会拟每周或每月提出问题，召集当地会员聚会讨论，并广征答案论文。

一、本会拟发行中西文合璧之周报及月报。

一、本会拟编辑、翻译有关系各书籍及论文，刊布流传。

一、本会拟派专员分赴各国，游历演说，联络运动。

一、本会拟依各国会员之动议，召集国际联席大会，并筹设永久固定之委员会总部及分部。

善生十箴
（1928 年 2 月）

一、布衣

大布之衣，书生本色。锦绣虽华，物命可惜。裘裳罢御，代以毛织。橡胶利用，奚事皮革。国奢示俭，矫风宜急。

二、蔬食

刀俎牛灵，充我口腹。人而不仁，野蛮遗俗。矧于卫生，有祸无福。何如茹素，清洁远毒。咬得菜根，香味具足。

三、露宿

至需要者，空气日光。宜障蔽者，雨雪风霜。山居野处，避咎趋祥。春秋佳夕，月明花香。幕天席地，自在徜徉。

四、早起

鸡鸣而起，寅宾晨曦。平旦之气，长养护持。清明在躬，兴会淋漓。日新又新，俯焉孳孳。向晦晏息，勿恋荒嬉。

五、节欲

食色大欲，与生俱来。情盛灭性，乐极生哀。受之以节，庶无后灾。其他嗜好，务绝根荄。精神寿命，视此制裁。

六、寡言

吉人辞寡，多言数穷。伤神耗气，启羞兴戎。圭玷难磨，金缄可风。不叩不鸣，君子如钟。天何言哉，感而遂通。

七、习劳

人为动物，民生在勤。劳心劳力，乃圣乃神。日用饮食，工作必亲。多能鄙事，兼可操身。先劳后获，妙乐无伦。

八、养静

扰扰大千，营营众生。因物付物，无将无迎。动静皆定，心境双清。方寸之地，一尘不惊。湛如止水，屹若长城。

九、内省

学子通病，骛外徇人。盍求诸己，日省吾身。自过自讼，汰伪存真。收视返听，壹志凝神。天人合一，物我长春。

十、达观

置身云端，游心世表。内重外轻，我大物小。诸天微尘，万古一秒。得失菀枯，瞬息已杳。因果相寻，不了自了。

复程伯嘉书
（1929 年 1 月）

　　顷奉大札，敬拜昌言。报章笑骂，固可不辩。良朋忠告，不容不答。弟于康孙，均托友谊。虽尊重汉学，而未隶康门，与梁氏（启超）异。虽倡道共和，而未入孙党，与章氏（士钊）异。对于两死者，但认为先辈，无绝对之崇拜，有相当之赞成。态度如斯，始终未变。弟自有宗旨，定之久矣。非康非孙，并非孔子，尤不属孔教，故陈重远请为孔教大学演说则应之，请为孔教会都讲则却之。以此立足，何谓滑头？弟夙主张政党政治，而极反对一党专制。《晨报》广告，棉里藏针。如公通人，应识文义，乃见为暗送秋波何哉？且我方视人为友党，而人或视我为敌党。我自大度，彼自褊见，何有于我？报章消息如捕风，议论如吷雪，更不值一笑矣。幼安承介绍得人，真一大功德事。肖慧、肖蓂乃弟义女，为纪念其母，而分命此名。蒙代刻印，引为感谢。闻公拟归田终养，实深艳羡之至。此间位置高闲，物质享用甚适，而文字朋友之乐，及莼菜鲈鱼之思，终不能去于怀。假我数年，为小儿女筹一安顿之策，便可还我初服，任我独往，长作深山密林之人矣。息壤在彼，果有意卜邻偕隐否？匆复不尽。

政党政治卑论
（1929 年 1 月）

　　有革命党，有朋党，有政党，语其同，则三者皆有领袖，有组织，皆以汲引同类取得政权为先务；语其异，则革命党不公开，朋党半公开，政党全公开。革命党、政党有党纲，朋党无党纲。革命党专事政治、法律范围以外之活动，政党专事政治、法律范围以内之活动，朋党则范围内外无所不可为。革命党、政党均以取得政权为手段，而以根本或局部改造政治为目的；朋党则取得政权，即手段，即目的。革命党以革命为标帜，革命成而标帜倒；朋党以党魁为重心，党魁死而重心移；政党则党义持久不变，政纲因时制宜，领袖新陈代谢，其势力与他党互为消长，而决不至根本消亡。革命党、朋党务排除异己，当其未取得政权，不恤用政治、法律所不许之技俩中伤之，及其既得政权，即凭借政治、法律所特许之权威摧残之；政党则始终承认敌党之地位，而尊重其不同之主张，当其未取得政权，则根据法律，以非难或监督异己者政治上之不正行为，及其既取得政权，则运用政治，以制裁或取缔异己者法律外之反对举动。革命党虽宣布政纲，但既已取得政权，是否实行其先所宣布之政纲，人民或异己者无非难与监督之可能；朋党本无政纲，一切更不负责；政党则既取得政权，而不实行其政纲，人民固得而非难之，监督之，异己者尤得而攻击之，推翻之。是故革命党与朋党之更迭，必须应用政治、法律范围以外之手段，大则武装革命，小则暗杀暴动，必须经过一番恐慌；政党之更迭，只须应用政治、法律范围以内之手段，一方诉诸选举，征求民众之后援，一方提出弹劾，要求议会之通过，不须经过任何恐慌。革命党、朋党一旦失败，其领袖及徒众，在异己者统治下，或遇害，或在逃，必更从事政治、法律以外之活动，然后乃有恢复自由或再得政权之希望，如此循环报复无已时；政党一旦失败，其领袖及徒众，仍在异己者统治下，安然继续其政治、法律范围以内之活动，常时维持对抗之态度，每届皆有再起之希望，如此非但国家秩序，人民生活，不至因而纷扰，即各政党领袖及其徒众之生命财产亦永远在安全保障之中。

各国多有政党，此其常也；亦有革命党、朋党，乃其变也。中国则自古至今，只有革命党、朋党，而无政党。非中国程度不如人也，政党之发生之存在，固有先决必要之条件。第一，公布实行之宪法。第二，人民选举之立法代议机关。第三，对人民之议会负责，以其从违为进退之总统或内阁。此三者不存在，则政党必不能存在。且此三者不存在，即不能认为立宪国家，更不能谓为共和民主国家。交互言之，凡无政党之国家，皆不能谓为立宪国家，更不能谓为共和民主国家。在此等国家，其既取得政权之革命党，必变为朋党，自然倾向于专制或独裁，自然流入于恶化或腐化。幸得二三正人端士，又具创造干济之才，则形成开明的君主制、贵族制，如吾二十四史中一朝代。不幸而驾御失宜，守成无道，则第二革命党，或其他一朋党，或本党中之一他系，或本系中之他一人，将以其人之道，还治其人之身，取而代之，尤而效之，所谓后人复哀后人。自彼英雄豪杰立场以观，我得我失，亦复何憾？然而吾民苦矣。又不但蚩蚩者氓，常供无谓之牺牲已也，即彼前仆后起之英雄豪杰，使得处真正民主宪治之环境，皆能于政治、法律范围以内，有大贡献，大成功，乃挺而走险，穷无复之，举全国有数非常之才，侥幸博进于不可知之一掷。呜呼！天地不仁，不信然哉。

各国之政党政治，无一不自千辛万苦千锤百炼中得来。公共宪法之颁行，代表议会之成立，责任内阁之演进，乃中世纪以来，无数革命暴动阅历经验之结晶也。不幸所谓民主主义者，意美而法未尽良，利兴而害未全去。又不幸欧战以后，政象剧变，人心震惶，武治代兴，专制再起。论者对民主主义，大有因噎废食之慨，不佞尝鳃鳃然忧之。十年前早有新民主主义之倡议，期保存近代民主主义之精神，而补救现行代议制度之缺失。法制之形式可变也，而根本信条之宪法，必不可废。选举之方法可变也，而人民代表之国会必不可废。内阁之组织可变也，而对人民或国会负责，一见不信任之表示，即引咎去职之政府，必不可废。此三者乃政党政治之原素，即宪治国家之原素，无论君主立宪，无论民主立宪，断然不容其不存在者也。顾当反动势力之方张，矫枉者不期而过正，流下者每荡而忘返，十年来共产党治下之苏俄，法西党治下之意大利，军阀党治下之西班牙，少年党治下之土耳其，均以一时小康，使历史上潜伏之惰性，人民讴歌英雄服从帝王之观念复活，而举数世纪来各国志士仁人心血颈血换来之政党政治、民主主义，遗忘净尽。最可痛者，去其实而犹存空名。更可痛者，假其名以自谋私利。不佞敢断言，此后俄、意、西、土诸邦，及其迪克推多之命运，不出两途。一则筹安劝进，帝制自为，将来或依血统而传子，如历史上之王朝；或依法统而传贤，如西藏、蒙古之活佛。一则内部分裂，祸起萧墙，如斯塔林之放逐托洛斯基，郭松麟之倒戈张作霖；或平民揭竿起事，如嬴秦之暴亡；或邻国合从抗衡，如拿翁之忽灭。总之，每一更迭，必大恐慌，党人本身，国民全体，怨毒祸乱，未知所极。夫自古无万年天子，天下非一人天下，人类者，政治的动物也，而政见不能尽人从同，在位者垄断把持，束缚驰骤，使一般人对政治无正当宣泄与平均支配之机会，势不至冲溢横决倒行逆施不止。故政党政治之妙用，即在以选举代议，使人民政见得自由发挥；以内阁更迭，使国家政权得和平更迭。而不然者，无论如何扩张国势，无论如何收拾人心，无论如何表章功德，无论如何粉饰升平，均贾长沙所谓抱火厝薪，而安寝其上者耳。

返观中国，革命告终，统一就绪，军事收束，训政肇始，真十八年来一大转关也。当轴巨公，建国元老，才不世出，任匪异人，当个人功成名遂志满意得之余，正国运贞下起元人心乱极思治之日。千钧一发，千载一时，方寸危微之间，众目睽睽之下，为国为党，何去何从？有美友告我，中国英雄豪杰，但能为刘邦、朱元璋、洪秀全，不能为华盛顿、林肯、威尔逊，此问题非我所能答，惟在身当其冲者之自觉与自决耳。我思中山，或思民权主义。我信仰新民主主义，而主张政党政治。我希望中华民国宪法早日颁行，人民自由选举之立法代议国会，与对人民或国会负责、依舆论为进退、以和平相更迭之政府，早日成立。退步言之，三十年前，异族君主专制时代，尚有公车上书，要求立宪；尚有各省请愿，速开国会；尚有抱光绪木主，力争路权之代表；尚有九年预备立宪之诏令；尚有太庙十九信条之誓词；尚有似是而非之资政院、谘议局，为假民意之机关。我深信揭橥三民主义倡道天下为公之国民党，必能顾名思议，使"国民党"三字不偏废于巩固党基之余，亦一念及国，并一念及民，党固神圣尊严，然党外尚有国有民。即专为党计，至少亦应仿君主立宪之意，使大权虽操自朝廷，而庶政仍公诸舆论，庶党治可卜万年有道之长也。

宪治促成会宣言
（1930 年 1 月）

宪治者，近世纪来各国志士仁人、革命家、政治家牺牲试验之结果，而人类和平进步共同趋向之途径也。盖人类乃政治的动物，而主张不能无异同。国家以人民为主体，而公意必有所表现。政治随世运以转移，而改革宜循夫规程。欲免一治一乱之循环，暴兴暴亡之剧变，革命内战仇杀报复流血破产之恐慌，惟有民主立宪、政党政治最为意美而法良。譬诸行路，政党政治犹火车也，民主立宪则铁道也，必先敷设铁道，然后任何火车均可自由通行。若从前之君主专制，今日之一党独裁，则横冲直撞之坦克车。其朋比夤缘徼倖进取者，则汽车、马车、脚踏车。前者猛烈而利于开辟，后者轻便而善于趋避，要皆不足以任重而致远也。譬诸草木，民主立宪犹松柏也，四时常绿，岁寒后凋；政党政治如松针柏叶，递嬗蜕化，不伤根本，无损美观。若专制独裁，则时花美卉，春夏滋荣，而秋冬枯落，其势然也。人徒见苏俄、突厥、意大利、西班牙近年之发展，遂谓宪治将废，独裁代兴。不知此特世界大战后一种反动，一时变象，其效力足以促民主主义、立宪政体之改进，而决不能彻底推翻之。盖通行之选举制度、代议制度，确有必须改进之处，补偏救敝，因时制宜，事不可已。至于民权真谛，宪治精神，固历劫而不坏，亘古而常新，彼因噎废食者，终亦必亡而已矣。是故西班牙之独裁者，已由试验而觉悟，自动的恢复宪治。突厥之独裁者，虽功高而望重，仍不得不奉宪治之形式，容他党之存在。苏俄、义大利党治之前途，或始终厉行独裁，而自趋绝地；或逐渐转向宪治，而顺应潮流。要其现状断难久持，可预决也。况于中国，前清末年即倡立宪，革命本意原为民权，时至今日，更何疑义？或谓中国今日虽欲实行宪治，其如人民程度不及何。不知政治经验会从直接阅历得来，非实行宪治，国民将永无及程度时。今于小学教育尚主自动，手工技艺尚重实习，国民参政何独不然？或又谓，中国今日反动分子遍地皆是，若实行宪治，恐惹起内乱。不知正为消弭内乱，宪治更应速行。夫人民政见不能强同，国家政权非可久擅，惟处独裁之下，政见无从自由发挥，政权无从和平更迭，所以黠者依附政府，伺隙以谋倒戈；悍者反抗政府，走险而思拔帜。若宪治实行，政党并立，或友或敌，共同从事于公开运动合法手续。政见虽有纷歧，但争持者止于腾口说，造舆论，谋选举，闹议场，而不必干戈相见白刃相加矣。政权虽有更迭，但下野者仍可监督政府，支配国会，预备下届，当选重来，无须亡命外洋托庇租界矣。捣乱不成，暴力无用，长治久安，孰大乎是？或又曰，民国初元即宣布《约法》，嗣后又迭次制定宪法，但虽颁而不行，屡举而旋废，覆辙具在，可重蹈乎？不知宪治乃统一以后承平之事，且尊重宪法，实行宪治，尤贵政府当局能以诚意率先倡道之。民国除袁世凯任期中，实际上并未统一，袁世凯力能统一，而意主专利，中国第一次实行宪治之机会遂失，而统一亦遂破，于是祸变相寻，亘十余年而不已。今幸国民政府统一中国，第二次实行宪治之机会又来。猗欤盛哉！千载一时。危乎殆哉！千钧一发。当局者方寸之地，一念之间，而存亡治忽系焉。为当局计，为国民党计，及此而实行宪治，是自为华盛顿、林肯也。是使革命成绩永久保存，统一规模不再破裂，而元老伟人长受四百兆人之敬礼，亿万斯年之讴歌也。是使开创首领长为共和国父，而国民党以政党先进资格，长占重要地位于政治舞台也。否则今日六年训政之规定，安知其不为前清九年预备立宪之续也。为国家计，为人民计，为其他政党计，回顾数十年来所有维新运动、革命运动、社会运动，何一不以宪治为目标？所有天下为公、主权在民等等何一不以宪治为号召？今者革命终了，统一告成，第一希望，第一要求，当然仍是宪治。虽国民政府已有由训政入宪政之成诺，然宪治乃人民自身所应努力之事，岂可专凭政府之赐予？况政府而真欲以宪治训练人民，亦惟有即以试行宪治为实地练习之资。故凡召集国民会议，制定民国宪法，选举代表国会，组织责任内阁诸大端，即在训政时期中亟宜首先举办克日观成之纲领条目也。政府对人民之诚意如何，人民对政府之自觉心、责任心如何，皆将于此卜之。同人等同是国民分子，略具政治常识，以为发挥政见，参与政权，为人类天赋之本能，亦公民当尽之职责。而民主立宪、政党政治，又为发挥政见、参与政权通行之常规。且在中国今日，宪治者，实全国人民之共同意志，任何政党之先决条件，共和民主国家之基本原则，而又维持安宁、杜绝暴乱、铲除军阀、防止反动、抵制赤化之唯一方案也。根据斯旨，发起本会，促其急进，期亦必成。至宪治实行发轫之时，即本会运动告终之日。凡我同志，视此宣言。附列简章，统希公鉴。

《作新篇》序
(1930 年 2 月)

著者托生世家，早习国学，记诵群经，涉猎诸子，独好深沉之思，尤喜新奇之说，对于社会改造，尝持特别主张。弱冠游学日本、欧美诸邦，泛滥于个人主义、世界主义、民主主义、社会主义、共产主义、无治主义。又纳交康南海、孙中山诸先辈，对康赞同其立宪运动，而反对其早日之保皇及后来之复辟；对孙赞同其共和运动，而反对其早日之民族思想及后来之容共政策。然政敌乃因其与康之关系而陷以复辟嫌疑，又因其与孙之关系而诬为共党首领，甚可笑也。历来亲见辛亥革命与世界大战，迭次出席第二国际、第三国际会议，实地考察法国、美国共和实施状况，及德国社会党、俄国共产党执政经过情形，并目击民国成立以还，军阀、政客、党人之循回更迭，身当中国社会党、中国新社会民主党两度成立与解散，一方自觉事实与希望尚相去辽远，他方又觉理想因经验而渐趋完成。今者侧身新陆，埋头故书，愧于时局，无所贡献。惟本其三十年来思审研究、奔走号召、颠沛流离、九死一生之结果，发为极简单有系统之主张，备当代思想家、学问家、实行家之参考，供最近将来社会改造之草案，命名《作新篇》。著者向持心物一元论，并信有少数人其心理能改造环境，而在多数人则环境实支配心理。此篇系专从社会制度即环境改造着想，至于个人修养即心理改造，当别勒专书，为《自明篇》云。

新个人主义

个人主义与利己主义不同，利己主义不恤妨害他人，个人主义则同时尊重他人。新个人主义与普通个人主义不同，普通个人主义往往否认群众机关之组织，而反对其代表执行者之权威；新个人主义则根本承认政府、法律存在之必要，但主张各个人对政府、法律不满意时，有积极改革或消极抵抗之自由。新个人主义以各个人为社会构成之单纯分子，以全世界为个人活动之直接限度，故举国家、家庭及一切法定机关，悉视为人类进化过程中一时便宜之集合，无永久维持不变之价值，为达个人自由及世界公安之目的，所有制度、礼教、习俗等等均可供不得已之牺牲。约其旨归，括以三事。

一、个性解放　努力于世界大同之企画者，不可不同时注意于个人小异之保存与发挥。所以然者，一方固使各个人充分扩张其本能，一方亦为全世界多方奖养非常卓绝万有不齐之天才。故凡主义信仰、教育设施、一切日用人事，均不宜有统一固定之限制，而言论、出版、集会，凡不直接妨害公共之行为，均应视为个人所有不可侵犯之神圣。所贵乎有公共组织与法律者，不徒使少数不至压制多数，尤在使多数不至陵暴少数；不徒使个人不至扰乱社会，尤在使社会不至束缚个人。且个人解放者，实人类进化之最大原动力也。

一、家制废除　家庭制度固人类进化史上一标柱，而伊古以来社会文明之础石也。此与宗教、国家同为天演成绩，其功效诚不可磨没。但自近世趋势观之，则此功效已渐成过去，而其弊害乃日见滋长，反为个人与世界将来进化之障阂，断宜顺其自然趋势而逐渐废除之。认男女结合为个人私事，而社会不必干涉。认儿童教养为社会公务，而个人不必负担。社会所干涉者，惟两性间未成年不同意及诈欺行为之结合而已。个人所负担者，惟专门学习、充分准备、自由选择之职业而已。通功易事，各尽所能。老安少怀，天下一家。私产制度自然消灭，公益事业自然发达。人生观念、道德标准皆别创一新纪元，所谓伦变而理亦变也。当过渡时代，因积世习尚，父母有不愿与子女分离者，亦无庸强迫隔绝之，惟须请得教养机关之审查特许，并随时指导，酌量津贴，庶几公私交尽耳。至遗产与世袭之必从废除，不待论矣。

一、群治训练　人类最初有血统团体，即宗法社会也。少进有地方团体，即部落社会也。再进则信仰团体有宗教，政治团体有国家。新个人主义认为此等皆成过去，惟以政见、学术、职业相结合，及教养、交际、娱乐等团体，应有完备之组织。而个人于群众公共生活，尤应有充分之训练，使成社会化。此正新个人主义别于自来个人主义之特点，并与厌世、出世之哲学不同。人类进化，关系日密，事务日繁，吾辈生息其间，当一方发展个性，又一方适应群性。且个人之生命有限，而社会之生命无限，有能自觉自愿，举小己之膏油，助大群之光焰者，生命乃有真正意义之可言也。

新国际主义

近世纪来国家主义盛极之反感，在野智识界、劳动界早有国际主义之倡道与各种国际团体之组织。惜乎势力薄弱，范围狭隘，多为一时的，非持久的；局部的，非普遍的；学理的，非政治的。欧战前后，各国政府亦尝共立国际法庭，国际联盟，最近又缔非战公约矣。然按之实际，海牙法庭已成具文，日内瓦联盟本无诚意，《巴黎》、《华盛顿公约》仅示原则，充其功效，不过交换意见发表议论而止。况偶一不幸，或遭强者利用，反惹意外纠纷乎？窃以为新国际主义，当由各国人民自动发动，最好即由各国国会联合策进，务超乎国家主义，而入于世界主义。其所经之途径，有必要之条件三事。

一、民籍大同　人人各私其国，讲爱国而不讲爱人，国际所以多事也。所谓国籍法者，实自私之胚胎，战祸之源泉。今议根本废止国籍，生死出入，报告登记，但视为地方行政之事。种族乡贯，亦止人口调查统计一项目而已。无论何人，任在何处，即为何处之公民，即守何处之法律。义务、权利，一律平等。旅行居住，绝对自由。入境问禁，入国问俗。尊重习惯，服从多数。譬之中国之二十二省，美国之四十八州，虽有区分，却无轩轾。乡土之感情自重，国家之观念则轻。土壤肥硗，幅员广狭，户口众寡，物产丰啬，不存偏见，不启争端。又譬之犹太遗民，民族、国家，判然二物。加以婚姻杂揉、交通频繁，种界国界，积久渐化。于是不经流血革命，亦不须武力统一，而理想的大同世界，将以和平进步而自然实现焉。

一、内政自决　民族自决，命意似佳，而称名则戾；动机虽善，而结果不良。应更正为内政自决，而后循名核实，可以有利无弊。盖国家形成之现状，本历史演进之阶梯，既难彻底翻新，不妨暂时仍旧。所有疆域之区画，国体之构造，行政之设施，均认为各国之内政，而听由人民之自决。但所谓人民者，不以民族为本位，而以住民为原子。因民籍大同，往来自由，待遇平等，于是政治意义自然变化，国家观念亦自然变化。当此之时，各国因政府制度与效率之不同，其政治之良窳与国家之盛衰亦异。一方则比较试验，观摩法戒，可供政治学者与政治家之实地研究。一方则人民有自由选择去就之权，不致缘政府少数人之失策，而共陷于胥溺偕亡之悲境。倘新民主主义同时实现，则内政自决，一以选民之公意为依归，其补救尤有道矣。

一、外交公断　现时一切国际机关，类皆有裁判而无执行，多大言而少成事。且单独行动，秘密交涉，少数同盟，更为国际和平之巨梗。今议特设国际议会，其性质略如国会，分上下两院。上院以国家为单位，每国各选派一人，为政府代表。下院以人口或选民数为比例，每国各选派自一人至若干人，为人民代表。先制定国际宪法，由各国国会通过，政府批准，然后依法成立一固定永久终年常开之国际议会，讨论表决所有国际交涉案件及利便交通、限制军备、防止战争等事。其各国互换常驻之大使、公使、领事，应即悉数撤销，惟由国际议会选派委员，分驻各国，每一人，专任处理国际议会或任何国与所在国关系之事。再设国际法庭，由国际议会任命终身法官，裁判国际交涉。附设国际警察、海、陆、空军，由国际议会统率指挥，保障裁判之执行，其实力须比任何一国为大。所有国际议会、法庭及警察军现役人员，均不得兼任任何国之公私职务，亦不受任何国政府之统治节制。惟其如此，外交公开乃非虚语，国际裁判乃能实行。夫一国以内，政治意见必由国会讨论，民、刑诉讼必经法庭审问，法庭定谳必交官警执行，国际机关，程序进展，亦复如是，此盖个人社会与国际社会由野蛮入文明所共循之常轨已。

（新民主主义、新社会主义两项说明已见前，不重出。）

致蒋介石书
（1930 年 7 月）

介公主席座下：

　　阅报知冯焕章有下野出洋讯，桂系既倒，阎、张皆服从中央，统一名符其实。公此后一人当国，设施究将如何，仆以海外旁观之身，念兴亡有责之义，辄越万里，专贡片言，以为根本大计，惟在速立民宪而已。近世纪全世界大势所趋，中山先生四十年奔走号呼，其祈向者，不外民宪一途。盖治乱循环，新陈代谢，必实行宪政，乃可以免革命而促进化，此东西各国之常规也。论者徒见苏俄、突厥、义大利、西班牙之近事，便臆断党治将代宪治而兴，不知此特欧战后反动中一时之现象，其终究仍非复返宪治无以共存。同盟会早有宪政之主张，民国建元即为《临时约法》之颁布，近闻国府亦议规定训政期限。公果乘此千载一时，恪遵总理遗嘱，立开国民会议，制定民国宪法，召集正式国会，取消一党专政，实行政党政治，使不同政见得依法发挥，最高政权得和平更迭，则中山为华盛顿，而公为林肯，造四百兆人之福利，来亿万斯年之讴歌。举今日之左派、右派、桂系、奉系、冯系、阎系以及其他各党各派各系，同隶宪治旗帜下，放弃武力阴谋，从事公民运动，进退各循常轨，得失无所容心，长治久安，道在是矣。或谓国民资格不及，训政成熟有待，不知惟有实行宪治，国民资格方能养成，训政经验方得实际。今于小学儿童，手工技艺，尚主自动教育，实地练习，国民参政，何独不然？或又谓政治公开，各党并立，国民党及国府要人之地位将大动摇。不知惟有实行宪治，国民党乃永保革命之成绩，国府要人乃永受群众之尊崇，将来任何政党，孰不认国民党为建国先驱，中山及公等为开国元老，犹之美国南部、北部、共和党、民主党，一致奉华盛顿、林肯为国父也。为国为身，万无一失，何惮不为？其不然者，中国岂止一桂系一冯焕章，桂系倒未必不再起，冯焕章去未必不重来，且一桂系倒而百桂系起，一冯焕章去而无数冯焕章来，虽汉高、明太，圣神文武，无以应之，时不同也。公左右人才虽多，谘询虽广，然畏公者不敢进此言，反公者不愿进此言，求利于公者不肯进此言。不佞固超然于此三者，用特不避斧钺，直布腹心。倘谓为可听，而惠赐裁复，当再尽其辞。否则公为失人，而仆为失言。瞻望海天，曷其有极！

（下略）

大哉孔子
（1930 年 10 月）

中华民国十有九年孔子诞日，三藩市《孔教》月刊专函征文。夫历代表彰孔子，颂扬孔子者，累千万言，然窃以为不如达巷党人一字之褒，曰大哉孔子，而又继之曰，无所成名，一如孔子之赞尧曰，大哉尧之为君，民无能名焉。夫名且不能，表彰何为者？颂扬何为者，累千万言，徒见其词费而已。

然而表彰颂扬，虽无所增益于孔子，亦不过发抒吾人景仰向往感情，如彼耶教之赞美个德，回教之赞美阿拉。夫个德、阿拉，本非人格，尚且描摹刻画，淋漓尽致，徘徊往复而不厌，况如孔子，实为圣师，坊表人伦，会归有极者哉。孔教诸君子之特刊，诚亦有动于中而不能自已者耳。愚于孔子侧闻教义，而于教会未登教籍，躬此盛典，一时怅触，万感纷来，偶举数端，略加诠次，为急就篇。

一、孔子不专立一宗教，所以能兼容各宗教。狭义之宗教，为中国所本无。孔子本身祖述尧、舜，宪章文、武，而问礼问乐，学无常师。且圣不自圣，并无如其他创教者，自命通天教主之意。其态度如汪汪东海之波，汇合万流，以成其大，非如岩岩泰山之石，壁立千仞，以成其高。故真正儒者，虽服膺孔子，而不必排斥二氏，即于外国后起之宗教，如耶如回，亦悉以大度包举之。而吾国人之已信佛教、耶教、回教者，亦仍可尊重孔子，崇拜孔子，所谓并育不害，并行不悖也。此孔子之所以为大者一也。

二、孔子视他教主无非常可喜之言行。佛佗去国出家，耶稣舍身救世，穆罕默德称兵杀敌，其事绩皆恒人所难能，而所称述者，尤多妄诞不经之说。自孔子视之，几乎索隐行怪矣。孔子恂恂乡党，谆谆教学，庸德之行，庸言之谨，删书断自唐、虞，所见所闻，务求征信。行道惟本忠恕，匹夫匹妇，可与知能，除诗书执礼外，不惟不语怪力乱神，即利命仁皆罕言，性与天道亦不可得而闻焉。盖其教如布帛菽粟，不出日用伦常之间，其道则不可须臾而离。此孔子之所以为大者二也。

三、孔子不遇于当时，乃后世儒道之幸事。孔子早年，志在用世，栖栖皇皇，周历列国，游说诸侯。使其得志，不过一国一时之良相已耳。就令以百里起，为王者师，亦不过如伊尹、周公，制礼作乐，创业垂统，亘数百年而止耳。惟其不遇，故聚徒讲学，发奋著书，圣道昌明，儒教巩固，而流风余韵，遗泽孔长，二千四百余年如一日，此当世之不幸，而后世之大幸也。一东鲁老书生，几饿死于道路，而其身后之声势与威权，乃十百倍于秦皇、汉武、成吉思汗、努尔哈赤，亦大足使枭雄寒心，为穷士吐气矣。此孔子之所以为大者三也。

四、孔子不因历代当道之褒贬而加损。自汉高以来，历代帝王，无不推奉孔子而利用之。褒扬礼教，有加无已。崇以徽号，享以太牢。新其祠墓，荫其裔人。其实若辈何尝真知孔子，真信孔子！其对孔子教义，更何尝真能遵行！于孔子固无丝毫之加。近人反对孔子，排斥孔子，罢其祀典，废其教科，没收世业，轰击山陵，其实此等举动，又何足以打倒孔子，推翻孔子！于孔子亦无丝毫之损。而其反动力，乃愈激起一辈卫道保教之心，此孔教会之所由成立也。孔子自有真价值，非如纽约华尔街之股票场，随一二大资本家操纵而涨落者也。此孔子之所以为大者四也。

五、孔子乃中国文化理想之结晶。夫圣人亦犹人耳，有气质之偏，有物欲之蔽，虽至百炼千锤，得至金声玉振，亦断无完全无缺，纯粹无疵之理。况人心不同，一如其面，好恶向背，万有不齐，对于任何个人，又断无群众一心全体一致，皈依崇拜之理。又况世运进化，新陈代谢，国俗异宜，主客互殊，一时一地之学说之教条，又断无范围不过，曲成不遗，颠扑不破之理。故孔子之有不满于人，与人之有不满于孔子者，自然而不能免者也。但如佛说，佛有三身，孔子亦有二重人格，有现实人格之孔子，有理想人格之孔子。现实人格之孔子，盖一如今日之吾人，且早成过去之陈迹。理想人格之孔子，则吾国数千年文化至真至美至善之结晶品之具体化也。孟子有言，规矩方圆之至，圣人人伦之至。夫天下无绝对正确之方圆物质，而有绝对正确之方圆观念，此方圆观念寄托表示于物质者，即规矩是也。天下无至真至美至善之实现人格，而有至善至真至美之理想人格，此理想人格之寄托表示于实现人格者，在中国则孔子是也。此孔子之所以为大者五也。

六、孔子增进吾人世界上之地位与历史上之光荣。一国家一民族，恒赖少数伟人为对外之代表，此少数伟人者，非必据高位，当要津，功业崔巍，声名煊赫之辈，而宗教家、教育家、科学家之出类拔萃者，往往首当其选焉。中国有孔子，中国之国家之民族，在世界上历史上之价值，随之而加高，虽处兹民德堕落国势陵夷之日，外人犹刮目相看，动容相告，曰中国固大圣人孔子之乡邦，而中国则举其族属苗裔也。印度出一佛陀，其国虽亡犹存。犹太出一耶稣，其民虽贱亦贵。中国出一孔子，而吾国家与民族之地位之光荣。常与之为不朽。圣人之有益于人国，岂仅曰生王之头不若死士之垄而已哉？夫人必自侮，然后人侮之；国必自伐，然后人伐之。今大多数人类眼光中既公认孔子为中国之代表，则中国人之尊孔，即中国人之自尊，亦即使外人因而尊我，而不然者反是。吾人个人对孔子信否如何，别为一事，而大多数人类眼光中之孔子，固常与中国国家、民族休戚荣辱相关。此孔子之所以为大者六也。

圣诞既过，文债待偿，信笔直书，一时感想，明知不足以赞孔子，不足以张孔教，并不足以塞特刊征文之原望，亦惟敬随达巷党人后，于无可置词之余，顺下风而扬颂曰，大哉孔子。

敬告日本政府与国民书
（1931 年 10 月）

　　亢虎少从中岛裁之氏游学贵国，获交大隈重信伯、伊泽修二先生，远藤隆吉、嘉纳治五郎、市村瓒次郎诸博士。比在北洋幕府及京师大学，又与青木将军、立花将军、服部宇之吉、岩谷珍藏、冈田朝太郎、坂本健次郎诸教授同事。并因政治、经济改革主张，曾与幸德秋水、宫崎民藏、片山潜、堺利彦诸君往还。尝见甲午、庚子两役，我国虽败，毫无怨尤，反师法贵国，凡军、警、教育、实业，均自动聘用贵国顾问。何其盛也！其后贵国当轴外交失策，野心暴露，所有好感与利权，转以强迫要求而失之。至于近年，提出二十一条，出兵济南，谋杀张作霖，煽动韩侨暴乱，更借口莫须有之事，占领满蒙，屠戮良懦，倒行逆施，于斯而极。虽曰此少数军阀所为，非政府主持，尤非国民公意，然而国民不能监督政府，政府不能控制军阀，始则纵容，继则庇护，胜则享成，败则诿过，成何国家？成何政体？况侵略主义，久为教育政策，深入国民心理，诚不解早闻孔孟仁义之道、夙奉佛陀慈悲之教如贵国者，何以中风狂走，失其故步，甘蹈德意志帝国覆辙而不悟也？贵国徒见中国常受外族侵陵吞并，而不思其末路结局如何。蛮夷戎狄，久已消化。蒙古人则流窜穷漠，一蹶不振。满洲人则革命以后，不能自保其身家。贵国今日所蹂躏之南满、东蒙，即向者侵陵吞并我国之民族之发祥地也。又况现代形势与古迥殊，外则全球交通，列强环伺，贵国当知众怒难犯，如螳臂之当车，内则民族主义勃兴，国家思想普及，贵国当知困兽犹斗，虽蜂虿而有毒。加以世界经济不景气，共产革命大宣传，贵国又当知鹬蚌相持，渔人得利，干戈一动，萧墙可忧。即使侥幸一时全胜，而不义之战，无名之师，举无数有用青年，供不名誉之牺牲，所谓糜烂其民，率土地而食人肉，其不仁不智之甚者矣！图当前之快意，结九死之冤仇，怨毒相寻，报复不已，兴言及此，能勿寒心。自事变爆发以来，我国群情愤激，或主倾兵决战，或吁国联制裁，智识界领袖，则驰电呼号欧美学者声援。亢虎独念同州同种同文关系，又念贵国固多佛教信徒、儒门弟子，与西洋物质建国，根本不同，追惟生平师友交情，专函直陈所见，希冀贵国亦有主持公理转移舆论之人，出而倡道正义和平运动。万一天心悔祸，人穷反本，悬崖勒马，放下屠刀，抛弃武力政策，实行亲善主义，专务发展文化与经济，不复觊觎领土与主权，则我国地大物博，门户开放，商品销路，殖民尾闾，尽有容纳之可能，并无冲突之必要。但贵国若不迅撤驻兵，立返侵地，而徒责我之抵制贵国货，排斥贵国人，是犹畏影而疾行，抱薪以救火也。东亚黄种，见轻外洋，惟我两国，实为唇齿，相亲则两利，相斗必俱伤。贵国骛近攻而忽远交，见小利而忘大害，非惟两国之不幸，实启全世界之争端。夫国运如循环，极盛之下，难乎为继。人命在呼吸，积不善者必有余殃。顾前而不顾后，诗人所以刺老马也。知存而不知亡，《大易》所以戒亢龙也。亢虎一介书生，因政见不行，去国而就坎拿大大学汉学主任教授，此书系以国民资格个人名义发言，托由贵国德川公使代达，既非团体代表，亦与职务无关。谨并声明，统希公鉴。

致蒋介石书
（1931 年 11 月）

介公主席：

首都会见，未获长谈。即夕放洋，遄归新陆。而国难作矣，东三省一朝全失，南北一致主战而卒不能战。侨情愤慨，诋为怯敌。不佞一介书生，在野又在外，真所谓不谋其政者。独念匹夫有责，既发书警告日本政府与国民，复向欧美舆论界暨各公团讲说宣传，俾明真相如何。又念主席身秉国钧，当此存亡一发，不忍缄默无言，自干怀宝迷邦之诮。夫对日根本计画，固非寸墨尺楮所能尽。至于当下治标之策，则以为两言可以定之：一曰绝交而不宣战，一曰死守而不进攻，如是而已。

日寇挑衅，固当奋斗，然而门户洞开，军需竭蹶，一旦自我宣战，彼必长驱直入，不但沿海诸省尽去，即南北两都亦不保旦夕。迁避河洛，退守关陇，则偏安成矣，末路近矣。但国联制裁既不足恃，直接交涉尤不忍言，则第一步自当毅然决然，宣布断绝邦交。一、通告日本及各国，表示国际道德，抵抗决心，但声明尊重国联公意及非战条约，绝对不先宣战。二、撤回驻日公使、领事。三、委托友邦公使、领事，代我保护在日侨民。四、护送日本公使、领事出境。五、劝告日本侨民出境，其愿留者，则保护监视之。六、调查日本在华商业财产，登记保管。七、停止对日一切公私交通。八、政府监督人民，贯彻经济杯葛政策。对内对外，不激不随，一时应付，莫便于此。

但不宣战，非不备战也。东三省既误于不抵抗主义，如燕云十六州，无横磨十万剑，不能取回之，此后惟有集中军力于山海关及东南沿海，为永久相持之计耳。一面试行征兵制，并令全国青年，平素练习兵操，轮流服务兵役。一面专力养成飞机人才，赶紧制造并购办军用飞机，比之海、陆，是有四利：一收效速，二成本轻，三调遣易，四功用大。往者不可谏，来者犹可追，即海、陆军之整顿，亦刻不容缓，所谓七年之病求三年之艾也。今日不必高谈进攻，恢复满蒙，但当先谋保全本部疆域，坚守效死勿去之义，尺寸之地，誓不再拱手让人。如此以逸待劳，以退为进，天下事尚可为也。（下略）

《江亢虎文存初编》自序
(1932年1月1日)

　　少小颇有意于为文，亦颇得故老称许同辈赞叹。每一脱稿，辄被持去传钞，而顾不自知珍惜也。中年以还，非受促迫，不自为文。盖无意于文，而文遂不工。然而时事之论列，意见之发表，书札之往还，虽十不存一，已积累如束笋，纵横箧衍中。中更变乱，又好远游，旧时存者复多散失，所余惟数百篇，辄按年月编次之，借以考见运会与思想之变迁，固不以文论也。夫存者偶然而存耳，未必其可存，则知不存者亦未必其不可存。就所存以追思所不存，如忆亡朋，如寻旧梦，虽幽明异路，显晦殊形，要与此编同为烟云之过眼而已。此编专收散文，凡韵文、骈文、帖括文、白话文，虽存不录。其已勒专书，如《洪水集》、《黍谷游记》、《新俄游记》、《南游回想记》、《新大陆通信编》、《三宪草》及《演讲录》各集，均不重见。兹交中华书局印行，特自序之如此。

　　中华民国二十一年元旦江亢虎自序于坎属满城默吉庐

中国文化复兴大义十六则 *
(1933 年 10 月 11 日)

一、国家、民族成立与存在之要素，土地、人民、政治而外，文化尤为根本。前三者或缺其一，或缺其二，乃至不幸同时中断，果其文化保存勿失，则国家、民族犹有中兴恢复之可能。反是者，有土地供人移殖，有人民被人驱使，有政事受人劫持，国家、民族虽存亦亡。故帝国主义亡人家国，必务消灭其文化，今中国尚未灭亡，乃反先自己摧残鄙弃其固有文化，诚可怪而可痛也！

二、假使中国近数十年，已悉依固有文化标准，努力进行，而贫弱如此，败坏如此，则文化固应负其责。乃朝野上下，所作所为，几全与固有文化相背而驰，而反蔽罪于固有文化，岂非无情无理之论断？中国现状，不但缺乏物质文明，同时缺乏精神文明；不但违反外来文化标准，同时违反固有文化标准。苟免灭亡，侥幸而已！

三、中国现状陵夷至此，而外人对我犹表相当敬意者，实因我拥有最古之文化与最长之历史耳。近来欧美各大学增设中国文化学科，图书馆、博物馆、美术馆广收中国文化材料，此可为中国文化具有世界价值之旁证。日本虽采用西洋输入之新文化，又保持中国传来之古文化，不肯放弃，坐致富强，此可为中国文化不宜现代国家之反证。

四、今之摧残鄙弃中国文化者，多谓中国文化不合时代潮流与科学原则。不知潮流特一时趋向，新旧乃比较名词。试举一例，中国三代文化基本在对[封]建、井田、学校三种制度，似乎旧矣。然细考之，封建即地方自治、民族自决（兼并、割据正封建制度破坏后之现象），井田即土地公有（二十受田，六十归田，比耕者有其田更进一步），学校

---

* 此文初稿写于 1933 年 10 月 11 日，并于 1934 年 6 月 26 日发表。1934 年 9 月 25 日作者对该文进行重新审订，收入北京出版社 1935 年 9 月出版的《江亢虎思想一斑》一书。

即教养普及（天子之元子与凡民俊秀者同学，又一切皆不收费，可谓平等自由），实合新时代精神。又如科举旧矣，而文官、法官考试法、保障法则新；御史科道旧矣，而中央监察院各机关、监察委员则新；至于科学最要四大发明（指南针、造纸、印刷、火药），皆出自中国人；地图与地动说（见《大戴礼记》）及地震仪（东汉张衡所制），亦中国人首创之；其他利用厚生之事，与科学公例新法暗合者，尤不胜偻指。后来中国人不能继续研究，改良进步，乃子孙之不肖，非种性之不良也。

五、中国由盲目的排外，转为软骨的媚外，近来种种模仿，种种试验，种种失败，其最大症结，即在国民自信心之丧失。今欲恢复国民自信心，当先唤起并养成对于固有文化恭敬爱护之同情。文化有二重价值：一者，其本身颠扑不破历劫不磨之精神；二者，因国民恭敬爱护而发生之权威与作用。故复兴文化，实复兴民族复兴国家之原动力也。

六、复兴含有复古与革新两义，如欧洲中世之文艺复兴，本为发扬希腊、罗马之古文化，实则造成近代各国之新文化。又如日本明治初年，王政复古与变法维新，同物而异名，分途而共进。今日中国文化复兴，亦当一方恢复三代、汉、唐已往之光荣，一方追踪欧美列强近来之进步。

七、中国文化并非一成不变，自古迄今，可分三时期；由北而南，可分三地带。黄帝以来，黄河流域为中心，同时接受胡（即匈奴）文化而同化之，为第一时期之中国文化；楚汉以来，扬子江流域为中心，同时接受亚洲他种文化，如印度、波斯、突厥等而同化之，为第二时期之中国文化；海通以来，珠江流域为中心，同时接受欧美文化，今当务同化之，俾完成第三时期之中国文化。时期、地带虽有转移，外来成分虽可接受，要必自我同化，方不失中国文化之特性与本色，故对欧美文化一味盲从与一味排斥者，皆无是处。

八、中国文化所有遗迹，第一步当无条件的尊重保存；第二步当本世界眼光，用科学方法，比较研究，分析整理；第三步当尽量发挥其优点，设法补充其缺点。必如是中国文化乃为活文化，而非死文化，有世界性，且有未来性。但非兼通他种文化，并能应用现代文字者，不能担当此责任，完成此使命。故一面当与欧美之文化学者合作，一面当向世界为中国文化宣传。

九、中国文化之表现与传布，首在文字与文学，故保存文言，厘正文体，提高文风，实复兴文化第一要件。除童蒙教科、通俗文告、演说语录外，当悉用文言。群经正史诸子百家为中国文化演进之结晶，亦文字与文学最高之标准，当普遍涉猎，选择记诵。彼主张废弃文言专用白话者，徒注意文化之普及，而忽视文化之提高。且末流之弊，未见语言之统一，反致文字之分裂。况使一般国民与文言绝缘，不啻举历代相传最可宝贵之精神遗产，扫地以尽，其牺牲亦太大矣。

十、中国伦理学由宗法社会人与人之关系而形成，关系随时代习惯而变迁，故伦理亦有因时制宜从俗演化之处。伦存则理不可废，伦废则理不必存。吾人但当努力改革社会制度，不当先事破坏伦理学说。

十一、中国政治学、经济学经数千年之试验改进，其原理与精义又多与西洋现代最新学说相符。吾人对政治、经济主张以本国历史性、民族性为根据，而自求出路，不主张抄袭服从任何舶来品之主张。

十二、中国无狭义的宗教，而有广义的人生哲学。吾人承认孔、孟为中国文化之大宗，道家、墨家、名家、法家皆一部分思想之代表，同时又主张思审自由，信仰自由，故任何宗教皆与中国文化根本精神不相冲突。

十三、中国教育向重人格感化，精神修养，个性发展，自动研究，可救正近来一般学校流弊，又暗合欧美最新教育思潮。故吾人主张恢复中古书院制度，并提倡自由讲学，与普通学校制度并行。由地方或私人自办，不归政府管辖，以免流于官厅式。不收用费，不发文凭，不给学位，以免流于商店式。

十四、近代文化偏重物质，缺点甚多，败象已见，但中国贫乏在此，无容讳言，世界大势所趋，亦不可避免。吾人主张利用物质，普及群众，不主张摈弃物质，回复古初。当一面提倡精神哲学，以谋解脱而资调剂；一面发扬天下为公之社会思想，以防制资本主义之垄断，帝国主义之侵略。现时最要者，尤在实业之独立，原料与日用品之自给，一切奢侈消费之禁绝，务求增加生产，减少入超。

十五、东方古代文化偏重精神，其末流为消极，为超世间；西方近代文化偏重物质，其末流为拜金，为铁血，为机械。中国文化专重人事，不语神亦不玩物，比较为折中，可救两极端之失。故复兴中国文化，不但为中国自身谋出路，实为全世界改造谋出路也。

十六、中国文化美德甚多，如敬老，尊师，重农，贵士，励气节，奖清贫，崇俭朴，耐勤劳，爱自然，习谦退，守信约，讲礼貌，皆当倡道实行，以期造成学风，矫正时弊。

社会制度改造发凡三纲九目^①
（1935 年 9 月 1 日）

社会病状

属经济者（资本主义等）

失业，破产，盗贼，童工，乞丐，卖淫，水旱偏灾，买空卖空，专利垄断，重利盘剥，遗产纠纷，贫富悬殊，阶级斗争，社会革命，不劳而获与劳而不获，其他。

属政治者（专制主义等）

专制压迫，贵族骄横，官僚腐败，权奸篡弑，横征暴敛，严刑重罚，植党营私，人情请托，贿赂公行，土匪流寇，内战割据，政治革命，其他。

属国际者（帝国主义等）

国际战争，国际侦探，秘密外交，武力殖民，经济侵略，治外法权，不平等条约，毒品贩卖，军火贩卖，人种与宗教间敌对行为，国籍与国界种种问题，关税与护照种种不便，其他。

根本治疗

属经济者（新社会主义）

资产公有　一切资产用以生利者，按其性质，收归国有、省有、县

---

① 此文初稿写于 1921 年 7 月 10 日，并于 1923 年 1 月 28 日发表，且于 1925 年 1 月 28 日再发。1935 年 9 月 1 日，江亢虎重新审订此文，收入 9 月 20 日由北京出版社出版的《江亢虎思想一斑》一书。

有、市有、村有等，由各该管政府委任专家经营之。

劳动报酬　劳心劳力，各依所值，取得报酬，多寡不同，悉供享受。

教养普及　各等教育及最低养育，悉由公家供给，不收任何用费。

属政治者（新民主主义）

选民参政　凡曾受相当教育，通过参政考试，并经所属职业选举者，即为选民，有直接、间接参政权。

职业代议　国会及省、县、市议会，均按各职业所有选民人数、比例分配其代表权数。人数太少之职业，得与其他相接近者会合选举代表。

立法一权　立法机关产生司法及行政机关，议长即国家元首，行政委员长即责任内阁总理。

属国际者（新国家主义者）

民籍共同　任何人生何处即向何处登记，在何国即守何国法律，义务、权利平等，交通、住居自由。

内政自决　民族自决，地方自治，一切政教，各从其历史习惯及人民公意行之。

外交公断　废止公使、领事，由各国国会合组超然国际公断机关，有法庭及法警，强制执行议决案或判决案。

导　言

《易》穷则变，物极必反。惟改造乃能进化，先努力然后成功。但改造究应向何方努力乎？吾人以为心物一元，群己一体，一方承认环境为心理所形成，一方又承认心理乃环境之反射；一方承认少数优秀领袖可为社会革命之先锋，又［一］方又承认多数普通人民实随社会制度而转变。

故此少数优秀分子，除应从事宗教教育、改造心理、改造个人、养成领袖外，更应从事政治、经济，改造社会制度与环境，使一般群众自然迁善而向上，盖古今中外不易之道也。不佞倡导社会主义，于今三十余年。游历新俄时，鉴于其牺牲之太大，曾起草新社会主义、新民主主义、新国家主义说明书（新国家主义当时未公布），于今又十有五年矣。思想虽有嬗化，信仰并无动摇。丙寅去国以来，专力文化事业，原藁

［稿］未发表者久付尘封，已印行者亦告绝版。乃有曩时朋辈，后进青年，叩以凤昔主张平生旨趣者，因检旧作，重付手民。十余年来，世变甚剧，如苏联共产政府之奋斗成功，欧美社会党人之分合起仆，意、德法西斯蒂之突飞猛进，东西帝国主义之并驾争先，各国不景气之恐慌与资本主义之挣扎，世界第二战之酝酿与国际联盟之倾颓，皆拙藁［稿］起草以后之现象也。惟此等事实，对原有思想，非但不能颠扑而变更之，乃反足以证明而拥护之。试为对勘推论如下：

一、第三国际与法西斯蒂，左右两趋极端。……即各国各党社会政策，如劳工保险、累进税率、失业救济、经济统制等等，虽尚带资本制度之臭味，已转入社会主义之倾向。反观我国，古代共和一统井田学校之遗规，亦在在有社会主义精神之表现。总之，一切土地、资本、生利机关，当归公共领有，公共管理，公共享用，实必然之趋势，不易之原则也。

二、凡欲实行政策，必先取得政权，其方法有宽猛顿渐之殊。军武革命过于破坏，普遍选举过于迂缓，阴谋篡窃过于卑劣，各有利害，各有成败。取得政权以后，独裁专制，则压迫太重，反动四起；会议公开，则权责不专，道谋无功。亦各有利害，各有成败。……务使参政者程度提高，机会均等，运动公开，但以不妨害行政者之统系与效率为限。其政权之更迭，一视选民之向背，以和平出之。此实民主主义与独裁主义间折中至当之道。又由资本私有改为公有者，与其强制没收，不如同意买收，避免纷扰，减少反动，亦取得政权时所应特别注意者也。

三、国会政治败象日露，政党政治流弊滋繁，但不能因此而根本推翻选举代议制度。今……法西斯党，皆采用职业单位组织，英国原有之基尔德主义，美国新起之技术政治说，用意亦颇与相同。此后选举代议制度，将必以政党为经，职业团体为纬，民众对一政党信仰与否，将于职业团体所占势力比例觇之。但职业代表不必固定隶属任何政党，惟于选举及决议时表示态度可矣。至调剂各业相互之冲突，通筹全国共同之福利，确定当前施政之方针，则各政党领袖之责也。其维持现状，处理常务，提高效率，养成专家，则各机关次官之事也。

四、由弭兵会议而和平法庭，而国际联盟，而非战协约，而军缩会议，乃其效果几等于零，则褊狭的爱国热狂及现实的经济压迫为之梗也。欲免经济压迫，当自资产公有入手，根本消弭阶级斗争。欲减爱国热狂，当自民籍共同入手，彻底破除地方观念。其他各纲目，亦同此指归。而超然且有力之国际司法机关，尤维持世界和平第一要件。此与现制不同者：一、由各国国会组织主持，而不经各国政府指派任命，更不受少数列强操纵把持。二、附设海陆空军，充国际司法武装警察，强制执行一切议决案、判决案。三、所有法庭法警服务人员，必须断绝与其出生国及所在国任何关系。按诸人类进化通例，必如是乃由个人决斗，进至法律判裁。虽法律未必一秉大公，制度尚须逐加改革，然较之操刀相向流血相寻者，进步大矣。（以下乃原藁［稿］本文）

新社会主义（一名社会资本主义）

由资本主义而社会主义，谓之反动可，谓之进步亦可，要之今日世界之趋势则然也。惟其流派分歧，方术不一。自顷以来，各国改良家、革命家为局部或全体之试验，其利弊亦大略可睹矣。大抵主张国有集中者，苦于官僚众多，政府专制。主张自由共产者，苦于供求无度，劝惩不行。主张逐渐改良者，则支支节节，补苴罅漏，终不能一洗资本主义之心理而铲除其根蒂，且道高一尺，魔高一丈，非后者推翻扑灭，前者将永无伸眉吐气之时，如英、美、法、德诸国一般社会党之失败是也。主张急进改造者，则蔑视历史之遗传、民族之根性与生计之实况，倒行逆施，进锐退速，仍不能不废然思返，重循自然发展之正途，而破坏之余，损失更大，如俄国共产革命四年，乃复采用国家资本主义是也。外观世变，内审国情，执其两端，括为三事。

一、资产公有　产者天产，土地、矿物、森林皆是。资者资本，金钱、机器、商品凡用以生利者皆是。公有者区分资产之品类与性质，若者应为国有，若者应为省有，若者应为县有，若者应为市有、村有，总之，以地方居民全体代私人或会社之所有权。其施行时，可发债票，估价买收，分期还本，而不给利。外人资产亦同此例，惟依国债惯例行之。至私人或会社于金钱、房屋、物品等不用以生利者，仍得享有之。盖社会主义之精髓，在废除资本制度，禁止私人掠夺他人劳动之所得而已，故天产之租金，资本之利息，断然当归人民全体，以充地方公益事业之用，而对于劳动结果之课税，则一切罢免之。

一、劳动报酬　劳动者，各尽所能，兼劳心、劳力而言。报酬者，各取所值，有称物平施之义。物之不齐，物之情也。质禀有优劣，用力有勤惰，功能有大小，成效有迟速，若其所得一律从同，非第无以示激扬促进化而已，按之情理，亦似平而实不平，且悖经济界之天则，其势又万不能以持久。法国革命、俄国革命，一再实行而未几皆废，是其证也。夫资本制度既倒，则金钱、物品不过个人劳动之结果，非复社会罪恶之源泉，一切只供消费而不能更用以生利，以至职业之选择，地位之去就，薪水之处分，生活之享受，皆非国家或他人所应干涉者也。

一、教养普及　报酬之多寡有无，虽以个人之能力与社会之需要为准，然人类生存所必须，物质方面之营养，与精神方面之教育，两者实维持及增进个人劳动率之原素。此其供给之责任，当属公立之机关，政治之积极作用正为此也。资产既归公有矣，所有利润收入，当然足敷人类生存必须之费用，举凡孕妇、儿童、老弱、废疾、无告之人，一切学校、医院、道路、水火、公益之举，皆由地方自由应付，此政府职司所在，非慈善事业之比也。如此则生存之维持为社会之义务，而生活之享乐为个人之权利，社会一般之平等与个人单独之自由，庶几两剂其平而交得其益乎！

（附则）改革币制，废止金钱，早有主张，苦无对策。近见阎百川先生所倡物产证券，最为治本治标彻上彻下之道。且于新社会主义施行时，一切买收，所发债票，可即用此，自不虑其积聚生利，再变为掠夺他人之工具矣。阎先生并主张资公有，产私有，及按劳分配，其用意与新社会主义全同，惟"产"字指劳动结果，与此指天产者，解释有异。兹拟改称物品证券，为避免名义混淆而已。（此附则系新增。）

新民主主义（一名限制民主主义）

民主主义为近世人权发达、文明增进一大动机，各国改良或革命之运动，无不悬此为鹄的。然精神虽是，而制度多乖；理论甚高，而实行或踬。顽旧保守者，固始终反对之，即崭新之共产党人，亦主张劳动专政，而以民主主义为诟病焉。综其大弊，不外两途：一、真正多数。无论何时何地，无学识无经验之人必占多数，多数政治是为愚民政治。一、名多数而实少数。强权者迫胁民意，巧黠者假造民意，富豪者买收民意，是为暴民政治，奸民政治，富民政治。新民主主义为矫正以上各弊，揭橥选民政治。选民者，人民之优秀者也，以普通教育为本位，以参政考试为出身，以职业选举为登进。盖承认经济组织为政权分配之原则，一方谋政治智识之普及，一方期人民程度之提高。其与旧民主主义不同者，有如左三事。

一、选民参政　中国取士用人向有学校制科、选举之异，宜兼取其长而并用之。凡具最低级学校毕业相当程度（教育普及后程度不妨逐渐提高），愿为议员或官吏者，须更通过参政考试。以普通法政智识为标准，由立法机关执行，及格即为选民，有选举权及被选举权，惟同时必别有所属之职业。综各职业而计其选民人数，为各该职业投票权、代议权之比例差。选民不第有代议权而已，又有直接投票权。采近世全民参政学说，划出议会事权最要之一二，使选民全体参与之。其已考定者：曰创议权，议会不提出之案，选民可自提出也；曰复决权，议会已议决之案，选民可再议决也；曰免官权，议员及官吏不职者，选民可予罢免也。以上皆依法定手续，以总投票或局部投票行之。盖代议制以一人代表多人，经过长期时间，处分若干法案，万不能尽如所代表者之意。况当选以后，地位不同，态度或变，自由为恶，监督无从，必如今议，然后可免议会专制之弊也。或疑选举以前，加以学校与考试之限制，则劳动界选民必稀，似为不平等。不知学校考试均属公开，即机会平等之保证，且以促进教育普及，而选民必有所属之职业，又以促进劳动普及，实减免阶级冲突之要道也。

一、职业代议　代议制者，数百年来各国志士仁人无量数心血颈血之代价也，然自现行国会组织法、选举法考之，则不过一二特殊阶级最少数人之胜利而已。盖人类之利害关系，恒视其所属之经济团体而异。自官吏、律师、地主、资本家垄断投票，大多数人无复建议、决议之权。即使议员清白乃心，不尽为金钱、势力所吸收，然自身非出平民，则不能代表社会之大多数；自身果出平民，又不能战胜议会之大多数。今议以职业为单位，以地方为区域，以选民人数为比例，平均分配投票权、代议权。假定某省选民总数为一百万人，又假定该省会议员名额为一百人，即每议员代表选民万人。又假定按职业细分之结果，选民为小学教员者一万人，养蚕者二万人，业织造者三万人，则此省会中当有小学教员互选之议员一人，养蚕者二人，织工三人。又如木匠选民仅有五千人，不足一代表权，则可与最近职业，若石匠、泥水匠、缸瓦匠相合足数，互选一人。至于职业之定义，宜以有经常收入者为断，服官、从军皆视同职业。社会主义未实行前，并地主、资本家亦同享有此权，惟此类人数必甚少，故不虞其操纵把持也。游手汉、寄生虫，当然无参政资格矣。

一、立法一权　三权鼎立之说，自来法政学家奉为天经地义，其实司法乃行政之一种，立法、行政界限不清，冲突时见，名为互相监督，实则互相牵掣，一事不行。故凡大建设大成功，不在两权之调和，而在一权之超越。然与其偏重行政权，而恢复君权制，毋宁偏重立法权。而实现民权制。且征之宪法祖国英伦之惯例，下议院多数党组织责任内阁，不信任即辞职，不啻立法一权矣。今议国会、省会等各互选行政委员，处理中央及地方政府之事，司法亦为其一部，而皆由所属之立法机关产出。且为之代表，而对于人民全体负责任，议会及选民皆得依法定手续弹劾而罢免之。如是则权既不集于少数，而政亦不出于多门，理论、实际两无窒碍，盖远胜旧制也。

（附则）社会主义未实行前，而组织职业代表团体，凡同业而不同职，且其利害相反者，必区别之，为左右两级，略如各国之上下两院然。政界之首长，学界之职员，军界之将校，农界之地主，工商界之资本家，当属右级。其普通之官吏、学生、兵士、农、工、商人，皆属左级。投票时各从其类，右级不得代表左级，以绝垄断而从多数，否则虽名职业选举，仍系军阀、政阀、财阀之阶级政治而已。至于今日之中国，处现在政府下而试办国民自治式之职业代议制，则政界、军界当专取左级，其余四民，两级并立可也。

新国家主义（一名世界联邦主义）

国家主义由乡土感情与民族特性演变而成，二者善用之可以促世界之进化，不善用之反足扰人类之和平。惟徒空言鼓吹和平，而无实力保障安全者，亦不能自存而共进。大抵从来国际战争，非由利害之冲突，即因主客之偏见。故根本解决，当使人民国籍共同，准中国古代一统王者无外之义。各国现有疆域与其制度，不妨因仍旧贯继续维持，但共同组织超然机体，专为解决国际问题，并赋以特权，盾以武装，如司法警察然。使国家变为地方之名称，而大小饶瘠无所容心；使政治一依固有之习惯，而优劣盛衰悉凭自力；特性则个别发展，感情则联络沟通。并奖励移殖与和亲，以渐企平等大同之极则。此新国家主义，即新国际主义也，挈其要纲，亦凡三事。

一、民籍大同　人民为国家根本，国际恶感每由民族偏见构成，而民族偏见，则血统关系外，地方观念亦其起因之一。今各国国籍法，内外界限太显，主客待遇不平，断宜彻底改革。此后人民出生，但向当地登记，不问其向来籍贯及将来迁徙如何。任居何国，即受何国法律之保护与制裁，义务、权利平等。惟移殖手续，参政资格，得从惯例，别订专条，但取限制，不主歧视。其对所在国法律有不满意者，可应用公开合法之手段，运动或要求变更之，不能变更，即离去之。人人得自由选择己所爱戴之国家，而丝毫不感异族侵凌他乡羁族之苦。所谓四海兄弟，天下一家，此其发轫矣。

一、内政自决　按现时各国之疆域与制度，所在人民享有民族自决、地方自治之全权。一切政治设施，悉依人民公意。即国体问题，若君宪，若民宪，若统一，若联邦，亦可各从利便，并得自由变更；宗教、礼仪、风俗、习惯，更因历史背景、地方环境万有不齐，大致总以服从多数、尊重法律为原则。其有大兴革，必经多数取决，依法律进行，庶几秩序不致纷更，群治仍能策进，国家独立之尊严无虞损失，世界大同之理想可期实现。且必先行民籍大同，然后方倡内政自决，否则更激成爱国热狂，人种偏见，而使大国家分崩离析，小民族独立争衡，甚无谓也。

一、外交公断　秘密外交为旧式国家主义一大罪案，纵横捭阖，挑拨播弄，诈欺百出，间谍横行，许多纠纷，由此而起。虽有和平法庭、国际联盟，而多议论少成功者，诚以无军武为后援，乏执行之实力也。今议各国国会自行选举代表，合组超然独立之公断机关。并抽编国际法警，直隶国际法庭，具海陆空军备，较任何一国所有者为强大，有必要时，仍得调遣征发任何国军队及军需，专供执行议决案或判决案之用。此法庭与法警服务人员，均当宣誓，完全断绝与其出生国及所在国一切权利、义务之关系。所有国际问题，攸关世界大计者，及外交事件，牵涉一国与他国政府或人民任何纠纷，不能直接和平了结者，必须提出公断机关，审查处分之。其各国所派使节及驻外领事，大可取销停止，省时节费，息事宁人，实国际上一快事。举凡侦探贿赂，军备竞争，向来耗于诡秘破坏之途，今可移作光明建设之用。至人民负担之减轻，战争损失之避免，更不可以数量计矣。

（附则）国际法庭所以进行不利者，固由无有力之司法警察为后盾，尤在无通行之国际法律为根据，又无议定法律及解释法律之人民总意机关。兹拟各国国会，按其国选民人数比例，互选代表，每国至少一人，至多不过五十人，合组国际众议院。再由各国政府，特派代表，每国限定一人，合组国际参议院。一切国际公法、私法，均由两院联席通过颁行。如有疑问，亦由两院委员会解释之。于是国际法律、国际法庭、国际法警之最高权，皆出于人民，而人民代表权数又依有资格选民人数之比例（选民人数与其国人口无关，如中国人口虽多而选民则少），与现在国际联盟之专代表各国政府，而且少数强国占有多数表决权者，迥不侔矣。

江亢虎年谱简编

1883 年　出生

7 月 18 日（光绪九年六月十五日），出生于江西省弋阳县城西的陶湾江家村（祖籍安徽旌德）。在兄弟六人中，排行老大。原名江绍铨，字康瓠。后因 1911 年在杭州演讲《社会主义与女学之关系》，被清廷视为"洪水猛兽"，故 1913 年江 30 岁生日时，在上海出版其文集《洪水集》时，署名江亢虎，自称："江洪水也，虎猛兽也，不亦宜乎？"

祖父江澍畇（1830—1892），原名钟璜，字韵涛，1877 年（光绪三年）进士。曾入翰林院任编修，后任职户部、顺天乡试同考官、甘肃壬午（1882 年）科主考，1890 年任山东登州知府，两年多后在此任上去世。

父亲江德宣（1854—1910），字孝涛（一为小涛），1886 年（光绪十二年）进士。曾任工部主事，保升员外郎加四品衔，在京师供职二十年后外放到江苏，任江宁知府，亦病逝于任上。

外舅刘幹卿（1846—1910），字启翰，系河南南阳知府刘拱宸的二子。1876 年（光绪二年）中举，嗣后在京城任户部员外郎，又外放为湖南候补道，总办湖南厘金局、官矿局。为官近四十年，一生敬业、清廉。将其二女刘云寿嫁与江亢虎为妻，故既是江的外舅，又是他后来的岳父。刘对江瞩望甚高。

1887 年　4 岁

随家迁居北京。后随祖父江澍畇到山东生活。

1892 年　9 岁

祖父在登州府去世。回到江西弋阳，继续就读于其启蒙学校叠山书院。

1894 年　11 岁

从弋阳回到北京。常随父亲出入于上流社会。后在京亲历"百日维新"。

跟从张元济（菊生）先生等研习西文与科学。

1900 年　17 岁

年底，在北京发起创办"智学会"，拟吸收 15 岁至 25 岁的青年为会员，共同办学堂，设报馆，开讲座，翻译新书，印刷新书，建图书室，设议事处等。为此，写作《智学会序》，认为过去康、梁的"强学会"未曾解决中国的问题，因为"天下岂有不智而强，亦岂有智而不强"的？而大同社会的"智、强、富、寿"四大功能，"智"则首当其冲；且四者都取之于"学"，出之于"学"；"故智学者，实提纲挈领之端，即原始要终之道。大之固致世之全功，小之亦救时之急策"。

同期撰写的策论还有《中国制造船舶如何方有成效策》、《抵制通商漏卮策》等。

1901 年　18 岁

在北京创办"东文学社"，聘日本人中岛裁之为教员。不久，随中岛东渡日本，入早稻田大学学习法政，兼修英文、法文。留学考察半年后回国。

听到慈禧太后将由西安回銮北京的消息后，私下写好状子，准备挡道拦驾上书，请求变法立宪。后因其舅父刘幹卿的反对和监控而未遂。

6 月，在北通州教育研究所演讲，谈国籍与宗教信仰的关系，并针对当时的"外患"指出："徒以武力胜我者，我尚可以文化靡之。今人且以文化傲我矣，我又安可狃于成见而妄自慰藉也哉！"

撰写《学目叙识》，自称："束发就傅，于今十年。……而昕夕一编不暂释手者，亦不下八九年。"该文初步介绍了近代自然科学和人文社会科学的一些科目。

在京创办《爱国报》（周刊），发表《〈爱国报〉叙目》，宣传爱国精神，提倡国人做国家的"主人翁"。

年底，山西巡抚岑西林（春煊）邀请江去山西为官，婉拒。新任直隶总督兼北洋大臣袁世凯派人携重礼到京，邀其去保定任职，江接受了聘仪。嗣后就任北洋编译局总办，负责编写华北五省中小学教科书，并兼北洋官报局总撰，官位相当于司、道一级。在保定任职期间，同袁世凯的长子袁克定、特别是次子袁克文多有往来，关系密切。

为感知遇，志图报效，在保定上书给袁世凯。书文中描述了"世界之大势"、"中国之急务"和"万世之长计"，认为当前中国"治本方策，则端在兴学"，并"望宫保不仅为中国之伟人，而为全球之伟人；不仅为一时之伟人，而为万世之伟人"。

由于年少气盛，不善于同老官僚们周旋，不能得袁世凯左右的欢心，办事常感掣肘之苦，在保定任职不到一年，便调头东去，再赴日本求学。

梁漱溟于20世纪40年代曾说："江亦光绪庚子后北京社会上倡导维新运动之一人。"

1902年　19岁

第二次在日本留学。其间，除学习外，还同日本早期社会主义者片山潜、幸德秋水等人交换意见，讨论过实行社会主义的问题。

撰写《周云如〈海军图说〉序》，自称："余幼读《礼运》，慕天下为公之义。"

是年，江亢虎同原配刘云寿的第一个孩子江兆蕃出生，男孩。刘云寿系江的外舅刘幹卿的二女儿。

1903年　20岁

本年为江的弱冠之年，时留学日本。当时"标新立异"，提出了"无宗教、无国家、无家庭"的"三无主义"的基本思想。此说除张继外，"无应和者"，故回国后也"从不敢以示人"。

1904年　21岁

因脑病，在日本辍学回国。嗣经礼部尚书张百熙（冶秋）奏请朝廷，奉调进入京师大学堂任日文教习。同时，还"荫生刑部主事，改法部保升员外郎，加四品衔"。

回国不久，即撰写《请立全国教育会议》给学部，提出应建立全国和地方各级教育会，希望"学部尚宜大提倡之"。同期写《请各省设视学官议》、《与荣华卿书》、《教科书由私家编纂由学部审定议》、《学堂毕业但发文凭不给出身不奖官职议》和《慎用外国教员议》等文，提出关于教育革新的诸多意见。

1905 年　22 岁

在北京报子街库赀胡同创办第一所"京师女学传习所"（女子学校），是为北京外城女子传习所。翌年迁入租借的丞相胡同豫章公产处续办。

1906 年　23 岁

2 月，国内发生"南昌教案"，南昌知县江大令（召棠）拒不答应法国天主教主教王安之提出的无理要求，被王用餐刀、利剪刺死。消息传到北京后，江亢虎决定组织江大令追悼会，抗议法国传教士的暴行。为此，在报纸上刊发了广告。结果，遭到法国公使、清政府及京师警察总局等多方面的反复禁扰。江始终坚持不屈，说他们的最大本事，不过是使我成为"江大令第二"！

1907 年　24 岁

本着"女学为教育根本，女子师范又为一切女学根本"的认识，在石驸马大街克邸废园办内城女学传习所，分别设立师范、术艺、高等、初等诸科，同时设立家政、音乐、裁缝、英语和日语等短训班。此外，还附设免费的半日班、佣学班，方便贫寒女子入学。报名者逾千人。内、外城两所女子传习所均系私立性质，除收取部分学费、社会捐助和江本人的筹措外，也部分地得到时任直隶总督的支持，饬令提学司拨给"北洋补助费"。由于生源众多，费用巨大，江深感经费拮据，故在 1909 年年初的《上京师督学局第一呈》中写道："职一介书生，家仅中产，全恃彼此挹注，东西腾挪。虽校务勉可弥缝，而私债已深积累。"

是年，长女江兆菊出生。

是年，第三次留学日本，"博涉英、德、法文字，治社会学"。

1908 年　25 岁

8 月，因准备出国游学欧美，呈文给学部，请求学部接办由其私人创办的京师内、外城女学传习所，改为官办。

8 月，向都察院提交《为创造通字请都察院代奏颁行呈》，认为："预备立宪，莫要于普及教育。普及教育，莫急于统一国语。统一国语，莫善于拼音字。拼音字，莫便于通字。"所谓"通字"，即汉字的拼音化，"取罗马字母二十，十八母，三十五韵，四声，可以尽京音之变，而括国语之全"，"通字补助汉字，而附属于汉字，汉字固万万不废"。为此，《中外日报》开辟专栏，讨论通字，刊文对江提出的通字进行驳议。9 月，江撰写《〈中外日报〉通字平议案》，针对反对派的观点，以按语的形式，逐条进行商榷。

10 月，上学部第二呈，继续呈请学部接收女学传习所。

11 月，租借东安门内蒲桃园的翔千学堂旧址，重加修葺，兴办中城女学传习所。分设初等科、高等科、选科等。学校的装修、设备和教员，到年底都已准备就绪，发广告招生，报名者踊跃，并于 12 月开学。几所女子学校（女学传习所），至后来江 1910 年赴欧洲游学，开办五年多，先后培养了约三千名学生。

12 月，第三次呈文给学部，请求学部将中城女学传习所也予以接收，改为官办。

1909 年　26 岁

1 月，先后三次书呈京师督学局，并第四次呈文给学部，为三所女学传习所改由官方接办之事进行磋商。

2 月，针对办学过程中出现的具体情况，撰写《教育新案分期教授法》，提出了加强教育教学管理的一些办法。

4 月 17 日，在法国巴黎出版发行的中文无政府主义杂志《新世纪》第 93 号上，刊发江的《无家庭主义》。文章的署名为"某君来稿"，引语中假托此文为"亡友徐君安诚之遗墨"，此系"为之代传"。

5 月 15 日，再次投稿的《自由营业管见》发表于《新世纪》第 97 号上。

4～5 月间，作为发起人，举办京师内城女学传习所创办两周年纪念会暨京津女学第四次展览会。展品有京津地区 16 所女子学校报送的学生试卷成绩单和其他作品，出席大会的共有男女来宾 1 500 多人。江在会上发表演讲，称此会"诧为京师女学空前之盛典"。

5月，以京师大学堂教习的身份，在北京发起成立"世界教育公会"，有十二国人士参加，均为外国使馆参赞和大学教师。该会6月份召开了成立大会，江亢虎和美国人丁家立被选为公会的书记。该会"以研究世界教育理法为主要宗旨，以提倡中国教育事业为附属宗旨"。公会的任务，主要是从事中外教育交流活动，讨论和演讲，编译并印行外国教育理论、制度、纪事和教科书，以及创办"游学预备学堂"、"高等专门学堂"等。

是年，还向学部呈文，倡议设立"理学会"，申请立案。撰写该会章程，提出其宗旨为"研究中国性理之学，旁及泰西哲学，以博学详说为下手，以身体力行为工夫，以经正民兴为效验"。章程还规定了该会的纪律条文（"会约"和"会戒"）。

1910年　27岁

1月，在北京发起召集"庚子国耻十周年纪念会"筹备会，决定于夏季举行大会，以"追悼国殇，策励后进"。为此，呈文政府申请立案，并发布《发起国耻纪念会公启》。此举在京城影响甚大。

3月，北京发生"银锭桥事件"，警方大肆搜捕涉嫌谋刺摄政王的革命党人。江也无端涉嫌该事件，遭到侦探的监视、跟踪。

3月，在出游欧洲临行前，对前来送行的友人发表《环游离别词》。当时"因不能昌言社会主义，故恒以大同主义、世界观念等名词代用之"。

4月，从北京南下长沙，经上海出境，取道日本赴欧洲。在长沙时，同外舅（岳父）刘幹卿一起看戏。散场后，刘对江说："人世如剧场，纷纷者皆备节目砌末之用，所谓正角者，全幕仅一二人而已。今海内多事，中国且为新剧场之中心，汝宜勉为正角，否则宁勿登台也。"当时，江"闻言汗下，期期不能作一语"。

7月，在游学比利时首都布鲁塞尔时，写成《无家庭主义意见书》，对自己1903年以来所形成的"三无主义"思想，做了详细的论证和说明，建立了以"破除家庭"为中心的无政府主义思想体系。此文当时曾译有英文、法文文本，受到各国社会党人的欢迎。该文提出的"无家庭主义"，包括自由恋爱、公共教养和废除遗产等三个要点。

旅欧期间，广泛地接触了各国无政府主义者和社会民主党人，包括幸德秋水、片山潜、堺利彦等日本社会主义先驱，以及当时在欧洲的中国无政府主义者张继、吴稚晖、褚民谊等人。是年，还以非正式代表的资格出席了第二国际在布鲁塞尔召开的一次会议。此时，在思想上，转变成为一个"社会主义者"。

1911年　28岁

春季，因父亲江德宣在南京江宁知府任上病逝，遂即从欧洲回国奔丧。这次的世界之旅，历时整整一年，先后游历了日本、英国、法国、德国、荷兰、比利时和俄国等，最后取道西伯利亚返回国内。

4月，回国奔丧居忧南京期间，拟发起成立"个人会"，并撰写了"意见书"。但当时无人赞成，故未能建立。

同月，在南京撰写《忠告女同胞文》，积极鼓吹妇女解放，希望中国妇女从家庭的束缚中走出来，从"淑女、良妻、贤母"和"社会的附属品、补助品"，变为"世界上一完全个人"。为此，提出四条"忠告"。

5月，还是居忧南京期间，因参观了多个育婴堂，"叹为人世间多一地狱"，拟自办模范育婴堂和保姆传习所，同时撰写《幼稚教育宜立公共机关说》，认为幼儿教育、养育是"人生最重要、最切近一根本问题"。

6月1日（端午节），应杭州"惠兴女学"主持人的邀请，在杭州女学联合会演讲《社会主义与女学之关系》。此为国内第一篇关于社会主义的演讲，"一时官绅大哗"，浙江巡抚增韫派军警干涉禁止，将演讲的印刷文本悉数销毁，将江"驱逐出境"，并电奏朝廷，称此讲演"非圣无法，祸甚于洪水猛兽"，要求将江革职逮捕。

同月，回到南京后，冒险登台，在江南工商研究会发表演说，指出社会主义同工商界有极亲密的关系，且"社会主义，实工商发达之极则也"。演说中还特别提到："小本商人、劳动工人，独愤慨于劳逸苦乐之悬绝，务欲彻底推翻现世生产制度，以期机会平等，利益均沾"。

7月5日，在上海，应"城东女学社"杨白民校长的邀请，在女学社毕业典礼上发表演说，纵论家庭主义、国家主义和世界主义的女子教育，声称自己主张的是世界主义的女子教育，并从社会主义的角度谈及女子的义务和权利。

同月，创办杂志《社会星》。该刊第一、二号文章，均系江一个人的手笔，第三号则因病由其他人代理。杂志仅出三号后即被当局查禁。

在杂志的发刊词中，江声称该刊为中国"社会主义最初惟一之言论机关"，并宣布杂志的任务有四："输布全世界广义的社会主义之学说"，"详载内外国社会主义进行者或反对者及一切与有关系之事情"，"发挥中国古来社会主义之思想"，"交通中国近日社会主义之言论"。

在《社会星》杂志出版的同一天，7月10日，在上海正式成立"社会主义研究会"。成立大会在张家花园举行，近四百人出席，二十余人演说，当场加入研究会的约五十人。作为发起人，江宣布了该会的宗旨，并在演讲中针对社会上人们对于社会主义的"怀疑"进行了解读。与此同时，研究会还发布了宣言。江在宣言中，称社会主义为"正大光明之主义、大同之主义、世界通行之主义、人类共有之主义"，宣告研究会的宗旨和任务是研究和宣传社会主义。

同月，应邀在上海商界、学界的社会教育机构"惜阴公会"演讲，强调社会教育十分重要，称赞社会教育普及的效果，往往比按部就班的学校教育为大；宣称自己"以社会主义为唯一之信仰，以倡道社会主义为唯一之天职"，也希望采用社会主义为社会教育的宗旨。在这次演说会上，惜阴公会的主要干事邵廷玉和毕云程当即加入"社会主义研究会"。不久，中国社会党成立时，也将惜阴公会办公地作为党的事务所。

同月撰写的《释个人》，结合当时开始流行的"新个人主义"，谈论"个人"同世界、国家、民族、家庭、宗教等的关系。以个人主义为本位，成为江亢虎社会主义思想的一个特点。

同月，还写作了《介绍地税归公之学说》（刊发在《社会星》杂志第二号上）和《三无主义悬论（上篇）》。前者简单介绍了亨利·乔治的"单一税"，并借其友人、英国人马林之口说："乔氏之说深有合于我孟子之义"；当时，还同马林等英、美传教士在南京郊外的龙潭山丈量了土地，准备进行"地税归公"的实验。后者初稿起草于1903年留学日本之时，此次发文则比较系统地阐释了"无宗教、无国家、无家庭"的思想依据。

8月，在《民立报》（13、14日）上读到宋教仁的《社会主义商榷》一文，"为之狂喜"。但因"意偶有异同"，遂撰写《〈社会主义商榷〉案》，在《天铎报》上发表，并附有宋教仁文章的原文。江在同宋"商榷"时，分别从"学理"和"事实"两个方面，阐释了自己的社会主义观。

9月，社会主义研究会的杂志《社会星》被迫停刊后，该党由惜阴公会又推出《社会》杂志，江为其撰写了发刊词，其中的"祝词"为："社会主义，纵贯永劫，横行寰宇，以覆载为量，与日月同寿，永不消磨，至人类灭绝时；《社会》杂志，亦纵贯永劫，横行寰宇，以覆载为量，与日月同寿，永不消磨，永不停止，至人类灭绝时。又更其词曰：《社会》杂志可以停止，社会主义不可以消磨。《社会》杂志出一册，社会主义得一册之鼓吹；《社会》杂志著一字，社会主义得一字之鼓吹。乃至不出一册，不著一字，而社会主义之精神，幻为无量数《社会》杂志之化身，永不消磨，永不停止，至人类灭绝时。"

本月，还在《社会》杂志上发表《〈社会主义述古〉绪言》，认为"社会主义乃我国往籍所固有"。

10月，武昌首义以后，湖北地区发生诸多"兴汉灭满"、屠戮满人事件。有鉴于此，江在避地上海时，撰写《致武昌革命军书论兴汉灭满事》，刊发在《天铎报》上，署名"社会主义家某君"。文章针对"兴汉灭满"论，提出十二个"大不可"，并设问道："君主宜去也，为其为君主而去之，非为满人也。大吏宜逐也，官军宜击也，为其为君主之鹰犬而逐之击之，非为满人也。夫政治腐败至于斯极，岂汉人当国而遂可以不革命乎？"

11月5日，以"社会主义研究会"发起人的名义，召集特别会议，改"社会主义研究会"为"中国社会党"，并撰写、公布党纲八条和规章。会上被推举为中国社会党本部部长。8日，上海《民立报》报道了中国社会党成立的消息。10日，江任总编辑的《社会》杂志第2期发布了《中国社会党宣告》，称该党为社会主义在中国"最初惟一之团体机关"。

11月15日，中国社会党的《发起共和建设会通告》在上海《申报》和《民立报》等大报上刊发。次日，召开共和建设会筹备会议，五百三十人到会，江被推举为会章的四位起草人之一。

11月17日，在上海本部召集谈话会，提议组织"实行团"，进行"遗产归公、教育平等"的试验，以贯彻党纲。此提议得到党内同人的一致赞成。

12月3日，共和建设会成立大会在上海张园举行，有一千多人参加，包括二十多位女宾。在选举会长、副会长时，江得到较高的票数。该会当时为促进共和的建立做了大量的工作，发挥了积极的作用。

12月17日，在上海召集中国社会党的谈话会，商议中国社会党南京支部的筹备问题。

12月25日，孙中山从海外回到上海。江亢虎代表中国社会党也前往码头迎接，并在轮船舷梯旁同孙中山握手。对中山先生虽仰慕多年，但这是第一次才见到面。后曾专门撰写《中国社会党欢迎孙中山先生辞》，表示"本党之欢迎先生，尤有特别之感情"。

12月30日，孙中山在寓所接见江亢虎。从下午三点至四点多钟，会见持续了一个多小时。胡汉民、蔡元培参加了会见。

1912年　29岁

1月7日，赴南京，亲自参加了当天南京支部的成立大会。14日，参加苏州支部成立大会，发表演讲四个小时。顾颉刚、王伯祥、叶圣陶等当即签名入党。

1月15日，中国社会党在上海召开第一次联合会。自成立三个月来，此时党员已有五千多人，支部三十多个。此次会议，江首先报告了会议的宗旨，主要是修订党的规章。与会者有各部代表三十多人，本部党员三百多人。会议决定，各部负责人称"主任干事"，本部的主任干事对外称"总代表"；每年的阴历九月十五日为建党纪念日，并召开一次联合会议。江在此次会议上，被推举为"总代表"，会后代表中国社会党发布了宣言。

2月1日，《社会日报》创刊，江撰写发刊词，以社论的名义刊发。文章声明，该报为中国社会党的机关报；办报宗旨是为"鼓吹社会主义"，内容包括：代表中国社会主义之思想，发布本党对于党员、非党员之意见，记载及评论国内、国外关系社会主义之事情。

同月，写《和议纠正会宣言》，强调"社会主义乃绝对平等主义，妄戮满人不平等也，优待皇室亦不平等也。不平等即反对社会主义，反对社会主义者，鄙人皆得而反对之"。

2～5月，在《社会日报》上发表多篇短评，有《社会党与社会、社会主义与社会学》、《建都议》、《冒充社会党》、《自由婚姻与共和家庭》、《恋爱自由》、《遗产归公》等。这些小的评论，结合社会主义的一些原则和中国社会党的主张，对人们进行释疑解惑。

4月15日，为中国社会党本部干事沙淦创刊的《社会世界》杂志写发刊词，再次强调在社会主义实行之前，当前的重点在于鼓吹社会主义。

4月24日，参加中国社会党在上海张家花园举行悼念秋瑾烈士的追悼会。江为"亡友"秋瑾题写了挽联，并发表了演讲。

4月，有人来信询问，孙中山卸总统职后是否会成为中国社会党首领？何不乘此机会电请就任？对此，写《复某君书论社会党首领事》加以说明。回信中高度赞扬孙中山："中山研究社会主义最深，怀抱社会主义最早，其学说亦多与本党党纲相近，实本党最高尚之师友。私心窃信中山必不忘我社会党。"

同月，两次给上海《民立报》记者康率群写信，针对后者对中国社会党进行批评的不实之词，就教育平等、智识平等、能力平等等问题逐次进行驳议，指出："本党初意，原自经济之不平等想入。累究其原，则经济不平等，由于能力不平等；能力不平等，由于教育不平等。故主张教育平等，正为主张经济平等也。"

同月，结合中国社会党此时已有两万党员、思想不尽一致的具体情况，在《社会党月刊》第一期上发表《中国社会党重大问题》，就党名、党纲、党规、党员、党魁等问题，逐条提出自己的见解，征求意见，以集思广益。在同期杂志上，又给出《中国社会党重大问题之答案》，明确回答了以上各个问题，指出："社会党者，社会党也，非政党"；党的"（宗旨与精神）概括言之，即于不妨害国家之存在范围内，主张世界的社会主义"；根据党内思想分歧的实际，可在党内组织几个不同的团体，除折中派外，主张"纯粹社会主义"的可以组织"中国社会党之无治党"，主张成为"完全政党"的可以组织"中国社会党之民主党"。这两篇文章由各地各支部进行讨论，一直持续到十月份召开的第二次联合会为止。

同月，为中国社会党党员沈达齐所著《社会鉴》一书作序。序言中认为："社会主义者，世界人类共同之思想也，岂子［止］欧人独得之秘乎？"

5月，写信给大总统袁世凯，从十个方面，逐条宣讲社会主义的含义、中国社会党的性质和主张，最后表示中国社会党"其于民国前途，有百利而无一害"。此信刊载于《社会党日刊》第78号，随4月25日的《天铎报》发行。

6月2日下午，在上海参加例行的"星期演讲会"。与会者有男宾五千多人、女宾两百余人。这次演讲会历时三个多小时，孙中山因故未能到会，吴稚晖、戴季陶、刘艺舟、李怀霜及西人马林、史特孟、李立德等参加；"会场座为之满，道为之塞，来者颇形拥挤"。

6月19日，端午节，偕秘书陈翼龙从上海乘海轮赴津、京，发表《北上宣言》，拟进京谒见大总统袁世凯，为中国社会党北方支部的建立，以及中国社会党湖北、湖南支部的合法发展，同政府进行沟通、交涉。

同月到北京，时值同盟会行将改组为国民党之际，见同盟会、共和党两党及其报纸互相攻击，冲突激烈，遂发布《调和党争宣言》，以"第三人之资格"进行调停。

同月在北京，写信给民国副总统黎元洪，对其在武汉查禁、解散中国社会党之事，提出质疑。

7月，呈文内务部，声明中国社会党并无呈请立案之事。同时，此时南方的湖南、湖北各支部迭被干涉、查禁，皆以"社会党妨害国家"为借口，因此，江撰写《社会党有益国家说》，分别从十个方面大讲中国社会党有益于国家的地方。

7月，在北京，受到临时大总统袁世凯的接见。在介绍了中国社会党的情况后，袁"颇为动容"。江婉拒了袁世凯希望其留在京城应聘为"顾问"的要求。在京期间，还会见了内务总长赵秉钧、步军统领江朝宗等军政要人。

8月18日，在虎坊桥湖广会馆参加中国社会党北京支部成立大会并发表演讲。19日，参加中国社会党的欢送会。20日，应中国社会党武汉支都的函电邀约，乘京汉铁路快车南下，近百名中国社会党党员佩戴党的徽章到车站送行。21日到达汉口，初被警视厅拘捕、审讯，第二天（22日）上午才由民国副总统黎元洪派来的代表接出、释放，并到汉阳兵工厂出席午宴。23日早，参议员陈世贞代表黎元洪接见江，并表示热烈欢迎之意。江的"历险"俨然成为武汉的一个新闻热点，各报记者纷纷前来采访，江口述其历险的经过。八月底，上海惜阴公会出版《缚虎记》一书，江为之撰写《汉口遇险出险记书后》。

8月，在汉口，再次写信给副总统黎元洪，交涉中国社会党被查禁之事。信中指出，"二十世纪者，社会党之勃兴时代也"，"社会主义之如日月经天、江河纬地"，希望黎认清这一"世界之大势"。在汉期间，参加了中国社会党汉口支部召集的演讲会，并视察了孝感支部。此时，原被查禁的中国社会党湖北各支部均恢复了活动。随即南下湖南。

9月，在长沙会见湖南都督谭延闿，后者表示会禁止该省军警对中国社会党的干涉。不久，原被查禁的中国社会党湖南各支部亦均恢复活动。

同月，在长沙收到上海一无政府主义者的来信，信中对江推动建立的、以中国社会党上海支部女党员为主体的"女子参政同盟会"关于议会的言行表示不满，并归罪于中国社会党的宗旨和成立该会的始作俑者江亢虎。江遂写回信，论中国社会党、无政府主义与女子参政之间的关系。

9月25日，系中秋节，回到上海。随后发布《返沪宣言》，声称此次北上京、津，后南下两湖，东返宁、沪，为中国社会党南北支部事宜的对外交涉取得成功。宣言还特别告诫中国社会党党员，一定要按照党纲的要求来行动，要"惩前毖后，履薄临深"，以使"团体坚牢，前途远大"。

同月，中国社会党嘉兴支部的月刊《人道》杂志创刊，为其写发刊词，感叹道："吾尝谓主张人道者，必以社会主义为依归。"

10月14日至16日，邀请孙中山到中国社会党本部作了三天的演讲，地点在上海中华大戏院。每天下午江都亲自到孙中山的寓所迎接，孙偕秘书宋霭龄与江同车来到会场，这时"全场欢呼，万头攒动"。每天的演讲都由江做主持，在孙演讲之前和讲完以后，都"申述其大义"。孙中山的演讲，中国社会党人记录、编辑后经孙中山增订审阅，由中国社会党出版单行本发行于世。江为孙中山演讲集撰写了弁言。文中指出："本党之发达，先生与有力焉。"弁言还分析了江亢虎自己同孙中山社会主义思想的异同点。

同月下旬，为纪念中国社会党成立一周年，该党在上海召开第二次联合会，会期三天，各部代表到会者近二百人。江作为本部主任主持了这次会议。会议在党的宗旨和主张问题上发生严重分歧，所谓纯粹"社会党"（党名无"中国"二字）分裂出来。

11月1日，中国社会党在中华大戏院召开纪念会，会上上千人观看了中国社会党人自编自演的十幕话剧《缚虎记》，并邀江亢虎走上舞台见面。话剧系根据惜阴公会出版的同名剧本改编，江在剧本的"后记"里赞道："社会主义，人同此心。"

同月，代表中国社会党发布《中国社会党第二次联合会后宣言》，通报该党第二次联合会上不同派别、不同主张的分歧及其结果。同时，发表自己在中国社会党演讲会上的演说词《社会党党员之心得》。该演说系江对该党各部代表即将返回本地的临别赠言，其内容可视为对党员应尽义务的阐释。

11月底，因严重的眼疾住院一个多月。12月，在中国社会党本部干事造访时得知，北京中央政府命令各省都督禁止新起的纯粹社会党，遂口授《致中央政府书论禁止纯粹社会党事》，从学术上和法理上驳斥查禁的理由。此书信分别寄大总统府及国务院，并投递上海各报刊发。

12月出院后，写作《〈社会主义学案〉草例》，较为详细地介绍了社会主义的定义及流派。该文将马克思（文中译为"卡尔·马极［格］斯"）列为"国家社会主义，一曰民主社会主义"的代表人物，并称"卡氏之《资本论》，力翻经济学之旧案，主张土地、资本为社会共有之物，而分配之比例，当准劳力为报酬。拨云见天，其功至伟"。

1913年　30岁

此前，外蒙古的库伦"独立"，国内关于处理满、蒙、回、藏的问题十分紧迫。江代表中国社会党发表《社会党筹边策》，先后两次呈递中央政府，并函寄各省都督，以寻求支持。该文提出了解决满、蒙、回、藏边疆问题的六个主要办法和六条具体措施，其核心是让各地中国社会党人用"社会主义"来解决问题。此文受到时在上海的各地中国社会党人的赞同，但遭到国内舆论的斥责。

2月2日，中国社会党天津支部成立，李大钊任支部干事。其传单说该党已有四百九十个支部，党员五十二万三千人。

同月，在上海为《社会》杂志题写刊名。

3月，中国社会党北京支部向众参两院提交江亢虎撰写的《中国社会党请愿国会书》。该书提出了实行普选、教育平等、专征地税、限制遗产继承、废止死刑肉刑、限制军备、奖励劳动、废止婢妾制度等八项主张。

4月14日，在上海南市新舞台剧场主持召开中国社会党特别大会，追悼宋教仁。党员一千多人参加会议，并发布江写的《中国社会党对于宋教仁暗杀宣言》。宣言指出"宋案"的发生，"实中华民国之奇耻大辱"，并提出六条解决办法，以"法律解决"为先，如无效果时应以"政治解决"继之。同时，代表中国社会党为"宋案"事，写信给黄兴等人，认为"此案只宜按照通行法律，即以地方审判厅为第一级，公布证据，判决罪名，愈速愈妙"。

5月1日，中国社会党在上海南市新舞台剧场举行纪念五一节演讲会，有一千多人参加。江在会上发表演讲，介绍五一节的由来，宣传社会主义的主张。

2日，发布《中国社会党于宋案及借款反对兵力解决宣言》，认为"宋案"和"借款""皆法律解决、政治解决范围内事，断无应用兵力解决之必要与理由"。同时，电告袁世凯，请求其"引罪辞职"。

6月15日，同旅沪的各国社会党人共同发起成立"万国社会党俱乐部"，宗旨为"讨论学理，协助进行，交流消息，联络感情"。同英国社会党人查克逊一起被推举为书记。

7月15日，在万国社会党俱乐部第一次大会上，发表《中国社会党对于南方事变宣言》。宣言对"湖口起义"后的国内动荡局面表示担忧。同时，江又"以个人乡谊，致书发难诸君"，认为南北战衅不可轻开。

7月18日，30岁生日，作《自寿四律》。后刊《洪水集》扉页。该书于本年度由上海演说报馆印行。

8月3日，在《新闻报》上看到浙江都督朱瑞关于解散该省社会党各支部的通告，遂以中国社会党总代表的名义写信进行交涉，希望朱瑞能收回成命。

8月7日，作《洪水集》自叙。该书凡十万余言，系江三十岁之前的作品。自叙中表示：此书付印发行，"非传文字也，传社会主义也"。自叙还解释本书取名的由来，源自三年前在杭州做了社会主义演讲之后的遭遇。

同日，大总统袁世凯下令解散中国社会党。江召集本部紧急会议。根据会议决议，起草《呈袁大总统文论解散社会党事》，并于15日寄出。呈文同样强调中国社会党"宗旨正大，方法稳健"，要求袁世凯"收回成命"。本部机关因设在英租界，故暂时免遭捣毁的厄运。

31日，召集中国社会党特别联合大会，各地及本部党员代表百余人参加。根据会议五条决议之一，推举江"出洋，联络各国社会党"，并参加第二国际的维也纳大会。江发布《中国社会党特别联合大会去职宣言》。宣言指出：中国社会党建立两年以来，社会主义的名词概念已普及于大多数人的心目之中，"四百余地之机关可以取消，五十万人之信仰不可没灭"；而且，大总统的解散令和各地的文告，"皆传播社会主义之媒介"，"瞻望前途，乐观无量"。这次大会，给该党短暂的一年零十个月的历史，画上了一个句号。

9月，搭乘日本的邮船赴日，踏上了流亡海外的旅程。到日本后，专程去头山满宅邸，拜访住在那里的孙中山，受到热情款待。孙中山还为江专门写了一封给儿子孙科的信，嘱咐当时在美国加州留学的孙科夫妇接待江亢虎。此外，孙还为江给在美的友人黄芸苏写了一信。

是年秋冬间，抵达美国加州旧金山。受到孙科夫妇的盛情接待，并帮助江在附近租了间住房。此后，江一直住在加州，任职加州大学（现加州大学伯克利分校）中文系，接替了该系退休的原英国在华传教士傅兰雅的职位，任讲师，成为当时在美国大学教汉语和中国文化的唯一中国人，直至 1920 年回国。

1914 年　31 岁

"二次革命"爆发后，5月，在美发表《对时局宣言》，指出："宪法、国会、政党者，立宪国成立之要素也。此三者存在而有效时，政府、人民之间，无论冲突至何等程度，不应有武力解决之事。迨不幸而三者破坏尽净，则人民对于政府之公意，已别无正式表示之机关，万不得已，乃诉诸武力，求最后解决，此所谓革命也。"但同时又认为，武力解决只是"治标之法"，"暂时之计"，不能"善其后而竟其功"；武力解决"流血相循，曷其有极？"

在旧金山，广泛接触和联系在此积极活动的各国社会党人，参加"社会主义同志会"的定期例会、演讲会和辩论会。把该地区社会党、工党的活动和集会的情况，写信向国内介绍。

是年，在美国，可以说是江对社会主义认识的反思、深化的时期，撰写了多篇文章：

撰写长文《社会主义学说》，比较详尽地介绍了社会主义的概念、流派、主张、方法，并反思了自己此前的社会主义思想。文中特别提到马克思，指出："自一八四七年万国劳动同盟成立，马克斯始专用'共产主义'之名词。自一八七二年万国劳动同盟分裂，马克斯派始专用'社会主义'之名词。"还提到恩格斯（"恩格尔氏"）的"科学社会主义"。

广泛阅读了社会主义和无政府主义的原著，积极参加美国各社会主义政党和工团组织的活动，并广交社会党、无政府党各派人士为朋友。多次应邀用英语发表演讲，介绍"中国前后革命之因果"等。

认真回顾了他亲手创建的中国社会党的历史，并写作《中国社会党略史》，比较系统地描述了该党的缘起、主张、组织、事业以及解散的经过。

《中国无政府主义活动及余个人之意见》，则把中国古代哲学中的有关思想，归结为无政府主义，并对近代以来吴稚晖、李石曾、张继、刘师复、沙淦等人的思想活动，简单做了介绍，并自称："无政府主义之入中国，余亦为其介绍之一人，惟所主张则以无宗教、无国家、无家庭为度。"

在《中国古来社会主义之思想》一文中，认为社会主义学说虽然是近代的思想，且由西方输入，但其实是"中国古来有之"的。

在《中国革命之概观》中，江把孙中山之前的"革命"，称之为"旧革命思想"，"而孙逸仙倡导民族、民权、民生之说，则以改革政体为主要之目的，是为世界历史上新革命思想"，而社会主义在中国可称为"第三新势力"。由于中国革命的原因"仍从经济问题而起"，"而所谓根本的救济方法，乃愈不能不重望于社会党人"。

《中国劳动家现状》对中国工人各个层面的介绍极其详尽，可惜缺乏其政治倾向等结论性的看法。

《中国女学古今谭》从历史的角度，阐释了中国妇女的地位及女子教育问题。

1915年　32岁

继续在加州大学任教。除教汉语外，还开设"中国文化"讲座，听课者前后有二百多人。

撰写《中国氏族考》，介绍了中国古代姓氏的起源和演变。

是年暑假，受聘美国国会图书馆中文部（现为东方部）主任。此后三年的暑期，都在这里工作，对库存的五六万册中国图书和大量典籍进行分类、编目。

1916年　33岁

年初，加拿大博吟社来函索文，主题为论"大同"；继而友人谢应伯自纽约来信，询问中国社会党的前途问题。3月，撰写《将来之中国社会党》以回应，认为将来的中国社会党，"或径标明为社会民主党"；"社会主义必为大同主义"，国家社会主义和无政府社会主义都不能称之为社会主义。

9月10日，参加美国华侨举行的追悼会，写《陈英士诔词》。

是年，在加州发起成立"弘道会"，有会员二百多名。每月两次的讲学活动，江均为主讲人，主题都是中国文化的问题。

1917年　34岁

撰写《中国古来公学制度》，分为科举以前公学制度、科举以后之公学制度、书院或地方公学制度等三部分。

7月，回国为美国国会图书馆收集中国地方史志两千多部，并促成中美两国政府签订了图书交换协议，使此后美国国会图书馆的中文藏书量不断扩大。

1918年　35岁

1月，在美国，题写《外舅刘公墓志铭》。外舅刘公（刘幹卿）亦为江的岳父。墓志铭里称颂刘公为"先民之遗，末世之师"。

1919年　36岁

6月，在陪同芝加哥大学社会学教授访问了旧金山中华会馆及华人社团之后，深感在美华人百年来的历史和现状，文献资料散佚，未有专书可资依据，遂写信给旧金山总领馆的朱鼎言领事，建议总领馆、中华会馆及中华商会，组建"修志局"，编写《美国华侨通志》，或《北美华侨通志》乃至《美洲华侨通志》。

是年暑假，再赴华盛顿美国国会图书馆，为此前回国为该馆收集的两千多部中国地方史志等，进行分类、编目。

9月，在《改良留美学生监督处说帖》里，就在美学习的留学生管理工作中的弊端，提出改进的意见。

1920年　37岁

春，从报纸上看到徐树铮入蒙、促成外蒙撤治并回归祖国的消息，兴奋不已。3月，在美国写信给西北筹边使兼西北边防军总司令徐树铮，请求徐能在外蒙给自己一个职位，在那里进行社会主义的试验，以报效国家。

8月，为原中国社会党党员陶乐勤所译《政治经济学》书籍写序。

序言中高度赞扬马克思及其《资本论》。

9月，辞去了在美国的工作，偕其继室、美籍华人卢岫霙回国定居，住北京海北寺街 33 号。

归国后，至年底前，到全国八个省游历、讲学。

10 月，在江西做多场演讲。1 日，在江西教育会讲演《教育者之责任》，论及教育者对于学术、学校、学生和社会的责任。2 日，继续讲《求学与救国》。同日，由夫人卢岫霙用英语演讲《蒙特梭利教育法》，江做口译。3 日，在该会讲《社会改造说》，其基本内容为后来提出的新民主主义和新社会主义主张准备了腹稿。4 日至 5 日，除在江西教育会先后演讲《中国文化在西洋之影响》和《西洋文化在中国之影响》之外，还在江西第一师范学校、江西女子师范、江西职业学校、江西心远中学、江西第一中学和江西义务女学发表演说，纵论普通教育、师范教育、女子教育和社会改造等。6 日至 7 日，先后到江西匡庐中学、江西第二中学和江西农业专门学校演讲。8 日，除了在江西法政专门学校、江西农商公宴席上演说外，还专门到江西青年会演说《宗教进化》。

11 月，在山西演讲。17 日至 20 日共四天，在山西大学讲《社会主义之今昔》，包括社会主义的名词与通义、派别与纲领、主张之条目、实行之方法等四讲。其间，18 日还在山西女师范演讲《女子在社会上之地位》，19 日至 20 日在山西太原自省堂先后演讲《中国文化及于西方之影响》和《西方文化及于中国之影响》。20 日，还在山西国民师范学校讲《教育之新趋势》。21 日，除在太原文瀛湖公园演说《国民大会》外，还在山西法政学校讲《代议制之改良》。

12 月，写信给国务总理靳云鹏，指出当时社会的乱象纷呈和政府的无计可施，并警告说："窃恐大破产、大恐慌之来，即在若辈酣歌恒舞时也。"同时表示，自己对国内外政策有所见解，愿意贡献。

这个时期的中国，北洋军阀政府加强了对社会舆论和集会活动的控制，以防止俄国十月革命影响的传入，防止所谓"过激党"的活动。而回国后的江亢虎，四处游历讲学，包括在演讲中称颂苏维埃俄国、介绍马克思主义学说，这就引起了北洋军阀政府的高度注意和极其不满。警方一直没有放松对他的监控。12 月 10 日、24 日两次在湖广会馆的演说，都立马被侦探报告上峰，记录在案。

10 月，刚成立的北京共产党早期组织在李大钊的办公室开会，欢迎江回国并表示希望同江合作，团结一致进行职工运动。但江在演说中表示，要在先去苏俄和欧洲考察后再定实际活动的方针。

是年，还有一些文字值得一提：

在为南通人李万里著《新银行论》所写的序言中，主张"银行当归公共经营，所有赢余当充公共事业之用"。

在《书古唐村》一文里，认为"新村运动者，理想社会主义之一术也"。

在写给国务总理靳云鹏的信里，指出自己在京停留期间，"时见戎装警士，便服侦探，暗地尾随，扣门盘诘，刺取家事，烦扰居停"，"此事实出政府之意"，抱怨"时局黑暗"。

在《社会主义与新村》一文中，明确表示："不佞个人始终主张世界社会主义，其实地进行，必以一国一省为初轫。"

1921年　38岁

4月，在《〈贫民借本问题〉序言》中感叹道："中国号共和矣，共和政本在大多数人。环顾芸芸，十之八九皆贫民耳，官僚、政客漠然不以动其心，或反假民智太低为词，以专制而自肆。"

4月24日，偕夫人卢岫霙从北京出发，乘火车经东北赴俄国，拟实地考察苏俄的政治、经济、社会等各方面情况。行前，曾应孙中山的邀请，南下广州，小住十日，公开讲学五次。孙中山多次派车接江到府中会谈，每次达数小时。江婉拒了孙拟请他作联络苏俄代表的要求。

4月27日，到达哈尔滨。因俄国赤塔一带铁路线路的问题，火车停运，逗留至5月11日才从哈尔滨乘车去满洲里，再前行进入远东，17日到达赤塔。因铁路时时中断、机车燃料不足等问题，在远东共和国首都赤塔滞留十来天。6月1日火车从赤塔出发，同车的有远东共和国总统和陆军总司令等。直至6月21日早，终于抵达首都莫斯科。平时从赤塔至莫斯科，原本五六天的时间，竟然走了三个星期。

从6月至次年4月，在苏俄参观、访问、游历了十个月。

6月22日至7月12日，共产国际在莫斯科召开第三次代表大会，江"以社会党人资格列席，亦蒙优待，认为代表并予以发言权"。其代表证号码是"244"，上面的俄文说明是："给予中国代表江亢虎君参加第三国际大会，有发言权"。会议期间，三次聆听"新俄第一要人"列宁的演说，并两次同列宁举行"特别会晤"。列宁殷切地询问江亢虎的旅途行程和中国的近况，"并致慰劳企望之意"。

6 月到苏后，在同列宁、托洛茨基、齐切林等党政军要人会见时，提出"征蒙计划"，拟组建数万人的华侨义勇军，在苏俄政府和红军的支持下，驱除白党，收复蒙疆，使外蒙"仍合并为中华民国之一部"。但 8 月中旬时因时局有变，苏俄独自派红军入蒙，让外蒙宣布独立。江的征蒙计划流产。这一事件，成为后来江认为新俄是"新帝国主义"的由来。

9 月 6 日，在莫斯科参观俄国中央行政委员会会议。7 日晚，乘火车快车去圣彼得堡，次日上午十一点多抵达。在圣彼得堡，参观、游览了街市、教堂、港口、科学院、人类博物馆、冬宫等，并同高尔基进行了会晤。会见中，江问高尔基，读他的作品应先读哪一本。高答："先读《儿时》(Childhood) 可也。"

9 月 23 日，在莫斯科苏维埃大厅，旁听莫斯科共产党组织举办的演讲会。24 日，观摩苏俄外交部共产党党员的"诘问会"。25 日，莫斯科军官学校举行毕业典礼。在莫斯科红场，观看了由红军总司令托洛茨基主持的盛大阅兵式。

10 月 10 日，在俄国发表《三十节国庆在俄感言》，指出："俄则七月共和，即改共产，后望殊奢。我则十年共和，徒存虚名，前途黑暗。热心远识之士，深有鉴于政治革命之不彻底，而社会革命之不容已，亟思步俄后尘。"同时又表示："吾敢断言，中国之社会革命，决不能如俄国之直上直下一了百了也。故中国当自有其标揭之名义与进行之道途。吾人不可徒为俄国之钞胥，吾人尤不可自蹈俄国之前车覆辄〔辙〕。"

10 月中旬，在莫斯科市中心的大剧场观看芭蕾舞剧，惊叹演员的精彩表演和观众身着服装之高贵华丽。中下旬，参观学校、母子养育院（产科医院和育婴堂合二为一）、幼儿园等，了解苏俄的教育制度和办学情况。

11 月 24 日，夫人卢岫霓在莫斯科大学附设产科医院生下一子，取名江龙男。

12 月 23 日至 29 日，在莫斯科参加全俄苏维埃第九次代表大会，聆听了列宁所做的行政报告、托洛茨基所做的军事报告，以及日本共产党代表团团长片山潜在会上的演说。

12 月，给全国学生联合会写信，提醒该会"诸君子今日所能为、所当为者，莫要于监督选举之一事"。希望该会采取办法，对国会选举实行切实的监督，防止"政府操纵之弊"。同时，还推介了自己的宪政主张。

是年，在《石苍石〈政论〉序》中表示："往余唱社会主义时，颇斟酌马克斯、恩格尔之著书，而附益以吾国诸哲学说，间参己见，以期折中。"

是年，《新闻报》创刊三十年，发专刊以纪念。江撰写《忽忽三十年》，叹曰："回顾吾国此三十年间，不啻一卷痛心史"，"静言思之，不寒而栗"。

1922年　39岁

1月16日，作为来宾应邀参加莫斯科市苏维埃代表大会。21日，以社会党人的身份，应邀列席在莫斯科举行的远东劳动者代表大会。中国共产党代表团团长张国焘、国民党代表团团长张秋白、日本代表团团长片山潜等均发表演讲。

2月，在莫斯科先后参观历史博物馆、农民工艺品展览会、油画院、儿童食堂、莫斯科第二军官学校等。

3月，在莫斯科申请赴西欧的签证。4月，离开莫斯科经拉脱维亚、立陶宛和波兰去德国。此次出境的经历颇为不顺，来回折腾，联想起1910年自欧洲回国奔丧时，从巴黎到北京一路顺畅，不禁感叹道："此次欧洲大战，不啻抑全世界退步百年。以云大同，乃愈趋而愈远，痛哉痛哉！"

4月至5月，在德国游历考察。参观了许多博物馆、学校、工厂，包括著名的电气公司西门子，考察了市场和社会状况等。感觉较之以往，此时的德国，纲纪废弛，经济困难，外交困窘，社会矛盾突出。此外，还大量接触了国会议员和内阁阁员，考察德国的政治运行；广泛联系了第二国际、第二半国际和第三国际的领袖人物，并出席了三个国际召开的联席会议。

6月，自德国柏林出发赴荷兰，停留五天。在此，参观了博物馆、水族馆、王宫、市政厅、交易所等，旁听了上、下议院的会议，会晤了社会党和共产党的领袖人物，接触了旅居荷兰的华侨、华人，并应"中华会"的邀请向侨界发表了公开演说，连荷兰的政界、学界、商界名人也都来旁听，一时盛况空前。

本月，从荷兰抵达法国，在巴黎、马赛参观、游历。考察了中国人旅法勤工俭学人数及其生存状况，观察了法国社会生活情况，感叹"巴黎实全世界罪恶之渊薮"。在马赛,时逢法国博览会举行。参观了博览会的安南(越南)馆后,感觉其陈列犹如日本明治年间的大阪博览会之台湾馆,系殖民地的地位,令人感到没有脸面见人。

8月初,从欧洲回到国内。6日,在北京怀幼学校演说,详细介绍了自己在苏俄参观考察的经过。8日,发布《第二次欧游回国宣言》。宣言指出:中国社会"乱象环呈",国会政府"人格破产";自己"夙昔主张未尝挠变","今后惟一希望"是实行自己提出的新社会主义和新民主主义,"此不佞半生来学问思辨之结果"。14日,又在北京大学爱智学会发表演讲,简述在俄国的经历。16日,在山西太原自省堂,从赴俄的缘起、旅途、俄国的现状及对俄国的批评等方面,讲述游俄的心得。25日,发表《新民主主义、新社会主义说明书》,载《东方杂志》第19卷第16号。

10月10日,发表《双十节正告国人》,感叹民国成立"十一年来,神洲鼎沸,愈演愈乱";教育、实业、道德、风俗、社会现状"日渐退步,日呈悲观";国会、民意、社会事业、对外政策均不可信。出路何在?指出"当始终发扬正义,而同时扶植实力。二者并进,无事不成"。

10月30日,在东南大学讲演,题为《战后俄、德二国之现状》。

10月至12月,在东南大学作题为《社会问题》的讲演。演讲分为四个部分,包括资产问题(五个专题)、劳动问题(四个专题)、女权问题(四个专题)和家庭问题(三个专题)等。10月,还在东南大学演讲《中国古哲学家之社会思想》。

同月,被上海南方大学推举为该校校长。

是年,在《游湘留别书》里,公开申明:"不佞深信新民主主义、新社会主义,大之可举世界而理想化,小之可假一省为试验场。凡旬日间所敷陈,悉廿年来之心得。"

在《对上海劳工各团体演说之大要》一文中,公开表示:"鄙人提倡社会主义,廿年来初志不变";"任何主义可自由宣传,公同研究。鄙人敢预料宣传与研究之结果,社会主义必占优胜"。

1923年　40岁

1月,发表《自救会旨趣书》,含"信条"十则、"规约"十则,强调"本会确信政治与经济之改造,当以新民主主义、新社会主义为旨归"。

2月，分别写信给政府内阁总理和北京各报馆，就社会所传自己被作为政府"专使"赴俄一事予以澄清。

同月，所著《新俄游记》由上海商务印书馆初版发行。

3月至6月，在上海南方大学讲授《社会问题》，内容除绪论外，分为四章，即：1. 资产问题（共10节）；2. 劳动问题（共9节）；3. 女权问题（共11节）；4. 家庭问题（共9节）。

5月，为南方大学学生出版《国耻特刊》撰写弁言，指出：比之日本，"中国之败，不败于日人军武与强权之挟持，而败于自身无实力之树立"。

6月，在《精武内传序》中指出："民主精义，固在人各有权，又在人各尽责。"

7月下旬至8月上旬，应邀从湖北抵湘，在湖南暑期学校授课，分别演讲了《新民主主义》、《新社会主义》、《社会主义运动之今昔》等。夫人卢岫霙也第一次用汉语做了《孟特梭利教育》的讲演。特别是自8月1日至8日，江为暑期学校作了《社会主义概论》的专题讲授，其内容丰富而又系统，除"绪论"外，包括十节：1. 社会改造之动机（事实与理想；保守与进步）；2. 社会本位思想（社会主义与个人主义分立）；3. 经济制度之改革（社会主义与宗教、教育、政治分立）；4. 私有财产之废除（社会主义与社会改良学说及社会政策分立）；5. 卡尔·马克斯学说（科学社会主义与理想社会主义分立）；6. 第一国际（社会主义与无政府主义分立）；7. 第二国际与第三国际（社会主义与共产主义分立）；8. 变相的社会主义（修正社会主义、国家社会主义、帝国社会主义）；9. 社会主义与社会运动（革命、政党、女权、劳工）；10. 最近社会主义之新意。在湖南暑期讲学期间，当地的张效敏、李达分别撰文，对江的观点，提出商榷和质疑。

8月13日，在江西教育会讲《社会改造与教育家之责任》。随后，回到原籍江西弋阳，给家乡父老兄弟讲《余三十年来之经过》。

10月，在浙江教育会，先后演讲《社会主义进化史》和《俄、德二国革命后之状况》。在后一演讲中，提道："回想二十三年前在日本，即心向社会主义，嗣后又在社会主义大学旁听，后来在欧洲时与同党人游，互相讨论研究之结果，益信社会主义确为救时之良策。溯自卡尔·马克斯出世后，社会主义已由理想而进于事实，由非科学的而入于科学范围。但马克斯虽立基础，终未有人见之施行，故仍不免托之空言。及一九一七年，俄国革命成功，社会主义完全见之事实。当时兄弟适在美国，闻之'喜而不寐'，即决定归国至俄一考察其究竟。"

同月，写成《南大一年来之教训与感想》。在谈及"理想"时，说道："共产主义虽未能实行，而俄国革命精神终不可侮也。"又说："社会主义不实行，教育将永无普及之望。""大学教育犹是贵族、富豪之专利品，而常保有其优先权。吾敢断言，非至吾所主张之新社会主义实行，高等教育将永不能普及，一切大学特资本制度下之装饰品耳。"关于高等教育的原则，认为"自由评论，共同研究，不存歧视之心，亦不施强聒之教。尊重人格，养成自动，高等教育之原则，固应如是也"。

11 月 13 日，乘船离上海，去东南亚诸国游历、访问，直至次年 2 月 24 日回国。先后访问了香港、新加坡、马来西亚的吉隆坡和槟榔屿、缅甸的仰光、泰国的曼谷、越南的河内和菲律宾的马尼拉等处。其间：

在新加坡华侨教育界举行的欢迎会上，演讲时专论华侨教育；

在菲律宾马尼拉青年会上，讲述宗教的进化；

在菲律宾华侨联合欢迎会上，大谈当前"中国政治无进步"，但"社会转有进步现象"；

在菲律宾中央女子大学简短的演讲中，希望该国提倡文化独立，图谋政治独立；

在马尼拉华侨教育界的欢迎会上，演讲时针对教育者的权和利问题，提出"责任之所在，即权之所在"，教育者要有责任心，提高自己的品格地位；

在菲律宾华侨工党召集的演讲会上，就"普及知识于劳动界"和"普及劳动于知识界"的话题，畅谈劳动运动、工党运动发展的历史，以及今后实行的方法；

在菲律宾惠侨联合会演讲，谈论中国国内政治；

在菲律宾华侨中学演讲中谈及教育观念需要更新，认为中学教育是"中坚教育"，是中学生"认定宗旨的时候"，并希望做到三个"合一"，即学生和人民合一、学校课程和生活合一、学校和社会合一；

在马来西亚吉隆坡平民学校的演说中，谈论教育普及和人人都享有受教育的权利；

在新加坡行余励志社（工读夜校）的欢迎会上，结合该校和上海南方大学的办学条件，谈论精神和物质的关系，指出两校都是"精神足，物质差"，而"尽力服务社会，造福社会，则没有不同的"。

是年，还发表了多篇文章和演讲，主要有：

《解决工潮之三策》。针对京汉铁路工人二七大罢工事件，提出解决问题的上、中、下三策。指出，"惟有实行新社会主义"才是上策。

《学生运动与公民运动》。文章强调五四运动中的学生，既是学生，也是公民，故五四运动"乃公民运动"。

《〈西洋近今文化史大纲〉序》。此序言系为东南大学高维昌所著《西洋近今文化史》一书而写。序言的中心思想是强调：19 世纪以来的"人类思想趋势"，是分别以"个人本位"思想或"社会本位"思想而来的。

《新民主主义与新社会主义》。此文系应《申报》之邀而作，载《申报五十周年纪念册》。江借此机会，将其"新民主主义"和"新社会主义"的主张，"郑重介绍于国人"，并预言："今后五十年，殆将为此两新主义磅礴弥纶之世界。"

《为临城案通电》。针对山东发生的"临城劫车案"，表示"既愤当局之无能为，尤痛舆论之不注意"，希望国人在"周旋外宾之余闲，兼筹援助同胞之办法，使此数百人生命之无恙"。

《复李绎之书论〈太平天国志〉事》。此文系收到李绎之的来信和《太平天国志》一书后的回信。对太平天国性质的看法，此文的观点比较新奇："惟念洪氏崛起，论者止只知为民族革命、政治革命，而不知其实为社会革命"，"中山亦云，洪氏实中国社会革命之先锋"。但文章继而又指斥太平天国"十四年间，倒行逆施，诛戮之惨，剧于闯、献"。

是年，所著《社会问题演讲集》由南京东南大学出版部印行，所著《山西演讲集》由太原山西日报社印行。

1924 年　41 岁

2月下旬，从马尼拉乘船经香港回到上海。3 月中旬，取道天津来到北京。

3月 19 日，致函金梁，请求觐见清废帝溥仪。信中对溥仪有不少溢美之词。此函后来引发了次年其涉嫌"甲子阴谋复辟案"的风波。

春季，在北京筹办上海南方大学北京分校，于秋季开学，设专科和本科，并更名为北京南方大学。

3月，写信给孙中山，表示对国民党改组"尤深钦佩"，但又提醒道："革命事业，当以人民自觉、自动、自决为原则，以民党自身养成之根本势力为先锋。若在我本无可恃，而利用国内已成之势力者国必乱，其利用国外已成之势力者国必亡。"

3 月，应约为友人创刊的《新新日报》写发刊词，宣称"吾人自信非至新民主主义、新社会主义充分施行，更无他主义能起而相代"；"此两新主义必将代表一时代之精神，独占全世界之舞幕"。该文在简要叙述社会主义发展的历程时说道："科学社会主义，马克斯、恩格尔集其大成"。

4 月，发出《善后会议紧急提案》，联署者有王士珍、熊希龄、屈映光、刘炳南、言敦源、马福祥、陆兴祺、朱绣、朱清华和田步蟾。

5 月，写《〈亚东新闻〉国耻纪念特刊题词》，感叹道："乌呼！国之不国，一年三百六十五日日日皆国耻纪念日也。"

6 月 15 日，启动重建中国社会党的行动。代表"中国社会党同人"发布《为重立中国社会党公启》、《中国社会党复活宣言》以及该党的主张、态度、临时政略、组织大纲等文告。

7 月，所著《南游回想记》由中华书局出版发行。

是年秋，在湖南讲学，时逢湖南省开会修改省宪。应友人之约，"本夙昔主张"，代行撰写省宪法草案计二十章一百一十八条，交荆思佑等人署名提交。

10 月，回信给吴佩孚，再次推销自己的主张，指出："中国社会制度习惯特殊，当然须别求根本解决之方策，此正鄙人新民主主义、新社会主义所以成立也。"信里还声称自己"既甚慨社会不平，谋改造之进行，又深知俄患日棘，愧挽救之无术"。

11 月 11 日，针对十月份发生的"北京政变"，发表《代表中国社会党对于时局之宣言》，提出"解散现在国会、召集宪法会议、建设非常政府、确立经济政策、规定职业代议、组织义务民兵"等六点"希望"，"至于本党之主张，仍确守新民主主义、新社会主义各原则"。

本年度，为推行"新民主主义、新社会主义"的主张，曾写信给各省当局，包括东北张作霖、云南唐继尧、湖南赵恒惕、湖北萧耀南、山西阎锡山、广东陈炯明、浙江夏超等，希望各省能"一试"其两主义之"政见"。随信还附上其《请愿十条》，并表示拟带学生二三人，愿往各省演讲，且"晋谒而谈"。

是年，陈独秀于六、七月份在《向导》周报上发表短评（署名"实庵"），讥讽中国社会党请"军民长官"来提倡社会主义。为此，江曾撰写《社会党与军民长官》的短文，作出回应和辩驳。

1925 年　42 岁

元旦，代表中国社会党再次发表对时局宣言，对北京执政府提出的"善后会议"和南方孙中山提出的"国民会议"，就两者的关系如何协调发表了看法。

1 月 28 日，又一次发表宣言，宣告中国社会党，"本原来新社会主义、新民主主义之主张，更名中国新社会民主党"。该党设本部于北京，实行首领集权制，由江亢虎任总理。

1 月，还为《新星》杂志写了发刊词。文章在回顾了 1912 年中国社会党的《社会星》杂志创刊以来国内外的状况之后，指出："世界无论如何扰攘，而社会主义进步实有一泻千里之概"；"无论中国如何分裂，而一般人对于社会主义已均有甚深之印象"；"无论党势如何散漫，然党中固已有少数彻底了解、绝对信仰、自动服从之人"；"无论思想言论如何凌乱，然国内出版物固已风起泉涌"。

2 月 1 日，"善后会议"在北京召开。江以"有特殊之资望、学术经验"的社会名流的身份与会，并担任会议的制宪委员会委员。针对北京《京报》所载评论中涉及江参加善后会议的"非难之词"，两次写信给《京报》的编辑，进行解释和辩驳，申明：自己确曾先后列席过第二国际和第三国际的会议，但并未"加盟"，北京政府内阁确曾希望本人作为代表"使俄"，但被"辞绝之"；"各省当局所有往还，均为讲学宣传之事，并顾问、谘议之名而不肯受"，等等。

2 月，在写给费保彦的信中表示，个人及其中国新社会民主党对国民党"当视为友党"。

2 月 24 日，提出《善后会议自动起草宪法提案》，表明"本席对于宪法向有特殊之主张，曾代拟省宪草案一书，于不违反中国礼教习俗范围内，容纳新社会主义、新民主主义各要则，足供宪法起草者之参考"。该提案还附有其拟定的宪法起草委员会"办法大纲"。

2 月底 3 月初，在《演说善后会议、国民会议前途之大意》中指出："今善后会议已开会半月以上，而政府提案、会议议事，再再不能令人满意"，"善后会议之罪恶，将与十四年来之国会等"。

参加善后会议期间，曾专程到铁狮子胡同孙中山的住处，探视病危中的革命元勋孙中山。在孙逝世以后，参加了中央公园悼念孙中山的仪式并献挽联。

4月19日，代表中国新社会民主党发表《关于国民代表会议宣言》。宣言认为"国民代表会议条例并未容纳本党修正案各意见"，"希望国民代表会议制定宪法时，能采用本党新社会主义、新民主主义之主张"。

5月1日，发表《新社会主义与劳动纪念节》。文章通报了中国新社会民主党为纪念劳动节的四件大事，并盛赞"此诚空前之举"。接着，就该党党纲的"新社会主义三要则"，即"资产公有、劳动报酬、教养普及"，及其与工界有密切关系的地方，进行了阐释。最后，文章以"劳动同胞万岁"的口号结尾。

6月3日，代表中国新社会民主党对"五卅惨案"发布宣言，称此案为"民族与国家共同之大耻，且为国际和平与人道、正义前途一大不幸事"。宣言主张"专持不合作主义。对于外人，尤其英人所设立之学校、公司、银行、工厂，一律停止交通，租界各捐一律停止缴付"；提出"惩凶、赔款、道歉及取消租界苛税、苛例"等"最低限度之要求"。此后再组织机构，进行废除不平等条约、撤销领事裁判权、收回租界等事项。

6月13日，代表中国新社会民主党对惨案再次发表宣言，就社会上"道路传闻"此案与共产党人的关系问题发表了看法。

8月，涉嫌金梁、康有为等人的"甲子阴谋复辟案"。上海南方大学师生发动了"驱江"运动。11日的《新申报》登载了讨伐江亢虎的讽刺画，画面上江氏身着清官服、头戴博士帽伏地称臣，口中念念有词"我皇万岁万岁万万岁"。同月6日、11日，由于涉嫌"请觐溥仪案"，为洗刷自己，先后发布启事和说明书进行辩白，称："请觐溥仪确有此函，复辟阴谋不知所谓。谓余不信，请平心静气再读原文。"与此同时，以校长的名义，发出《致南方大学同人公函》，自称"此次横被冤诬，早经公函声辨，当然自负责任，不与学校相干"。

10月，南方大学创办已三周年。此时除初始的上海本部外，在北京也设立了分部；学生已过千人，教师已有百人。江发表三周年纪念感言。

11月，代表中国新社会民主党发表《对国民党宣言》。宣言指称"新旧帝国主义同为我国家、民族之公敌"；"继今以往，在本党主张相同或相似轨度内，谨认非共产派之国民党为先辈及友党，竭诚联络，一致进行"。

11月20日，发表《警告国民》，声称："以推倒国际帝国主义、国际资本主义、国际共产主义为国是，务使三害一律荡平，根株断绝。"

12月，写信给吴佩孚，就"读书"和"会客"两事建言，建议多读现代书，多读政治书，多见学者，多见游历出洋之人。

是年，所著《江亢虎博士演讲录》（1—4集）由上海南方大学出版部印行，所著《三大主义与中国》由北京南方大学出版部印行。

1926年　43岁

2月22日，发出《正告反对赤化者》，提醒反对赤化者"当得群众之后援，但不可利用暴民"；"当有武力之准备，但不可利用军阀"；"当征国际之同情，但不可利用外力"。

北京"三一八"惨案发生后，执政府发出通缉令，被通缉的五人名单中，江也"赫然在册"。从报纸上看到此通缉令后，发出"启事"予以表白和澄清。

4月，撰写《新修金鳌江氏宗谱序》，强调"吾国家族制度最古，谱牒之学亦最详"。同时，为上海南方大学年鉴撰写序言。本月，还分别写信给张作霖和吴佩孚。在北京给张作霖写信，是由于近期到京后，只会晤了张学良，未见到张作霖，遂以书信的方式建言：在军事方面，可"统一号令，整饬军纪，恢复交通，接济粮食"；在政治方面，对外"设法收复外蒙"，"对内则主张建设军政府"。给吴佩孚写信，系对吴在来函中"痛论三一八案"的一个回复，提出善后和应对之术。

5月，为纪念五一劳动节发表《五月特刊感言》，就五一劳动节、五四运动、五七与五九之国耻、五卅租界之惨案等事件，分别发表感想，最后归结为"新社会主义不实行，劳资两阶级利害冲突终不可免"；出路在于"新社会主义取资本主义而代之，新民主主义取帝国主义而代之"。

6月，就"江南书院"的创办事，给孙传芳写信，同时推销自己"新社会主义"的主张。

9月，给国民革命军总司令蒋介石写信，缘于湖南的朋友来信谈及，蒋两次同该朋友会见时，均询问江的现状，并说对江"极佩仰，但以无缘晤见为憾"。在给蒋的信中，首先简要描述了自己同国民党和孙中山二十年来的关系，自称是与国民党"最接近"的人，对孙中山"最崇拜"的人；继而介绍了自己多年来力主社会改革的思想和经历；最后表示自己主张的"政党政治"，"一惟总司令与其余诸伟人是赖"。

10月，代表中国新社会民主党发表宣言。宣言认为，中国当前"国本未定，内战迭起"，"宪法、国会、责任内阁，均不存在"，已无从事政党政治的条件。故党的目前任务"惟有专从宣传与准备着手"；政治上主张"反对一党专政、阶级独裁"，但当前"采取超然态度，对于各派各系，概不合作，亦不讥评"。

1927年 44岁

1月，发起成立"国际智识大同盟"，用以研究世界和中国的各种问题、各个主义，成为"全世界各阶级中智识分子之联合，新时代和平改造具体方案之研究"。发布同盟"大纲"和"要则"。

2月，写作《北京南方大学筹募校舍基金捐款缘起》。

6月，为《北京南方大学丁卯毕业同学录》作序。

夏季，前往美国，任职于美国国会图书馆。

1928年 45岁

9月，在美国给进入北京的阎锡山写信，自诩"以提倡社会主义最早之人，为非难共产主义最早之人"；建议联军在占领京城以后，应延揽和容纳各方、各类人才，"开诚心布公道，集众思广忠益"。并希望阎将此意见转告蒋介石和冯玉祥。

10月，致书蒋介石，称颂蒋的"清共"之有魄力、有手段，蒋的下野出洋为"何等心胸，何等气象"，不仅是"枭雄"，而且是"俊杰"。信中提醒蒋介石：要防止"共祸"之"后患方长"；要警惕"历来军阀，向背无常"。因此，"公能从容杯酒尽释兵权乎？"

1929年 46岁

1月，在给友人程伯嘉的回信里，表白自己以往在政治上自有的宗旨，即"非康（有为）"、"非孙（中山）"、"非孔子"，但"夙主张政党政治，而极反对一党专制"。

1月，发表《政党政治刍论》，系统阐释自己关于政党政治的思想，并表示："我希望中华民国宪法早日颁行，人们自由选举之立法代议国会，与对人民或国会负责、依舆论为进退、以和平相更迭之政府，早日成立。"文章最后指出，连晚清都还有"预备立宪"之举，国民党"党固神圣尊严，然党外尚有国有民。即专为党计，至少亦应仿君主立宪之意"。

1930年　47岁

是年，辞去在美国的工作，前往加拿大，应聘担任蒙特利尔的麦吉尔大学中国文学院院长和汉学系主任教授，直至1934年夏回国。

1月，发布《宪治促成会宣言》。宣言揭示了"宪治"的基本含义和实行宪治的必要性，呼吁"尊重宪法，实行宪治，尤贵政府当局能以诚意率先倡道之"。

2月，撰写《〈作新篇〉序》，推出自己关于社会制度改造方面"新个人主义"和"新国际主义"主张。新个人主义包括"个性解放"、"家制废除"和"群治训练"三项内容；新国际主义则有"民籍大同"、"内政自决"和"外交公断"三个要点。此前，关于"新民主主义"和"新社会主义"，已多有说明。

7月，时值"蒋冯阎大战"之际，再次在美洲写信给蒋介石，认为当时中国"根本大计，惟在速立民宪而已"；希望蒋"乘此千载一时，恪遵总理遗嘱，立开国民会议，制定民国宪法，召集正式国会，取消一党专政，实行政党政治"。

10月，应旧金山《孔教》月刊纪念孔子诞辰之稿约，撰写《大哉孔子》。文章颂扬孔子"实为圣师，坊表人伦"。指出"孔子不专立一宗教，所以能兼容各宗教"；"孔子视他教主无非常可喜之言行"；"孔子不遇于当时，乃后世儒道之幸事"；"孔子不因历代当道之褒贬而加损"，"孔子乃中国文化理想之结晶"；"孔子增进吾人世界上之地位与历史上之光荣"。

1931年　48岁

是年，继续在加拿大蒙特利尔的麦吉尔大学任教。

6月，应古巴中华总商会会长陈伯清来信之邀，为《古巴中华总商会年刊》写序。文章历数华工、华商一百年来在美洲的艰辛和做出的贡献，痛斥所谓"文明国家、资本制度""欺凌蹂躏我贫弱无告之华工、华商"，实为一种"自杀政策"。

9月，书写《励志社特刊题词》。此文是此前不久假期回国时，在南京，李公朴陪同访问励志社时该社的特刊约稿。

10月，针对九一八事变，在加拿大，以"加拿大大学汉学主任教授"个人的身份，写作《敬告日本政府与国民书》，交予日本驻加公使德川转达。书信痛斥日本军阀"更借口莫须有之事，占领满蒙，屠戮良懦，倒行逆施，于斯而极"；指责日本"即使侥幸一时全胜"，也是"不义之战，无名之师"，"不仁不智之甚"；希望日本"亦有主持公理转移舆论之人，出而倡道正义和平运动……悬崖勒马，放下屠刀，抛弃武力政策，实行亲善主义"；警告日本应"迅撤驻兵，立返侵地"，否则"积不善者必有余殃"。

11月，就九一八事变中国应取的对策，写信给蒋介石献计："当下治标之策，则以为两言可以定之：一曰绝交而不宣战，一曰死守而不进攻"。并表示应积极备战，包括：试行征兵制，征收青年，练习兵操，服务兵役；大力培养航空人才，赶紧制造并购买军用飞机；抓紧整顿海、陆军；尺寸之地，誓不再拱手让人。

1932年　49岁
是年，继续在加拿大蒙特利尔的麦吉尔大学任教。

1933年　50岁
是年，继续在加拿大蒙特利尔的麦吉尔大学任教。

1934年　51岁
9月25日，发表重新修订过的《中国文化复兴大义十六则》。此文初稿写于1933年10月11日，于本年6月26日发表。此文的十六个要点，提供了理解中国文化的一个纲要。

是年夏，在加拿大蒙特利尔的麦吉尔大学任教约五年后回国。约五年里，带了五名中国学硕士研究生，给数千名美、加学生讲授中国文化课。江在北美传播中国文化是作出了贡献的。

1935年　52岁
2月，印行自己于1928年2月写的《善生十箴》。此文讲述了十条养生之道。

4月15日，在上海发起成立"中外文化协会"，公布《中外文化协会章程》。该章程分六章共二十条，规定了协会的宗旨是"沟通中外文化。对外则宣扬中国文化，对内则介绍有益中国之各国文化"。

同月 20 日，在上海公布《存文会发起旨趣书》，旨在推动"存文运动"，以保存汉字、保存文言为目的。

8 月，在上海发布《亢庐讲学征收弟子通启》，拟征收门徒，讲学著书。

9 月 1 日，重新修订《社会制度改造发凡三纲九目》，刊载在 20 日出版的《江亢虎思想一斑》一书中。此文初稿形成于 1921 年 7 月 10 日，1923 年 1 月 28 日发表，1925 年 1 月 28 日曾再发。文章系统地阐释了江关于中国社会改造的思想和主张，包括"新社会主义（一名社会资本主义）"、"新民主主义（一名限制民主主义）"以及 20 年代未公之于众的"新国家主义（一名世界联邦主义）"。

9 月，所著《台游追记》由上海中华书局出版发行，所著《江亢虎思想一斑》由北平北京出版社印行。

1936 年　53 岁

10 月，所著《中国文化叙论》由上海东方文化出版社出版。此书系江分期授课的讲演稿，较为详尽地介绍了中国的历史与地理，原载《讲坛月刊》，此书为结集出版。

1937 年　54 岁

7 月，抗日战争爆发。当时，已从上海迁居北京。平、津陷落以后，转赴西南，先是在四川、西康游历、讲学。后从成都飞往云南。

11 月 1 日，在云南接受新闻记者的采访时，发表了《抗战广义》的谈话，指出：此次抗战，人人知道是为了国家独立与民族生存，但实际上除此以外，还有更为广泛的意义，那就是："为世界和平而抗战"，"为人类公理而抗战"，"为反帝国主义而抗战"，"为东方文化而抗战"，"为同情国民而抗战"。

1939 年　56 岁

3 月，匿居香港的汪精卫接见了当时也住在香港的江亢虎，"坚约参加和平运动"。

9 月初，汪自上海电邀在香港的江亢虎赴沪，参加汪伪阵营。江响应汪的邀请，同月自香港抵达上海。

10月10日，江发布时局宣言，将日本军国主义奉为"东亚集团"的"领袖"，公开宣布了自己投敌卖国的立场。

1940年　57岁

3月，汪精卫伪中华民国国民政府在南京成立。江任伪考试院副院长兼铨叙部部长。

3月24日，汪伪第一届中央政治委员会成立，江为"列席委员"。

6月1日，提出《新经济政策建议》。13日，经伪中央政治委员会经济专门委员会负责人审查通过，由伪中央政治委员会秘书厅发财政、工商、农矿三部参考。

7月4日，代理伪考试院院长职务（因院长王揖唐兼任伪华北政务委员会委员长，不到伪考试院就职）。

10月，组织高等文官考试，受命为典试委员长，所有命题、阅卷，大小事必躬亲。

11月30日，汪伪同日本签订《中日基本关系条约》和《中日满共同宣言》。随后江即发表《庆祝中日国交调整完成》的演讲，为该条约进行鼓吹。

是年，汪精卫的南京伪国民政府成立。11月19日，以伪考试院副院长兼铨叙部部长的身份，参加汪的宣誓就职仪式。

1941年　58岁

继续担任伪考试院副院长兼铨叙部部长。

2月，发表《饿死事大》、《鸣呼统制》等文章。

3月，推出《和运文选》，提出"回向东方"的汉奸"理论"。

4月5日，以伪考试院副院长的资格，列名汪伪第二届中央政治委员会，仍为"列席委员"。

4月，所著《回向东方》一书由汪伪民意社在南京出版。

1942年　59岁

3月11日，正式接替王揖唐任伪考试院院长。

3月26日，汪伪第三届中央政治委员会成立，江升任"当然委员"。在伪中央政治委员会中，"当然委员"一般只五六人，除汪精卫外，其余均由五院院长担任。江成为汪伪政权的巨奸之一。

1943 年　60 岁

继续担任伪考试院院长。

1 月 9 日，参加伪中央政治委员会临时会议，讨论对英、美的"宣战"，赞同并签名副署了《宣战布告》。

4 月 1 日，汪伪第四届中央政治委员会成立，江继续担任"当然委员"。

1944 年　61 岁

3 月 29 日，汪伪第五届中央政治委员会成立，江继续担任"当然委员"。

10 月，向病入膏肓的汪精卫辞职，辞去伪考试院院长职务，随即自行离职。

10 月 13 日，由上海飞抵日本，筹组孔子二千五百年祭典事宜。16 日，其《国际的孔子与孔子的国际》一文在国内发表。

11 月 3 日，经伪中央政治委员会第 141 次会议，选江为伪国民政府委员，同时仍保留其伪中央政治委员会"当然委员"一职。

11 月 20 日，从日本回到国内，潜至南京清凉寺当和尚。在日的一个多月期间，五次与日本首相小矶、三次与外相重光会谈。还在日本东亚同文院、外交协会、兴亚本部和广播电台发表多次演讲，鼓吹"以孔子学说为中心，借以发扬东方文化"。

1945 年　62 岁

4 月 5 日，汪伪第六届中央政治委员会成立，列名江继续担任"当然委员"。

4 月，从南方潜至北京隐居，"不闻外事"。

10 月，在北京，被国民党军统局逮捕，关押于北平监狱。5 日，被宣布正式逮捕。

江在狱中写自白书为自己辩护。

1946 年　63 岁

年初，军统局将江亢虎从北京移押到国民党南京首都监狱。

6月19日，国民党南京首都高等法院检察官正式对江亢虎予以起诉。该法院刑事庭组织对江的汉奸罪的审判。

11月2日，国民党首都高等法院经审理后作出判决，对江处以无期徒刑。江对此判决不能接受，上书法院申请复判。

1947年　64岁

3月20日，国民政府最高法院刑事审判庭经复审，发布特种刑事判决书，维持首都高等法院的原判。

4月30日，在接到最高法院的判决书后，江向一首都高等法院申请再审。

5月8日，首都高等法院再次对江亢虎汉奸案进行了审理，驳回江的申请。

5月14日，江向国民政府最高法院呈递抗告书，要求"撤销原裁定，准予再审，期得平反"。

6月16日，国民政府最高法院认为江亢虎的抗告"殊无理由"，予以驳回。

10月22日开始，被执行无期徒刑，关押在国民党南京首都监狱。

1949年　66岁

1月16日，被从南京移押到上海，在国民党提篮桥监狱服刑。服刑期间，毫不知罪、认罪。

5月，上海解放。解放军军管组接管提篮桥监狱，对狱中的汉奸罪犯实行改造。考虑到江年老体弱，监狱调江到"感化院少年教育组"服刑，给少年罪犯讲文化课。江主动提出建立"新文化服务社"，并申请给予公房做教室、图书室和研究室，举办简易班、专修班授课，等等。

1950年　67岁

8月31日，江向法院递交申请书，请求对其进行"重审或改判"。

1953年　70岁

通过监狱里的教育、改造，江的立场和思想认识有了比较大的转变和提高。坦白自己的经历、财产和罪行几十次；检举所知道的汉奸分子百余人；撰写了《十大罪状自白书》，承认自己的十大罪行。

在提篮桥监狱服刑期间，在中国福利会任医务科科长的其大女儿江兆菊时常前往探监。

1954 年　71 岁

12 月初，在狱中病情恶化。3 日，上海市公安局劳改处呈文最高法院华东分院，告知江的疾病是"开放性肺炎，右肺萎缩，年老营养不良等病"。

7 日，上午 5 时，在提篮桥监狱死亡，终年 71 岁。

中国近代思想家文库

康有为卷	张荣华	编
宋育仁卷	王东杰、陈阳	编
汪康年卷	汪林茂	编
宋恕卷	邱涛	编
夏曾佑卷	杨琥	编
谭嗣同卷	汤仁泽	编
吴稚晖卷	金以林、马思宇	编
孙中山卷	张磊、张苹	编
蔡元培卷	欧阳哲生	编
章太炎卷	姜义华	编
金天翮、吕碧城、秋瑾、何震卷	夏晓虹	编
杨毓麟、陈天华、邹容卷	严昌洪、何广	编
梁启超卷	汤志钧	编
杜亚泉卷	周月峰	编
张尔田、柳诒徵卷	孙文阁、张笑川	编
杨度卷	左玉河	编
王国维卷	彭林	编
黄炎培卷	余子侠	编
胡汉民卷	陈红民、方勇	编
陈撄宁卷	郭武	编
章士钊卷	郭双林	编
宋教仁卷	郭汉民	编
蒋百里、杨杰卷	皮明勇、侯昂妤	编
江亢虎卷	汪佩伟	编
马一浮卷	吴光	编
师复卷	唐仕春	编
刘师培卷	李帆	编
朱执信卷	谷小水	编
高一涵卷	郭双林、高波	编
熊十力卷	郭齐勇	编
任鸿隽卷	樊洪业、潘涛、王勇忠	编
蒋梦麟卷	马勇、黄令坦	编
张东荪卷	左玉河	编

图书在版编目（CIP）数据

中国近代思想家文库．江亢虎卷/汪佩伟编. —北京：中国人民大学出版社，2015.1
ISBN 978-7-300-20639-4

Ⅰ.①中… Ⅱ.①汪… Ⅲ.①思想史-研究-中国-近代②江亢虎（1883～1954）-思想评论 Ⅳ.①B250.5

中国版本图书馆 CIP 数据核字（2015）第 015909 号

中国近代思想家文库

江亢虎卷

汪佩伟　编

Jiang　Kanghu　Juan

出版发行	中国人民大学出版社	
社　　址	北京中关村大街 31 号	**邮政编码**　100080
电　　话	010 - 62511242（总编室）	010 - 62511770（质管部）
	010 - 82501766（邮购部）	010 - 62514148（门市部）
	010 - 62515195（发行公司）	010 - 62515275（盗版举报）
网　　址	http://www.crup.com.cn	
经　　销	新华书店	
印　　刷	涿州市星河印刷有限公司	
开　　本	720 mm×1000 mm　1/16	**版　　次**　2015 年 2 月第 1 版
印　　张	32 插页 1	**印　　次**　2025 年 1 月第 3 次印刷
字　　数	513 000	**定　　价**　114.00 元